아시아 경제론

Asia Economy

개정2판

아시아 경제론

최낙복 · 제정조 공저

도서출판 두남

개정2판을 내면서

2008년부터 시작된 글로벌 금융위기는 국제공조와 개별국가들의 금융 · 재정정책으로 회복되는 듯 하였으나, 남유럽 재정위기와 각 국의 특수한 환경으로 새로운 문제가 발생되고 있다.

미국과 유럽의 양적 완화정책과 최근 일본의 아베노믹스 등은 모두가 선진국간의 통화 · 환율정책이며, 자국의 국제경쟁력과 재정안정을 위한 노력의 일환이지만, 또 다른 글로벌 불균형과 국제 갈등을 야기시키고 있다.

특히, 최근 동북아시아 각국은 새로운 리더쉽 시대를 맞아 지역경제의 협력과 통합의 전기를 맞고 있다.

본서는 개정판에서 전체적인 이해와 학습효과의 증대를 위하여 차례의 변경과 보강 및 전반적인 자료를 증보하였다. 또한 세계경제의 큰 틀과 최근 각국의 사정을 소개함에 있어 Kiep, KEXIM, SERI 등 국내외 연구소 등의 최근 자료를 참조하였다.

본 개정판에서는 다음 부분을 수정·보완하였다.

제1장에 Global Imbalance를 보강하였다.

제2장에 우리나라의 국가경쟁력 현황을 보강하였다.

제7장에 WTO와 FTA를 통합하였다.

제9장에 최근의 동북아지역의 경제통합과정을 보강하였다.

제12장부터 제14장까지의 국별 경제현황은 싱가포르를 제외한 모든 나라를 최신자료로 변경 및 특히 중 · 러 · 일 새 정부의 정책을 보강하였다.

끝으로 본서를 저술에 격려와 수고를 아끼지 않으신 도서출판 두남 전두표 사장님과 편집부 여러분의 노고에 감사드린다.

2013. 8.

저 자

개정판을 내면서

2008년 미국 발 sub prime mortgage 사태 이후, 글로벌 공조와 협력을 통한 세계경기 회복과 금융질서 정상화를 위한 G20국가들의 역할이 한층 중요시 되고 있다.

특히 세계경제의 교역환경은 지역별 FTA 활성화와 블록화로 개방과 지역주의 및 보호무역주의 등 WTO체제, RTA강화, 지역경제동맹의 강화 등으로 복잡한 구도 속에 전개되고 있으며, 우리나라 또한 2010년 Seoul G20 정상회의 의장국으로서 국격의 격상된 위상과 더불어 세계경제 질서의 조정과 향후 동반성장 주역의 해결자로서 입장 강화가 예상된다.

본서는 개정판에서 상기한 세계경제 동향의 리얼리티를 보강하고, BRICS 국가 중 G2로서 세계경제 two top의 위상강화에 맞게 중국의 상황을 폭넓게 다루었으며, BRICS 체제에 새롭게 동참한 남아프리카공화국 및 동북아시아의 주요국인 일본과 자원의 부국인 몽골을 보강하였다.

본서는 세계경제의 큰 틀과 국제금융시장의 분석 및 동아시아 각국 경제의 실상을 소개함에 있어 대외경제정책연구원, 한국수출입은행, KOTRA 및 국내외 연구소 등의 최근 자료를 참조하였다., 끝으로 본서를 저술하는 데 수고를 아끼지 않으신 도서출판 두남 전두표 사장님과 편집부 직원에게 감사를 드린다.

2011. 2.
저 자

머리말

세계경제가 빠르게 변화하고 있다. 국가 간의 물리적인 국경의 의미는 이미 사라지고 세계경제는 상호의존 관계가 심화되어 단일시장으로 통합되는 추세가 이어지고 있다. Sub-prime으로 시작된 미국금융위기가 세계금융위기로 빠르게 전이되면서 세계 실물경제까지 불황으로 이어지는 동조화 현상이 진전되고 있다.

특히 세계경제는 WTO출범이래 다자주의 기능이 강화되면서 상품, 자본, 기술, 서비스 및 인력의 자유로운 이동이 확대됨으로써, 한 국가에서 다른 국가의 경제에 영향을 미치는 범세계화가 급속도로 진전되고 있다. 그러한 범세계적 무역자유화 기조 가운데 강대국의 주도권 쟁탈과정이 치열하게 전개되고 있다.

또한 강대국은 원유, 철강 등 원자재와 곡물 확보를 위해서는 전쟁도 불사하겠다는 각오이다. 더욱이 향후 30년 이후 세계경제대국은 미국, 중국, 인도, 인도네시아 등 인구가 많고 부존자원이 풍부한 나라들이 급부상 할 것으로 예측하고 있다. 즉, 아시아지역 국가들이 세계경제의 중심에 우뚝 선다는 것이다. 우리나라는 빈약한 부존자원과 규모가 작은 국내시장으로 인하여 대외지향적 경제성장 전략을 취할 수밖에 없다. 우리나라는 비교우위를 점하고 있는 정보통신, 고급인력, 철강산업을 필두로 급성장하고 있는 아시아 국가들을 적극 활용할 수 있어야 한다. 그러기위해서는 아시아 국가들의 정치, 경제, 문화 등을 전반적으로 파악하여 경제협력 관계를 공고히 해야 할 것이다.

이 책은 세계경제의 큰 틀과 국제금융시장을 분석하고 아시아 경제가 처해있는 경제 환경을 연구함과 더불어 각국의 경제사정을 이해하는데 그 역점을 두었다.

끝으로 본서를 저술하는데 수고를 아끼지 않으신 도서출판 두남 전두표 사장님과 편집부 직원에게 감사를 드린다.

2009년 2월

최 낙 복

차 례

제 01 장

Global Economy

제1절 세계경제의 동향

1. 경제성장

세계경제는 고유가, 원자재, 곡물가격 등의 급상승으로 중국, 인도 등 개발도상국(developing country)은 고성장을 지속한 반면 선진국(developed country)은 경제성장이 뚜렷이 둔화되고 있다.

따라서 선진국들의 민간 설비투자도 현저히 감소되어 각국의 내수도 침체되고 있다. 생산물가 및 소비자물가도 에너지, 철강, 곡물가격 상승으로 경제성장세는 둔화되고 물가상승은 지속되고 있다.

또한 고용사정도 악화되어 각국마다 실업률(unemployment rate)이 계속적으로 상승되어 세계경제는 침체되어 있어, 유가, 원자재, 곡물가격의 안정이 세계경제회복의 관건이 될 것이다.

따라서 2008년도 주요 8개국(G8) 정상회의의 핵심의제는 고유가, 식량위기, 온실가스 감축 문제 등이다. 실제 경제성장률이 잠재성장율 이하로 떨어지는 경제불황이 세계적으로 확산되고 있다.

2. 국제금융시장

국제금융시장(international financial market)은 2006년 인플레이션 압력증대에 따른 주요국가의 금리인상, 세계경기 둔화증대 등으로 환율과 주가 등이 큰 폭으로 변동하였다. 그러던 중 2008년 후반부터 sub-prime mortgage 부실여파로 경제가 어려워지자 미국은 기준금리를 5.5%에서 2%로 낮추게 되었다.

3. 국제원자재 시장

국제유가는 2006년 이란 핵문제 등 지정학적 위험에 따른 공급차질 우려 등으로 강세를 지속하다가 안정세를 유지하였다. 그러나 2008년부터 석유수출국기구(OPEC)의 감산, 원유재고 감소 등으로 수급여건이 악화되면서 유가는 1배럴당 140달러를 상회하는 수준이 되었다. 다시 미국경제의 악화가 세계경제 침체로 이어지자 40달러까지 떨어지는 불확실한 원유시장이 전개되고 있다.

한편 국제원자재, 철강, 금속가격이 급상승하였고 소맥, 옥수수, 콩, 쌀 등 곡물가격 100% 이상 인상되어 세계경제를 억누르고 있다. 원자재의 Black Hole 이라고 하는 중국, 인도의 경제급상승이 국제원자재의 수급을 더욱 악화시키는 요인이기도 하다. 제한된 원자재에 대해 특히 친 환경적인 대체에너지 개발이 시급한 현실이다.

제2절 Uncertainty of Global Economy

1. 상품시장의 불확실성 증대

세계화의 진전으로 전 세계 GDP 대비 교역규모(수출+수입)의 비율은 1970년 28%에서 1999년에는 52%로 급증하였다. 1990년대 이후 세계경제의 불확실성은 전 세계적으로 무역의존도가 증대되면서 외부충격에 따른 수출입변화에 의해 초래되고 있다.

전 세계적으로 무역의존도가 심화되는 가운데 다국적기업(MNCs : Multinational Corporations)의 활동이 강화되면서 세계 주요기업들은 세계시장에서 경쟁할 수 있는 제품의 생산에 특화(specialization)하게 되고 이러한 특화된 산업에서 경기변동(business cycle)이 발생한 경우에는 경제의 변동성(economic variability)이 증가하게 된다.

또한 세계단일시장의 출현이 가시화되면서 치열한 경쟁이 발생하게 되며 개별기업들은 신상품 및 신기술개발, 원가절감 등 경쟁력 강화에 총력을 기울이게 되고 경쟁력을 확보하지 못하게 되면 시장에서 퇴출할 수 있는 경영상의 불확실성에 노출되고 있다.

2. 금융시장의 불확실성 증대

1990년대 이후 금융자유화의 추진으로 세계 각국 금융시장의 개방도가 증대되면서 금융시장의 통합(integration of financial market)이 급속도로 진행되고 있다.

금융통합의 진전으로 선진국 금융기관들은 투자기회의 다양화와 이로 인한 투자수익의 증대를 이룰 수 있게 되었고 자본이 부족한 신흥시장국의 입장에서는 경제발전에 필요한 자본을 원활히 조달할 수 있게 되고 자국에 진출한 선진금융기관으로부터 첨단 금융기법을 습득할 수 있게 되었다.

그러나 금융통합이 진전되면서 주요국의 금리조절 등 통화정책의 변화, 대규모 국제투자펀드(international investment fund)의 동향, 주요 통화간 통화가치의 변동 등 국제금융시장에서 발생되는 변화가 자국금융시장에 즉각적으로(immediately) 전파되면서 신속하고도 지대한 영향을 미치고 있다.

이같이 금융시장을 통해 전파되는 영향은 사전예측이 어려울 뿐만 아니라 파급시차도 매우 짧기 때문에 금리, 환율, 통화량, 주가, 물가 등 주요 거시경제변수의 변동성(variability of macroeconomic variables)이 그만큼 커지게 되었고 이로 인해 경제전체의 불확실성이 증대되고 있다.

2008년 국제금융 위기가 세계경제에 미치는 영향을 분석해보면

① 글로벌 금융위기에 따른 세계 경기침체 심화 전망

- 美 부동산 거품 붕괴 및 서브프라임 모기지 부실로 촉발된 미국 발 금융위기가 유럽 등 다른 지역으로 확산, 금융위기 초기에 신흥국들은 견조한 성장세를 이어갔으나 최근에는 선진국 경기와의 동조화(coupling) 가능성 점증
- 국제원자재 가격 급락은 글로벌 인플레이션 압력을 완화시키는 긍정적 요인이나 원자재 수출국 경제에는 부정적 요인
- 세계 경제에 대한 비관론이 우세한 가운데 주요국들의 경기부양책 마련, 중앙은행들의 잇따른 금리인하 등 일부 긍정적 요인도 상존

② 주요국 별 이슈 및 전망

i) 북미지역

- 미국 : 각종 경제지표 악화추세 심화, 내년에도 이런 추세가 이어질 전망. 경기부양 본격화 전망

ii) 유로존 및 영국

- 유로존 경기침체가 장기화 되고 심화될 전망
- 영국, EU 지역에서 금융위기의 최대 피해국이 될 전망

iii) 아시아 지역

- 글로벌 금융위기의 실물경제 전이 우려 증대
- 특히 선진국 경기침체에 따른 수출둔화, 내수부진 등에 대한 불안 확산
- 다만 글로벌 금융위기에 따른 금융기관들의 직접적 손실은 크지 않을 전망

iv) 중남미 지역

- 최대 수출 대상국인 미국의 경기침체 및 국제원자재 가격 하락에 따른 수출둔화우려
- 브라질은 글로벌 금융위기의 충격이 상대적으로 적은 편. 외환보유고도 충분해 양호한 유동성 상황 유지

3. 정보통신산업의 불확실성 증대

1990년대 이후 세계경제 측면에서 나타난 두 번째 조류는 정보통신산업의 비약적 발전이라고 지적할 수 있다. IMF의 분석에 의하면 컴퓨터, 유・무선 통신, 소프트웨어로 대변되는 정보통신산업은 1990년 이래 선진국 경제성장의 상당부분을 차지하고 있는 것으로 나타났다.

이 기간동안 정보통신산업의 주요국 경제성장에 대한 기여도를 살펴보면 실질 GDP 성장률에 있어서 미국(3.2%)이 가장 크게 나타나고 있으며 그 뒤를 네덜란드(2.5%), 캐나다(2.1%), 영국(2.1%), 덴마크(1.8%) 등이 있고 일본(1.4%)은 이탈리아(1.4%), 프랑스(1.3%)와 비슷한 수준을 보이고 있다.

IT산업은 향후에도 주요국 경제성장의 가장 중요한 요인 중의 하나로서 기여할 것으로 기대되지만 다음과 같은 불확실성도 내포하고 있다. IT산업의 발전으로 인해 세계경제에 초래되는 불확실성은 다음 두 측면에서 살펴볼 수 있다.

1) 기술발전 및 신상품개발

정보통신산업은 '무어의 법칙(Moore's Law)'이 시사하는 바와 같이 그 발전속도가 매우 빠른 것이 특징이다.[1] 이 같이 기술발전 속도(speed of technological development)가 매우 빠르기 때문에 기업들은 이러한 추세에 적응하기 위해 끊임없는 기술개발을 이루어내야 하며 이러한 상황에 적응하지 못할 경우 경쟁에서 낙오하게 되고 궁극적으로는 시장에서 도태되게 된다.

즉 산업의 특성상 기술주기(technology cycle)가 매우 짧고 생산설비의 교체도 빈번하게 이루어지는 만큼 투자의 적정 시점과 규모(proper time and size of investment)를 파악하기 힘들기 때문에 과잉투자(excess investment)가 발생될 가능성이 커지게 된다.

정보통신산업의 과잉투자의 전형적인 예로 광통신케이블(fiber optics cable)을 지적할 수 있다. 현재 전 세계에 매설되어 있는 광통신케이블 중

---

1) '무어의 법칙'이란 마이크로 칩(microchip) 기술에 관련된 것으로 마이크로 칩에 집적할 수 있는 트랜지스터의 양이 매년 두 배씩 증가한다는 법칙을 말한다.

상시 이용되는 비율은 1~2%에 불과한 것으로 나타나고 있어 90%이상의 설비가 과잉투자 되고 있다. 한편, 정보통신산업에 속하는 기업들은 상기한 측면 이외에 타산업에 비해 새로운 상품과 사업모델을 지속적으로 개발해야 하는 부담을 안고 있으나 이러한 사업의 수익성(profitability)은 매우 불투명한 것이 사실이다.

2) 승자독식의 원칙

정보통신산업의 선도자의 이익(pioneer advantage)과 승자독식(winner-takes-all)의 특성을 가지고 있어서 소비자로부터 호평을 받는 신상품을 시장에 먼저 소개하거나 IT제품의 표준경쟁에서 경쟁사의 제품을 물리치고 자사제품이나 기술이 채택될 경우에는 시장에서 발생될 수 있는 이익의 대부분을 차지할 수 있지만 그렇지 못할 경우에는 시장에서 도태될 가능성이 그 만큼 커지게 된다.

제3절 Globalization

1. 세계화의 개념

1980년대 이후 세계경제는 급속도로 변화하여 왔다. 국가간에 물리적인 국경의 의미가 상실되고 세계경제는 상호의존관계가 심화되어 하나의 지구촌을 형성하고 있다고 할 수 있다.

즉 기업들의 활동영역이 자국의 범위를 넘어 전 세계를 무대로 활약하는 세계기업화가 급속히 추진되고 있고 정보통신기술의 발달은 세계를 단일정보권으로 묶게 하여 이러한 세계기업들의 활동을 기술적으로 뒷받침하고 있고 자본자유화의 진전에 따라 국제금융자본은 고수익을 찾아 세계각국의 금융시장에 자유로이 유출입하게 되었으며 구소련의 몰락으로 인한 냉전(Cold War)체제의 종식으로 국가간 이해관계의 중심축은 경제 · 정치적 문제에서 경제적 문제로 전환되었다.

이러한 국가간 이해관계는 다국적기업(MNCs : Multinational Corporations)을 중심으로 활발히 추진되고 있는 실정이다. 세계화라고 하는 용어가 세계인의 주목을 받게 된 것은 1980년대 중엽 하버드대학의 마이클 포터(Michael E. Porter)교수가 미국산업의 경쟁력에 관한 미 대통령자문위원회 보고서에서 세계화와 경쟁적 우위라는 개념을 소개하면서 세계화라는 용어를 사용한데 비롯되었다고 할 수 있다.

한편, 국제통화기금(IMF)은 세계화를 단순히 재화와 서비스 및 금융자본, 그리고 기술이 무제한으로 국경을 넘어 거래되는 양(量)과 양상(樣相)의 증대라고 정의하고 있는데 세계화는 이러한 국제관계속의 변화에 의해 지구 전체가 하나의 통합체로 구축되어가는 과정에서 단일시장(single market)이 형성되고 이러한 단일화된 세계시장에서는 하나의 공통된 규범, 즉 세계규범(global standard)이 광범위하게 적용되는 추세를 의미한다고 할 수 있다.

다시 말해서 세계화란 각국 경제가 국경없는 세계경제(borderless global economy)화 됨을 의미한다. 국경없는 세계경제란 일국의 경제활동, 즉 생산·판매·투자·소비·저축 등이 어느 특정지역에서 벗어나 전 세계를 대상으로 이루어지는 것을 지칭하며 국제간의 자본이동·무역거래·서비스·생산활동 등이 최적의 기회(optimal opportunity)를 제공하는 지역을 찾아 자유자재로 이동될 수 있다는 것을 의미한다.

2. 세계화의 특징

세계화의 과정은 단선적이고 일면적 과정이 아닌 중층적이고 복합적인 과정으로 이해될 수 있다. 즉 세계화는 다양한 영역간·인종간·지역간에 상이한 전개과정속에 진행된다. 이러한 전개과정속에서 세계화의 특징은 다음 네 가지 과정으로 파악해 볼 수 있다.

1) 사회의 정보화·지식화

정보기술부문의 비약적 발전은 자본·자원기반 문명에서 지식·정보기반

문명으로의 전환을 가속화시키고 있다. 이 지식기반문명에서 인간의 생활은 크게 변화한다. 고도의 정보통신 네트워크를 통해 사회의 모든 관계가 혁신되고 있다.

정보통신혁명은 시간과 공간을 결정적으로 압축시키고 있어서 모든 분야의 사람들을 국경을 초월하여 직접 연결시키고 서로 대화할 수 있게 만드는 쌍방향적 통신시대를 가능하게 하고 있다. 정보의 양과 속도가 이전과는 비교할 수 없을 정도로 거대해지고 빨라지고 있다. 따라서 우리 생활의 모든 부분이 정보화에 의해 변화되고 있다고 할 수 있다.

지식정보화 사회에서는 정보통신부문의 기반구축이 사회의 가장 중요한 인프라스트럭처가 된다. 국가 행정 · 기업 경영 · 교육 · 환경 · 복지 · 문화, 그리고 개인생활의 모든 영역에서 정보시스템의 구축이 필수적인 과제가 된다. 이에 따라 정보를 효율적이면서도 저렴하게 구입 · 생산 · 이용할 수 있는지의 여부가 국가경쟁력(Country Competitiveness)의 척도가 되고 있다. 따라서 국가경쟁력의 제고 및 장기발전전략은 신사회간접자본으로서 정보통신 기반의 체계적 구축에 달려있다고 볼 수 있다.

2) 경제 · 기술의 초국적화

세계가 시장경제로 통합되면서 기업들의 초국적화가 급속도로 진행되고 있다. 세계경영체제를 구축한 기업들은 기업의 조직을 고도로 분화시켜 최적의 투자지역을 찾아 전 세계 곳곳에 진출하고 있다. 따라서 세계화 시대의 기업들에게 중요한 것은 국적이 아니라 수익성 · 성장성 · 안정성 측면에서의 최적의 투자지역이 된다.

상품에 있어서도 무국적 상품이 대세를 이루며 인력 · 정보 · 상품 · 자본이 최적의 조건을 찾아 전 세계 각국을 자유로이 드나들고 있다. 과거에는 경제가 국제화한다고 하더라도 경제적 영토주권이 국가에 귀속되어 있었으나 세계화시대에는 이러한 개념이 크게 희석되고 있다. 이러한 추세는 개별 국민경제 상호간의 상호의존성과 통합성을 증대시키는 방향으로 진행된다.

예를 들면, EU · NAFTA · APEC 등이 지역적 수준의 상호의존성과 통합을 지칭한다면 WTO는 범세계적인 수준에서의 상호의존성을 나타낸다. 이러한 추세의 특징, 즉 상호의존성의 증대는 경쟁을 배제하는 것이 아니라 경쟁을 심화시키는 데 있다. 이러한 경쟁의 심화는 기업에 한정되지 않고 정부 · 지방행정 · 교육 · 개인 등의 거의 모든 분야에서 경쟁력을 자율적으로 제고시켜야 되는 시대가 되고 있다.

이러한 맥락에서 세계경제는 상호의존과 무한경쟁이라는 딜레마에 직면해 있는데 따라서 경쟁을 상호의존의 틀과 조화시킬 수 있는 새로운 규칙의 제정이 필요하다. 실제로 무역과 투자의 자유로운 이동을 저해하는 각국의 장벽이 상당 폭 제거됨에 따라 경쟁의 게임규칙에 대한 경제주체들간의 합의가 그 어느 때보다 중요하게 부각되고 있다. 이러한 게임규칙은 제로섬(zero-sum)이 아닌 포지티브 섬(positive-sum)의 원칙하에 설정되어야 한다는데 각국은 대체적으로 인식을 같이 하고 있다.

3) 지구환경의 중요성

지구온난화, 오존층의 파괴, 대기 및 수질의 악화, 토양오염, 생물종의 감소, 지구의 허파구실을 하는 열대우림의 파괴, 그리고 이상기후의 만연 등이 지구환경의 위기를 심화시키고 있는 주요 요인들로 지적할 수 있다. 이러한 지구환경의 위기는 인류의 생존에 대한 자각과 환경파괴에 대한 경각심을 불러일으키고 있다. 따라서 전지구적 환경위기의 극복은 더 이상 지체할 수 없는 중차대한 과제가 되고 있다.

그러나 이러한 환경위기의 극복은 일국 또는 일부 국가들의 노력만으로는 부족하며, 전지구적 공동노력 없이는 해결 불가능하다는데 문제의 심각성이 있다. 즉 '환경적으로 건전하고 지속가능한 발전'이 세계화시대의 전지구적 과제가 되고 있다. 이러한 과제를 달성하기 위해서는 각국의 생산시스템을 포함한 전반적인 경제시스템과 각자의 소비양식이 에너지를 효과적으로 소비하면서 환경친화적으로 전환되어야 한다.

이와 함께 지식정보문명의 성과를 환경문제의 해결에 폭넓게 이용하는 것이 중요한 데 예를 들면, 공해를 유발하지 않는 깨끗한 기술(clean technology), 녹색환경산업의 중요선이 부각되어야 하며 각국은 이의 장려를 위해 전력을 기울여야 한다.

한편, 전 세계의 환경관련 상품제조와 관련한 국제기준의 강화 및 이러한 제품의 수요가 증대함에 따라 환경관련 산업의 부가가치는 점점 높아지고 있는데 이에 따라 각국은 정보기술혁명의 성과를 환경분야에 적용시키려는 노력이 광범위하게 이루어지고 있으며 이 분야의 국제경쟁도 심화되고 있다. 그린라운드(Green Round)와 관련하여 환경이 새로운 국제경쟁의 무대가 되고 있다.

4) 문화의 중요성

세계화 진전에 따라서 문화의 중요성이 더욱 커지고 있다. 근로시간의 단축에 따른 근로자의 여가시간이 증가하고 자아실현에 대한 개인적 욕구와 문화활동에 대한 욕구가 확대되면서 문화는 개인적 삶의 부차적 영역이 아닌 중심적 영역이 되어가고 있다. 즉 문화생활의 영위가 개인적 삶의 질을 결정하는 핵심적 요소가 되고 있다고 할 수 있다.

문화는 환경과 마찬가지로 국가의 새로운 고부가가치 산업으로 변모하고 있다. 경제와 문화의 상호연관성은 해가 갈수록 더욱 커지고 있으며 대중매체 · 영상 · 음악 · 게임 · 디자인 · 문화적 유산 등을 포함한 문화산업은 국가의 경쟁력을 제고시키는 새로운 고부가가치 산업이 되고 있다. 이에 따라 지식정보문명시대에 부응하는 문화 인프라스트럭처를 효율적으로 구축하는 것이 국가의 중요한 과제가 되고 있다.

한편, 정보통신혁명의 진전 및 교통수단의 비약적인 발전으로 국제교류가 급속도로 증가되고 있어서 미국을 중심으로 한 선진국의 생활양식 · 욕구 · 가치 · 규범 등이 전 세계로 확산되고 있다. 이러한 선진국의 생활양식 · 가치 · 규범 등의 전파가 개도국 · 후진국들 시민들의 의식을 선진화시키는 등 긍정적인 측면도 있지만 서구의 바람직하지 못한 저질문화가 이들 국가의 청소년층들에게 급속도로 전파되고 있어서 부정적인 측면도 크다고 할 수 있다. 따라서 세계화는 이러한 이질적인 문화들을 서로 융합하면서 각 민족과 국가 또는 지역의 문화적 차이를 초월하는 통합적 기능을 하여야 한다.

이러한 맥락에서 세계문화란 단편적 · 획일적인 문화를 의미하는 것이 아니라 다원적인 민족적 · 국지적 문화들의 조화가 이루어진 개방된 문화가

되어야 한다. 즉 세계화시대에 세계문화, 특히 타문화에 대한 이해에 있어서 중요한 것은 자기 문화의 고유성에 대한 관심과 자긍심은 가지되 타문화에 대해서도 폐쇄적 태도에 빠지지 않고 열린 마음으로 이해할 수 있어야 한다는 점이다.

3. 세계화의 의의

1990년대 이후 국제간 자본 및 무역거래가 빈번해지고 정보통신기술이 비약적으로 발전하면서 세계화의 물결이 거세지고 있으나 경제사적 측면에서 보면 세계화는 인류의 창의적 발전과 기술혁신(innovation)에 의해 꾸준히 진행되어온 역사적 과정으로 해석할 수 있다. 이러한 해석은 세계경제는 100년 전에도 지금과 같은 형태는 아니지만 세계화의 과정이 진행되고 있었으며 다만 1990년대 이후에는 인터넷을 비롯한 정보통신기술의 급속한 발전으로 세계경제의 통합속도가 이전에 비해 훨씬 가속화되었다는데 바탕을 두고 있다.

이러한 세계화가 국제무역 및 자본거래를 통해서 경제발전에 기여한다는 사실은 역사를 통해서 확인할 수 있다. 예를 들면, 세계 각국은 무역을 통하여 비교우위 상품을 거래하게 되고 자본거래를 통하여 일국의 자본을 보다 수익률이 높은 곳에 투자할 수 있는 기회가 제공되면 해당국가의 경제적 효율성(economic efficiency)이 증대된다는 것인데 대부분의 선진국 및 일부 선진개도국들은 이러한 무역 및 자본자유화에 의해, 즉 세계화 과정에서의 활발한 참여에 의해 경제성장을 성공적으로 이루었다.

이의 대표적 사례로는 수출을 통해 세계화의 과정에 적극 참여하여 외향적 발전전략을 추구하여 경제성장을 성공적으로 이룩한 한국을 비롯한 동아시아 국가들을 들 수 있으나 1997년 이들 국가가 외환위기와 2008년도 미국의 금융 불안을 겪으면서 세계화로 인한 빈부격차의 심화 및 금융 불안 등 세계화의 위험성도 지적되고 있다.

반면에 경제개발에 따른 자국경제의 종속화를 우려하여 국내산업 육성을 통해 수입대체적 발전전략을 채택한 남미의 국가들은 경제발전에 실패하였다고 할 수 있다.

이제 세계화는 개별국가들이 원하던 원치 않던 간에 각국 시민들의 경제생활에 지대한 영향을 미치게 되었다. 즉 개별기업이나 개인들이 통합된 지구촌 사회에서 단일화된 세계시장을 상대로 경제활동을 영위하게 되었다고 볼 수 있다. 이러한 세계화의 의의는 다음 네 가지 측면에서 파악될 수 있다.

1) 단일세계체제의 형성

2차대전이후 냉전체제하에서 동서 양 진영의 체제경쟁이 구소련의 붕괴와 독일통일로 종식되면서, 즉 자본주의와 사회주의 양 체제의 경쟁이 종료되면서 하나의 세계체제가 형성되고 있다. 각국간에 견고하게 존재하였던 이념적 벽은 이제 허물어졌으며 각 국가들의 관계는 경제적 이해관계에 따라 재정립되고 있다.

2) 시장경제체제의 확산

세계화는 전 세계를 시장경제로 형성시키고 있다. 이러한 시장경제의 확산은 전 세계를 가난과 궁핍으로부터 벗어나게 하고 민주주의의 토대를 이루기도 하지만 전 세계를 무한경쟁(unlimited competition)의 장으로 내몰고 있다. 이 과정에서 자본·기술·상품·서비스 등이 물리적인 국경의 제한이 없이 자유롭게 각국간에 이동하고 있으며 치열한 경쟁을 벌이고 있다.

3) 단일생활권의 형성

정보통신기술과 교통수단의 발달로 세계는 하나의 생활단위가 되어가고 있다. 과거에 존재했었던 각 지역간의 시간적 격차와 공간적 거리는 급속도로 압축되어 있다. 즉 인적·물적 자본의 이동 및 생활과 문화의 전파속도도 엄청나게 빨라지고 있으며 지구촌이 하나의 공동체가 되어가고 있다.

4) 상호의존성의 심화

어느 일국 또는 한 지역의 문제가 아닌 지구촌 전체의 이익과 관련되는 문제들, 이를테면 환경 · 자원 · 에너지 · 빈곤 · 고용 · 인권 · 교육 등이 세계사회가 공동으로 해결해야 할 중요한 과제가 되고 있다. 따라서 각국간의 경제적 · 사회적 · 문화적 · 정치적 상호의존성이 심화되고 그에 따라 국제적 협력 및 조정이 그 어느 때보다 중요시되고 있다.

그런가 하면 2008년도에 미국의 금융위기가 급속도로 확산하여 global finance crisis가 도래되자 미국을 중심으로 한 G20개국 정상과 재무장관이 회합하여 공동으로 그 해결책을 강구하였다. 빠른 전이속도와 한 국가만의 경제정책이 아니라 세계가 동조하여야 하는 현실이다.

제4절 Globalization Background

세계화의 흐름은 자유민주주의가 기존의 자유민주주의 진영외에 구소련 붕괴 후 동유럽을 중심으로 급속히 확산되고 시장경제체제에 대한 상호의존성이 증대되면서 세계경제의 통합이 급속도로 진행된 것과 인터넷으로 대변되는 정보통신 및 교통체계의 혁신적 발전으로 인한 세계경제의 단일경제권화, 그리고 국경없는 무한경쟁시대의 도래 등이 그 배경이 되었다고 할 수 있다.

1. 신자유주의 이념의 대두

구소련 붕괴를 계기로 사회주의가 몰락하면서 제2차 세계대전 이후 50여년 이상 유지되어온 미소 냉전체제가 종식되었다. 따라서 세계 각국에 있어서 자본주의(capitalism)와 사회주의(socialism)로 대변되는 이념적 대립은 그 의미를 상실하였다고 할 수 있다. 구소련을 비롯한 이들 동유럽 국가들은 서방의 경제적 지원을 받아 정치적으로는 민주주의, 경제적으로는 자본주의를 각국마다 전개방식 및 속도에 차이가 있기는 하나 나름대로 수행해 오고 있다. 지금 전 세계는 신자유주의(neoliberalism)이념이 미국을 중심으로한 서방세계의 지지를 바탕으로 전성기를 맞이하고 있다.

신자유주의 이념은 수요와 공급에 따른 시장원리가 준수되고 민간기업의 자유로운 경제활동이 보장되어야 경제성장과 복지증대를 이룰 수 있다고 주장하며 모든 국가에게 경제를 개방하고 자유시장 질서를 준수할 것을 요구한다. 즉 정부의 규제(regulation of government)가 없는 시장이 가장 효율적이기 때문에 국가가 민간의 경제활동에 간섭하는 것을 최소한으로 줄이고 시장경제의 질서를 유지하는 역할을 충실히 수행할 것(야경국가로서의 기능수행 강요)을 기대한다. 특히 국제무역이나 자본이동에 대한 국가통제를 철폐하여 전 세계가 하나의 경제권하에서 시장경쟁원리에 따라 움직이도록 해야 한다는 점을 강조하고 있다.

애덤 스미스(Adam Smith)로 대변되는 고전학파 경제학자들이 주장한 자유방임주의, 즉 고전적 자유주의가 시장경제의 우월성을 주장한 이후 시장의 자기조절 기능은 여러 측면에서 그 한계를 드러내고 비판을 받아왔다.

이러한 관계는 1929년 세계대공황(Great Depression)을 맞이하면서 케인즈가 주장한 유효수요의 증대를 통한 경기부양, 즉 경제에 대한 정부간섭의 증대(정부의 공공 지출 증대를 통한 경기부양책)가 힘을 얻었으나 다시 1970년대 말 케인즈주의적 경제정책(경기침체를 극복하기 위해서는 정부가 공공사업 등의 재정지출 확대를 통해 유효수요를 증대시켜야 한다는 정책)이 실패하면서 자유시장원리는 다시 부각되기 시작하였다.

1979년 영국에서는 대처(M. Thatcher)수상이, 1980년 미국에서는 레이건(R. Reagon) 대통령이 신고전파 경제학자들이 주창한 신자유주의를 경제정책 시행에 적극 수용하는 새로운 경제정책원리로 채택하였다.

1980년대 이후 전 세계에는 경제개방화가 급속도로 확산되었으며 세계 각국은 이러한 신조류에 적응하기 위해 세계화를 추진하고 있다. 각국은 국가경쟁력 강화를 위해 각종 법규의 정비, 행정구조를 개편하는 개혁 작업을 서두르고 있다. 이 같은 세계화 추세는 각국으로 하여금 자유무역 · 시장개방 · 규제완화(deregulation) · 민영화를 강력히 추진하게 만들었으며 따라서 각국은 더욱 치열한 경쟁상황에 직면하게 되었다.

2. WTO 체제의 출범

제2차 세계대전 이후 세계무역체제는 미국이 주도하는 관세 및 무역에 관한 일반협정(GATT: General Agreement on Tariffs and Trade)에 의해 발전되어 왔다. GATT의 기본내용은 한 회원국이 다른 나라에 무역상의 특혜를 주는 경우 이를 모든 회원국에게 적용해야 한다는 것과 과세·유통문제에서 국내에서 생산된 상품이나 용역(service)과 동일하게 대우하며 무역에 대한 수량제한(quota)을 완화하는 것들이었다.

그러나 전후 수십년간 국제무역질서를 주도했던 GATT체제는 1970년대 이후 신보호주의(neoprotectionism)의 대두로 인한 보호무역주의의 확산·배타적 지역주의(exclusive regionalism)의 등장·불공정무역(unfair trade)에 대한 국제적 차원에서의 제재의 한계성 등 새로운 국제무역의 구도변화에 효율적으로 대처하는데 한계성을 노출하였다.

이에 따라 전 세계 각국은 GATT체제의 한계를 극복하고 변화된 국제무역질서에 효율적으로 대처할 수 있는 새로운 국제기구의 등장을 기대하게 되었으며 1986년부터 1994년 4월까지 7년 반 동안 우루과이라운드(UR : Uruguay Round) 협상을 벌인 끝에 1995년 세계무역기구(WTO : World Trade Organization) 체제를 출범시켰다.

WTO 체제의 목표는 국경을 초월한 국제무역 및 기업경영의 보장, 무역장벽(trade barrier)의 철폐, 각국 정부의 자국산업 지원에 대한 규제 등을 통하여 세계무역의 무한경쟁을 유도하고 자유무역을 확대하는 것으로 전 세계는 단일경제권내에서 치열하게 경쟁해야 하는 세계화시대를 맞이하게 되었다.

3. 정보통신기술의 발전

디지털혁명(digital revolution)으로 지칭되는 컴퓨터 기술의 비약적 발전과 인터넷의 등장으로 인한 정보통신기술의 혁명적 발달은 시간과 공간의 제약을 제거시키고 정보의 수집·처리비용을 저렴하게 하여 개인 및 기업 경제활동의 세계화를 촉진시키는 주된 역할을 담당하였다.

정보화는 산업사회가 정보화 사회로 전환되게 하여 부(wealth)의 원천을 전통적인 생산요소인 자본 · 자원으로부터 정보 · 지식으로 옮아가게 하였으며 개인 · 기업 · 국가 모두 정보가 가장 중요한 경쟁력의 원천이 되는 정보패권주의를 확산시키고 있다.

또한 정보화는 기업운영에 있어서 모기업이 자회사 또는 지사들을 연결하는 네트워크 조직을 가능케 함으로써 이들 조직간의 자율성(autonomy)을 보장하면서 상호연계를 강화하여 통합으로 인한 장점을 크게 함과 동시에 시간 · 공간의 장벽을 허물어뜨려서 생산성을 향상시키고 기업활동 영역을 확대시켜서 기업의 세계화를 촉진시켰다.

한편, 정보화의 급속한 추진으로 각국의 초고속 통신망 구축사업 등이 활발하게 추진되고 있어 궁극적으로 전 세계를 연결시킬 수 있는 지구촌 초고속정보 네트워크가 이루어지면 세계화는 더욱 가속화될 것으로 전망된다.

제5절 Global Imbalance

국제무역 관점에서 글로벌 불균형(Global Imbalance)이란 미국 등 경상수지 적자국은 대규모 적자를 지속하는 반면, 중국 등 경상수지 흑자국은 흑자를 지속하는 것을 의미하는 것으로 2000년대 이후 특히 미국과 중국의 무역 불균형은 세계경제의 지속가능한 균형 성장을 저해하는 주요 불안요인으로 지목되고 있다. 미국 등 선진산업국가들은 저축보다는 소비와 투자에 집중된 경제성장의 결과 경상수지 적자와 재정적자 상태가 지속된 반면, 중국 등 아시아 신흥국가들은 수출 주도 경제성장정책과 외국인직접투자의 지속적인 유입을 통하여 외환보유고를 축적하는 등 국가 간 · 지역 간의 글로벌 불균형이 심화되었다.

글로벌 불균형의 발생 배경은 글로벌 경상수지의 불균형, 혹은 대외 불균형 문제로 이미 1970년대 초 Bretton Woods 체제의 종식과 관련하여 국제경제의 핵심 이슈가 되었다. 당시 고정환율제도 하에서 일본과 독일 등의 경상수지 흑자와 이에 상응하는 미국의 경상수지 적자가 꾸준히 확대되어 1974년에 세계 총 대외 불균형 규모가 GDP 대비 4.5%에 이르렀다.

미국의 경상수지 적자는 2000년도에 GDP 대비 약 4%를 초과한 이후, 2006년도에 GDP대비 약 6%로 최고 수준에 도달한 이후, 최근의 경제위기를 계기로 다소 완화되기는 하였으나 2008년에도 GDP대비 약 5%에 이르는 높은 수준을 기록하고 있다. 이로써 미국은 1980년 초에 세계 최대 채권국에서 현재 세계 최대 채무국으로 전환되었다. 반면, 한국, 홍콩, 대만, 싱가포르 등 동아시아의 경우에는 2004년에 GDP 대비 6.7%를 보인 이후 최근까지 높은 수준의 경상수지 흑자를 실현하고 있다. 특히, 중국과 일본은 2000년대 들어 경상수지 흑자규모가 꾸준히 증가하여, 2007년도에 중국과 일본은 각각 GDP대비 11% 및 4.8%에 이르는 높은 수준을 나타내고 있다.

2000년 이후 미국의 쌍둥이 적자는 낮은 수준의 민간 저축과 높은 수준의 소비에 기인하며, 미국이 GDP대비 7% 이상의 경상수지 적자를 지속할 경우 미국의 대외부채는 미 달러화의 기축통화 지위의 상실 및 세계금리의 급등과 글로벌 경기침체를 겪게 될 것이며, 동아시아 국가들의 투자대비 높은 저축률과 지속적인 국제수지 흑자 등 글로벌 불균형은 미 달러화의 붕괴 및 미국의 경제침체 가중으로 글로벌 불균형의 재조정이 불가피한 실정이다.

1. 최근 동향

1) 중국의 환율정책과 고정화

2008년 미국발 금융위기 이후, 세계 각국은 내수증대와 수출확대를 통하여 경기회복에 주력하고 있다. 각국은 자국 통화가치의 약세를 통한 수출경쟁력의 확보로 수출증대를 실현해 왔다.

자국 통화가치의 약세를 통한 근린궁핍화 정책은 무역보복을 초래하였다. 중국은 2008년 이후 전 세계적으로 가장 높은 GDP 증가율을 실현하여 세계 세2위 경세 대국이 되었다. 현재 중국의 환율제도는 복수통화바스켓제도로써 환율조작 논쟁이 되고 있으며, 변동환율제도로의 이행이 필요하다.

2) 미국과 중국의 경제대립: 위안화 평가절상 요구

미국은 2008년 글로벌 금융위기 이후 자국의 확대 재정 및 통화정책의 결과 일시적인 경기회복과 경기침체의 더블딥(경기재침체)현상을 보이고 있다. 미국은 수출확대 정책으로 구조적인 무역수지 적자 해소를 시도하고 있으나, 중국의 위안화 환율의 의도적인 고정화로 막대한 대미 무역 불균형은 지속되고 있다. 미국이 중국을 압박하는 데는 미국의 무역적자 폭의 증가와, 경상수지 적자 비중이 가장 높은 나라가 중국이기 때문이다.

중국이 높은 경제성장률에도 불구하고 위안화를 평가절상 하지 않는 이유는 수출경쟁력의 유지이다. 중국이 40%정도의 위안화를 절상하게 된다면 중국 공장은 문을 닫을 수밖에 없게 된다. 위안화 평가절상은 수출 감소와 국내 경기 침체 및 실업을 초래할 것이다.

중국은 2005~2008년 동안 20~25%에 이르는 평가절상을 해왔으나, 미국의 목표는 중국이 앞으로 2~3년 동안 같은 정도의 평가절상을 이루도록 하는 것이다. 이는 경상수지적자를 대폭 감소시켜 미국 내 약 50만개의 일자리 창출을 하게 되는 것과 같은 효과이다. 미국의 요구대로 중국의 위안화가 평가절상되면 미국의 대 중국 무역수지가 개선되는 것이다.

중국은 2004년에 변동환율제로 전환을 하였고 이는 중국이 미국 등 서방국과의 통상마찰을 완화하는 최소한의 조치로 받아들여졌다. 중국 정부도 환율제도 개편을 인정했는데 급격한 자금 유입으로 유동성 과잉을 우려하는 상황에서 통화정책의 독립성 제고 및 물가 안정 등에 긍정적인 영향을 미칠 것으로 보고 있기 때문이다. 하지만 소폭 절상만으로는 효과가 미흡하고, 추가 절상에 대한 기대를 부추겨 자본유입을 가속화할 우려가 있다. 또한 대폭 절상의 경우, 수출 감소 등으로 국유기업의 경영부실을 야기하고 이는 다시 실업증가로 이어질 우려가 적지 않다. 이러한 상황에서 중국 정부는 먼저 점진적으로 외환 및 자본거래의 자유화를 실시한 후, 변동환율제를 이행한다는 입장을 보이고 있으며 외환시장을 육성하여 환율결정 메커니즘을 개선하고 외환거래 상품 및 거래 방식의 다양화에 대해서도 적극적이다. 그리고 환율제도를 변경할 경우 예상되는 불안정성을 최소화하기 위해 금융 체제 개혁에 주력하고 있다.

3) 미국과 중국의 입장

중국이 위안화 환율의 의도적인 조정으로 가치를 조정해 과도한 무역흑자를 고의적으로 유지하는 한 결국 다른 나라의 경제활동과 일자리를 잃게 한다. 국제적인 무역수지 불균형은 과도한 무역수지 흑자국들이 위험자산의 리스크를 저평가하여 과도한 투자와 대출사태를 초래했다. 중국이 미국은행들에게 어리석은 서브프라임 대출을 부추긴 것은 아니다. 그러나 중국 일본 등의 투자에 의한 거대한 불균형이 미국 경제가 경제위기 발생에 훨씬 취약하도록 만든 것은 사실이다.

중국이 위안화 가치를 대폭 절상하면 많은 수출기업이 도산하고 수출 주도형 경제성장 전략에 막대한 차질이 예상된다. 따라서 절상은 하되 자율적 및 점진적으로 하겠다는 입장이다.

미국의 금융위기 원인은 중국이 아니라 과거에 미국 소비자들이 과다한 소비를 했었고 2008년 금융위기 이후에는 현재의 수입으로 이전의 부채를 계속 갚아야 했기 때문이다. 미국은 아직 많은 양의 부채가 남아있으며, 그래서 현재의 수입이 현실적인 구매력으로 변하지 못해 경제쇠퇴를 초래하고 있다.

4) 미국과 중국의 양적완화 정책

중국이 평가절상으로 가장 우려하는 것은 실업률이다. 위안화를 2%절상하면 240만개의 실업이 발생한다는 분석이다. 미국의 압력에도 불구하고 버티고 있는 중국을 보며 미국은 같은 효과를 내기 위해 달러 공급을 늘리는 양적완화 정책을 추진하였다. 양적완화정책으로 달러의 공급이 확대되면 달러가치가 하락하고 상대국 통화가치의 상승으로 평가절상의 효과를 누릴 수 있기 때문이다. 달러가치가 하락했을 때 무역수지 적자는 축소되고 달러가치가 오르면 무역수지 적자 확대되는 추세를 보인다.

각국의 중앙은행에서 달러를 풀어 미국 국채를 사들이면 금융기관마다 달러는 늘어나게 되고 자연스레 달러가치는 하락하게 된다. 양적완화 정책은 실물자산에도 영향을 주게 된다. 실물자산의 가치상승은 달러약세에 기인하는데 가격이 달러로 표시되는 실물자산의 경우 이전과 같은 가치를 유지하기 위해서는 더 많은 달러가 소요되며 달러의 약세로 실물자산의 가격이 상승되는 것이다.

5) 최근 일본 엔화를 둘러싼 환율 갈등

2009년 이후 미국은 중국 정부가 외환시장 개입을 통해 위안화를 인위적으로 낮게 유지하고 있다고 주장하면서 위안화를 둘러싼 양국 간 긴장이 고조되었고 또한 2012년 9월 출범한 일본의 아베 정부가 추가적인 양적완화를 통해 엔화 약세 정책을 추진하면서 주요국의 반발을 초래하였다. 유로존 위기의 진정으로 안전자산 선호심리가 약화되는 시장변화와 맞물려 주요 통화 대비 엔화 환율이 급격한 조정을 보이면서 변동성이 확대되었을 뿐만 아니라 최근 위안화 가치가 완만한 상승세를 유지하면서 위안화 절상 문제는 다소 소강 국면이지만 엔화 약세는 주변국에 대한 피해로 인해 논란이 확산되었다. 위기 이후 경제 펀더멘털이 여전히 취약한 상태에서 엔화 약세에 따른 자국 통화가치의 상승이 경기회복세를 약화시킨다는 우려가 프랑스, 중국, 한국, 브라질, 러시아 등을 중심으로 확대되었다.

2013년 2월 개최된 G7 및 G20회의에서 각국 재무장관과 중앙은행 총재들이 경쟁적인 통화의 평가절하를 자제하고 경쟁력 강화를 목적으로 환율정책을 사용하지 않기로 합의하였으나 합의사항에 강제성이 없고 정작 논란이 되고 있는 엔저 문제는 따로 언급하지 않아 최근의 환율갈등을 해소하기는 미흡하다는 지적이다. G20회의 이후 발표된 성명서에 따르면 경쟁적인 환율의 평가절하 및 환율의 목표설정을 통한 보호주의를 배제하는 원론적인 입장만 재확인하였다. 오히려 내수경기 진작을 위한 통화 완화정책의 필요성을 인정하면서 사실상 최근 일본정부의 엔화 약세 정책을 용인했다는 시장의 평가가 제기되었다. 선진국(G7)과 신흥국(G13)의 이해관계가 상충하는 가운데 최근 일본 정부의 엔저 정책에 동조하고 있는 미국 등 선진국의 주장이 주로 반영된 결과이다.

TPP(환태평양경제동반자 협정)는 아태지역 다자간 자유무역협정이다. 일본은 미국이 주도하는 TPP에 지금까지 참여를 꺼려왔다. 이런 배경이 미국의 엔저 용인의 주요 포인트라는 분석이 나왔다. 세계경제의 불안함을 조장하고 있는 엔저 정책을 미국이 용인하는 듯한 입장이 이해가 가지 않는 부분이다. 미국은 셰일가스 중심의 에너지 시장을 재편하고 있는 만큼 세계액화천연가스 최대 수입국인 미국에 셰일가스 판로를 개척함으로써 에너지 패권 지위를 확립하기 위해 일본을 TPP에 참여시키고자 한다. 이것이 엔저 용인에 따른 실보다 득이 크다는 판단이다.

국제 외교는 이토록 철저하고 교묘한 자국 실리가 깔려있고 모구가 득을 얻고자한다. TTP(환태평양 경제동반자협정) 가입국들은 일본의 양적완화 정책이 엔화약세를 통한 약탈적 경기부양이 아닌 디플레이션을 방어하기 위한 것이라고 언급하며 양적완화에 대한 사실상 지지의견을 밝히고 일본의 공격적인 양적완화 정책에 대해 용인의사를 밝혔으며 세계경제성장을 위해서도 어느 정도 필요한 일이라고 언급하였다.

한편 일본은 11개 가입국의 동의에 따라 TPP에 정식 참가하게 되었으며, 이로 인해 TPP는 세계경제의 40%를 차지하는 거대 자유무역협정으로 예상된다. 이미 양적완화 조치를 시행 중인 미국은 일본 아베 정부의 디플레이션 타개 노력을 지지한다고 밝혔다. 다만 엔저 현상이 지속될 경우 유럽 및 아시아 경제에 부정적 영향이 커질 수 있다는 점은 미국으로서도 간과할 수 없는 부분이다.

2012년 9월말부터 상승세로 전환된 엔/달러 환율은 2013년 1월 일본이 디플레이션 타개 및 경제성장을 위해 물가 목표제(2%)도입하면서 무제한 자산매입 등 정책을 발표하면서 상승 속도가 더욱 가속화되었다.

2012년 9월말 77엔대를 기록하였던 엔/달러 환율은 11월 80엔대에 진입, 1월 말경에 90엔대를 상향 돌파하였으며 2월 18일 현재 94.0을 기록하였다. 이로 인해 달러대비 자국통화의 급격한 절상압력에 직면한 국가들이 엔저 정책을 비판하기 시작하면서 일본 환율갈등이 발생할 우려가 심화되었다. 예를 들어 미국 자동자정책위원회(AAPC)는 교역 상대국의 희생을 대가로 자국의 경제 성장을 촉진하고 있다고 아베노믹스를 비판하였으며 일본의 엔저 정책에 주요 선진국의 양적완화와 유럽 재정위기 완화에 따른 위험선호심리(risk-on)가 더해져 러시아(-3.4%), 한국(-3.0%) 등 주요 신흥국통화의 환율이 하락세를 시현한 반면 덜러/유로의 경우에도 작년 9월말 1.28달러대에서 1.34달러대로 급등하여 외환시장의 변동성이 확대되었다.

6) 글로벌 불균형이 우리나라에 미치는 영향

(1) 중국의 환율정책

중국의 고정환율제도 유지와 미국의 위안화 절상 요구 압력이 거세지고 중국도 그에 따라 완만하게 절상하는 추세를 보이게 될 것이다. 그런 가운데 한국의 중국에 대한 무역 의존도 급상승한 상황에서 위안화가 평가 절상될 경우, 중국 소재 한국 기업들의 생산성이 악화되고, 위안화 환율 변동폭의 확대로 리스크도 커질 것으로 전망된다. 현재 한국 기업들 중 한국에서 중간재를 수입하여 중국에서 가공한 후 제 3국으로 수출하는 비중이 50%를 넘어서고 있는 상황에서, 한국 경제도 환리스크에 대한 대응 방안 수립이 필요하다. 이러한 위험을 벗어나기 위한 방안으로 헷지거래의 활성화, 결제통화 다변화. 자산 부채의 통화별 구성 적정화 등을 통해 환율 변동에 따른 손실 위험을 줄여야 한다.

또 다른 방안으로는 중국 생산 및 선진 시장 판매의 동아시아의 독특한 분업구조, 특히 미·중 양국에 대한 무역의존도가 매우 높은 한국은 미 · 중 통상마찰은 커다란 위험이므로 이런 위험을 최소화 등을 위해 최종재의 수출 확대로 활로를 모색하여야 한다.

우리나라는 수출의존도가 매우 높기 때문에 환율변동의 리스크에 노출되어 있다. 한국의 수출의존도(재화와 용역의 수출이 GDP에서 차지하는 비중)는 IMF 외환위기 이전까지만 해도 27~28% 내외에서 안정세를 유지했으나 외환위기 이후 상승 추세를 보여왔다. 우리나라의 대중 수출 비중이 1992년 3.5%에서 2009년 23.9%로 높아졌으며, 대만과 홍콩을 포함한 대중화권 수출 비중은 2009년 31.9%에 달한다. 한국의 전체 수입에서 중국이 차지하는 비중도 2009년 16.8%이며 2010년에도 비슷한 수준으로, 중국이 최대 수입대상국 지위를 유지하고 있다. 무역수지의 경우 중국과의 무역에 있어서 1993년부터 계속 흑자를 기록하고 있으며 흑자폭도 갈수록 커지고 있다.

(2) 일본의 엔저 정책

단기적으로 수출부진과 경상수지 악화 등 국내 경기 회복의 걸림돌로 작용할 것이고, 중장기적으로 일본의 산업경쟁력의 상승으로 국내산업의 글로벌 시장 경쟁력 하락을 유발하여 국가 경제성장의 지속적인 위험 요인으로 작용 할 수 있다.

산업별 영향은 자동차, 기계류는 2013년 4월 이후 현대 기아차의 주가하락을 엿볼 수 있다. 엔저 현상으로 국제 경쟁력을 상실하면서 주가가 하락하고 판매량도 하락하였다.

IT, 철강, 전자, 기계 등 각종 상품들은 세계시장에서 일본과 경쟁하고 있으며, 질적인 면에서 일본의 강세와 상대적인 가격경쟁력의 상실로 한국의 수출 경쟁력이 약화되는 결과를 초래하였다.

제 02 장

Global 경쟁력

최근에는 국내외 많은 사람들이 한국 경제의 국제경쟁력 저하를 주장하고 있다. 이는 한국경제, 한국경제를 구성하는 여러 산업들, 그리고 보다 미시적으로는 각 산업에 참여하고 있는 한국기업들이 제품과 서비스를 생산하는 효율성이나 효과성, 또는 두 가지 모두가 경쟁국가, 경쟁국가의 산업, 또는 경쟁국가의 기업들보다 떨어진다는 것을 의미한다. 국제경쟁력의 저하는 결국 우리나라 국민의 생활수준 저하로 연결될 것이다.

선진국이란 국가적 차원에서 국제경쟁력을 보유하고 있는 국가들을 지칭한다. 한 나라가 국가적 차원에서 국제경쟁력을 가지려면 적어도 몇 가지 중요한 산업에서 국제경쟁력을 가져야 한다. 또한 한 나라의 특정산업이 국제경쟁력을 가지려면 그 산업에 속하는 그 나라 기업들의 전부는 아니라 하더라도 많은 기업들이 국제경쟁력을 가지고 있어야 한다. 따라서 선진국이란 어떻게 보면 국제경쟁력을 가진 좋은 기업들이 많이 있는 나라라고 볼 수 있다. 예컨대 Royal Dutch Shell, Wal-Mart Stores, Exxon Mobil, Sinopec Group, China National Petroleum, BP, State Grid, Toyota Motor 등 2013 FORTUNE Global 500대 기업을 많이 보유한 네덜란드, 영국, 중국, 일본 등 국제경쟁력이 뛰어난 기업들이 많이 있기 때문인 것이다.

일국의 국제경쟁력은 국가차원, 산업차원 그리고 기업차원의 국제경쟁력으로 구분할 수 있다. 어느 한 나라가 국가차원에서 국제경쟁력이 떨어지고 있다면 그 나라의 산업과 기업이 국제경쟁력을 유지하거나 높이는 것이 쉬운 일이 아니다. 또한 한 나라의 특정산업이 국제경쟁력을 잃고 있다는 것은 그 산업에 속하는 그 나라 기업들이 전반적으로 국제경쟁력을 상실하고 있다는 것을 의미한다.

그러나 한 나라가 국가차원에서 국제경쟁력을 잃고 있다고 해서 그 나라의 모든 산업이 국제경쟁력을 상실하는 것은 아니다. 그 좋은 예가 과거의 미국이다. 한때 미국이 국가차원에서 국제경쟁력을 상실하고 있다는 우려가 미국의 국내외에서 높았다. 그 당시에도 미국의 우주항공 산업, soft ware 산업, biotech 산업 등은 여전히 국제경쟁에서 선두를 지키고 있었다. 또한 한 나라가 국가차원에서 국제경쟁력을 가지는 것도 아니다. 일본은 20세기 중・후반 세계에서 가장 국제경쟁력이 높은 나라 중 하나였다. 그러나 일본의 경우에도 농업, 어업, 제조업 중 섬유산업 등은 그 당시에도 국제경쟁력이 매우 약했다.

한편 한 나라의 한 산업이 국제경쟁력을 잃고 있다고 해서 그 산업에 속하는 그 나라의 모든 기업들이 국제경쟁력을 상실하는 것도 아니다. 그 좋은 예가 우리나라의 섬유산업이다. 우리나라의 섬유산업은 높은 고임금과 중국, 태국, 인도네시아, 인도, 파키스탄 등 저임금 후발 개도국의 출현 등으로 국제경쟁에서 고전을 면치 못하고 있지만, 몇몇 기업들은 여전히 높은 국제경쟁력을 유지하고 있다. 예컨대 우리나라의 몇몇 섬유기업들은 국제시장에 경쟁력 있는 제품들을 공급하고 있으며 그 회사들의 성과는 주식 가격에 반영되어 소위 첨단산업을 대표하는 기업들의 주가 대비 비슷한 수준을 유지하고 있다.

제1절 국가차원의 국제경쟁력

국가차원의 국제경쟁력은 환율, 이자율 그리고 정부의 재정적자 등 거시경제적 현상으로 파악한다. 일본은 엔화의 대외가치가 높음에도 불구하고 세계시장에서 국제경쟁력을 의심받고 있고, 우리나라는 1980년대 중반 이자율이 경쟁국 대비 상대적으로 높았음에도 불구하고 우리나라의 상품과 서비스는 국제시장에서 높은 국제경쟁력을 보였다. 이탈리아는 국가의 재정적자 규모가 매우 크지만 국제경쟁력을 유지하고 있다. 따라서 거시경제적 지표를 이용하여 한 국가의 국제경쟁력을 측정한다는 것은 적절치 못한 면이 있다.

일국의 국제경쟁력은 값싸고 풍부한 노동의 함수라는 주장도 있다. 그러나 스위스, 스웨덴 등은 고임금에도 불구하고 국제경쟁력을 갖고 있는 국가들이다. 반면에 방글라데시나, 베트남, 아프리카 국가들은 저임금에도 불구하고 국제경쟁력이 낮다. 한편 국제경쟁력을 자연자원이나 정부정책에 연관시키는 주장도 있다. 그러나 아르헨티나, 멕시코, 브라질 등은 자연자원의 대국이나 오히려 자연자원이 부족한 싱가포르, 홍콩, 대만, 한국 등보다 국제경쟁력이 떨어지는 것으로 평가된다.

그러면 국가의 국제경쟁력은 무엇으로 정의할 수 있을 것인가? 이와 관련하여 국가의 경쟁력을 전략적 차원에서 볼 때 생산성이라는 주장이 설득력이 높다. 국가의 경제적 목표는 국민들에게 높고 계속 상승하는 생활수준을 제공하는 데 있다. 그런데 국민들에게 높은 생활수준을 제공할 수 있는 능력은 일국의 생산성에 달려 있다. 생산성이란 한 단위의 노동이나 자본으로 생산되는 산출량의 가치를 말한다. 생산성은 일국의 장기적 생활수준을 결정하는 중요한 요소이다. 일국의 생활수준은 그 나라의 기업들이 높은 수준의 생산성을 달성하고 또한 장기적으로 생산성을 계속 증가시켜 나가는 능력에 의해 결정된다. 일국의 생산성이 지속적으로 증가하려면 그 나라의 경제가 지속적으로 고도화할 필요가 있다.

국가차원의 국제경쟁력은 어떻게 정의하든지간에 보다 광범위하고 종합적인 국가제도상의 차이에 의해서 큰 영향을 받고 있다. 국가차원의 국제경쟁력에 영향을 미치는 중요한 요소들로는 정치체제, 법제도, 교육제도, 국방비 지출수준, 사회간접자본, 사회보장제도, 자본비용, 국민의 자세 등을 들 수 있다.

1. 경제체제

일국의 경제체제가 국가차원의 국제경쟁력에 중요한 영향을 미친다는 것은 홍콩과 싱가포르 등과 브라질, 아르헨티나, 멕시코 등을 대비해 보면 알 수 있다. 홍콩과 싱가포르에 비하면 브라질, 아르헨티나, 멕시코 등은 인구, 면적, 자연자원 등에서 우위에 있다. 그럼에도 불구하고 인구 몇 백만의 도시국가인 홍콩과 싱가포르의 일인당 국민소득이 브라질 등의 국민소득의 수배에 달하는 이유는 경제체제의 차이에서 찾을 수 있다. 즉, 홍콩과 싱가포르는 자유경쟁 시장체제에 충실했고 브라질 등은 수입대체형 산업화 과정에서 자국기업의 경영활동을 엄격히 규제해 왔던 것이다.

자본주의 경제체제는 개인과 기업의 이기심에서 출발하여 각 경제주체의 자유롭고 자발적인 경제행위 간의 조화에 바탕을 두어 성립한다. 생산자와 소비자 간에 거래가 일어날 경우 양자는 얼마간의 잉여를 얻게 되는데 시장경제는 보이지 않는 손에 따라 효율성을 극대화하는 방향으로 움직인다. 이러한 관점에서 본다면 이상적인 경쟁시장에서는 각 경제주체가 자기의 이기심에 근거하여 자발적으로 교환행위에 참가함으로써 상호 이익이 되는 거래를 하면, 결과적으로 사회의 한정된 자원의 효율적인 사용과 배분이 가능해진다. 시장에서 다수의 거래자가 경쟁적으로 거래하는 경우, 사회후생이 극대화되며 '보이지 않는 손'에 의한 개인적 이기심의 조화를 달성할 수 있다. 이 경우 기업은 경쟁으로 인해 한계비용 이상으로 가격을 책정할 수 없게 되며, 소비자는 이 진정한 기회비용에 근거하여 효용이 극대화되도록 행동함으로써 사회적 잉여는 최대가 된다.

그러나 현실적으로는 많은 경우에 있어서 이상적인 형태의 경쟁시장은 성립하지 않으며, 따라서 시장에서의 성과가 반드시 성공적이라고 할 수 없는 상황이 일어나게 된다. 일반적으로 시장규제를 지지하는 사람들이 열거하는 시장실패의 원인은 다음과 같다.

첫째, 경제행위가 편익이나 비용면에서 다른 경제주체에게 파급효과를 갖는 경우, 외부성이 내부화되지 않는다면 시장에 의한 자원배분은 비효율적이 된다.

둘째, 규모의 경제를 생각할 수 있다. 규모의 경제가 있을 경우에는 한 기업이 생산을 담당하는 것이 생산비용이 최소가 되어 가장 효율적이다. 그러나 이 경우 비용상의 효율성은 얻게 되더라도 독점에 의한 자원배분의 왜곡은 정부의 개입 없이는 피할 수 없게 된다.

셋째, 고정비용이나 함몰비용의 비중이 크고, 시장수요조건이 불안정하고 공급이 비탄력적이어서 설비초과현상이 빈번히 나타나며, 그러한 현상이 장기적으로 지속되는 경향이 있는 산업에서 진입장벽이 거의 존재하지 않는 경우에 일어나기 쉬운 과당경쟁의 위험과 그로 인해 발생하는 사회후생에 대한 악영향을 들 수 있다.

넷째, 시장이 불완전하여 대기업에 의한 인위적인 진입장벽 구축 또는 약탈적 가격정책에 따라 시장가격은 진정한 기회비용을 반영하지 못하게 된다.

정부는 시장실패로 시장이 기능을 발휘하지 못하면 공익의 수호자로서 사회적 후생을 최대화하고 부의 공평한 분배를 위하여 시장에 개입하게 된다. 그러나 정부 개입의 유효성에 대해서는 다음과 같은 의문들이 야기되고 있다.

첫째, 시장의 실패와 마찬가지로 정부의 실패도 고려되어야 한다.

둘째, 정부가 과연 공익을 위해서만 행동하고 사익은 전혀 추구하지 않는가에 대해서도 의문이 제기된다.

최근에는 정부규제에 대한 시각이 전통적인 공익설을 부정하고 규제기업 또는 이해당사자들의 진입규제, 요금규제와 같은 규제에 대한 수요와 권력이나 정치적 지지 등을 대가로 한 규제자(정부)에 의한 규제의 공급간의 상호작용으로 보는 시각이 대두되고 있다. 최근에는 정부규제가 야기하는 독과점으로 인한 방만한 경영, 경영조직 및 의사결정의 비효율성, 신기술과 신제품개발노력의 미흡, 제품품질의 저하 등 문제가 제기되면서 전화 · 전력 ·

금융 등 규제가 당연시되던 산업에서조차 경쟁원리가 도입되어야 한다는 주장이 대두되어 많은 산업에서 규제가 사라지고 있다.

우리나라의 경우, 이러한 규제의 일반논리와 산업구조적 특성과는 관계없이 거의 전 산업에 무원칙한 규제가 행해져 왔기 때문에 정부규제의 비효율성문제가 심각하다고 할 수 있다. 우리나라의 고속성장은 정부의 강력한 통제와 규제하에서 몇 개의 선택된 육성대상산업을 중심으로 이루어져 왔다. 그러나 우리나라는 정부규제 일변도의 다른 나라들과는 달리 사회주의 국가에서 시도되는 정부주도하의 계획경제와 시장경제에서 조장되는 개인의 이기심을 성공적으로 결합시킴으로써 급속한 경제성장을 이룰 수 있었던 것이다.

그러나 앞으로는 정부의 규제를 과감히 줄이고 시장경제 메커니즘을 극대화하는 것만이 우리나라 경제와 기업들의 국제경쟁력을 강화시킬 수 있는 길일 것이다. 과거에 정부주도의 경제성장이 가능했던 것은 우리나라의 경제구조 단순, 경제규모에 비해 기업규모 영세, 유능한 인적자원도 정부에 몰려 있었기 때문이라고 할 수 있다. 그러나 이제는 우리나라의 경제구조가 몇몇 관리들이 독단적으로 의사결정을 내리기에는 너무 고도화되었으며 WTO(World Trade Organization : 세계무역기구)의 출현으로 정부에 의한 시장과 산업의 조직적인 보호도 어렵게 되었다.

더욱이 기업의 규모가 영세했던 과거와는 달리 국가 대비 기업의 규모가 너무 커져서 과거와 같은 특혜는 이미 불가능하게 되었다. 인적 자원의 배분도 균형화되어 대기업에 유능한 전문인력이 집결되는 현상이 일어나고 있다. 이 모든 것은 정부주도에 의한 국제경쟁력 강화가 현실과 맞지 않음을 나타내 죽 있다.

2. 교육제도

일국의 교육제도는 인적자원을 개발하는 사회적 시스템으로서 국제경쟁력을 결정짓는 중요한 요인들 중의 하나이다. 미국제조업의 재건을 위한 처방을 제시하고자 시도된 미국 MIT대학의 한 연구보고서는 미국의 제조업이 국제경쟁력을 상실한 원인은 미국의 기본적 가치가 사라졌다거나 약화된데 있는 것이 아니라 미국의 비효율적인 교육제도에 있다고 주장했다. 그러한 주장의 근거로 미국 학생들의 수학, 과학, 언어능력이 경쟁국 학생들의 능력보다 떨어지며, 그러한 현상은 고학년일수록 더 심하다는 것이다. 일국의 교육제도가 국제경쟁력에 강한 영향을 미친다는 좋은 예가 패전독일이다. 독일은 제1차 세계대전에서 패망한 지 20년 만에 제2차 세계대전을 일으켰고 제2차 세계대전에서 패한 지 20년 만에 세계의 선진국 지위에 복귀했다. 독일의 놀라운 경제기적을 독일의 교육제도에서 찾는 사람들이 많으며, 독일은 전쟁에 지고도 20년 만에 패전의 상처를 딛고 부흥하였는데 그 20년 전은 전후에 태어난 아이들이 교육을 받고 사회에 진출하는 시기와 일치한다는 것이다.

우리나라의 경우에는 과거 높은 교육열이 사회계층의 상향이동을 가능케 하는 사회발전의 원동력 구실을 수행해 온 것은 사실이다. 그러나 무조건적인 대학 진학이 갖는 사회적 비용은 엄청나며 실제로 대학졸업자의 대량실업이 노동시장에 있어서의 수요와 공급을 크게 왜곡시키는 현상은 우리나라 교육제도가 갖는 큰 문제점이다. 지나친 교육열이 사회 전반의 수요와 괴리됨으로써 국제경쟁력 배양에 부정적으로 작용하고 있는 것이다.

국제경쟁력 제고에 있어서 공교육에 못지않게 중요한 것이 기업의 사내 교육훈련이다. 우리나라에서도 최근에는 이러한 교육훈련의 중요성에 대한 인식이 높아가고 있어 사내대학의 운영, 기업의 사외파견훈련(경영자들의 사외 교육기관에 위탁 교육, 근로자들을 타 회사 및 외국회사에 파견하여 현장에서 지식과 기술 습득)등을 활용하고 있다. 그러나 독일의 도제제도(apprenticeship)나 일본의 기업 내 훈련에 비하면, 우리나라 기업의 교육훈련은 매우 미흡한 실정이다.

3. 사회간접자본

경제발전과 관련된 사회간접자본에 관한 논의는 빈번하게 이루어지고 있으나 과연 사회간접자본을 어떻게 정의할 것인가에 대해서는 학자에 따라 견해가 매우 다양하다. 사회간접자본의 정의와 분류기준이 다양한 이유는 역사적 · 경제적 · 환경적 여러 조건에 따라 사회간접자본에 대한 정의를 내릴 수 있는 기준과 범위가 가변적이기 때문이다. 한국은행의 국민소득분류기준을 보면 사회간접자본에 건설업, 운수창고, 통신업, 전기 · 가스 및 수도업 등을 포함시키나 교육, 보건, 후생은 기타 서비스에 포함시켜 사회간접자본의 영역에서 제외하고 있다.

도로, 항만, 공항, 철도 등 사회간접자본의 발달은 일국의 국제경쟁력에 중요한 영향을 미친다. 경제활동이란 생산, 소비, 유통 등 세 부문이 조화를 이루면서 균형 발전되어야 안정적인 성장이 가능하다. 전력은 원자력발전소 건설의 확대 등 공급 대책이 없을 경우 전력의 예비율 저하로 제한 송전이 불가피하다. 용수는 민간 수요의 증가와 공업단지 조성 등으로 수요가 급증하고 있다.

4. 자본비용

자본비용은 일국의 국제경쟁력, 특히 가격경쟁력에 영향을 미친다. 자본비용은 노동비용과 마찬가지로 자본생산성을 고려한 단위자본비용을 가리키며, 이는 제품 생산에 소요되는 자본비용으로서 총자본비용을 실질생산액으로 나누어 구할 수 있다. 자본비용은 기업이 투자활동을 위하여 조달한 여러 형태의 자본사용에 대한 대가로 일반적인 타인자본에 대한 이자지급 및 자기자본에 대한 배당 등을 가리키며 생산과정에 투하된 설비와 관련된 자본비용은 설비의 감가상각비와 그 설비를 위하여 조달된 자본에 지급되는 비용 즉 이자나 배당을 의미한다.

우리나라의 자본비용이 높은 것은 자본생산성이 낮고 투자자본조달을 위한 자금이 부족하여 실질금리가 높으며, 부동산투기 등 상대적으로 수익률이 높은 투자대상의 존재, 기업공시제도와 기업회계제도가 취약, 기업의 재무구조 취약, 내부자거래 성행, 주식의 유동성 부족 등 주식투자에 따른 위험이 외국에 비해 높다는 것도 이유이다.

5. 국방비지출

과도한 국방비가 일국의 국제경쟁력을 저하시켜 일국의 경제를 파탄으로 이끈 경우는 구소련의 붕괴로 입증된 바 있다. 미·소간의 군비경쟁은 구소련의 몰락과 동구권의 독립으로 귀착되었으며, 미국 또한 국방비 부담으로 경제가 몰락하여 유럽 및 일본에 추월당하는 결과를 초래하였다. 국방비지출이 일국의 경제에 미치는 영향은 직접적인 것과 간접적인 것이 있다.

국가안보가 일국의 경제에 미치는 직접적인 비용은 군사시설, 군수장비 및 군수품과 서비스구입에 지출되는 비용과 국방 분야 종사 과학자, 기술자, 인력의 조달·운영을 위해 지출되는 비용 등이며, 이러한 비용의 지출결과 국가안보라는 편익이 생산된다. 이러한 직접적인 비용과 편익 이외에도 여러 가지 간접적인 비용과 편익도 있다. 긍정적인 간접효과로는 국방 분야의 신기술과 신제품의 상업화 편익으로, 컴퓨터와 OR(operations research), 인공지능, 전문가시스템, 컴퓨터 네트워크 등이 있다. 국방비지출의 부정적인 간접효과는 우선 국방 분야에 자금과 인력이 투입되는 만큼 민간분야에 대한 투자가 감소할 것이다. 또한 국방 분야에서 생산되는 제품과 서비스는 고도의 표준과 엄격성을 요구하게 되어 도리어 상업화 저해용인이 될 수 있다.

또한 국방 분야의 조사개발은 상업화 불능 및 개발되더라도 비밀로 분류되어 민간기업의 접근이 매우 어렵다. 우리나라의 경우에도 국방부에 민간이 관심을 가지고 있는 여러 가지 기술이 있음에도 접근을 통제하기 때문에 그러한 기술들을 민간기업의 국제경쟁력 제고에 동원할 수 없다는 주장도 있다. 또한 국방 분야의 상업화를 염두에 두지 않는 연구 분위기가 국방 이외의 분야로도 확산되어 시장수요를 고려하지 않는 연구개발 활동이 일반화함으로써 국제경쟁력을 저하시키는 것도 무시할 수 없다.

이와 같이 국방비지출에는 긍정적인 측면과 부정적인 측면이 있으나, 정확한 비용-편익분석은 쉽지 않다. 간접비용의 계량화의 어려움 및 국방비지출에 따른 직접적인 편익인 국가안보 효과의 금액화도 어려운 문제이기 때문이며, 우리나라와 같이 남북대치상황에서 국가안보가 특별한 의미를 가지는 경우는 더욱 그러하다. 북한은 과다한 국방비지출로 경제파탄에 이르렀으며, 일본은 미국의 핵우산 아래 GDP의 1% 미만을 국방비로 지출하여 세계에서 가장 강력한 국제경쟁력을 가진 국가의 하나로 부상했다.

6. 사회보장제도

우리나라는 지난 30여 년 간 급속한 산업화로 선진산업사회에 진입하였으며 국민복지에 대한 요구가 크게 증가하고 있다. 사회경제구조가 급격하게 재편되면서 전통적인 사회질서가 변화되고 새로운 근로자층의 형성과 더불어 계층 간 갈등의 심화에 따라 사회적 통합이 절실하게 된 것이다. 과거의 국가개발정책은 경제규모의 확대를 위한 성장에 우선순위가 두어졌으나, 이제는 사회적 형평성과 경제적 효율성의 조화를 이룰 수 있는 새로운 경제·사회발전 모델이 필요한 시점이다.

사회보장제도 확립은 사회적 형평성의 제고와 성장 전략의 효율성 제고의 긍정적 측면과 과도한 복지 확장의 부작용도 나타나게 된다. 사회보장제도의 긍정적 측면을 보면 다음과 같다.

첫째, 국민생활조건의 개선을 통한 복지증진으로 근로자의 사기와 능률이 높아져서 국제경쟁력 제고에 기여한다.

둘째, 사회보장제도가 공여하는 여러 가지 사회보장 급부는 불완전고용상태에 있는 계층의 유효수요를 증대시킴으로써 경제활동수준을 증대시키고 기업의 국제경쟁력 제고에 기여한다.

셋째, 사회보장제도를 통한 복지의 증진으로 빈곤한 사람들의 생활수준이 향상되며 보다 공평한 소득분배를 통하여 경제적 효율에 역효과를 미치는 사회적 긴장을 완화시킴으로써 생산성을 향상시키는 효과가 있다.

그러나 사회보장제도의 확충에 따른 무리와 부작용의 대가를 치르지 않으면 안 된다. 복지국가를 지향한 발전국들의 경험 상 과도한 복지정책으로 인한 부정적 효과도 적지 않다.

첫째, 지나친 사회보장제도의 확충은 북유럽 복지국가와 같이 노동의욕을 약화시켜 결근율이 높아지는 등 근로자들이 나태해지는 경향이 나타난다.

둘째, 사회복지비용 부담의 가중으로 제품의 생산비용 상승, 기업의 이윤

저하, 기업의 기술혁신과 투자에 대한 의욕 위축, 재화의 공급 감소등으로 종국에는 해당국 기업의 국제경쟁력이 저하된다. 복지비용은 생산요소의 실질비용을 증대시켜, 복지개선이 생산의 효율성에 역효과를 미칠 수 있다.

셋째, 높은 복지비용에 따른 과중한 조세부담으로 지하경제의 급속한 팽창과 조세당국은 징수가능 대상에 대한 고세율 경향과 조세부담의 불공평과 납세자의 조세저항의 강화로 정치·사회적 혼란의 원인이 될 수 있다.

사회보장제도는 일국의 국제경쟁력 제고에 양면성을 지니고 있다. 과다한 사회복지정책으로 어려움을 겪은 국가로는 무절제한 사회보장과 노동조합의 정치집단화로 경제파탄을 경험했던 '페론' 시대의 아르헨티나, 보건·교육 등 무상제공 및 생필품 가격보조와 배급 등으로 경제파탄에 이른 스리랑카 등을 들 수 있다. 이들 나라는 자국의 능력 이상으로 사회복지비의 지출로 경제의 활력과 성장잠재력을 저하시켜 실질적인 복지의 후퇴, 제도의 악용 등 낭비와 비능률 초래, 실업보험급여와 공적부조(公的扶助) 등으로 근로의욕을 저해하였다. 사회보장제도의 확대에 대한 국민적 욕구는 비용부담의 공평성과 소득 계층 및 세대 간 부담의 귀착문제를 고려하여 중장기적인 성장잠재력을 저해하지 않는 사회보장제도의 정착을 위하여 최대한의 노력을 기울여야 할 것이다.

7. 국민의 자세

지난 40여 년간 우리나라가 높은 경제성장률을 달성한 이유 중의 하나는 저돌적인 한국형 기업가정신과 우리나라 근로자들의 높은 근로의욕을 들 수 있다. 40여 년 전 세계 최빈국이었던 우리나라가 경제개발을 개시할 때 극히 제한된 자본과 기술 그리고 경영 노하우(know-how)를 보유하고 있었을 뿐이었다. 그러나 우리나라의 기업가와 근로자들은 "하면 된다."는 정신으로 수출주도 성장정책으로 단기간에 높은 국제경쟁력을 달성하다.

일국의 국제경쟁력 결정에 있어서 기업가와 근로자의 자세가 얼마나 중요한 것인가를 보여주고 있다. 지금 우리나라가 당면하고 있는 국제경쟁력 저하는 이러한 한국형 기업가정신과 근로정신의 퇴조에서 찾아볼 수도 있을 것이다.

(1) 기업가 정신

일국의 국제경쟁력의 저하와 관련하여 근로자 정신의 퇴조를 우려하는 경향이 있다. 근로자들의 3D(difficult, dirty, dangerous)적 기피 현상은 노동생산성의 저하 및 수출품의 품질저하를 초래한다. 근로자들의 노동의욕 저하가 국제경쟁력을 약화의 극복, 기술개발, 경영혁신, 구조조정 등의 기업가의 경영혁신이 국제경쟁력 회복의 중요한 요인이다.

(2) 근로의욕

근로의욕은 기업가들이 경영관리의 효율화를 통해서 근로자들에게 적절한 동기를 부여하여 높은 생산성을 유지한다는 것이다. 근로자들이 기업의 주체자로서 자기회사라는 인식을 가져야 한다. 기업은 이익을 창출한 근로자에게 효율적인 배분, 우리사주 조합을 활성화와 자사주 보유 유발, 연수교육도 강화와 경쟁력 향상 등 노사구분 없이 서로 화합하는 신노사관계가 정립되어야 한다. 우리나라는 경제개발 초기단계의 풍부한 노동공급과 정부주도적 노사관계인 기존의 노무관리방식을 벗어나 새로운 노사관계 속에서 근로자들에게 보다 높은 동기가 부여되는 관리방식을 모색해야 하는 시점이다.

도전적인 기업가 정신과 왕성한 근로의욕, 절제된 소비자세와 건전한 국민정서 등 국민자세가 필요하다. 국민소득을 초월하는 소비와 나태한 근로자세를 보이는 국가는 요소부존상의 비교우위에도 불구하고 국제경쟁력을 가질 수 없다는 것은 과거 중남미 여러 나라들의 예에서 우리는 쉽게 확인할 수 있다.

제2절 산업차원의 국제경쟁력

세계 어떤 나라도 모든 산업분야에서 경쟁력을 가질 수는 없으며, 선진국에도 국제경쟁력이 없는 산업들이 있다. 미국의 제조업 중 철강과 섬유산업, 유럽의 농업 등이 좋은 예이며, 이상적으로는 어느 나라나 제한된 인적·물적 자원을 가장 생산적인 산업에 집중하는 것이 필요하며, 따라서 국가경쟁력을 국가차원에서만 정의하는 것은 잘못된 부분이 있다. 또한 어느 나라의 경제든 산업별로 큰 차이가 있으며, 그 나라가 국제경쟁력을 가지고 있는 산업에 집중하는 경향이 있으며, 독일은 고급차시장에서 국제경쟁력이 높고 우리나라는 중·소형차 시장에서 경쟁력이 있다. 따라서 많은 종류의 산업이나 산업분야에서 진정한 국제경쟁력을 가진 국가의 수효는 그리 많지 않다. 일본의 농업이나 에너지산업은 경쟁력이 낮은 실정이다.

산업차원의 국제경쟁력은 자국과 경쟁상대국 상품의 수입국시장의 시장점유율을 통한 현시비교우위지수(revealed comparative advantage index)와, 수출국의 특정산업 무역흑자 등으로 측정할 수 있으나 무역관련 지표로 산업차원 경쟁력 측정에는 한계가 있다. 저임금, 저평가 통화를 기반으로 하여 저가품의 수출을 확대하고, 고가품을 수입한다면 무역흑자 또는 무역균형은 가능하지만 그 나라의 생활수준은 결코 높아질 수 없을 것이다. 국제경쟁력이란 단순한 무역흑자, 완전고용의 달성이 아니라, 국민들에게 부가가치가 높은 일자리를 마련해 주는 것을 의미한다.

1. 비교우위론

산업차원의 국제경쟁력 결정이론은 애덤 스미스(Adam Smith)의 절대우위론과 데이비드 리카도(David Ricardo)의 비교우위론에서 비롯되었다. 절대우위론은 자국이 절대적·능률적으로 생산할 수 있는 제품의 생산에 특화하여 국제무역을 통하여 부를 극대화할 수 있다고 주장한다. 비교우위론은 각국이 생산비에 있어서 상대적으로 우위에 있는 제품의 생산에 특화하여 그 제품을 생산・수출하고 그 대가로 생산비의 비교열위에 있는 제품을 수입하면 교역당사국 모두가 이익을 볼 수 있다는 주장이다.

2. 요소부존이론

애덤 스미스와 데이비드 리카도는 각각 국가 간의 생산비용과 생산비 비율의 차이가 국제경쟁력을 결정한다고 주장했으나, 그러한 차이의 존재를 설명하지 못하였으며, 국제경쟁력의 중요성은 설명하고 있으나 그러한 국제경쟁력의 원천에 대한 해답은 제시하지 않았다. 국가 간 생산비 비율의 차이는 여러 가지 요인 때문에 발생할 수 있으며, 천연부존자원의 차이, 기술, 자본, 노동 및 토지 등 생산요소의 부존량의 국별 차이로 양국 간의 재화 생산하는 비용이 다를 수 있다. 헥셔(Heckscher)・올린(Ohlin)이 주장한 요소부존이론(theory of factor endowment)은 무역 발생(따라서 국제경쟁력을 결정하는) 원인인 국가 간의 생산비 비율의 차이를 생산요소 부존량의 상대적인 차이로 설명하였다.

요소부존이론은 자국이 상대적으로 풍부한 부존자원을 집약적으로 사용하는 상품이 경쟁력이 있다고 주장한다. A국이 자본과 노동 생산요소를 B국보다 절대적으로 많이 보유하고 있더라도, A국의 자본/노동의 비율이 B국의 자본/노동의 비율보다 낮다면, A국은 노동이 상대적으로 풍부한 나라이므로 노동집약적인 상품의 생산에 경쟁력을 가지며, A국은 B국으로 노동집약적인 상품을 수출한다는 주장이다.

3. 제품주기론

제품주기론은 기술개발국은 신제품공급에 국제경쟁력이 있으며 후발국은 해당 제품의 성숙기 내지 쇠퇴기에 경쟁력이 있다는 주장이다. 제품주기(product cycle)는 한 제품이 개발 출시되는 도입기를 거쳐 판매량이 급속히 증가하는 성장기, 제품에 대한 수요증가율이 둔화되는 성숙기를 지난 후에는 사양품목이 되어 결국은 쇠퇴하기까지 시간의 흐름에 따라 한 제품이 거치는 판매량의 변화과정을 가리킨다. 다음의 표는 제품주기를 나타내고 있다.

제품주기

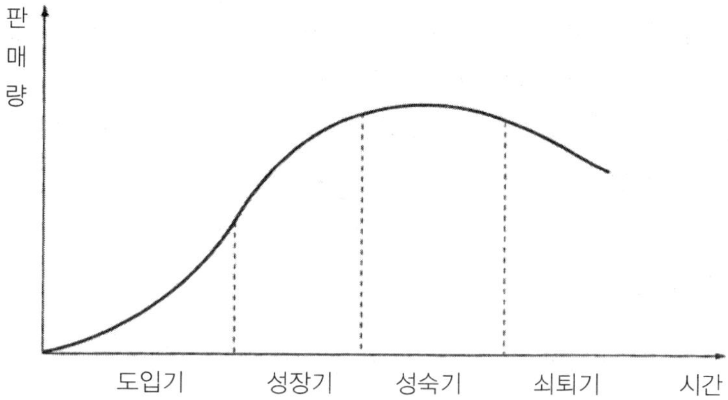

신제품개발의 제품개발단계, 시작단계와 최초 상업적 생산의 도입단계의 구분은 어렵지만, 제품의 초기단계에는 기업가의 관심이 주로 제품개발에 관련된 기술자, 생산담당자, 신제품판매원, 신제품의 예상사용자 간에 효과적인 의사소통을 유지하게 된다. 신제품이 성공하면 생산시설은 최초에 제품의 개발이 일어난 곳에 있기 쉽다. 생산 공장의 입지를 처음부터 선택할 수 있다 하더라도, 최적 공장입지 선정은 어렵다. 시작단계의 제품은 그 형태나 크기, 제품의 생산에 사용되는 재료 등이 유동적이고 제품생산에 투입될 요소나 제품시장의 규모, 수요의 지리적 분산이 확실하지 않아 비용절감 및 비용극소화의 압력이 크지 않다. 신제품이기 때문에 경쟁자 유무가 중요한 요소가 아니며, 신제품에 대한 수요는 가격탄력성이 낮아 신제품의 최초 수요계층은 가격 차이에 민감한 반응을 보이지 않는 것이 보통이다.

신제품 기술개발국의 1인당 소득수준과 소비자나 사용자의 시간비용이 높으며 시장의 규모가 큰 나라이기 쉽다. 1인당 소득수준이 높으므로 고가의 신제품에 대한 수요가 있고, 소비자의 시간비용이 높으므로 노동절약적인 제품의 개발・판매가 일어나기 쉽다. 또한 시장의 규모도 크므로 신제품을 도입하는 기업이 느끼는 위험도 감소한다. 이러한 신제품은 후발 개발국에도 알려져 신제품의 수출이 일어나게 된다. 제품이 성숙하여 표준화됨에 따라 소비자는 여러 생산자의 제품을 보다 쉽게 비교할 수 있게 되며 최초의 생산자가 보유하는 지식이나 기술이 본국과 해외에서 도전을 받게 되며, 가격경쟁의 위협이 뚜렷해진다. 성숙기에 들어서면 기술은 완전히 표준화되어 기술상의 우위는 사라지며 제품생산의 비교우위에 풍부한 노동력을 보유하는 개도국으로 이전되며, 개도국은 저임금 등 가격경쟁력으로 제품의 개발국으로 역수출하게 된다.

4. 대표수요이론

대표수요이론은 국제무역의 현실과 부합되는 면이 많으며, 국내제조업자가 자국에서 확고한 시장지위를 확보하기 전에 수출에 나서는 경우는 드물다. 일단 제조업자가 수출에 나서면 소득, 기호 및 수요구조가 유사한 나라로 수출하는 경우가 많다. 외국시장에서 자사제품에 대한 잠재적인 수요를 예측하려 할 때, 기업가들은 다른 어떤 경제적 요소보다도 1인당 소득수준에 보다 주안점을 두는 것도 사실이다.

그러나 제조업자가 반드시 국내수요가 있는 제품만 수출하는 것은 아니다. 과거에 우리나라의 크리스마스트리 장식품 제조업자들은 국내에서 크리스마스트리 장식에 대한 수요가 거의 없었음에도 불구하고 이를 미국에 수출하였다. 최근에는 국제기업들이 빈국에 투자하여 제품을 생산한 후 이를 다른 나라로 수출하는 경우도 늘어나고 있다. 국제기업의 세계적 진출이 확대되어 개도국이 제조품을 생산하여 개발국에 수출하는 수출기지화가 경향이 뚜렷해지고 것이다.

5. 국가우위 다이아몬드

일국의 특정산업이 국제시장에서 경쟁우위를 가지려면, 요소조건, 수요조건, 관련 산업과 지원 산업, 기업의 전략 · 구조 · 경쟁 관계가 중요하며, 다음의 표는 네 가지 요소의 상호작용을 나타낸다.

국가우위 다이아몬드

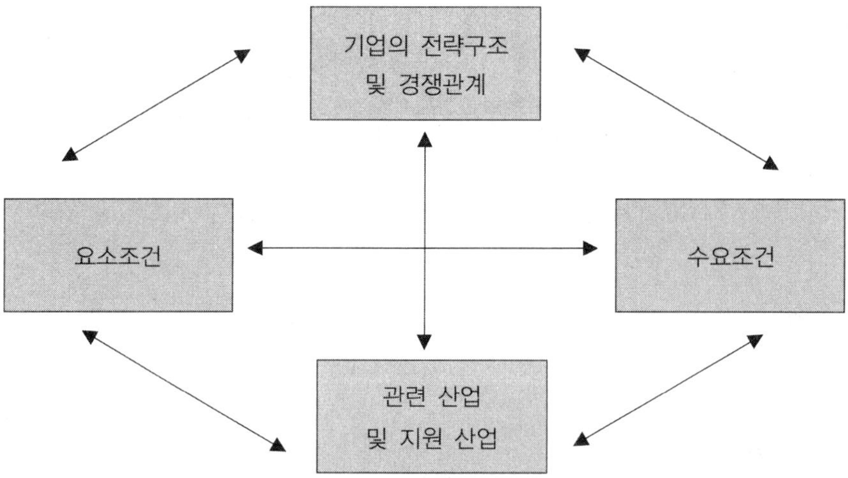

1) 요소조건

경제이론에 의하면 노동, 토지, 자본 등의 생산요소가 무역의 흐름을 결정한다. 요소부존이론에 의하면 일국은 상대적으로 풍부한 부존생산요소를 많이 사용하는 재화들을 수출하게 된다. 그러나 선진경제의 고도화 산업들은 노동, 토지, 자본 등 단순생산요소가 아닌 숙련된 인적자원이나 과학 지식과 등 생산요소들을 필요로 하며, 이러한 생산요소들은 한 국가가 과거의 유산 및 창조를 통하여 가능하며, 특정시점에서 한 국가의 생산요소 보유보다는, 이들 요소의 창조 · 개량 · 배치 능력이 더 중요하다. 특정산업 경쟁우위 결정 요소는 지속적이고 대규모의 투자가 필요한 특화된 요소들이다. 노동, 원료 등 기초요소들은 지식집약산업의 경쟁우위 형성에 크게 기여하지 못하며, 기초요소들은 기업의 해외진출과 생산기술의 우회 활용 등으로 가능하다.

근로자의 고학력이 경쟁우위 형성에 기여하는 지식을 의미하는 것은 아니다. 국제경쟁력 형성에 기여하는 생산요소는 산업별로 특정한 요구에 알맞게 고도로 특화된 요소이어야 한다. 광학연구를 전문으로 하는 연구소나 소프트웨어회사의 창업을 지원하는 모험자본의 집합 등이 좋은 예이며, 요소의 희소성으로 모방하기 어려우며 이들을 창출하기 위해서는 지속적인 투자가 필요하다. 일국이 특정산업 경쟁력은 특화된 요소를 창출해 내고 이를 계속 고도화시키는 세계적 수준의 연구기관이 필요하며, 예로 덴마크의 당뇨병 연구와 치료 및 인슐린 수출과 네덜란드의 꽃 재배 · 포장 · 수송 등 분야 등이다.

요소조건의 정태적 관점에서 보면 열위이나 동태적으로는 우위가 될 수 있다는 것이다. 값싼 원료와 노동력이 풍부하면 기업들은 단순한 우위에 안주하여 생산요소들을 비효율적으로 사용하기 쉽다. 그러나 기업들은 높은 땅값, 노동력이나 원료의 부족 등과 같은 생산요소상의 열위에 직면하면 경쟁에서 살아남기 위해서 혁신과 개량을 하게 되며, 예로 일본의 적시생산(JIT: just-in-time)을 들 수 있다. 경쟁상의 열위가 우위로 전환될 수 있기 위해서는 몇 가지 조건이 충족되어야 한다.

첫째, 특정생산요소의 부족은 조만간 다른 나라에도 닥치게 될 것인바 적절한 신호를 한 나라의 기업에 전달하여 그들로 하여금 외국의 경쟁자들보다 앞서서 혁신하도록 유도할 필요가 있다.

둘째, 다이아몬드의 다른 세 부분에서도 유리한 여건이 조성되어야 한다. 혁신을 위한 적절한 기술을 보유한 인재가 필요하며, 올바른 신호 발송 국내의 수요조건과 적극적인 경쟁자가 국내에 있어야 한다.

셋째, 기업이 자신이 속해 있는 산업에 대해 사명감을 가져야 한다는 것이다. 사명감도 없고 활발한 경쟁의식도 없는 기업은 경쟁상의 열위를 혁신을 위한 자극으로 사용하기보다는 쉽게 피해 가는 길을 택할 것이다.

2) 수요조건

Global 기업 간 경쟁에 따라 국제경쟁력 형성에 국내수요는 중요성이 약화되었으나, 국내시장의 구성과 특성은 기업들이 어떻게 구매자의 요구를 인식하고 반응하는가에 대해 큰 영향을 미친다. 일국이 특정산업에서 국제경쟁력을 갖게 되는 것은 국내수요가 global new customer의 요구를 보다 분명하고 보다 빨리 그 나라의 기업들에게 전달해 주기 때문이다. 국내에서 요구사항이 많은 고객들에게 공급한 경험은 외국의 경쟁자들보다 빨리 혁신하여 보다 높은 단계의 국제경쟁력을 달성할 수 있게 된다.

국내의 수요조건이 국제경쟁력 확보에 도움을 주는 경우는 특정한 산업분야가 외국시장에서보다 국내시장에서 더 크거나 더 눈에 잘 뜨일 때이다. 국내시장이 크면 국내회사들이 더 많은 관심을 기울이게 마련이며, 규모가 작거나 덜 바람직한 국내산업분야에 대해서는 우선순위를 낮게 두는 경향이 있다. 우리나라 면도기시장 중 안전면도기 분야는 규모가 크지 않기 때문에 우리나라 면도기회사들이 그 동안 큰 관심을 기울이지 않았으나, 세시장(細市場: segment)이 국내시장 규모가 큰 시장인가 하는 문제보다 더 중요한 것은 국내고객들의 성격이다. 제품, 서비스의 평가에 있어서 세계에서 가장 까다롭고 요구사항이 많은 고객을 국내에 가지고 있는 기업은 결국 국제경쟁력을 얻게 된다. 왜냐 하면 그러한 고객들은 그 나라의 기업들이 품질, 서비스 등 높은 수준에 도달하도록 압력을 가하기 때문이다.

한편 일국의 가치관이나 국내여건 때문에 고객의 요구가 엄격해지기도 한다. 일본인들은 작고 좁은 집에서 살며 무덥고 습기 많은 여름에 높은 전기요금을 내야 한다. 이러한 조건에 대응하여 일본기업들은 작고 소음이 없으며 절전형 로터리 컴프레서 부착 에어컨을 출시하였다. 일본의 환경 제약들은 일본기업들의 혁신을 자극하여 경박단소형 제품들이 출현하게 되었다.

또한 국내고객의 요구가 외국고객들의 요구 수준을 앞서면 국내기업들이 그 산업의 국제경쟁력 향상에 도움이 되며, 국내고객들의 요구는 세계시장 수요변화에 대한 조기경보시스템으로 작용하는 셈이다. 정부의 정책이나 국민의 가치관 등으로 국내수요가 세계수요에 앞서 출현하기도 한다. 스웨덴의 지체부자유자에 대한 관심과 정부의 지체부자유자 지원 정책 및 덴마크의 환경보전과 수질오염방지산업의 국제경쟁력 등이다.

3) 관련 산업과 지원 산업

국제경쟁력을 갖춘 국내 공급원으로부터 원료나 부품을 공급받는 국내산업은 여러 가지 면에서 국제경쟁에 유리하다. 국제경쟁력 있는 공급 산업은 특정한 산업이 필요로 하는 투입품을 효율적인 비용으로 신속히, 제때에, 특혜적 조건으로 공급해 준다. 이탈리아의 금은세공회사들의 국제경쟁력은 이탈리아회사들이 보석가공기계와 귀금속재생기계의 세계 수요의 3분의 2를 공급하고 있기 때문이다. 단순히 부품이나 기계에 가까이 있다는 사실보다 더 중요한 것은 특정산업이 국내의 관련 산업이나 지원 산업들과 긴밀한 관계를 가진다는 것이다. 공급자와 최종소비자가 서로 가까이 있으면 의사전달과 신속한 정보가 항상 교환될 수 있다는 이점이 있다. 이 경우 투입품의 수요기업들은 공급기업들의 기술개발과 연구개발의 시험장이 되어 줄 수도 있어 혁신은 빠르게 진전된다.

관련 산업의 국제경쟁력도 해당산업에 비슷한 혜택을 준다. 연관 산업 간의 정보와 기술의 교환으로 혁신과 제품고급화의 속도가 빨라지기 때문이다. 경쟁력 있는 관련 산업은 기업들의 새로운 기술도입을 증대시켜 해당산업 내 경쟁방법을 혁신하는 새로운 진입자를 공급하기도 한다. 스위스의 제약산업은 먼저 염료산업이 국제경쟁력이 있었기 때문이며, 일본의 전자음악 키보드산업의 발전은 가전산업과 음향기기산업이 국제경쟁력이 있었기 때문에 가능하였다.

4) 기업의 전략, 구조 및 경쟁관계

국가별 환경과 상황에 따라 기업의 설립 · 조직 · 경영 방법과 기업 간의 경쟁관계도 달라진다. 이탈리아의 가족집단 운영 개인소유의 중소기업들과 독일의 기업 내 조직과 경영의 철저한 위계질서와 기술자 출신 경영자 등 특징이다. 일국의 특정산업 국제경쟁력은 해당국의 선호 경영방식과 조직형태가 그 산업 내의 원천들과 융합된 결과이다. 이탈리아의 조명기구, 신발, 모직물, 포장기계 등 산업의 주문생산, 특정소비자 목표 판매전략, 신속한 변화, 융통성 등은 이탈리아식 경영체제에 잘 부합된다. 반면에 독일식 경영은 기술적으로 엔지니어링 지향적 산업에 적합하며, 광학, 화학 및 정밀기계산업에서 국제경쟁력을 가지고 있다.

국제경쟁력 다이아몬드를 형성하고 한 조건의 효과는 다른 조건들의 상태에 의존하여 다이아몬드상의 점들은 상호작용을 통해 서로를 강화하며 하나의 체계를 형성한다. 그러나 산업차원의 국제경쟁력을 국가우위 다이아몬드로 설명하는 데 대한 비판도 적지 않다. 싱가포르는 우리나라보다 전문화된 생산요소, 국내수요, 관련 산업 · 지원 산업 또한 작고 미미하며, 국내 기업간의 경쟁도 미미하다. 그러나 싱가포르의 1인당 국민소득은 우리나라 보다 2~3배나 높으며, 국가우위 다이아몬드는 이러한 현상을 효과적으로 설명하지 못한다.

국가우위 다이아몬드의 결함은 WTO의 출현 이후 범세계적으로 진행되고 있는 시장과 기업의 글로벌화와 정보화를 중요시하지 않는다는 데 있다. 글로벌화와 정보화로 인해서 각국은 전 세계에 존재하는 전문화된 요소, 수요, 관련 산업과 지원 산업에 효과적인 접근, 세계 유수 기업들과 경쟁 등 요인이 간과되고 있다. 각국은 고급 전문 인력의 확보를 위해여 문호를 개방하고 있으며, 인터넷 등을 이용하여 관련 산업 · 지원 산업을 글로벌 차원에서 활용하고 있다. 뿐만 아니라 전 세계 여러 나라에 지사 · 자회사 등을 설립 · 운영하여 다국적 기업들은 국내 수요 뿐 아니라 해외수요에도 쉽게 접근할 수 있으며 전 세계적으로 구축된 회사 내 · 외 정보망을 통하여 각국에서 일어나는 독특한 수요변화에 민감하게 반응하여 신제품 · 신기술을 개발하고 있다. 한편 국내시장을 개방하면 세계 여러 나라의 기업들이 국내시장에 진출하기 때문에 산업 내 기업 간의 치열한 경쟁은 자동적으로 보장된다. 따라서 글로벌화 · 정보화의 상황에서는 국가 우위 다이아몬드도 중요하지만 어느 나라가 글로벌 다이아몬드를 더 잘 활용하는가가 산업경쟁력 확보에 더 중요할 수 있다.

제3절 기업차원의 국제경쟁력

한 나라가 국가차원과 산업차원에서 국제경쟁력이 있다고 해서 그 나라의 모든 기업, 또는 그 나라의 특정산업 모든 기업이 국제경쟁력을 가지는 것은 아니다. 또한 한 나라가 국가차원과 산업차원에서 국제경쟁력을 상실했다고 해서 그 나라의 모든 기업이 국제경쟁력을 상실하는 것은 아니다. 그러면 기업차원에서 국제경쟁력을 결정하는 것은 무엇일까?

1. 자원, 역량, 전략과 국제경쟁력

기업의 국제경쟁력은 그 기업이 보유하고 있는 자원, 역량, 경영자의 전략에 의해 결정된다. 기업의 경쟁우위는 기업이 창조하는 가치에 의해 결정되며 기업이 창조하는 가치는 기업이 공급하는 제품이나 서비스에 고객이 느끼는 호용에서 비용을 공제한 나머지를 가리킨다. 기업이 국제경쟁력은 정의 가치 창조와 경쟁기업들보다 더 많은 가치를 창조해야 한다.

여기서 자원이란 그 기업 특유의 특허권이나 상표, 평판, 노하우, 전문지식을 갖춘 조직구성원들을 가리키며, 역량이란 그 기업의 경쟁기업 대비 특별한 수행 활동을 말한다. 자원은 기업이 갖고 있는 것들을 뜻하지만 역량은 기업이 수행하는 활동으로 기업의 특정한 직능 ,특정한 기술 및 제품디자인과 연관된다.

2. 경영전략

경영전략이란 회사의 기본적인 장기경영목표의 결정, 이의 수행을 위한 구체적인 행동방안의 수립 및 목표수행에 필요한 자원을 각 부서에 배분하는 것이다. 전략을 기업경영에 이용하면 기업은 보다 더 복잡한 기업 환경이 제기하는 여러 가지의 위협에 성공적으로 대처할 수 있다. 전략의 이용은 위협에 대처하는 소극적인 효과와 기업환경이 제공하는 기회를 유익하게 이용할 수 있다는 적극적인 효과도 가져온다.

전략에 대한 정의는 학자에 따라 각기 다르다. "전략이란 우리 회사가 현재 어떤 사업을 하고 있으며, 또한 앞으로 어떻게 할 것이며 그리고 우리 회사가 현재 어떤 종류의 회사이며, 또한 앞으로 어떤 종류의 회사가 될 것인가를 밝히는 식으로 표현된 회사의 목적과 정책, 그리고 이러한 목표를 달성하기 위한 계획이다"라는 주장과 "전략적 문제는 회사와 회사를 둘러싼 환경 간에 조화를 이루는 것과 관계가 있다. 보다 쉽게 표현하자면 우리 회사가 현재 어떤 사업을 하고 있으며 앞으로 어떤 종류의 사업들을 시작할 것인가를 결정하는 문제이다"라는 주장도 있다. "전략수립이란 회사를 둘러싼 환경을 해석하고 조직의사결정의 흐름에 있어서 일관성 있는 패턴을 개발하는 것이다."라는 주장과 "전략이란 조직의 기본적인 미션(missions), 목적(purposes)과 목표(goals)를 정하고 그러한 미션, 목적과 목표를 달성하기 위한 정책을 수립하며 조직의 목표가 달성되도록 전략을 수행하는 데 필요한 방법을 개발하는 것이다"라는 주장 및 "경쟁전략의 수립이란 회사와 회사를 둘러싼 환경간의 관계를 수립하는 것이다"라는 주장도 있다.

이러한 정의들을 종합하면 경영전략이란 결국 회사의 기본적인 장기경영목표를 결정하고 이를 수행하기 위한 구체적인 행동방안을 채택하며 목표수행에 필요한 자원을 각 부서에 배분하는 것이다. 전략이란 이와 같이 경영조직을 연구하는 데 있어서 가장 폭이 넓고 가장 복잡한 의미를 가진 개념들 중의 하나이다.

장기경영목표의 설정은 특정기업이 여태까지 수행해 온 경영활동의 획기적인 확대, 생소한 장소나 나라에 새로운 공장이나 영업소의 신설, 기업이 참여하는 사업의 다각화 등 목표를 설정하는 것을 말한다. 기업은 장기경영목표의 효과적인 달성을 위하여 수요 변화, 거래선 변화, 경제환경 변화, 새로운 기술의 출현과 경쟁기업의 새로운 전략 등에 대응하여 기존의 사업영역을 확장하고 신규 사업에 진출하기 위하여 새로운 행동계획을 세우고 그에 따라 기업의 인적 자원과 물적 자원을 기존의 부서와 신설된 부서에 적절히 배분하여야 한다.

회사의 사업에 대해 전략적 사고방식을 가진 경영자들은 우선 기업의 경영환경을 식별하고 그것에 익숙해질 필요가 있다. 경영자들은 또한 자기회사의 실제고객, 잠재고객, 경쟁기업, 공급기업 및 자기회사가 직면하고 있는 법적·정치적 제약조건 등을 평가하고 자기회사의 능력과 자기회사가 보유하고 있는 자원에 대한 상세한 지식을 개발할 필요가 있다.

전략은 흔히 제도적 전략(institutional strategy) 또는 기업문화(corporate culture)와 기업전략(corporate-level strategy), 사업전략(business-level strategy) 및 직능전략(functional-level strategy)으로 분류할 수 있다.

1) 제도적 전략(기업문화)

제도적 전략이란 기업문화를 의미하며 경영전략의 최상위 개념으로서 한 기업이 자신의 기본성격과 비전을 어떻게 형성하는가를 가리킨다. 따라서 제도적 전략은 조직구성원들에게 목적의식을 어떻게 심어주고 조직의 구성원들로 하여금 어떻게 회사의 목표와 미션(mission)에 몰두하게 하는가에 초점을 맞춘다. IBM의 왓슨(Thomas A. Watson, Sr.)은 컴퓨터시대의 도래 이전에 이미 IBM이 세계적 기업이 될 운명이라고 믿었다. 그의 비전은 개인에 대한 존경, 고객에 대한 서비스와 직무수행에 있어서의 탁월함을 강조한 IBM의 기본신조에 잘 나타나 있다. 즉, 제도적 전략은 최고경영자의 리더십과 비전을 나타내는 것이다.

이러한 제도적 전략은 기업문화로 대표된다. 제도적 전략이 성공하면 그 기업의 문화는 기업의 목표를 효과적으로 달성할 수 있는 밑받침이 된다. 우리나라의 재벌기업 중 "관리의 삼성"하는 식으로 기업문화가 정의된다. 이와 같이 기업은 모두 각기 독특한 성격을 가지며, 오랜 기간에 걸쳐 기업 내외 환경의 영향을 받아 형성 된 것이다. 따라서 기업문화란 기업의 가치관이며 일단 형성되면 쉽게 변하지 않고 지속하는 성격을 가진다. IBM의 예와 같이 일반적으로 우수한 기업들은 독특한 기업문화로 조직구성원들에게 행동방향을 제시하며, 훌륭한 기업문화가 정착되면 조직구성원들이 높은 수준의 가치관을 가지게 되며 전사적인 목표의 달성에 공헌하게 된다. 기업문화란 조직의 구성원들에게 기업이 목표로 하는 바를 구체적으로 주지시켜 사기를 앙양시키며 나아가서는 충성심을 북돋아 줌으로써 모든 구성원들이 일체감을 가지고 공동의 목표를 향하여 일하게 하는 것이다.

2) 기업전략

기업전략이란 기업이 보유하는 자원을 그 기업이 현재 보유하고 있는 사업 포트폴리오(portfolio)와 그 기업이 앞으로 참여할 사업에 배분하는 것을 말한다. 따라서 기업전략이란 특정한 기업이 자기가 경쟁에 참여할 사업을 선정하고 선정된 여러 사업에 자기가 보유하는 자원을 배분하는 것이다. 기업전략은 그 기업이 어떤 사업을 할 것이며 경쟁에 참여할 사업의 종류는 몇 가지로 할 것인가 등 그 기업의 기본경영목표를 결정하고 이러한 기본목표를 달성하기 위하여 인적·물적 자원을 확보하고 확보된 자원을 사업부서에 배분하는 것이다.

기업의 해외진출 의사결정도 중요한 기업전략의 일환이라는 것이다. 기업은 수출, 제3국에 투자 후 우회수출, 수요가 있는 나라에 직접 투자 등 방법으로 해외수요를 충족시킬 수 있으며, 해외수요의 충족 방법은 최고경영층의 의사결정사항이다. 기업 활동의 해외확장은 새로운 조직과 기술, 절차를 필요로 하며 경영자의 훈련과 조직구성원의 재교육이 필요한 전사적 과업이다. 따라서 기업의 해외진출은 중요한 기업전략의 일부이다. 기업의 해외진출은 최고경영층에게 복잡한 경영 문제를 제기하며 그 정도는 기업이 새로운 산업에 진출할 때에 경험하게 되는 것과 비슷하며, 기업의 해외활동을 기업의 전체적인 시스템 내에 효과적으로 통합할 수 있어야 하기 때문이다.

3) 사업전략

사업전략은 선정된 산업내에서 어떠한 경쟁무기를 가지고 그 산업 내의 다른 기업들과 경쟁할 것인가를 결정하는 산업 내 경쟁전략을 가리킨다. 특정한 산업에서 경쟁하는 모든 기업들은 명시적이든 묵시적이든 사업전략을 갖고 있다. 사업전략은 전략수립과정을 거쳐서 명백히 의도적으로 수립된 것일 수도 있고, 회사 내 여러 직능 부서의 경영활동들이 느슨하게 뭉쳐진 결과일 수도 있다. 후자의 경우에 각 부서는 자기의 전문분야가 요구하고 부서책임자의 이해관계를 반영하는 전략을 추구할 것이므로, 직능전략의 합계인 사업전략이 산업 내 경쟁에 효과적인 최적의 전략이 될 가능성은 희박하다. 따라서 기업경영자가 효과적인 사업전략을 수립하기 위해서는 해당 사업부서의 산업 내 경쟁, 사업부서의 목표, 목표달성을 위한 직능전략 등 개략적인 공식을 개발해야 한다. 사업전략 수립의 목표는 자기자본 이익률, 투자자산 수익률 등 경제적 목표 및 기술혁신목표, 학습목표 등 비경제적 · 전략적 목표도 포함된다.

사업전략 수립 시 회사 내적인 요소 두 가지와 회사 외적인 요소 두 가지 등 네 가지 요소들을 고려해야 하며, 회사 내적인 요소 두 가지 중 하나는 회사의 강점과 약점이다. 회사의 강점과 약점이란 재무자원, 기술, 상표 등 회사가 보유하는 자산과 기술의 상대적 경쟁력을 가리키며. 둘째는 사업전략을 수행할 회사의 최고경영층의 동기와 욕구를 의미하는 최고경영층의 개인적 가치이다.

최고경영층의 개인적 가치와 회사 강·약점의 결합은 회사가 성공적으로 채택할 수 있는 사업전략의 내적 한계를 구성한다. 사업전략의 외적 한계를 구성하는 두 가지 요소는 자기가 속한 산업이 제공하는 기회 및 위협과 넓은 의미의 사회적 기대이다. 산업기회와 위협은 위험과 보상 잠재력이 갖기 때문에 회사가 경쟁하는 환경을 구성한다. 사회적 기대란 정부정책, 사회적 관심 등이 회사에 미치는 영향을 지칭한다. 기업은 반드시 이 네 가지 요소들을 고려해야 현실적으로 수행 가능한 사업전략을 수립할 수 있다.

4) 직능전략

직능전략은 사업전략이라는 목표를 성공적으로 달성하기 위한 수단이다. 아래 표의 중앙에 산업 내 경쟁전략과 회사의 경제적·비경제적 목표를 보여주는 사업전략이 위치하며, 중앙에 연결된 것들이 직능전략들이다. 어떤 회사의 사업전략이 저비용전략이라면, 그 회사가 생산하는 제품라인의 수는 적게, 제조직능도 효율적이어야 할 것이다. 마케팅활동은 TV보다는 신문, 신문보다는 전단을 활용한 광와 유통경로는 할인점 등을 이용해야 할 것이다. 구매직능은 대량주문을 통해 구매비용을 줄이고 재무직능은 외상매입의 활용 등을 통해 재무비용의 최소화를 추구해야 할 것이다.

사업전략과 직능전략의 관계

제4절 국별 신용도 관리(Country Risk)

1. 의의

1970년대 두 차례에 걸친 유가파동으로 비산유 개발도상국들의 국제수지 적자의 확대 및 1990년대 후반 동아시아 외환위기의 발생 등으로 금융기관들의 국별신용도에 대한 관심과 필요성이 커지게 되었다.

2. Country Risk의 개념

1) Country Risk의 정의

Risk란 '어떤 우발적 손실에 대하여 노출된 상태'라고 정의할 수 있으며 Country Risk는 통상 '어느 특정국가에 대출 또는 투자 시 그 국가에서 발생한 어떤 사태로 인하여 야기될 손실의 가능성에 노출된 상태'라고 정의할 수 있다.

2) Country Risk의 요인

(1) 직접 Risk

① 정치적요인 : 전쟁, 외세점령, 폭동, 영토분쟁, 이념의 차이, 경제적 이해대립 등

② 사회적요인 : 내란, 폭동, 종족분쟁, 종교적 분열, 사회계층간의 불화 등

③ 경제적요인 : 단기적 경제의 운용관리 능력부재, 효율적인 경제정책의 수행능력 부재, 생산코스트의 상승 등

(2) 간접 Risk

과세율변경, 보호정책의 중지 등 정책의 변화에 대한 Risk다.

3) Country Risk의 대상 Exposure

Exposure란 Risk 대상 자산을 의미하며 Country Exposure를 정확히 파악하는 것이 Country Risk를 평가하는 전제조건이다.

(1) 금융 Risk의 대상 Exposure

① 무역관계 : 수출어음의 매입, D/P, D/A, 연불수출금융, 선수금 지불 등

② 금융관계 : 대출, 유가증권투자, 지급보증, 예치금, Credit Line공여, 기타투자 등 금융 관련 Country Exposure는 외국인에 대한 채권 잔액과 우발채무로 분류할 수 있으며, 외국인에 대한 채권은 외국금융기관에 대한 대출, 모든 종류의 해외대출, 매입외화채권, 해외에 대한 직접 리스금융. 해외소재 법인에 대한 투자, 인수된 외국인 발행어음 등이 있다. 우발채무는 외국인에게 발급한 L/C, L/G 등 채무를 말한다.

(2) 투자 Risk의 대상 Exposure

① 출자금 : 투자Risk의 주된 Exposure

② 장기 대출금

③ 부동산에 관한 권리

④ 보증 : 현지기업의 장·단기 차입 및 제3국을 통한 차입에 대하여 지급보증 한 것

⑤ 투자의 과실, 기술료 : 배당금, 배당금이자, 로열티 및 특허권 사용료 등

4) Country Risk 평가방법

대표적인 방법으로는 각 국가의 여러 변수 중 지수사항을 선정하여 가중치를 부과한 후 종합점수를 산출 100점 만점에서 높은 점수를 받은 국가의 위험이 낮은 것으로 분석하는 지수가중평균방식이 가장 널리 사용되고 있으며 보편적으로 인용되는 Euromoney지와 Institutional Investor지도 동 방식을 채택하고 있어 널리 활용되고 있다.

제5절 Credit Rating

1. 개요

국제금융시장에서 채권발행에 있어 차입자의 신용도는 가장 중요한 조건이다. 차입자의 신용도에 따라 채권의 이자, 만기, 발행가격, 유통시장가격 및 수수료 등이 결정된다. 채권발행자의 신용도에 관한 정보는 전문신용평가기관으로부터 얻을 수 있으며, 세계적인 대표적 신용평가 기관으로는 미국의 S&P (Standard & Poors Corporation), MIS(Moody's Investors Service), 영국의 ESS(Extel Statistical Services), 캐나다의 CBRS(Canada Bond Rating Services), 일본의 공사채연구소(JBRI) 등이 있다.

2. 신용등급 사정방법

전문신용평가기관은 채권발행자와 같은 신용평가의뢰자로부터 소정의 수수료를 받고 의뢰인이 제출한 각종 자료와 평가기관이 수집한 자체자료를 분석하여 신용등급과 분석결과를 공표하며, 일반적으로 발행채권별로 원리금상환 위험을 상대적으로 평가하여 신용등급을 정하게 된다.

3. 신용등급의 유용성

전문신용평가기관으로부터 양호한 수준의 신용등급을 받는 경우 국제금융시장에서 기채가 원활하게 되고, 미국자본시장에서 회사채(Corporate Bond) 또는 Yankee Bond 발행 시에 사전에 신용등급을 받는 것이 관례이며 공모발행의 경우 의무적이다.

4. 신용등급의 구분

미국의 S&P와 Moody's의 신용등급이 국제금융시장에서 대표적으로 통용되고 있는 바 그 등급의 구분과 평가기준은 다음과 같다.

Moody's	S & P	평가기준
Aaa	AAA	원리금 지급능력이 가장 높음
Aa (Aa1, Aa2, Aa3)	AA (AA+, AA, AA-)	원리금 지급능력이 매우 높음
A (A1, A2, A3)	A (A+, A, A-)	원리금 지급능력이 높음
Baa (Baa1, Baa2, Baa3)	BBB (BBB+, BBB, BBB-)	원리금 지급능력이 평균적 수준 보다 높음
Ba (Ba1, Ba2, Ba3)	BB (BB+, BB, BB-)	원리금 지급능력이 평균적 수준임
B (B1, B2, B3)	B (B+, B, B-)	현재의 원리금 지급능력은 적절, 장래는 불확실
Caa	CCC	투기적 요소가 있어 장기적으로 불확실
Ca	CC	Default 발생 중 또는 중대한 문제 있음
C	C	전혀 장래성 없음
	D	Default 발생 중
(총 19단계)	(총 20단계)	

5. 일본의 신용평가기관

일본은 세계 최대의 자본공급국 중 일원이며, 세계 주요 금융시장에서 일본투자가들의 비중이 높아지고 있다. 일본시장의 중요성은 유리한 자금조달을 위하여 필요하며, 일본에서의 Rating 취득 시 아래와 같은 자금조달이 가능하다.

1) Samurai Bond(엔화표시 공모외채)

(1) Rating 기관

국 별	기 관 별
일본	일본공사채 연구소(JBRI) 일본정부연구소(JCR) NIPPON INVESTORS SERVICE(NIS)
미국	MOODY'S STANDARD & POOR'S FITCH

(2) 발행액

신용등급	발행금액
AAA	무제한
AA	300억 엔
A	200억 엔

제6절 우리나라의 국가경쟁력 현황

1. WEF 관점

세계경제포럼(WEF: World Economic Forum)에서는 매년 국가별로 측정한 국제경쟁력 보고서(Global Competitive Report)를 발표한다. 국가경쟁력을 평가하는 기준은 크게 세 가지로 기본요인, 효율성, 혁신 및 성숙도가 있다. 이들은 각각 세부기준을 포함하며 총 열 두 가지가 있다. 기본 요인으로는 제도적 요인, 인프라구축, 거시경제 환경, 보건 및 초등교육이 있다. 효율성

부문에는 고등교육 및 훈련, 상품시장 효율성, 금융시장 성숙도, 기술수용 적극성, 시장규모, 노동시장 효율성이 있다. 혁신 및 성숙도는 기업 활동의 성숙도와 혁신을 평가한다.

1) WEF 국가 경쟁력 부문별 순위

가. 3대 평가 부문과 세부 평가 부문

	전체 순위	기본요인(23위→19위)				효율성 증진(22위→22위)						기업혁신 및 성숙도 (18위 유지)	
		제도적 요인	인프라	거시경제	보건 및 초등교육	고등교육 및 훈련	상품시장 효율성	노동시장 효율성	금융시장 성숙도	기술수용적 극성	시장규모	기업활동 성숙도	기업혁신
08	13	28	15	4	26	12	22	41	37	13	13	16	9
09	19	53	17	11	27	16	36	84	58	15	12	21	11
10	22	62	18	6	21	15	38	78	83	19	11	24	12
11	24	65	9	6	15	17	37	76	80	18	11	25	14

우리나라는 3대 평가부문별 순위가 전년과 동일하거나 올랐음에도 전체 순위에서 24위에 올라 전해보다 2계단 하락했다. 2008년 13위 이후 우리나라는 19위, 22위, 24위로 3년째 순위가 하락추세이다. 부문별로 기본요인이 상승(23→19위)하였고 효율성 증진(22→22위)과 기업혁신 및 성숙도(18→18위)는 순위를 유지했다.

세부 분야를 보면 우리나라의 성과는 열두 가지 부문별로 편차가 크다는 것이 특징이다. 인프라구축(18→9위), 거시경제 환경(6→6위), 초등교육(21→15위)과 고등교육 및 훈련(15→17위), 기술수용의 적극성(19→18위), 기업 혁신(12→14위)은 높은 평가를 받았다. 반면 금융시장 성숙도(83→80위)는 상승하였으나 여전히 국제적으로는 낮은 수준이다. 또한 개선이 필요한 분야는 제도적 요인(62→65위)과 노동시장의 효율성(78→76위)이다.

나. 세부 분야별 순위 변동

12가지의 세부 항목 중에서 상승분야는 인프라구축, 보건 및 초등교육이다. 하락분야는 고등 교육 및 훈련, 기업혁신, 기업 활동 성숙도, 노동시장 효율성, 제도적 요인이다.

[상승분야]

- 인프라 구축: 철도 인프라의 질과 유선 전화 가입자 수의 순위 상승

항목	순위		항목	순위	
	11	10		11	10
전체 인프라의 질 (Quality of overall infrastructure)	18	12	여객기 운송 능력* (Available seat kilometers)	18	18
도로 인프라의 질 (Quality of roads)	17	14	전력공급의 질 (Quality of electricity supply)	23	19
철도 인프라의 질 (Quality of railroad infrastructure)	8	10	유선 전화 가입자* (Fixed telephone lines)	5	26
항만운송 인프라의 질 (Quality of port infrastructure)	25	25	이동전화 이용자수* (Mobile telephone subscriptions)	62	62
항공운송 인프라의 질 (Quality of air transport infrastructure)	28	22			

- 보건 및 초등교육: 초등교육의 질과 초등학교 취학률, 기대수명의 순위가 상승

항목	순위		항목	순위	
	11	10		11	10
HIV 발병률* (HIV prevalence)	1	1	초등학교 취학률* (Primary enrollment)	11	15
초등교육의 질 (Quality of primary education)	22	31	기대수명* (Life expectancy)	17	23
말라리아가 기업 활동에 미치는 영향 (Business impact of malaria)	80	76	HIV가 기업 활동에 미치는 영향 (Business impact of HIV/AIDS)	62	41
말라리아 발병률* (Malaria cases)	82	83	영아 사망률* (Infant mortality)	28	27
결핵이 기업 활동에 미치는 영향 (Business impact of tubuerculosis)	64	48	결핵 발병률* (Tuberculosis incidence)	86	84

[하락분야]

- 제도적 요인: 대부분의 항목에서 순위가 떨어졌고, 특히 정책결정의 투명성(111→128위), 정부지출의 낭비 여부(71→95위), 공무원 의사결정의 편파성(84→94위) 등 하락

항목	순위		항목	순위	
	11	10		11	10
재산권 보호 (Property rights)	53	54	정책결정의 투명성 (Transparency of Government policy making)	128	111
지적재산권 보호 (Intellectual Property protection)	46	44	테러에 따른 기업비용 (Business costs of terrorism)	82	91
공공자금의 전용 (Diversion of public funds)	58	56	범죄 및 폭력에 따른 기업비용 (Business costs of crime and violence)	61	80
정치인에 대한 공공의 신뢰 (Public trust of politicians)	111	105	조직범죄 (Organized crime)	71	85
비정상적인 지급 및 뇌물 (Irregular payments & bribes)	49	51	경찰 서비스 신뢰성 (Reliability of police service)	44	46
사법부 독립성 (Judicial independence)	69	60	기업경영윤리 (Ethical behavior of firms)	58	57
공무원 의사결정의 편파성 (Favoritism in decisions of government officials)	94	84	회계감사 및 공시기준의 강도 (Strength of auditing and reporting standards)	96	95
정부지출이 낭비되는지 여부 (Wastefulness of government spending)	95	71	기업 이사회의 유효성 (Efficacy of corporate boards)	119	98
정부규제 부담 (Burden of government regulation)	117	108	소수주주의 이익 보호 (Protection of minority shareholders' interests)	110	102
법체계의 효율성(논쟁해결측면) Efficiency of legal framework in settling disputes)	84	75	투자자 보호의 강도* (Strength of investor protection)	60	59
법체계의 효율성(규제개선측면) Efficiency of legal framework in challenging regulations)	97	87			

- 고등교육 및 훈련: 고등교육 취학률에서 세계 1위, 중등교육 취학률(34→38위)과 경영대학(원)의 질(47→50위) 부문이 하락

항목	순위		항목	순위	
	11	10		11	10
고등교육 취학률* (Tertiary enrollment)	1	1	수학 · 과학교육의 질 (Quality of math and science education)	12	18
학교에서의 인터넷 접근도 (Internet access in schools)	10	12	기업의 직원훈련 정도 (Extent of staff training)	41	42
중등교육 취학률* (Secondary enrollment)	38	34	경영대학(원)의 질 (Quality of management schools)	50	47
교육시스템의 질 (Quality of the educational system)	55	57	전문연구, 훈련서비스 이용가능성 (Availability of research and training services)	39	39

- 기업활동 성숙도: 기업 클러스터 조성 정도(25→28위), 수출기업 가치사슬의 폭(14→19위)이 하락

항목	순위		항목	순위	
	11	10		11	10
국제시장 경쟁우위의 원인 (Nature of competitive advantage)	17	18	수출기업 가치사슬의 폭 (Value chain breadth)	19	14
국제물류의 내국기업 장악력 (Control of international distribution)	15	24	생산공정의 성숙도 (Production process sophistication)	23	23
국내 공급자의 양 (Local supplier quantity)	25	25	기업의 마케팅 정도 (Extent of marketing)	32	32
국내 공급자의 질 (Local supplier quality)	27	33	기업의 직원에 대한 권한이양정도 (Willingness to delegate authority)	79	88
기업 클러스터 조성 정도 (State of cluster development)	28	25			

- 기업혁신: 기업의 혁신능력(20→18위)과 대학-산업간 R&D 협조(23→25위)에서 하락

항목	순위		항목	순위	
	11	10		11	10
기업의 혁신능력 (Capacity for innovation)	20	18	실용특허 건수* (Utility patents)	5	5
기업의 R&D 지출 (Company spending on R&D)	11	12	과학자 및 기술인력 확보 용이성 (Availability of scientists and engineers)	23	23
공공구매시 고급기술 제품 구매 (Government procurement of advanced technology products)	31	39	대학-산업간 R&D 협조 (University-industry collaboration in R&D)	25	23
과학연구기관 수준 (Quality of scientific research institution)	25	25			

[평가와 증진 방안]

WEF의 분석을 따르면 우리나라의 약점 요인은 제도적 요인, 노동시장, 금융시장이다. 2011년 평가에서 노동시장과 금융시장에 대한 평가는 약간 나아졌지만 제도의 투명성과 효율성을 의미하는 제도적 요인에 대한 평가는 나빠졌다. 금년 평가결과는 순위에 큰 변화는 없고 강·약점도 지난해와 비슷하다.

WEF 지수에서 취약한 면을 보자면 우리 경제의 경쟁력 제고를 위해서는 제도적 요인과 금융, 노동시장에 대한 지속적인 개선 노력이 필요하다. 제도적 요인 중 정치인에 대한 신뢰, 정부 규제, 정책 결정의 투명성, 기업 이사회의 유용성, 소수주주 이익보호의 개선이 시급한 것으로 평가된다. 노동시장은 특히 노사협력, 정리해고 비용, 고용 및 해고 관행에서의 개선이 필요하다. 금융시장의 경우 대출의 용이성, 벤처자본의 이용가능성, 은행건전성에서 개선할 점이 많은 것으로 평가된다. 뿐만 아니라 시장 독점, 농업정책비용, 무역장벽, 외국인 기업소유 등의 면에서도 외국에 비해 경쟁력이 많이 뒤처지는 것으로 평가되었다.

2. IMD 관점

IMD 세계 경쟁력연감은 스위스 국제경영개발연구원이 평가한 국가경쟁력 순위로 WEF의 국가별 경쟁력 평가보고서와 함께 국가 경쟁력을 비교할 수 있는 자료이다. 평가 기준은 크게 네 가지로 경제성과, 정부효율성, 기업효율성, 인프라 구축이 있다. 경제성과의 세부 분야는 국내경제, 국제무역, 국제투자, 고용 물가가 있다. 정부효율성은 공공재정, 재정정책, 제도적 여건, 기업 관련법규, 사회적 여건이 있다. 기업효율성은 생산성과 효율성, 노동시장, 금융 경영활동, 행태가치로 평가한다. 인프라 구축은 기본인프라, 기술 인프라, 과학 인프라, 보건 및 환경, 교육으로 이루어진다.

1) IMD 세계 경쟁력 부문별 순위

가. 4대 부문과 세부 평가 부문

	08	09	10	11
1. 경제성과	47	45	21	25
2. 정부효율성	37	36	26	22
3. 기업효율성	36	29	27	26
4. 인프라구축	21	20	20	20

우리나라는 전년에 비해 1단계 상승한 22위를 기록했는데 WEF의 순위와 달리 2008년 이후 3년 연속 국가경쟁력이 상승하고 있다. 정부효율성(26→22위)과 기업 효율성(27→26위)이 상승한 것이 원인이다. 경제성과 분야의 하락(21→25위)은 물가 및 국제투자 부문이 부진한 것이 이유이다.

- 경제성과: 국제무역 부문(22→16위)은 개선되었지만 물가 부문(41→52위)이 악화되어 전체적으로 하락

구분	강 점	순위	구분	약 점	순위
고용	장기실업률	1	국제투자	R&D시설 재배치 위험(설문)	54
	실업률	7		주식 직접투자 유입액/GDP	53
	청년 실업률	11		포트폴리오 투자 자산	50
국내경제	경제 다변화정도(설문)	3	국제무역	교역조건 지수	53
국제무역	상품 수출액	7	국내경제	생계비 지수	51

- 정부 효율성: 사회적 여건이 개선(49→38위)되었고 공공 재정(19→16위), 재정정책(13→11위) 등 순위 상승

구분	강 점	순위	구분	약 점	순위
기업 관련법규	정부보조금/GDP	4	기업 관련법규	이민법의 외국인 근로자 고용저해 정도(설문)	56
공공재정	재정수지/GDP	4		관세 장벽	54
제도적 여건	외환보유고	6		보호주의(설문)	51
	단기 실질이자율	8	사회적 여건	노령화(설문)	50
재정정책	소비세율	10	제도적 여건	법 · 규제 여건	51

- 기업 효율성: 경영활동 부문(27→29위)만 하락하고 행태가치(22→18위), 금융(30→28위), 노동시장(35→34위) 등은 개선

구분	강 점	순위	구분	약 점	순위
노동시장	인재 유치에 대한 기업의 우선순위(설문)	2	경영활동	이사회의 경영감시기능(설문)	55
	연간 평균 근로시간	2	금융	주주의 권리(설문)	54
경영활동	고객 만족도 강조여부(설문)	3	노동시장	노사관계 생산성(설문)	53
	경영자의 기업가정신(설문)	6		고위 간부의 경쟁력(설문)	52
행태가치	세계화에 대한 태도(설문)	8		숙련노동자(설문)	50

- 인프라 구축: 기술 인프라(18→14위)와 교육인프라(35→29위) 부 이 상승

구분	강 점	순위	구분	약 점	순위
건강 및 환경	지속가능한 개발에 대한 기업의 우선순위(설문)	1	교육	중등교사 1인당 학생수	53
				초등교사 1인당 학생수	51
교육	고등교육 이수율	2	건강 및 환경	환경오염의 경제 영향(설문)	48
기술	광대역 통신망 가입자수	3			
과학	기업의 R&D 투자/GDP	5	기술	인터넷 대역폭 속도	45
	총 R&D 투자/GDP	5		휴대전화 가입자수	41

나. 세부 분야별 순위 변동

- 경제성

세부항목	2010	2011
국내 경제	10	12
국제 무역	22	16
국제 투자	50	53
고 용	4	6
물 가	41	52

- 정부 효율성

세부항목	2010	2011
공공재정	19	16
재정정책	13	11
제도적 여건	23	23
기업 관련법규	44	44
사회적 여건	49	38

- 기업 효율성

세부항목	2010	2011
생산성 & 효율성	26	26
노동 시장	35	34
금 융	30	28
경영활동	27	29
행태가치	22	18

- 인프라 구축

세부항목	2010	2011
기본 인프라	20	19
기술 인프라	18	14
과학 인프라	4	5
보건 및 환경	27	28
교 육	35	29

[평가와 증진 방안]

IMD의 평가를 보면 2008년 이후 3년 연속 국가경쟁력이 상승(08년 31위 → 09년 27위 → 10년 23위 → 11년 22위)하였으며, 이는 1997년 IMD 조사 이후 최고수준이다. 정부효율성(26→22위)과 기업효율성(27→26위)의 향상이 순위 상승에 영향을 주었다. 특히 사회적 여건의 개선(49 → 38위)과 행태가치의 개선(22 → 18위)이 주요 요인이다.

IMD의 평가에서 하위권에 머물러있는 외국인 직접투자 유치 및 해외 포트폴리오투자, 노동관련 제도 및 노사관계의 선진화를 위한 개선 노력이 필요하다. GDP대비 외국인 직접투자 유입(52→46위), 해외 포트폴리오 투자 자산(50→50위), 노동규제의 효율성(44→40위), 외국인 노동자에 배타적인 이민법(56→56위), 해고비용(49→49위), 비생산적 노사관계(56→53위) 또한 서비스업 분야(서비스업 수지: 50위) 및 중소기업의 효율성(52→49위) 향상을 위한 노력이 필요하다.

3. IPS 관점

산업정책연구원(The Institute for Industrial Policy Studies)은 1993년 지식경제부 산하기관으로 설립되었으며, 국내 · 외 경제 환경, 미래의 환경변화 예측하여 정부 및 기업의 경쟁력 향상을 위한 정책 및 전략 등을 개발에 하는 연구기관이다.

IPS의 연구 활동은 세계 각국의 산업정책에 대한 학술연구, 정부에 대한 정책자문, 기업전략개발 등으로 나누어진다. IPS는 전문가 네트워크로 구성된 35여 개의 연구센터를 운영하며, 축적된 연구결과를 바탕으로 정기적인 학술 세미나와 심포지엄을 개최하고 있다.

특히, 국내외 2,500명의 경제경영학 전문가들과 연구네트워크를 구축하고 국가경쟁력 연구센터, 지속경영 연구센터, 브랜드 연구센터, 디자인산업 연구센터, 경영혁신 연구센터 등 35개의 연구센터를 운영하고 있다. IPS는 2001년부터 국가경쟁력연구원(IPS-NaC)과 공동으로 「IPS 국가경쟁력연구」를 수행해 오고 있다. 산 · 학 현장에서 필요로 하는 국가차원의 경영 · 경제 정보를 체계적으로 수록하여 각계 각 층의 세계화 정보 등 유용한 정보를 제공하고 있다.

IPS 국가 브랜드 가치평가는 각 국가의 최근 3년간의 제품 및 서비스 수출액을 기준으로 한 국가 브랜드 수익에 국가 브랜드 파워지수를 곱하여 산출된다. 그리고 국가 브랜드 파워지수는 매년 발표되고 있는 IPS 국가 경쟁력 지수와 세계 62개국 1,886명을 대상으로 조사하여 도출한 심리적 친근도 및 국가 브랜드 전략 평가 결과를 적용하여 산출된다.

2010년 우리나라의 브랜드 가치는 전체 40개국 중 약 1.2조 달러로 10위를 차지했다. 우리나라의 국가브랜드 가치 평가 순위는 2007년부터 2010년도까지 동일한 순위를 유지하였다.

우리나라에 대한 선호도는 40개국 중 9위인데 반해 경험도는 31위로 세계인들을 대상으로 우리나라의 다양한 모습들을 경험기회의 전략적 필요성이 대두되었다. 또한 인권과 안정성 측면에서는 각각 18위, 19위를 차지하여 이 부문의 이미지를 강화 전략의 수립이 요구되었다.

다른 국가들의 브랜드 가치평가 결과를 살펴보면, 미국이 약 10.7조 달러로 40개 평가대상국 중 1위를 차지하였다. 2위는 독일이 약 6.5조 달러, 3위는 영국이 약 3.2조 달러로 3위에 랭크되었다. 1위부터 5위까지의 순위는 지난해 대비 변동이 없었으며, 일본과 중국도 지난해와 동일한 4위와 6위를 차지하였다.

제 03 장

International Finance

제1절 국제금융개요

1. 국제금융의 의의

국제금융이란 현금, 예금, 채권, 주식 등 금융자산이 국제적으로 이동하는 현상을 말한다. 미시적인 입장에서 볼 때 개인, 기업이 해외 또는 비거주자를 상대로 효율적인 자금조달 및 운용을 도모하는 각종 행위를 말하며, 거시적인 입장에서는 국민경제면에서 해외자금의 유출·입 행위를 말한다.

2. 국제금융의 기능

1) 국제대차 결제

국제금융의 첫째 기능은 국제간 재화 및 용역거래(경상거래)와 자본거래의 결과 발생되어 있는 국제간 채권·채무의 원활한 결제에 있다. 국제간 결제의 원활한 수행을 위해서는 이종통화 간 교환을 위한 외환시장이 발달되어 있어야 하며, 주요 국제금융시장에 위치하고 있는 세계 유수은행들과 환거래계약 체결, 당좌계정 개설 동 계정의 대·차기를 통한 결제방법을 미리 마련하여 둘 필요가 있다.

2) 국제무역금융 지원

국제금융의 두 번째 기능은 국제간 상품 및 용역의 수출입대금을 융자해 줌으로써 국제교역을 촉진하는 것이다. 수출입 금융은 상품의 원료 구입에서 생산 판매를 거쳐 동 대전을 회수할 때까지 소요되는 1회전 기간 동안의 단기 금융이다.

3) 국제대차 및 국제 유동성 과부족 조정

국제금융시장은 단기무역금융, 중장기 국제투자 및 시설금융, 만성적인 국제수지적자 및 국제유동성 부족상태에 놓여 있는 비산유개발도상국의 국제수지적자 보전용 금융(balance of payment loan) 및 경제개발소요자금금융(project loan) 등을 취급하게 되었다. 그러나 금융기간의 장기화, 개도국의 외채비율 누증 등 국제은행의 건전경영을 위협하는 단점이 노출되기도 하였다.

4) 국제자금관리 경로 제공

국제개방경제체제하에서 기업 및 금융기관의 국제화 내지 다국적화에 따라, 그들의 자금조달 및 운용 지역 및 통화가 다원화되었으며, 이를 국제적으로 종합관리 할 필요성이 대두되게 되었다. 국제금융시장은 국제은행 및 다국적기업의 국제자금관리(International financial management) 상 필요한 각종 금융수단과 기법을 제공함으로써 더욱 번창할 수 있었다. 국제금융시장은 다국적기업의 번창과 더불어 그들의 자금조달 및 운용시장으로서 크게 활용되고 있으며, 그들이 필요로 하는 유동성관리, factoring, 자금관리, 결제 등 각종 금융서비스를 취급하고 있을 뿐 아니라, 환투기 내지 금리투기시장의 기능까지도 수행하게 된다.

제2절 국제금융시장의 의의

국제금융시장(International Financial Market)이란 국제적 또는 국가 간에 직접적 또는 금융기관을 통한 간접적인 장·단기 금융거래가 대량 반복적으로 이루어지는 시장을 말한다.

"장·단기 금융거래"란 국제무역거래, 해외투자, 자금의 대차거래 등에 수반하여 예금, 채권, 주식 등 금융자산이 이동되는 거래를 말하며 "국제적 또는 국가 간에"는 금융거래의 양당사자 중 적어도 어느 한쪽이 비거주자인 경우를 말한다. 국제금융시장은 금융거래의 양당사자 즉 자금의 수요자와 공급자 모두가 거주자인 국내금융시장(Domestic Financial Market)과 구별된다.

1. 국제금융시장의 성립요건

한 국가나 특정지역이 국제자금 조달과 운용 및 결제기능을 원활히 수행하고 고부가가치 정보를 생산·공급할 수 있는 국제금융시장으로 발전하기 위해서는 다음과 같은 기본조건을 구비하여야 한다.

1) 해당국 통화의 국제교환성

해당 국가의 경제력이나 자금력을 배경으로 그 통화가 국제결제 및 거래에 사용될 수 있는 국제교환성의 기능을 수행할 수 있어야 한다. 해당국 통화가 국제교환성을 갖추지 못하면 국제금융거래가 제3국 통화로 결제되게 되고 시장의 발전은 기대하기 어렵게 된다. 따라서 어떤 통화가 국제통화로서 기능을 발휘하기 위해서는 건전한 기초경제여건, 자금력 외에도 자유로운 자본이동의 보장 및 정치·경제의 안정이 필수적이다.

2) 고도의 금융상품 및 시장의 발달

국내외 장단기 금융시장이나 외환시장이 발달되어 있어 다양한 금융수단으로의 접근이 언제나 가능하며, 시장의 폭이 넓고 심화되어 외부환경의 충격에 흔들리지 않고 시장의 안정성을 확보할 수 있어야 한다.

3) 시장의 개방 및 규제완화

자유로운 자본거래, 자금이체, 예금, 외환거래, 자본의 유·출입 등이 보장되어야 한다. 장단기 금융재정거래와 통화선물, 통화옵션, 통화스왑 등 다양한 금융수단의 이용될 수 있도록 제도적인 규제가 최소화되고 조세의 우대조치 등이 보장되어야 한다.

4) 정보통신기술의 발전

세계 각국의 시장정보가 신속하고 저렴하게 공급되어 시장이 효율적으로 운용되며, 대규모 거래가 즉시 가능하고 거래비용도 저렴하여야 한다. 이를 위해선 통신, 네트워크 등 금융 인프라의 구축이 필수적이다.

제3절 국제금융시장의 구조

1. 광의의 국제금융시장

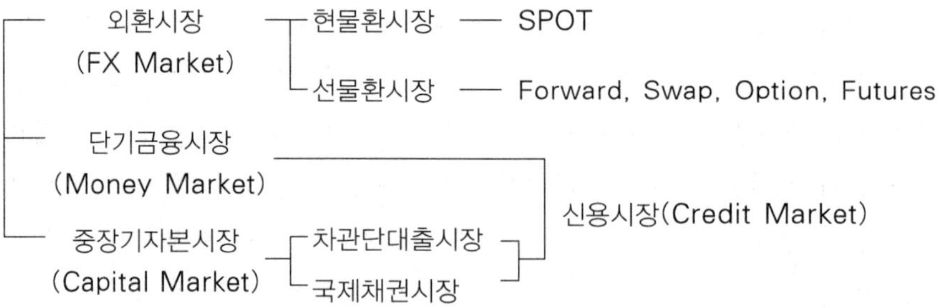

1) 외환시장

(1) 의의

국제거래가 이루어지기 위해서는 교역국간에 타국가의 통화가 교환될 수 있는 매개체가 존재하여야 하며, 외환시장은 각각 다른 화폐단위에 대한 매개체의 기능을 발휘함으로써 어느 한 국가의 통화의 구매력을 타국가로 이전시키는 역할을 하게 된다.

모든 국제거래는 외환시장에 반영되며, 외환시장은 교역국간의 실물경제를 연결시켜주며 국가경제의 대외거래가 외환시장에서 집약될 수 있어, 대외경제정책수립의 지표도 외환시장의 변동에서 찾을 수 있다. 외환시장은 외환에 대한 수요와 공급이 만나 외환의 가격이 결정되는 곳을 지칭하는 추상적인 개념이며 외국환은행, 고객, 환 중개인 등으로 구성된다.

(2) 외환시장의 기능

① 이종통화간의 교환을 통하여 실제 환율의 결정과 국제간의 구매력 이전을 가능하게 함으로써 국제수지 및 국제투자를 원활하게 해 준다.

② 국제무역 및 투자신용을 가능하게 해 준다. 국제무역 및 투자가 단일통화가 아닌 한, 신용공여도 2개 이상의 통화로 이루어지며 외환시장을 그 전제로 한다.

③ 환위험 관리를 할 수 있는 경로를 제공해 준다.

(3) 외환시장의 구분

① 현물환시장: 환매매 계약과 동시에 외국환의 인도가 이루어지는 시장

② 선물환시장: 환매매 계약의 성립 이후 일정한 기간이 경과 후에 외국환의 인도가 이루어지는 시장

2) 단기금융시장(Money Market)

(1) 의의

단기금융시장(money market)은 금융기관 및 기업 등의 단기과부족자금

의 수급을 조절해주는 시장이다. 단기금융시장의 금융수단은 만기가 1년 이내의 현금대용물로서 유동성이 확보되고 환위험의 회피 등 안전성의 화가보가 필요하며, 재정증권, 콜 자금, 양도성예금증서, 기업어음, 은행인수어음, 환매조건부채권 등이 있다.

(2) 단기금융시장의 기능

① 경제내의 자금수요자에 대한 신속한 자금 제공, 자금공급자에게는 지급준비자산의 시장성 확보 등 금융효율을 높여준다.

② 이자율이 경쟁시장에서 결정되므로 자금의 효율적 배분 및 사용이 촉진되고 금융의 자동조절기능이 발휘될 수 있는 여건을 마련해 준다.

③ 이자율 변동 등 금융시장의 자금수급사정이 당국에 신속하게 통지되므로 공개시장조작 등 금융정책의 수립 · 집행을 용이하게 해준다.

④ 정책수단의 다양화를 뒷받침하여 금융정책효과를 제고하고, 금융기관에 대해서는 제2선 지급준비의 수단을 제공해 준다.

상기와 같이 단기금융시장은 금융중개기능을 강화하여 단기여유자금의 효율성을 높이고 공개시장조작의 활성화 등 통화관리기능을 촉진하여 금융정책효과를 극대화하는 중요한 기능을 수행하고 있다. 따라서 단기금융시장의 발전은 경제전체의 자원배분이 효율적, 합리적으로 이루어져 금융부문과 실물부문의 균형적인 발전을 도모하는데 필요조건이 된다.

3) 중장기 자본시장(Capital Market)

(1) 개요

중장기 자본시장(capital market)은 만기 1년 이상의 금융시장을 말하며, 만기 이외에 다음과 같은 점에서 단기자금시장과 구별된다.

① 단기자금시장의 금융거래 목적이 단기 상업, 무역금융 및 운전자금 조달에 있는 반면, 중장기 자본시장은 주로 장기 고정자산의 투자자금 조달에 주된 목적이 있다.

② 단기자금시장이 상업은행 주도하에 주로 간접금융형태인 반면, 중장기 자본시장은 투자은행(Investment Banking Firm), 유가증권 중개회사(Commission Brokerage House), 투자자문회사(Investment Advice Co.)가 주축이 되며, 그 기능도 직접금융 서비스에 중점을 두고 있다.

③ FRB 등 금융통화당국은 통화시장에 참여하고 있는 상업은행 등 에 대하여 지준 및 유동성 및 이자율 규제를 통하여 직접적인 규제를 하는 한편, 금리정책 및 공개시장을 통하여 통화시장에 직접적인 영향을 미치고 있다. 반면 자본시장에 참여하고 있는 금융기관에 대하여는 직접적인 규제를 하지 않고 있을 뿐 아니라, 자본시장 자체에도 직접적인 영향을 미치지 않고 있다. 즉 금융통화당국은 통화시장 규제를 통하여 간접적으로 자본시장에 영향을 미치고 있다.

(2) 중장기 자본시장의 구분

중장기 자본시장은 크게 차관단 대출시장과 국제채시장으로 구분되며, 발행시장(Primary Market)에서는 자금의 최종수요자와 자금공급자간에 직접금융거래(차관단대출 모집, CB, DR 발행 등)가 이루어지며, 유통시장(Secondary Market)에서는 금융자산거래가 금융중개기관을 통하여 이루어진다(기 발행 FRN 등의 매입 및 매각).

2. 직접금융시장과 간접금융시장

	국내금융시장	국제금융시장	
		역 내	역 외
직접금융[1]시장 간접금융[2]시장	자본시장 중개시장	외국채시장 국제여신시장	유로본드시장 유로커런시시장

1) 직접금융이란 차입자가 은행에서 차입을 하지 않고 증권시장에서 채권(Bond)이나 기업어음(CP) 등을 발행하는 것을 말한다. 증권발행자는 차입자이고 투자가는 대출자인데 은행대출과 같이 은행이 개입하지 않으므로 직접금융이라 한다.

2) 간접금융이란 차입자가 자금을 은행을 통하여 차입하는 것으로 차입자와 대출자(예금자)가 직접 자금을 수수하지 않고 은행이 중간에 개재하여 중개를 하기 때문에 간접금융이라 한다.

3. 역내시장과 역외시장

역내시장
(Foreign Market)
- 해외여신시장(Foreign Loan Market) — 간접금융
- 외국채시장(Foreign Bond Market) — 직접금융

↓

전통적 국제금융시장
역외시장
(External Market, Euro Market)
- 유로커런시시장 (Euro Currency Market)
  - 유로예금시장 (Euro Money Market)
  - 유로여신시장 (Euro Credit Market)
  - } 간접금융
- 유로채시장 (Euro Bond Market)
  - ↳ 직접금융

역외금융시장
(Offshore Financial Market)

※ 역내시장과 역외시장

- 역내시장: 주요국의 국내금융시장에 비거주자가 참여하는 전통적인 국제금융시장을 뜻하며 내 · 외국인간, 외국인간 거래가 금융기관(국내 금융기관, 외국 금융기관)의 소재지 통화로 금융거래가 발생한다.
- 역외시장: 통화발행국의 영토나 규제범위 밖에서 해당국 통화의 금융거래가 이루어지는 유로시장을 뜻하며, 금융기관 소재지 기준 외국통화 표시 외국인간, 내 · 외국인간 금융거래가 발생하며, 비거주자간의 거래만 일어나는 역외금융시장(Offshore Financial Market)을 포함한다.

제4절 국제금융센터

국제금융센터는 국제금융시장의 요건을 갖추고 세계적 금융기관들이 지점 또는 현지법인의 형태로 영업망을 집중시켜 국제금융거래가 신속, 정확, 저렴, 지속적으로 이루어지고 있는 금융시장을 말한다.

국제금융시장을 바탕으로 국제교역이나 자본의 유출 · 입 과정을 통해 자

생적으로 성장한 전통적인 국제금융센터와 홍콩, 싱가포르, 룩셈부르크 등과 같이 비거주자의 자금을 조달하여 비거주자를 대상으로 운영하는 금융중개시장, 조세 및 금융상의 우대조치를 통한 정책적인 역외금융센터가 있으며, 케이만군도와 바하마 등은 거래내역의 기장처리(booking)만을 전담하는 금융센터로서 세금혜택, 금융규제회피 및 거래 비밀보장 등을 목적으로 하는 'Tax haven'의 역할을 하며 발전되었다.

1. 미국 금융시장

1) 개 요

뉴욕시장은 국제금융시장의 필수조건을 완벽하게 갖추고 있으며, 미 달러화는 국제금융시장에서 가장 활발히 거래되는 기축통화이다. 미국은 외환관리제도가 없으며 거주자예금과 비거주자예금 간 어떠한 차별도 없다. 비거주자의 국제결제 및 세계에서 가장 큰 자금운용과 자금조달의 장소이기도 하다.

2) 미국의 금융제도

(1) 특징

중앙은행제도가 지방분권사상에 의거 복합적 형태로 되어 있으며, 전국이 12지구(연방준비지구, Federal Reserve District)로 분할되어 각 지구마다 중앙은행에 상당하는 연방준비은행(Federal Reserve Bank)이 있다.

연방법에 의해 설립된 국법은행(National Bank)과 주법에 의해 설립된 주법은행(State Bank)인 이원은행 제도(Dual Banking System)과 1은행 1점포주의의 단점은행제도(Unit Banking System)를 채택하고 있다. 과거에는 은행의 지점 설치가 국법으로 인정되지 않고 주간은행업무(Interstate Banking)도 금지되어 왔으나 현재는 완화되고 있는 추세이다.

(2) 연방준비제도(Federal Reserve System)

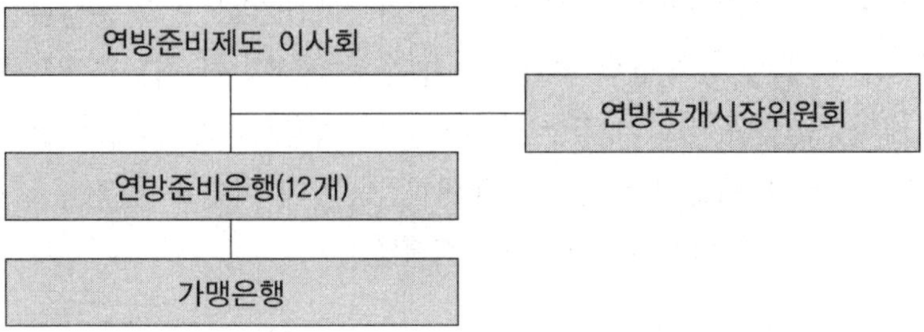

① 연방준비제도 이사회(FRS: Board of Governers of Federal Reserve System)는 최고 의사 결정기관이며 금융정책의 결정, 각 지역 연준의 경영감독 및 지역 연준이 제안한 공정할인율의 변경 승인 또는 부결, FRS 가맹은행의 경영에 관한 제규칙의 결정 및 감독, 규제 등을 다룬다.

② 연방준비은행(FRB: Federal Reserve Bank)는 미국 전역을 12지구로 분할하여 각 지구마다 중앙은행에 상당하는 연방 준비은행이 있으며 공정할인율 결정(FRB 승인 필요), 은행권 발행, 지불준비금 수입, 어음 재할인, 국공채 매매, 어음 교환 등 역할을 수행하고 있다.

③ 연방공개시장위원회(FOMC: Federal Open Market Committee)는 금융정책수단 중 가장 중요한 수단인 공개시장조작 즉, 국공채의 매매를 통한 시중의 자금사정조절에 관한 결정을 하며, FOMC회의는 대체로 6주 간격으로 연 8회 개최된다.

④ 가맹은행(Member Bank): FRS는 가맹제로서 가맹은행만이 FRS의 감독을 받도록 되어 있다. 가맹은행은 일시 자금필요 시 연준으로부터 차입, 어음교환, 송금 등 연준으로부터 각종 서비스를 제공 등 장점이 있는 반면, FRB 설정 지불준비금 적립(1980년 금융제도개혁법에 의하여 지불준비금적립의무는 거의 모든 금융기관에 적용), FDIC 가입, FRB의 각종 규제 감독 등 부담도 있다. 상업은행 중 국법은행은 모두 FRS에 가맹의무가 있으나 주법은행은 가맹 희망 은행 중 FRB가 정한 요건을 충족한 은행만이 가맹할 수 있다.

(3) 금융산업구조

- 예금취급기관
  - 상업은행
  - 저축기관
    - 저축대부조합
    - 상호저축은행
    - 신용조합
- 비예금취급기관
  - 금융회사
    - 판매금융회사
    - 소비자 금융회사
    - 사업금융회사
  - 투자회사
    - 개방형투자회사(주식의 환매가능)
    - 폐쇄형투자회사(주식의 환매 불가능)
  - 기타
    - 보험회사
      - 생명보험회사
      - 손해보험회사
    - 연금기금
      - 민간연금
      - 공공연금

3) 금융시장

금융시장(Money Market)이란 통상 기간이 1년 이내인 각종 단기증권이나 단기자금이 거래되는 시장을 말하며 기간이 1년 이상인 자본시장(Capital Market)과 구분된다.

4) Federal Funds 시장

Federal Funds(FF)란 연방준비은행예금(Federal Reserve Bank Funds)으로 FRB 가맹은행이 무이자로 FRB에 예치하고 있는 지급준비예치금을 말한다. 과잉준비금 보유 은행은 일시적인 운용을 위하여 자금을 대여하며, 준비금이 부족한 은행은 자금을 차입하게 되며, Federal Funds Market에서 거래된다. Federal Fund는 대차기간이 대부분 1일(over-night: 당일 인도, 익일 변제)이며, 1주일 또는 1개월 이상의 기간물(Term FF)도 있다. Federal Fund금리는 금융정책과 단기금융시장의 자금사정을 가장 민감하게 반영하는 대표적인 단기금리 중의 하나이다.

5) RP시장

RP(Repurchase Agreement: Repo, Buy Back) 시장이란 어떤 증권의 환매(Repurchase)를 약속하고 매각하여 일정기간 동안 자금을 조달하는 환매조건부 유가증권매각시장을 말한다. 유가증권의 재매입 또는 환매시의 가격은 당초의 증권매각 가격에 환매시점까지의 자금이용에 대한 이자상당액을 가산하여 결정된다. 유가증권을 처음 매각한 자는 자금의 차입자가 되고, 증권을 매입한 자는 자금의 대여자가 된다. 일반적으로 RP금리는 Fed Fund금리와 연계되어 움직이며, Fed Fund금리보다 낮은 수준에서 결정된다.

6) 연방정부채시장

연방정부채(government securities)란 미국의 연방정부가 재정적자 보전을 위하여 재무성(US Treasury)명의로 발행한 국채를 말한다. 연방정부채는 채무불이행의 위험이 없으므로 안전성이 최고로 높으며 유통시장이 잘 발달되어 시장성도 높아 다른 채권보다도 시장에서 선호되고 있으며 활발한 거래가 이루어지고 있다.

연방정부채는 시중에 발행되어 유통되는 시장성 증권(marketable securities)과 만기전 매각(양도)이 불가능한 비시장성증권(non-marketable)으로 구분된다. 시장성증권은 단기재정채권(Treasury Bills), 중기재정채권(Treasury Notes), 장기재정채권(Treasury Bonds)이 있으며, 비시장성증권에는 연방정부직원 퇴직금 등의 특수한 용도로 발행된 연방정부채로서 미국저축채권(US Savings Bonds), 재무성 투자채권(Treasury Bonds Investment Series) 등이 있다.

① 단기재정채권(Treasury Bills)

미국 재무성 명의로 발행된 기간 1년 이내의 할인채로 이자부 증권인 중기채(Treasury Notes), 장기채(Treasury Bonds)와 구분된다. T-Bill은 할인 발행 후 만기일에 액면금액을 보상해주며, 채권기간 중 이자의 지급이 없는 Zero-Coupon 증권으로 상환기간에 따라 3개월, 6개월, 1년 만기의 3종류가 있다.

② 중장기재정채권

확정이자부 채권(coupon-bearing bond)이며, Treasury Note(T-Note)는 만기 1년 초과 10년 이하, Treasury Bond(T-Bond)는 만기 10년 초과 30년 이하의 채권을 가리킨다. 채권의 이자 지급은 재무성을 대신하여 연방 준비은행이 채권투자가에게 6개월마다 표면금리(coupon rate)에 의한 확정이자를 지급하며 만기에는 원금을 포함 지급한다.

7) 양도성 정기예금증서 시장

CD(Certificate of Deposit)는 상업은행이 예금주에게 발행해주는 정기예금으로 양도 가능하다. 고정금리부 CD(Fixed Rate CD)와 변동금리부 CD(Floating Rate CD)의 두 종류가 있으며 발행방식으로는 사모식 판매방식과 공모식 판매방식이 있다. CD금리는 일반적으로 T-Bill 금리를 상회하며, 이는 T-Bill 만이 주정부와 지방정부의 소득세를 면제받고 있는 외에 CD는 발행은행의 채무불이행 위험이 있기 때문이다.

8) 은행인수어음(Banker's Acceptance)

BA(Banker's Acceptance)는 은행을 지급인으로 하여 발행된 기한부 어음에 당해은행이 동 어음의 지급의무를 인수(Accept)한 환어음을 말한다. 인수은행은 인수를 통해 어음만기일에 어음 금액을 지불할 취소불능 확정 채무를 안게 되며 어음의 주채무자가 되며, 은행은 인수에 의해 자유로이 거래될 수 있는 양도성 증서인 BA를 창출하게 된다. BA시장에서 매매되는 은행인수어음은 대부분이 수출입거래를 배경으로 하여 그 결제 또는 무역금융자금의 조달을 목적으로 하여 발행된 것이다. BA는 만기에 인수은행이 어음의 지불 불능 시, 발행인이 대신 지불책임을 지는 복명어음(two-name paper)이므로 안전도가 높아 BA Rate는 CD Rate를 하회하는 경향이 있다.

9) 상업어음(Commercial Paper)시장

CP란 금융회사인 은행지주회사(Bank Holding Company) 등이 공개시장에서 단기 운전자금 조달하기 위해 발행하는 무담보 약속어음을 말한다. CP는 발행인이 만기에 소지인에게 액면금액을 지급하는 소지인 지급식 채무증서이며, 우량기업의 경우 차입비용이 은행차입보다 저렴하고 투자자 입장에서는 T-Bill, BA, CD보다 안정성은 다소 낮으나 수익률이 높다.

2. 영국 금융시장

1) 금융산업구조

- 영란은행(Bank of England : 중앙은행)
- 은행부문 금융기관
  - UK Bank
    - Commercial Bank
    - Discount House*
    - Merchant Bank**
  - Overseas
  - Consortium Bank
- 비은행금융기관
  - Building Society(주택대부조합)
  - Savings Bank
  - Finance House
  - Insurance Company
  - Investment Trusts

※ 할인상사(Discount House)

영국 특유의 금융기관으로 영란은행과 시중은행 간 은행기관들의 유동성을 조절하는 중개기관이다. 할인상사는 시중은행으로부터의 콜 차입을 주요 자금으로 하여 상업어음, 단기국채, CD 등을 매입하면서 시중은행 간 자금거래를 중개하며, 필요 시 영란은행에 의한 어음 및 단기국채의 재할인 또는 담보대출 방식으로 자금 공급을 받아 시중은행의 자금부족을 조절하는 기능을 한다.

※ Merchant Bank

증권인수 업무, 회사에 대한 금융자문업무, 중장기 수출 금융의 간사역할 등을 수행하는 영국 특유의 금융기관으로 상업은행(도매금융을 취급하는 Wholesale Bank)과 투자은행(증권 발행 및 인수업무를 주로 하는 은행)을 겸하고 있다.

2) 단기금융시장

(1) 할인시장(Discount Market)

할인상사가 영란은행과 시중은행 간에 TB, 지방정부채, 어음, CD, Call Money 등를 거래하는 단기금융시장으로 전통적 시장(Traditional Market)이라 한다. 할인시장은 영란은행이 자금의 최종적 공급자로써 유담보주의인 점이 평행시장과 다른 특징이다.

① 콜 자금(Call Money)

콜 자금은 상업은행이 할인상사에 예입하는 예금의 일종이며 익일물과 2주 이내 기간물이 대부분이다. 각 은행은 당해은행 적격채무의 평균 5%(하한 2.5%)의 예입의무가 있어 영란은행에 대한 지급준비예금이 대상채무의 0.45%인데 비해 오히려 지준예치에 가까운 성격을 띠고 있다.

② 어 음

할인시장에서는 은행인수어음을 주 대상으로 하는 어음거래가 대부분을 차지하고 있다. 할인시장에서 거래되는 어음에는 상업어음, 지방자치단체 발행 어음 및 정부 발행 광의의 어음인 TB가 있다.

상업어음은 은행어음(bank bills), 무역어음(trade bills), 외화어음(foreign currency bills)의 3종류가 있으며, 은행어음은 은행에 의하여 지급의무가 인수된 상업어음을 말하며 미국 금융시장에서의 은행인수어음(bankers acceptance: BA)에 해당된다. 은행어음에는 민간은행의 재할적격어음(eligible bank bills)과 비적격어음(ineligible bank bills)이 있으며, 이 중 어음교환소 가맹은행, 영국계 해외은행 또는 일류은행이 인수한 어음을 "fine bank bill"이라고 하고, 할인율을 "fine bank bill rate"라 하며, 어음의 시장성이 높아 상업어음시장의 지표금리 역할을 한다.

③ TB(Treasury Bill)

TB는 원칙적으로 기간 3개월의 소지인 지급식 할인채로 매주 금요일 영란은행의 공모입찰방식에 의하여 매출된다. TB는 정부증권의 안전성과 소지인 지급식의 유동성을 갖추고 있어 영국 국내외 은행이 거액 투자를 하고 있다. 영국의 국채 중 단기국채(TB) 외 만기 1년 초과 중・장기 국채도 있으며, 금처럼 안전 투자대상이라 하여 gilt-edged stock, gilt라 불린다.

(2) 제2차 시장(Secondary Market)

제2차 시장은 국제적 자금이동을 배경으로 발달한 단기금융시장이며 어떤 금융기관도 참여할 수 있는 시장으로 1960년대에 등장한 평행시장(parallel market)을 말한다. 이 시장은 은행 간 시장, CD 시장, CP 시장 등이 있으며, 이 중 CP 시장은 최근의 세계적인 증권화(securitization) 추세의 영향으로 급성장하고 있으며, 1986년에는 파운드화표시 CP시장이 창설되었다.

① 은행간 예금시장

은행간 예금시장(inter-bank deposit market)은 1950년대 후반 이후 유로달러시장의 자극을 받아 할인시장 밖 평행시장으로서 발생하였으며, 1970년에 초 clearing bank의 참여를 계기로 급속히 발달하였다. 이 시장은 외국은행을 포함 시중은행 간 가장 중심적인 자금조달 및 운용의 장소가 되고 있으며, 이 시장의 금리(LIBOR, LIBID)는 예금금리 및 대출금리 전반을 결정하는 매우 중요한 지표로서의 역할을 하고 있다.

② CD시장

CD는 소지인 지급식 무담보 예금증서로서 배서 없이 양도가 가능하여 양도 또는 만기시에 과세되는 일도 없고 세제상 일반의 이자배당과 동일한 취급을 받는다. 발행자는 주로 Clearing Bank 및 Building Society가 되며 투자가는 금융기관과 기업이 되는데 할인상사를 중심으로 유통시장이 잘 발달되어 있어 해외로부터의 수요도 많다.

3. 기타 국제금융센터

1) 동경국제금융센터

일본은 경제의 고도성장에 따른 대외개방 필요성과 해외의 금융시장 개방 압력 등에 대응하여 엔화의 국제화를 단계적으로 추진하여 왔으며, 1963년 환율의 변동폭 확대 및 평형조작의 도입과 1964년 IMF 8조국 이행 등으로 동경외환시장은 본격적으로 발전하여 왔다.

1971년 변동환율제도 도입, 1980년 12월 외화관리법 개정으로 외화관리가 원칙금지에서 원칙자유로 전환으로 국제금융센터로 발돋움하였다. 1980년대 후반 미·일간 국제수지 불균형 심화, 시장개방 압력 증대 등에 대응하여 일본 국내금융시장 및 유로엔 시장의 자유화, 동경역외금융시장(Japanese Offshore Market) 창설(1986년 12월) 등을 통해 엔화의 국제화를 추진하여 외환, 엔화 채권 및 주식거래를 중심으로 국제금융센터로 부상하였다. 동경시장은 규모는 크나 시차관계 뉴욕시장의 전일시세에 좌우되는 실수요중심의 시장의 특색을 가지고 있다.

2) 홍콩국제금융센터

홍콩국제금융센터는 1970년대부터 역외금융시장으로 발달되기 시작한 아시아의 대표적 금융센터로, 유로신디케이트론, 역외기금 운용 및 주식거래가 활발하며, 싱가포르, 대만, 일본 및 한국 등 아시아 국가들과 근접성, 법인세와 소득세 등 조세 혜택, 외환 및 자본거래 자유화, 지급결제제도의 발달 등을 배경으로 성장한 국제금융센터이다. 1997년 영국으로부터 중국에 반환된 이후에도 홍콩은 중국에 대한 경제개발자금 및 선진금융기법 공급자로써 중국의 세계금융시장 진출거점으로서 중요한 역할을 수행하고 있으며, 향후 중국의 상해금융센터와 더불어 보완적 동반 성장이 예상된다.

3) 싱가포르국제금융센터

싱가포르는 1969년 'Asian Currency Unit 계정'을 설치하고 세금 감면 등 역외금융의 발전을 위한 정책을 펴면서 국제금융센터로 부상하였다. 싱가포르는 정치 안정, 사회간접시설 발달, 풍부한 전문 인력과 아시아 국가들의 급속한 경제성장 등을 배경으로 아시아의 대표적 역외금융센터로 발전하였다. 그러나 싱가포르금융센터는 은행 간 자금대차 시장 및 외환시장이 발달한 반면 경제규모가 작고 재정흑자로 인해 주식시장과 국채 등 채권시장이 상대적으로 발달하지 못한 점이 단점이라 할 수 있다.

제5절 유로시장

1. 유로시장의 개요

1) 유로시장의 정의

유로시장(Euro-Market)이란 유로통화가 거래되는 시장을 말한다. 여기서 유로통화란 어떤 나라의 국민통화(National Currency)가 통화 발행국의 영역을 벗어나 외국 소재 금융기관에 예치되어 있는 자금을 말한다. 예를 들어 유로달러란 달러의 발행국인 미국 이외의 지역, 다시 말해 런던 또는 싱가포르 소재은행에 예치되어 있는 달러 자금을 말하며 이러한 유로달러 자금을 조달, 운용하는 시장을 유로달러시장이라고 한다. 또한 유로파운드란 파운드화의 발행국인 영국 이외의 지역 즉, 프랑크푸르트 또는 홍콩 소재은행에 예치되어 있는 파운드화 자금을 말하며 이러한 파운드 자금을 조달, 운용하는 시장을 유로파운드시장이라고 한다.

원래 '유로'라는 말은 유럽이라는 뜻에서 비롯되었다. 즉, 유로달러라 하면 유럽지역에 예치되어 있는 달러자금이란 뜻이었다. 그러나 달러자금이 점차 아시아, 중동 등 세계 각국으로 확산됨에 따라 오늘날에는 유로라는 뜻이 유럽이라는 뜻보다 통화발행국 이외의 지역이라는 뜻으로 해석되고 있어 통화발행국의 각종 규제로부터 벗어난 통화라는 뜻으로 확대 해석되고 있다. 즉 미국에 있는 달러도 미국 내의 각종 규제를 받지 않는 달러는 유로달러로 간주되고 있다.

2) 유로시장의 특징

유로시장의 특징을 살펴보면,

첫째, 유로시장이 각국의 금융규제를 벗어나 다양한 금융자산거래가 이루어지고 효율적으로 중개되는 초국가적인 금융시장이다. 즉, 지준예치의무나 예금보험 가입의무 등이 면제되어 자금조달 비용에서 유리한 조건을 갖고 있다.

둘째, 유로시장은 그 기능의 수행에서 공간적으로나 시간적으로 제약을 받지 않는 범세계적인 국제금융시장이다. 따라서 유로시장은 일정장소나 공간에 지배받는 협의의 시장이 아니고 Bloomberg, Reuter, Internet 등 전자통신기기에 의해 세계금융시장 정보가 제공되고 거래되는 효율적 시장인 것이다.

셋째, 유로시장은 금리나 자금의 상대적 이용에 있어서 각국의 금융시장과 밀접히 연계되어 있어 각국의 지준정책이나 금리정책이 유로시장의 예대금리에 직접적인 영향을 미치게 된다.

3) 유로시장의 분류

유로시장은 원래 만기가 1년 미만인 단기금융시장으로 출발하였으나 그 이후 점차 중장기 금융시장으로 확대 발전되었다. 이에 따라 오늘날의 유로시장은 자금거래기간의 장·단에 따라 만기 1년 미만의 자금이 거래되는 유로머니시장(Euro Money Market)과 만기 1년 이상의 중장기 금융시장인 유로크레디트시장(Euro Credit Market) 및 유로본드시장(Euro Bond Market)으로 대별된다.

유로크레디트시장이란 만기 3~10년 정도의 차관단 대출(Syndicated Loan) 등을 중심으로 하는 중장기 대출시장을 말하며, 유로본드시장은 채권발행을 통하여 형성되는 중장기 자금의 조달 운용시장을 말한다.

2. 유로시장의 생성

1) 성장배경

1950년대 후반 동서 냉전으로 동구 공산권 국가들의 중앙은행들이 미국 소재 은행에 예치된 자금의 동결을 우려하여, 이들 자금을 미국 소재 은행에서 인출하여 런던이나 타 유럽지역 소재 은행에 예치하면서 유로달러가 생성되었다. 또한 1960년대 후반 미국은 통화긴축정책을 실시하면서 예금금리의 상한을 규제하는 Regulation Q를 실시하였고 미국은행들은 대출재원의 조달을 위해 유럽소재 지점들을 통하여 유로차입을 실시하였다.

이에 외국투자자들은 미국 소재 은행에서보다 높은 금리를 지급하는 유로달러예금을 선호하게 되었다. 그 결과 양 시장의 금리차이로 미 달러 자금의 유로시장으로의 유출과 미국은행들의 대체자금 조달을 위한 유로차입이 증가하게 되었다. 또한, 1970년대 유가급등에 따른 OPEC 국가들의 막대한 국제수지 흑자는 유로달러 형태로 유로시장에 유입되게 이었으며 이러한 환경여건들로 인해 유로시장은 급성장하게 되었다.

2) 유로달러의 생성메커니즘

유로시장에서 주도적 역할을 하고 있는 유로달러시장이 생성되는 구체적 메커니즘을 살펴보고 유로달러의 은행 간 자금이체가 종국적으로 뉴욕 연방준비은행의 지준예치금계정에 어떻게 반영되는가를 알아보자.

유로달러는 기본적으로 아래의 3가지 거래로 창출된다.

① 미국 소재 은행에 예치된 달러예금이 유로은행에 이체

② 유로달러예금을 받은 유로은행이 동 자금을 타 은행에 재예치

③ 재예치 받은 유로은행은 동 자금을 유로론(Euro-Loan)에 의해 자금수요자에 대출

제6절 국제금융 결제 제도

1. SWIFT(Society for Worldwide Interbank Financial Telecommunications)

SWIFT란 각국의 금융 및 외환시장 등에서의 거래를 실제로 연결시켜 국제자금이 원활히 결제될 수 있도록 지원하는 거래메시지 교환시스템이다. SWIFT는 1973년 5월 벨기에 브뤼셀에 설치된 비영리단체로서 엄격한 메시지 통일양식을 이용하여 거래내역을 신속하고 정확하게 전달하여 대부분의 국제금융거래에 사용되고 있다. 특히 SWIFT는 1982년 은행 간 전산자금결제제도인 CHIPS와 유로채의 인도 · 결제기구인 Euro-clear 및 Clearstream과 연계됨으로써 범세계적 차원의 신속한 국제간 자금결제가 가능하게 되었다.

2. CHIPS(the Computerized Clearing House Interbank Payments System)

CHIPS는 1981년 10월부터 실시된 은행 간 전산자금결제제도로서, 동 제도의 실시로 종전 New York Clearing House의 자금이체 지연문제를 해소하였으며, 미국내 은행 간 자금거래뿐만 아니라 미국소재은행과 유로은행간의 자금거래도 거래당일 결제가 가능하게 되었다.

3. Euro-clear 및 Clearstream

Euro-clear 및 Clearstream(舊 CEDEL)은 유로채의 인도와 결제기능을 동시에 수행하는 기구로서 전자는 1968년 말 Morgan Guaranty Trust Co.에 의해 벨기에 브뤼셀에, 후자는 1970년 9월 룩셈부르크에 각각 설립되었다. 이들 기구를 통해 채권매매 등의 국제간 거래의 결제, 증권보관, 증권대여, 차입거래 주선, 자금이체 등 환거래 은행업무 수행으로 유로채시장의 성장에 크게 기여하였다.

제7절 주요 국제금융 기구

1. 국제통화기금(IMF)

국제통화기금(IMF: International Monetary Fund)은 1944년 7월 44개 연합국 대표들이 미국의 뉴햄프셔주 브레튼우즈에서 체결한 협정에 따라 1945년 12월 27일에 정식으로 설립된 기구이다. 2차 대전 후 연합국들의 IMF 설립은 1차 대전 후 국제금본위제도의 붕괴, 역제한조치의 만연, 환율의 불안정, 경쟁적 평가절하, 외환통제의 확산, 대공황 등 국제통화 및 경제 질서의 혼란 경험을 바탕으로 전후에는 이러한 혼란의 재발을 막고 세계경제의 안정적 성장을 보장해 줄 국제통화제도의 설립이 절실했기 때문이다.

IMF의 목적은 환율의 안정 및 무역확대를 통한 세계경제의 균형성장을 도모하고 외환에 대한 제한 철폐 및 다자간 결제제도의 확립 등에 두고 있다. 이를 위해 IMF는 가맹국의 환율제도 및 외환정책에 대한 규제감독, 국제수지 불균형에 처한 국가에 신용공여 등을 수행한다. IMF회원국은 소정의 쿼타를 납입해야 하며 회원국의 쿼타는 IMF의 주요재원이 된다. 우리나라는 1955년 8월에 가입하였으며 현재 IMF 8조국에 속한다. IMF 8조국은 외환자유화의 의무를 수락한 국가를 말한다.

2. 세계은행그룹(World Bank Group)

세계은행그룹은 국제부흥개발은행(IBRD), 국제금융공사(IFC), 국제개발협회(IDA), 국제투자보증기구(MIGA) 등으로 구성되어 있다.

1) 국제부흥개발기구(IBRD)

국제부흥개발기구(IBRD)는 2차 대전 후 전후복구자금과 개도국의 개발자금을 지원하기 위해 1945년 12월 27일 IMF와 함께 설립된 개발금융기구이다.

IBRD는 원래 장기개발자금의 공여를 목적으로 설립되었으며, 최근에는 개도국의 개발정책수립 및 집행에 필요한 기술지원, 융자대상프로젝트의 평가, 개도국 개발담당인사의 연수, 인적투자, 환경보호, 경제개혁, 부패방지 등으로 그 범위가 확대되고 있다.

IBRD의 재원은 가맹국의 출자금과 국제금융시장에서의 차입금으로 충당하며, 가입자격은 IMF가맹국으로 제한되어 있으며, 우리나라는 1955년 8월 26일에 가입하였다.

2) 국제금융공사(IFC)

국제금융공사(IFC: International Finance Corporation)는 가맹국 특히 개도국의 민간부문 투자활성화를 통한 경제개발 촉진을 목적으로 1956년 7월 24일 설립된 세계은행의 자매기구이다.

설립 당시 업무는 민간기업에 대한 융자로 국한되었으나, 이후 주식투자도 가능토록 하였으며 나아가 개도국의 민간자본시장 육성을 위해 리스산업, 증권업 등의 금융기관 설립 및 운영지원과 차관단 대출 제공 등 업무가 확장하였으며, 우리나라는 1964년 3월 17일에 가입하였다.

3) 국제개발협회(IDA)

국제개발협회(IDA: International Development Association)는 최빈개도국에 대하여 장기저리양허적조건의 개발자금지원을 목적으로 1960년 11월 8일 설립된 IBRD 및 IFC의 자매기구이다. IDA는 대외 신인도가 낮아 상업적 베이스 개발자금의 조달이 곤란한 최빈개도국들의 자금 조달에 도움을 주기 위하여 설립된 기구이다. 우리나라는 1961년 8월 18일 가입하였으며, 경제력의 신장으로 1974년에 IDA 수혜대상국에서 졸업하였다.

4) 국제투자보증기구(MIGA)

국제투자보증기구(MIGA: Multilateral Investment Guarantee Agency)는 개도국에 대한 외국인직접투자자들의 투자위험에 대한 손실보상을 보증해 주는 기구로 1988년 4월 12일 설립된 IBRD 및 IFC의 자매기구이다.

MIGA는 현재 주기능인 대개도국 외국인투자에 대한 투자보증(Guarantee)

과 재보험(Reinsurance) 인수업무 외에도 개도국들에 대한 기술원조 및 투자 정보 제공 등의 역할을 수행하고 있으며, 우리나라는 1988년 4월 설립 당시 가입하였다.

3. 국제결제은행(BIS)

국제결제은행(Bank for International Settlement: BIS)은 1차 대전 후 독일로부터 전쟁배상금을 수령하여 이를 관계 각국에 배분할 목적으로 1930년에 설립된 국제은행이다. 그러나 BIS의 업무내용은 그 동안 많은 변화를 거쳐 최근의 주요업무는 다음과 같으며, 우리나라는 1997년 1월 가입하였다.

① 각국 중앙은행, 국제상업은행 및 국제기구 등과의 여・수신업무, 각국 중앙은행간 및 중앙은행과 상업은행간의 상호결제업무
② 주요 출자국의 중앙은행 총재회의 및 중앙은행 고위 실무자회의, OECD, IMF 등과 연계하여 국제통화협력을 유도 및 측면 지원
③ 국제금융협회의 대리인(Agent) 또는 수탁자(Trustee) 역할, 예를 들어 유럽통화단위(EU)의 민간사용 결제를 위해 1986년 결성된 민간 EU결제제도 가맹은행의 EU결제대리인 업무
④ 중앙은행간 통화협력을 뒷받침하기 위해 국제경제 및 통화금융 전반에 관한 각종 통계의 작성발표 및 연구 분석 활동

4. 지역개발금융기구

1) 아시아개발은행(ADB)

아시아개발은행(ADB: Asian Development Bank)은 아시아・태평양 지역의 경제성장과 경제협력을 촉진하고 역내 개발도상국의 경제발전에 기여하고자 1966년 11월 24일 설립된 지역개발금융기구이며, 우리나라는 1966년 ADB 설립 당시에 가입하였다.

ADB의 주요 업무:

① 역내 개발도상국의 개발프로젝트에 대한 자금지원

② 개발사업 계획의 작성 및 이의 집행을 위한 기술지원 제공

③ 가맹국의 민간기업에 대한 투자 등

2) 아프리카개발은행(AfDB)

아프리카 개발은행(AfDB: African Development Bank)은 아프리카 역내국의 경제개발 및 사회발전의 촉진을 위하여 1964년 9월 10일 설립된 지역개발금융기구이다.

AfDB의 주요 업무:

① 아프리카 역내국의 경제 및 사회개발사업 지원

② 개발재원의 조달과 공공 및 민간투자의 촉진

③ 개발프로젝트와 참가기업에 대한 조사연구 및 선정

④ 개발사업계획의 작성, 자금조달 및 집행에 필요한 기술지원 등

AfDB는 역내경제구조상 만성적인 재원부족을 경험하였는데, 이 문제의 해결을 위하여 1973년 자매기구인 아프리카개발기금(AfDF)을 설립하여 역외국으로부터 재원공급을 받고 있으며, 1982년 5월부터는 역외국의 가입도 허용하였으며, 우리나라는 1982년 12월 가입하였다.

3) 유럽부흥개발은행(EBRD)

유럽부흥개발은행(EBRD: European Bank for Reconstruction and Development)은 중동부유럽국가의 개방적 시장경제체제 전환을 촉진하고 나아가 이들 국가의 경제발전과 부흥을 목적으로 1991년 3월 28일 설립된 지역개발금융기구이다.

EBRD는 중동부유럽국가들이 계획경제에서 자유시장경제체제로의 전환을 지원하기 위한 금융지원을 중시하고 있다. EBRD는 설립 이후 구소련연방 및 동구권국가 기업의 민영화 추진 등 시장경제체제 전환을 지원해 왔으며,

우리나라는 1991년 가입하였다.

제8절 최근 국제금융시장의 동향

최근 국제금융시장은 범세계적 통합화(Global Integration)와 더불어, 자율화(Liberalization), 규제완화(Deregulation), 증권화(Securization) 및 자산의 유동성 개선 등으로 그 효율성이 제고되고 있다. 또한, 정보통신수단의 발전에 따라 파생상품 등 새로운 금융상품 및 기법이 끊임없이 개발되어 고객의 필요(Needs)에 대응한 다양한 금융서비스가 제공되는 등 질적으로 끊임없는 성장을 계속하고 있다.

한편 국제금융시장은 과거 1970~1980년대 브레튼우즈체제의 붕괴에 따른 환율의 급격한 변동, 중남미 및 동구 국가의 채무위기와 같은 금융불안을 경험하였으며, 1990년대 이후에는 불안정성이 심화되는 경향을 보이고 있다. 특히 금융위기는 그 영향이 지대하여 한 국가의 위기는 주변국가로 확산되는 양상을 보이고 있다. 2008년 미국의 금융위기가 전 세계로 확대되어 각국마다 실물경제의 침체로 새로운 세계경제위기가 도래하는 등 경제에 관한한 국경이 없이 동일국가화 되고 있는 셈이다.

1. 금융의 규제완화(Deregulation) 및 범세계화(Globalization)

금융의 규제완화, 즉 금융자율화란 각국이 금융제도의 안정과 신용질서의 유지를 위하여 실시해 온 규제를 철폐 또는 완화하여 금융산업의 자유 경쟁을 보장하고, 금리 및 금융자원의 배분이 시장기능에 따라 결정될 수 있게 하는 제도적 변혁을 의미한다.

그간 각국의 지나친 금융규제는 자금배분의 왜곡을 초래하고 금융산업의 발전 및 통화정책의 효율성을 저해한다는 인식이 확산되어 왔으며, 최근에는 주요국의 금융혁신의 진전과 함께 규제의 철폐 및 완화가 주요 의제가 되고 있다. 그러나 금융기관 간 경쟁 심화는 금융기관들의 이윤 축소로 수익의 확보를 위한 무리한 자산 확대를 가져 왔으며, 이에 따라 금융시장의 건전성 및 안전성을 확보키 위하여 국제결제은행(BIS)의 금융기관 자기자본 비율규제(Capital Adequacy Ratio)의 강화 등 국제금융의 감독강화나 재규제(Reregulation) 움직임도 나타나고 있다.

한편 1980년대 이후 국제금융은 국내시장과 국제시장간 상호 의존, 업무영역 중복, 동질화 진전 등 범세계적 통합화 경향을 보이고 있으며, 거래시장과 거래수단의 국제적 통합 및 참가자의 국적을 이유로 하는 진입장벽의 완화 내지 해소로 진전되는 바, 이 결과 국경을 넘어선 금융기관 간 경쟁의 심화가 초래되었다.

또한 지역 경제의 블록(Bloc)화 현상도 나타나고 있으며, 유럽연합(EU), NAFTA 등이 대표적인 블록이다. EU는 대외 경쟁력제고를 위한 역내 금융시장의 단일화, 금융기관 설립과 서비스 제공의 자유화, 블록 내 상호 인정의 원칙과 단일면허제도를 바탕으로 은행, 증권, 보험 등 금융서비스를 국경을 초월하여 자유롭게 제공하고 있다.

금융의 세계화(Globalization)는 국경을 초월한 금융거래가 활발해지고 금융기관 상호진출이 증가함으로써 세계 각국의 금융시장의 단일시장화(특히 외환시장 등을 중심으로 24시간 영업 체계)를 의미하는바, 대개 다음의 세 가지로 정리될 수 있다.

첫째, 금융거래의 국제화로 자금의 국경을 초월한 자유로운 거래 현상을 말한다. 국내·외 경제주체들 간의 거래가 국내거래보다 상대적으로 더 활발해지는 것이다.

둘째, 금융수단의 국제화로 국내금융에서도 국제금융이 활용(국내금융의 국제화)된다. 그러나 금융거래 및 금융수단의 국제화는 구분해야 하며, 외국투자자의 한국증시에서 주식 매입은 금융거래의 국제화이고, 해외에서 DR 발행은 금융수단의 국제화이며, 국내에서 변동금리부채권을 발행한다면 국내금융의 국제화가 된다.

셋째, 금융서비스의 국제화로 이는 다양한 금융수단을 사용하는 금융거래의 성립을 위해 필요 불가결한 금융서비스를 공급하는 기업이 해외로부터 국내로 국내로부터 해외로 진입 또는 진출하는 것을 의미한다.

그러나 미국의 저금리 기조와 Sub-prime Mortgage Loan의 부실로 파생상품이 눈덩이처럼 붕괴되는 결과를 초래 하였다. 그 결과 미국 대형투자은행이 정부의 구제금융을 요청하는가 하면 인수 합병이 전개되고 있다. 파생상품의 부실은 금융당국의 소홀한 관리 감독의 측면이 크며, 앞으로 규제의 강화가 예상된다.

2. 금융의 증권화(Securitization) 현상의 심화

금융의 증권화는 금융기관을 포함한 기업의 자금조달과 자금운용이 증권의 매매형태를 띠는 현상을 말한다. 금융의 증권화는 기업의 자금조달이 간접금융 대신 직접금융화(금융의 중개화: Disintermediation), 금융기관의 대출위주 자금운용에서 유가증권 운용형태로 전환(증권의 우위화) 등으로 간접금융기관의 대표인 은행 고객의 이탈 사태를 맞게 될 것이다. 이 개념은 금융기관의 비유동적 자산이 매매 가능한 증권형태로 전환(대출채권의 유동화)하는 현상도 포함한다.

금융 증권화의 방향:

첫째, 자금조달수단이 은행차입에서 증권발행으로 이전

둘째, 대출채권이나 리스채권의 증권화로 당초의 채권자(은행 또는 리스회사 등)로부터 일반투자자에게 분산 판매. [유로시장 신디케이트대출의 양도성 차관(TLF: Transferable Loan Facility) 이용]

셋째, 금융공여 시 대출과 증권발행 Service의 복합적(Hybrid Service) 제공 [유로시장의 NIF(Note Issuance Facility), RUF(Revolving Underwriting Facility) 등]

최근에는 금융의 주식화(Equitization)의 확산에 따라, 각국 현물 주식시장의 개방과 확대, 선물 옵션 등 파생상품(Derivatives)의 부각, 주식 연계채의 발행 증가와 이에 따른 채권과 주식의 연계 강화 추세이며, 주식화의 주식(Equity)이란 현물 주식, 선물, 옵션을 포함한 광의의 주식상품 개념을 말한다.

3. 파생금융상품 및 금융공학의 발달

1970년대 이후 금융시장은 금융환경의 급변과 금융기관의 금융혁신(Financial Innovation)으로 일상화되었으며, 금융혁신의 배경은 다음과 같다.

첫째, 각국 정부의 국제금융거래에 대한 각종 규제의 완화와 금융자율화(Deregulation) 조치가 국제금융시장의 자유로운 경쟁을 조성하여 기존 금융상품보다 고수익 · 저위험 신종 상품의 개발보급이 가능

둘째, 정보통신기술의 비약적 발달에 따라 신 상품의 결제와 이전을 신속하고 정확하게 뒷받침하여(전자 자금이체제도: Electronic Fund Transfer System) 지리적으로 시간적으로 분산되어 있는 각국의 금융기관을 유기적으로 연결시켜 주었고, 다량의 국제정보의 전달과 국제거래의 처리를 경제적으로 가능하게 하였다. 이것은 관련 기술의 발달이 단순한 사무혁신차원을 넘어선 영업 관습 및 절차의 변혁 가능

셋째, 국제금리 불안정 및 환율변동 위험 회피 등 필요성 증대에 따라, 실질금리 보장 및 각종 위험회피 등 첨단 기법을 이용한 신상품이 계속 개발되고 금융서비스가 다양화

1970년대 국제금융시장의 혁신의 결과, 종래의 전통적 금융시장에 더하여 다양한 파생금융상품시장(Derivatives Financial Market)을 형성하게 되었다. 파생금융상품이란 전통적인 금융상품을 바탕으로 하여 파생된 금융상품이며, 이 상품은 위험 헷지 및 투기적 거래의 기회를 제공하고 있다.

금융산업의 혁신은 국제금융시장에서 다양한 금융기본요소의 결합을 통한 새로운 금융상품을 창출해 내는 금융공학(Financial Engineering)을 발전시켰다. 금융공학은 기존의 개별 금융기법의 특성을 결합하여 상황에 적합한 새로운 형태를 창출하는 합성거래기법(Synthetics)과 다양한 형태의 자산부채관리기법이나 위험관리기법을 총칭하는 발전적 개념으로 국제금융시장에서의 금융혁신(Financial Innovation)의 결과를 구체적으로 국제 재무관리에 적용하여 자산 또는 부채를 보다 효율적으로 관리하는 과정이라고 할 수 있다. 금융공학은 동일한 경제적 효과를 얻을 수 있는 금융상품을 보다 저렴

하게 만들어 냄으로써 부가가치를 높일 수 있으며, 새로운 금융상품을 창출함으로써 보다 적합한 재무적 위험관리 수단을 구할 수 있다. 이 같은 금융공학은 새로운 재정거래 기회의 창출, 위험관리의 효율성 제고를 통한 기업가치 증대, 투자와 자금조달에 있어서의 신축성 증대 등 잇점이 있으나, 파생상품은 금융당국의 철저한 규제와 감독 하에 이루어져야하는데 최근 미국의 경우를 보더라도 과도한 파생상품 허용이 새로운 금융위기를 초래하는 원인을 제공하기도 하였다.

제 04 장

Global Investment

제1절 해외직접투자 개요

1. 개념

해외투자는 국가 간 장기자본 이동의 한 형태로서 장래 수익을 목적으로 외국에 자본을 투자하는 것으로 투자자의 경영참가 여부에 따라 해외직접투자(Overseas Direct Investment)와 해외간접투자(Overseas Indirect Investment 또는 Portfolio Investment)로 구분된다. 해외직접투자는 국내자본의 해외 이동과 함께 외국법인의 경영참여를 목적으로 하는 것으로 생산 · 경영기술의 이전, 인력 진출 등이 수반된다. 해외간접투자는 경영 참여 없이 이자, 배당, 시세차익 등 투자 과실의 획득을 목적으로 한다.

투자동기에 근거한 구분은 실제 거래에서 명확하지 않기 때문에 각국에서는 일정 기준을 정하여(일정비율 이상의 지분 보유 등) 동 기준에 적합한 해외투자를 해외직접투자로 간주한다. 해외직접투자의 형태 및 기준은 일반적으로 아래와 같다.

① 외국법인을 설립하거나 이미 설립된 외국법인의 인수을 위하여 당해 법인의 주식 또는 출자지분 취득

② 외국법인의 경영에 실질적인 영향력 행사를 위하여 당해 법인의 사업 수행에 필요한 자금의 장기대부
③ 외국에서 개인기업을 영위하거나 자원개발 및 기술개발사업에 참여
④ 외국에서 영업활동을 하기 위하여 영업소(지점, 사무소)를 설치하거나 해외 부동산 보유

제2절 해외직접투자의 동기

1. 기업의 전략적 동기

1) 통상·무역마찰 회피를 통한 시장 확보

수입국이 자국시장 내지 자국기업의 보호를 목적으로 수입관세율을 인상 및 수입쿼터제를 실시하는 등 수입제한 또는 수입금지 조치를 취하는 것에 대하여 수출기업이 기존시장과 판매망의 유지·확보를 위하여 현지에 직접 진출하여 현지생산과 판매를 하는 경우이다.

또한 이미 높은 무역장벽이 설치되어 있는 나라에 진출하여 시장 개척을 위하여 현지 직접생산을 하기도 하며, 투자대상국의 시장뿐만 아니라 제3국 시장 진출을 위한 우회수출기지로도 활용할 수 있다. 한편 투자대상국 정부의 현지부품비율 강화에 따라 투자국의 협력기업(원재료, 부품 등)을 현지에 진출시키는 경우도 이러한 동기의 해외직접투자라고 할 수 있다.

2) 생산원가 절감

생산성에 비하여 생산요소가격이 상대적으로 저렴한 지역에 진출코자 하는 것으로 노동집약적 산업에서 이러한 동기로 투자가 많이 이루어지고 있다. 대개 해외의 저임금을 찾아서 투자하는 경우가 일반적이기 때문에 이를 저임금지향형 해외투자라고 할 수 있다.

3) 원자재의 원활한 조달

각종 생산원료가 풍부하고 저렴한 지역을 찾아 투자하는 것으로, 당해 생산물은 현지수요에 충당되기도 하나 주로 본국 또는 제3국에 수출되며 원유, 광업, 농림업 등 투자가 주종을 이룬다. 우리나라, 일본 등 원료부족국에서는 자국의 부족자원을 안정된 가격으로 장기공급받기 위하여 자원개발업체가 현지에 진출하여 자원을 개발, 수입하기 위한 투자가 많다.

4) 선진기술, 경영기법 습득

외국의 선진기술이나 경영관리기법을 습득하기 위한 동기에서 투자를 하는 것으로 첨단기술을 보유한 현지기업을 인수합병(M&A)하는 방식의 해외투자사업에서 이러한 동기가 많다.

5) 안정된 정치·사회적 환경

몰수, 국유화 등 정치적 위험이 없고, 사기업에 대한 정부의 간섭이 적은 국가에 진출하는 기업들의 해외투자 동기는 정치적으로 안정된 환경을 활용한 자유로운 기업활동을 위해서인 경우가 많다.

2. 국민 경제적 필요성

1) 해외시장 기반의 구축 및 확장

해외직접투자는 국내생산기지의 해외 이전을 통해 선진국과의 통상마찰 없이 계속적인 사업활동을 전개토록 함으로써 현지시장 진출을 용이하게 하고, 수입제한 등과 같은 무역장벽을 회피하여 해외시장을 확보할 수 있게 한다. 특히 대외지향적인 경제구조를 갖고 있는 우리나라로서는 이러한 목적의 해외직접투자가 절실히 필요하다고 할 수 있다.

2) 주요자원 및 원자재의 안정적 확보

국내 부존자원이 부족한 우리나라로서는 주요자원 및 원재료의 안정적 확보를 위해서도 해외직접투자가 요구된다. 이는 자원보유국의 수출제한 강화 등 자원 내셔널리즘에 능동적으로 대처하고, 원자재 등의 장기·안정적인 확보를 통하여 국민경제의 안정적 발전을 도모하기 위함이다.

3) 산업구조의 조정촉진

해외직접투자는 비교열위산업의 개도국 이전을 통한 제품의 수명주기연장, 첨단기술의 개발·습득을 통한 국내산업구조의 고도화 등 국내산업구조의 조정 촉진을 위한 중요한 정책수단으로도 활용되고 있다.

4) 경제협력의 강화

해외직접투자는 투자대상국의 외국인투자 유치를 위한 각종 인센티브의 활용과 투자대상국과의 경제협력 강화를 위한 수단으로 활용되고 있으며 또한 외교협력까지도 확대해 나가는 계기가 되기도 한다.

제3절 해외투자 허가

1. 해외투자의 방법

1) 증권취득에 의한 투자

외국에서 발행되는 증권에 응모하거나 기 발행된 주식을 취득하는 경우로서 현지법인의 설립, 기 설립법인의 인수(일부 경영참여 포함) 또는 증자에 따른 증권취득을 보관하는 외화증권의 취득에 의한 투자를 말하며 해외투자 방법의 주종을 이룬다.

2) 대부에 의한 투자

비거주자 또는 외국 소재 기업에 대하여 상환기간 1년 이상의 자금을 대부하는 경우로서 현지법인에 대한 운영자금 대부, 합작사업의 공동출자자에 대한 대부 등에 의한 투자 등을 말한다.

3) 부동산취득에 의한 투자

거주자가 외국의 부동산을 취득하거나 이에 관한 권리를 취득하는 방법에 의한 투자.

4) 공동사업 참여 투자

거주자가 외국에서 비거주자 명의 또는 비거주자와 공동 명의의 해외자원개발사업(조사단계는 제외) 또는 첨단기술개발사업에 투자하는 경우로서 증권취득에 의한 현지법인의 설립 없이 자원개발 또는 기술개발을 영위하는 투자로서 석유, 유연탄 개발투자와 같이 비교적 투자규모가 크고 위험도가 높은 투자.

5) 개인기업 영위에 의한 투자

증권취득에 의한 현지법인의 설립이나 인수 없이 현금 또는 현물투자에 의해 주유소, 슈퍼마켓 등 개인기업을 외국에서 영위하는 경우의 투자.

2. 해외투자의 요건

1) 투자자의 요건

(1) 투자자의 자격요건 조회[해외직접투자 지침 제3조(투자자)]

① "금융기관의 신용정보 교환 및 관리규약"에 의거 주의거래처, 황색거래처, 적색거래처 또는 금융부실 거래처로 분류된 자가 아닐 것. 다만 황색거래처 또는 적색거래처에 대한 조치 관련 규정의 적용이 배제되는 법정관리업체가 기존의 유휴설비나 보유기술을 투자하는 경우에는 그러하지 아니함.

② 개인 또는 개인사업자의 경우에는 해외이주 수속중인 자가 아닐 것.

(2) 투자자의 자격요건 확인

① 신용정보조회표 출력[1)]

i) 해외직접투자를 하고자 하는 기업체 및 동 기업체의 대표자

ii) 투자자가 개인의 경우 동 개인

② 불량거래처 여부 허가·신고수리 및 인증 후 불량거래처로 분류되었을 경우의 문제점 등을 방지하기 위해 해외투자자금의 송금 시에도 외국환은행이 재차 확인함

③ 투자자가 개인 및 개인사업자인 경우의 해외이주 수속 중 등 확인은 투자자의 주민등록 등본에 의함

④ 개인투자가 해외투자한도

i) 매출실적이 없는 경우: 투자사업비 지급한도(U$ 300천) 이내

ii) 매출실적이 있는 경우: 최근 회계연도 매출액의 30%(투자사업비에 미달되는 경우 동 금액) 이내

2) 투자대상국의 요건

(1) 한국수출입은행이 평가한 국별 신용도가 A급 ~ D급 해당 국가

(2) 다음의 경우에는 예외로 함

① 당해국의 정부가 외국인 투자를 적극 유치·보호하기 위하여 설치한 자유무역지대, 경제 개방지구 등에 진출하는 경우

② 우리나라와 당해국 사이에 투자보장협정이 체결되어 있는 경우

③ 당해국의 투자가 특히 필요하다고 인정되는 사업의 경우

---

1) 허가(신고수리, 인증) 후 불량거래처로 분류되었을 경우의 문제점 등을 방지하기 위해 외국환은행이 해외투자자금 송금 시 또한 불량거래처 확인을 철저히 하도록 유도하고 있음

3. 해외투자의 절차

허가기관

〈투자정보 제공〉
- 투자환경 등 정보제공
- 융자조건 안내

↓

〈허가 및 융자상담〉
- 계획사업개략 검토
- 융자조건 상담
- 허가·융자신청서 접수

↓

〈허가 및 융자승인〉
- 허가심사
- 여신검사
- 허가 및 융자승인
- 채권보전

↓

- 허가 및 대출실행

↓

〈사후관리〉
- 대출원리금 회수
- 허가조건 이행확인 등

해외투자기업

〈사업계획 수립〉
- 투자환경 등 조사
- Feasibility Study

↓

〈사업계획 단계〉
- 사업계획서 작성
- 합작계약 체결
- 현지 투자허가 취득
- 국내 인·허가 취득

↓

〈현지법인 설립〉
- 투자자금 송금
- 자본금 납입, 대부투자 실행

↓

〈현지사업 운영단계〉
- 현지공장 건설 및 가동
- 보고서 제출
- 청산

제4절 해외투자 자금조달

1. 소요자금 산정

해외투자사업의 소요자금은 크게 시설자금, 운전자본 및 기타자금(창업비, 개업비 등)으로 구분된다.

1) 시설자금

시설자금은 계획사업의 목적, 내용, 단위사업에 따라 결정되며, 주로 토지, 건물의 구입이나 신축 또는 임차비용과 기계설비 설치비용 등으로 구성된다.

(1) 토지 및 관련비용

확정된 계약서상의 토지구입비를 말하며 취득세, 등록세 등 관련비용이 포함된다. 또한 현지의 수도, 전기, 도로 등 공공지원시설의 정지비용 등도 포함되며, 농업부문 투자 시에는 관개에 소요되는 비용도 포함된다. 임차인 경우에는 임차보증금 및 임대료, 토지의 소유가 원칙적으로 인정되지 않는 사회주의 국가의 경우 토지사용료 등이 계상된다.

(2) 건 물

공장건물의 구입 또는 신축을 위하여 필요한 자금을 말하며 기타 공장건설을 위하여 필요한 상·하수도 배수관 설치, 매립(Land Filling) 비용 등의 토목공사비도 포함된다. 공장건물 신축인 경우에는 제반 설계 등에 의거 공사자재의 소요량을 산출하여 사업계획서에 반영하게 된다.

(3) 기계설비

계획된 생산능력과 대비하여 적정한 규모의 기계설비 구입에 필요한 자금을 말하며 국산기자재 또는 외산기자재 사용에 따라 금액이 달라진다.

2) 운전자본(Working Capital)

운전자본이란 원재료 구입, 임금 및 경비 지출 등 기업의 정상적인 생산 및 판매활동을 수행하는 데 필요한 운영자금으로서 대개 유동자산에서 유동부채를 공제한 순운전자본(Net Working Capital)으로 표시되며, 매출규모의 증가에 따라 운전자본도 늘어나는 것이 일반적이다.

운전자본 규모 산정 시 유의할 점은 초기운전자본 규모가 설정되면 정상가동(Full Capacity) 이전의 초기가동단계(Start-up Phase)에서는 가능한 월별 현금흐름 예측을 통해 현금부족 발생 유무를 확인한 후, 만약 특정 월에 부족이 발생하는 경우 그만큼 초기운전자본을 상향 조정해야 한다.

생산개시 이후 정상가동단계로 접어들면서 생산 및 매출규모가 증가함에 따라 운전자본의 규모도 늘어나게 되며, 연도별 운전자본 계획수립 시 현금을 제외한 순운전자산(Net Working Assets: 매출채권+재고자산-매입채무)의 개념에서 작성하여 연도별 현금흐름 예측에 반영할 필요가 있다.

3) 기타 소요자금

(1) 개업비(또는 창업비)

회사의 설립 관련 비용으로써 변호사비, 법인 등기비, 주식발행비 등 소요비용을 고려해야 한다.

(2) 건설기간 중 이자

건설시작부터 가동시까지 기간이 2~3년이 소요되는 경우에는 이 비용도 상당액에 달하므로 소요자금계획에 포함하여 산정한다.

(3) 기타 자금

사무용품, 차량운반구 구입비용을 말한다.

2. 자금의 조달

신규 설립 현지법인의 자본은 자본금과 차입금으로 구성되는데 투자자본의 구성에 따라 기대수익과 위험률이 달라지므로, 현지 세제, 즉 법인세율, 배당원천세율, 이자원천세율 등 기업의 경영방침(배당정책, 성장정책) 등에 따라 면밀히 검토하여야 한다.

1) 자기자본(Equity)

자본의 형태에 따라 자기자본의 조달과 타인자본의 조달로 나눠지는데 자기자본은 기업 소유자의 귀속 자본으로서 출자자에 의해 갹출된 자본

(Equity Capital)과 기업 내부에서 경영활동의 결과 발생된 이익을 사내에 유보한 부가자본으로 구성된다.

신규 설립의 경우는 출자자에 의한 주식자본에 의존해야 하며, 출자형태는 다음과 같다.

(1) 현금출자(Payment in Cash)

현금으로 출자하는 것으로 모든 회사형태의 기업에 있어서 가장 보편적으로 행해지는 출자형식이다.

(2) 현물출자(Goods Contribution)

상품, 원료, 토지, 건물, 특허권, 상표권, 영업권 등 유·무형 재산을 출자하는 형식으로, 이 경우 출자재산의 과대평가로 인한 기업의 이익률 저하 등과 같은 폐단을 고려하여 관련법에 의해 정관상에 현물출자사항 기재 의무 또는 검사인 선임조건을 통해 제한하고 있다.

2) 차입금(Debt Financing)

차입금의 원천으로는 출자자에 의한 대부투자, 현지은행의 투자법인 명의 현지금융 및 제3국 은행의 역외금융(Off- shore Financing) 등이 있다. 차입금 종류별로 거치기간, 상환기간 등의 차입조건에 따라 연도별 원금상환계획이 수립되어져야 하며, 동시에 차입이자율에 의거 연도별로 부담해야 할 예상 이자비용이 산출된다.

국내 금융기관에서는 국내기업의 원활한 해외투자사업의 지원을 위한 각종 해외투자 관련자금을 제공하고 있다. 또한 대한광업진흥공사에서는 주요 광물자원(석유 및 천연가스 제외)의 개발사업을 지원하기 위해 최장 15년의 해외자원개발 자금을 융자해 주고 있다. 한국석유개발공사에서는 에너지 및 자원사업특별회계법에 의거 석유개발사업에 대하여 장기저리(10년~15년) 대출을 해주고 있다. 이 외 산림개발기금에서는 해외조림사업의 지원을 위해 최장 25년의 해외조림사업자금 대출제도가 있다.

한편, 일반적으로 차입금의 비중이 높을수록 이자지급액의 손비 처리(Tax

Shield)로 인한 높은 세후이익을 기대할 수 있으나 재무레버리지(Financial Leverage)의 확대로 기업의 위험이 높아지는 경향이 있으므로 과다한 수준의 차입은 바람직하지 않다.

또한 나라에 따라서는 대외 이자지급으로 인한 세금회피와 과다한 외화유출을 방지하기 위하여 외환관리법상 해외로부터 도입된 외국자본에 대한 이자율의 제한 또는 세법 상 현지법인의 타인자본 대 자기자본 비율의 허용범위를 설정하기도 하므로 현지국의 관련법 숙지가 필요하다.

제5절 해외투자 지원여신

우리나라 기업들의 해외직접투자는 1960년대 말에 시작되어 1990년대 들어 본격화되어, 1997년 외환위기 이전까지 지속적으로 확대되어 왔으며, 이에 따라 우리나라 금융기관의 해외투자지원 금융도 급격하게 증대하였다.

그러나 외환위기 이후 국내기업의 해외직접투자 수요의 감소와 금융기관의 외화유동성 부족 등으로 크게 위축되었다가, 중국을 중심으로 한 중소기업의 해외투자 수요증가, 한국은행 외화여수신규정 폐지 등 외환자율화의 진전 등으로 최근 다소 회복세를 보이고 있다.

1. 해외투자 지원금융의 종류

국내기업이 이용할 수 있는 금융수단으로는 해외투자 자금대출(역내)과 역외금융, 현지금융 등이 있다.

1) 해외투자 자금대출

한국은행 외화여수신 규정의 폐지로 각 금융기관(외국환은행)은 대출한도, 대출형식, 대출기간 등을 자체적으로 정하여 운용하고 있다. 대출대상은 해외직접투자 소요자금으로 증권취득자금(현지법인 신설, 인수 또는 증자를 위한 주식 또는 출자지분 취득자금) 또는 융자자금(외국법인에 투자한 거주자가 당해법인에 상환기간 1년 이상으로 융자하기 위한 자금) 등이 있다.

2) 역외금융

외국환은행이 비거주자로부터 외화자금을 조달하여 비거주자를 상대로 운용하는 금융으로 역외계정과 일반계정은 구분계리하고 계정 간 자금이체의 경우 재경부장관의 허가를 받아야 한다. 다만 직전 회계연도 중 역외외화자산 평잔 100분의 10 범위 내 자금이체는 허가사항이 아니다(외국환거래규정 제2-10조). 대출대상은 국내기업이 투자한 해외현지법인 및 지점, 외국의 국내물품 수입업자, 외국정부 및 기업, 다른 역외계정 보유자 등이며 자금용도는 제한이 없다.

3) 현지금융

거주자(개인 제외), 거주자의 해외지점, 거주자의 해외현지법인이 외국에서 사용하기 위하여 외국에서 외화자금을 차입하거나 지급보증을 받는 것을 말한다. 현지금융으로 조달한 자금은 국내에 예치하거나 유입할 수 없으며 다만 현지법인 등과 국내 거주자간의 인정된 경상거래에 따른 결제자금의 국내유입은 가능하다. 대출대상은 거주자나 거주자의 해외지점 또는 현지법인이며 용도는 제한이 없다.

2. 해외투자 지원금융에 대한 규제

국내금융기관으로부터의 해외투자자금대출은 계열기업의 신규 보증 또는 담보제공을 금지시키고 있으며, 해외현지법인의 현지금융 또는 역외금융에 의한 조달에 있어서도 모기업 또는 계열사의 신규 보증 또는 담보제공을 제한하고, 자체신용(자체담보제공 포함)만으로 조달하도록 제한함으로써 상대적으로 국내금융기관 및 해외영업점의 자금지원 축소가 불가피하게 되었다.

반면 현지금융 용도제한 및 외화대출의 용도 폐지 등으로 국내기업 보증부 대출의 경우를 제외하고는 시장규제가 다소 완화된 측면이 있다.

한편 국내기업의 외자조달 중 1년 이하의 단기자금은 재무구조가 우량한 기업에게만 허용하는 등 상대적 제한을 가하였으나, 상환기간 1년 초과의 중장기 외화조달은 전면 허용하였다. 이는 국내금융기관의 해외지점에서 직접 국내기업 앞 자금지원을 가능케 함으로써 국내금융기관의 업무영역의 확대를 가져왔다.

제6절 해외투자 조세지원제도

정부는 국내기업들의 원활한 해외투자를 위해 조세지원제도를 시행하고 있다. 우선 외국납부세액에 대한 공제제도(법인세법 제57조)는 우리나라 투자자가 해외직접투자사업 수행 중에 외국정부에 법인세를 납부한 경우, 이중과세 방지를 위해 국내에서는 세액공제 한도액 내에서 외국법인세액을 사업연도의 법인세액에서 공제하거나 손금으로 산입하도록 하고 있다.

간주외국납부세액의 공제제도(법인세법 제57조 제3항)는 우리나라와 이중과세방지를 위하여 체결한 조세조약의 상대국이 외국인투자를 장려하기 위하여 우리나라 사업자에 대하여 법인세를 감면해 준 경우, 감면받은 상당액만큼을 외국에서 납부한 것으로 간주하여 우리나라에서도 감면해 주고 있다.

또한 해외자원개발투자 배당소득에 대한 법인세 등 면제(조세특례제한법 제22조)는 특정 자원보유국이 우리나라의 해외자원개발투자에 대한 배당소득에 대하여 법인세 등을 면제한 경우 해외자원개발을 촉진하기 위하여 면제받은 분에 한하여 상대국과의 경제 협력적 효과 등을 검토하여야 한다. 외화획득효과 분석은 투자사업의 현지법인앞 수출효과 또는 현지법인이 수입대체제품을 생산하는 경우의 수입대체효과 등에 대한 것으로 구체적인 효과분석은 다음과 같다.

① 국제수지효과=(외화가득액 + 외화절약액) ± 관계외화비용

② 외화가득액=예상수출량 × 수출단가(FOB 가격기준)

③ 외화절약액=예상수입대체량 × 수입단가(CIF 가격기준)

④ 기타: 로열티 수령액, 배당금, 임금송금액

또한 계획사업의 추진으로 유발되는 인력송출효과와 계획사업이 정상가동 될 경우 본국의 관련사업에 파급되는 전후방 효과, 현지 지역개발 기여효과 등을 살펴 볼 필요가 있다.

제7절 해외투자의 위험

1. 해외투자위험의 특징

해외투자사업은 국내에서와는 달리 현지국의 세제, 외환통제, 투자자산 몰수, 노무관리 등 정치, 경제, 사회, 문화적 등 다양한 리스크를 수반하고 있다. 따라서 이들 리스크를 사전에 철저히 규명하여 이들 위험요인들의 사전 분산 또는 회피 방안들이 강구되어야 한다.

해외투자의 위험은 본질적으로 현지의 투자환경으로부터 기인하는 것과 투자기업 내부의 운용과정에서 비롯되는 위험으로 대별할 수 있다. 전자는 기업외부의 전략적 통제범위 밖에서 발생하는 투자위험으로서 기업의 적극적인 관리가 어려운 반면, 후자는 기업의 전략적 경영성과에서 비롯되는 만큼 어느 정도 관리가 가능한 투자위험이다.

해외투자 위험의 검토 목적은 사전에 해외투자의 위험을 감안하여 사업계획을 수립함으로써 투자위험을 최소화하는 한편, 적극적으로는 해외투자의 위험요소를 제거하는 전략을 수립하거나 헷징(Hedging) 등 위험 상계처리를 통하여 투자위험 요소를 통제관리 수준으로 조정하는 데 있다. 이러한 위험관리의 입장에서 먼저 해외투자에 따르는 위험의 유형별 특성을 살펴보는 것이 중요하다.

2. 투자위험의 발생유형

1) 정치적 위험(Political Risk)

정치적 위험은 국가위험(Country Risk)의 핵심적 사항으로서 두 가지 측면에서 투자유치국 내 경제환경, 사업조건의 형성 및 영향을 주고 있다.

첫째, 정치적 위험은 현존하는 경제체계의 급격한 변동을 초래하는 통치행위에 관한 것이다. 예컨대 주변국의 침공, 혁명에 의한 정권교체, 특정 외국인재산의 몰수(Expropriation), 특정 산업의 국유화(Nationalization) 등을 들 수 있다. 과거 남미국가, 인도네시아, 이란 등의 외국인 재산몰수는 대표적인 사례로서 해외투자 관련 위험 중 가장 부담이 크고 예측이 곤란한 위험이다.

둘째, 통치행위보다는 약하지만 직 · 간접적으로 투자기업의 경제활동에 영향을 끼치는 경제제도나 환경에 의한 정치적 위험으로 경제적 제국주의, 종교적 계율, 문화적 이질성 등이 있다.

2) 정책적 위험(Policy Risk)

정책적 위험은 현지금융에 대한 통화규제, 조세 및 공과금 등 재정적 규제, 관세 및 비관세장벽과 외환관리에 대한 규제, 장비나 시설재 또는 부품의 현지화 요청 등 단기적인 투자운용과 관련되어 투자유치국의 일반적이고 일상적인 정책들에 대한 변수이다. 정치적 위험이 주로 장기적인 투자효과에 영향을 끼치는 기업 외부적 정책변수라면 정책적 위험은 투자유치국와 해외투자기업간의 상호 협상에 의한 변수라는 점에서 구별된다.

3) 외환위험(Foreign Exchange Risk)

해외투자에 따른 자금 및 상품 이동에는 다양한 외환거래가 개입되며, 환율의 급변으로 인한 기대하지 못한 손익이 발생되며, 이러한 환율변동에 따른 위험은 다음과 같은 3가지 형태로 나타난다.

(1) 경제적 위험(Economic Exposure)

경제적 위험은 투자유치국 내의 생산요소 및 상품가격의 변화에 의해 야기된 손실의 가능성을 의미한다. 투자유치국의 인플레이션은 결국 그 나라 통화의 평가절하로 귀결되고, 본국 화폐가치 기준 투자회수금의 감소로 이어지게 된다.

(2) 거래위험(Transaction Exposure)

거래위험은 환율변동에 따른 금전적 의무이행에 부가되어 발생하는 손실의 가능성을 의미한다. 대부분의 해외투자는 국제금융시장에서의 자본조달을 통해 소요자금의 일부를 충당하며, 외국통화로 상환해야 하는 해외부채에 대하여 투자유치국의 환율변동은 그 자체만으로 외화부채의 변동을 야기하기 때문에, 해외투자기업은 환율의 급변에 따른 예상치 못한 추가 손실을 부담할 수 있다.

(3) 환가위험(換價危險: Translation Exposure)

환가위험은 현지에서의 회계처리 시 환율변동에 의해 발생하는 자산평가 손실을 말한다. 환율변동은 대외적인 채무의 증가 및 기업자산의 실질적인 감소를 초래하기도 한다.

대부분의 개도국은 수출촉진 및 수입억제를 위해 경제개발의 어느 단계까지는 자국화폐를 지속적으로 평가절하하는 경향이 있으며, 투자유치국의 지속적인 평가절하는 종국적으로 투자자산의 실질적인 감소 및 해외투자에 따른 내부수익률(IRR : Internal Rate of Return)의 저하로 예기치 않은 손실을 입게 되는 것이다.

4) 진입장벽 위험

명시적, 혹은 묵시적으로 투자유치국은 내국기업과 해외투자기업을 차별하기 쉽다. 투자가능 산업분야의 제한, 국산화율 또는 현지조달비율의 지속적인 제고 요구, 외국인 소유지분의 연차적 감축, 투자국 모기업과의 내부거래에 대한 일정한 규제 등 해외투자기업은 다양한 분야에서 직·간접적으로 특별한 간섭과 통제가 있을 수 있다. 이러한 차별적 조치에 따른 진입 장벽, 경영 및 소유권에 대한 위험이 진입장애위험이다.

제8절 투자위험의 관리

해외투자 위험관리는 위험요인별로 세심한 분석을 통해 최적의 방안을 채택하게 된다. 대표적인 외환위험의 대책으로는 재무구조 조정 및 재원조달 다각화, 파생금융상품 이용 헷징(Hedging) 등이 있다. 한편 정치적 위험 및 정책적 위험에 대하여는 해외투자보험의 활용 및 투자지역 다변화 등 위험분산 방법이 있다.

1. 외환 · 금리 위험관리

1) 기업 내부적 위험관리기법

기업 내부적 환 · 금리 위험 관리방식은 재무구조 조정을 통하여 행해지며, 해외투자자금의 총체적인 위험관리를 말한다. 여기에는 재무구조의 최적화(Leverage Approach), 즉 재무구조와 부채비율(Leverage)의 조정에 따른 총 소요자금부담의 분산방식과 재원조달의 다각화를 통한 방식(Netting Approach)을 들 수 있다.

첫째, 레버리지 접근방법은 총소요자금 중 차입금의 비중을 자기자본 및 부채 간 최적 의사결정 문제와 관련된 위험관리 사항이다. 자기자본 비율이 높을수록 현지기업의 대외적 신뢰도가 높고 모기업의 경영권 행사가 용이한 반면, 이에 따른 기회비용의 증가와 투자원리금 회수의 불확실성은 커지게 마련이다. 따라서 총체적인 위험을 최소화하면서 대외 신뢰도 유지에 필요한 재무비율, 즉 자기자본 대 타인자본의 비율을 최적화하는 것이 레버리지전략의 핵심이다.

둘째, 재원조달의 다각화, 즉 상계(Netting)거래 접근방법은 외화자산과 외화부채의 단일통화권 운용과 같이 상호 간 이익 또는 손실을 연계시킴으로써 투자위험을 감소시키는 것이다. 자산 및 부채운용과 관련된 동종 통화권 구성(단일상계)과 차입원의 다각화와 자산의 다각적 구성(복합상계)은 해외투자에 있어서 필수적인 요소라 하겠다.

한편, 차입원의 다양화와 관련한 고려사항은 현지차입과 모기업에 의한 직접차입방식 중 선택이다. 현지차입은 환차손 발생 문제가 없고 차입금 상환에 현지 정부의 저항이나 규제가 적은 반면, 대부분 개도국의 현지차입비용은 상대적으로 높아 재무구조 악화 및 수익성 저하를 초래하게 된다. 모기업의 현지기업에 대한 자금대여는 투자형태의 하나로 투자위험의 분산과 수익률의 증가를 위해 행해진다. 모기업의 간접대출은 출자에 비해 원리금 상환이 용이하고 현지기업의 운영 상황에 따른 최저 회수가능액이 될 수 있다는 점에서 유리하다. 따라서 모기업의 일부 출자 및 일부 대출 방식은 위험회피 및 수익성 향상 측면과 해외투자 재원조달 관련 고려사항으로 중요한 요소가 된다.

2) 기업 외부적 위험관리기법

해외투자 시 환·금리위험에 관한 기업 외부적 위험관리방식과 관련하여 가장 많이 활용되는 것은 헷징에 의한 구체적 시기별·거래별 위험회피방식이다. 헷징거래는 해외투자의 자금수지를 사전에 상계거래를 발생시킴으로써 환·금리 위험을 회피하는 것으로, 미래의 자금이동을 사전거래를 통하여 미리 확정하는 수단이다.

헷징거래로는 선물환거래(Forward Contract), 통화선물거래(Futures), 통화스왑거래, 옵션거래 등 다양한 파생금융상품이 이용된다.

2. 해외투자보험

해외투자보험은 현지정부의 전쟁, 수용, 송금불능 및 약정불이행 등 정책적 비상위험으로 인하여 투자원리금의 회수의 어려움 등 손실을 보상함으로써 기업의 해외투자 리스크를 경감시켜 주는 수단이다.

해외투자보험은 해외투자자 보호, 해외투자를 장려 등을 위하여 시행되고 있으며, 공공성 및 대규모 손실발생 가능성 등으로 인해 대부분의 국가에서는 국가 및 정부기관에 의해 직접 운용되고 있다. 우리나라는 1972년 수출보험법 개정 시 동 제도를 도입하여 현재 대한무역보험공사에서 운용하고 있으며, 부보대상 투자유형 및 대상위험은 다음과 같다.

1) 부보대상 투자유형

(1) 주 식

외국법인의 주식 또는 지분을 취득하는 것으로 현지법인의 신설, 기 설립 법인의 인수, 증자 참여 등이 있다.

(2) 사 채

대한민국 국민이 실질적으로 지배하고 있는 외국법인의 사채 또는 장기 대출금에 대한 채권을 취득하는 투자, 그리고 대한민국 국민이 취득, 소유한 외국법인의 주식을 취득하려는 외국인에게 그 주식 취득에 필요한 자금을 장기 대출함으로써 채권을 취득하는 투자가 대상이다.

(3) 보증채무

대한민국 국민이 경영을 실질적으로 지배하는 외국법인이 필요한 사업자금을 장기 차입하거나 그 법인의 주식을 취득하려는 외국인이 거기에 필요한 자금을 장기 차입하는 경우에 대해 보증채무를 부담하는 것을 말한다.

(4) 부동산에 대한 권리

국외에서 영위하는 사업에 사용되는 부동산 또는 설비에 관한 권리, 광업권, 공업소유권, 기타의 권리 등의 취득이 대상이다.

2) 부보대상 위험

(1) 수용위험

외국의 정부가 해외투자 현지법인의 주식 및 주식에 대한 배당금지급 청구권, 사채 또는 대출금채권의 원금이나 사채 등의 이자지급 청구권 등을 박탈하는 경우 또는 외국 정부가 현지법인의 부동산, 설비, 원자재, 기타 중요한 물건에 관한 권리, 광업권, 공업소유권, 기타의 권리를 침해함으로써 손해를 입어 사업계속이 불가능하거나 파산, 은행에 의한 거래정지, 6개월 이상의 사업정지 등이 발생하는 경우

(2) 전쟁위험

해외투자 현지법인이 전쟁, 혁명, 내란, 폭동 또는 소요로 손해를 입어 사업계속이 불가능하거나 파산, 거래정지 등이 발생하는 경우 또는 위 사유로 당해 부동산에 관한 권리 등을 사업용으로 사용할 수 없게 되는 경우

(3) 송금위험

주식 등의 상실, 사채 또는 대출금채권의 원금의 상실로 취득한 금액이나 이자 등을 다음과 같은 사유로 2개월 이상 국내로 송금할 수 없게 된 경우

① 외국에서 환거래의 제한 또는 금지
② 전쟁, 혁명, 내란 기타 사유로 인한 환거래 불능
③ 외국정부 또는 공공단체에 의한 당해 취득금의 관리
④ 송금허가의 취소
⑤ 위 사유 발생 후 외국정부에 의한 취득금 등의 몰수

(4) 약정불이행 위험

외국정부가 해외투자 현지법인의 사업수행 상 중요한 약정(보험계약자가 해외투자보험 계약체결 시 대한무역보험공사에 통지하여 공사가 인정한 경우) 등을 불이행함으로써 손해를 입어 사업계속이 불가능하거나 파산, 거래정지 등이 발생하는 경우

3. 2국간 투자보장협정

투자보장협정은 전쟁, 수용, 송금제한 등 비상위험으로부터 해외직접 투자자를 보호함으로써 협정체결국 간 투자교류를 증진하기 위한 것이다. 이 협정의 주요 내용에는 ① 최혜국 대우 ② 내·외국인 차별금지 ③ 투자재산 및 수익의 보호와 보장 ④ 국유화의 조건과 보상 ⑤ 국가에 의한 구상대위권 ⑥ 분쟁해결의 처리, 수속, 중재 등의 규정이 포함되어 있다.

2013년 5월 현재 우리나라는 73개국과 투자보장협정을 체결하고 있다. 투자보장협정은 구 서독에서 먼저 도입되었으며, 그 배경에는 2차 대전 후 식민지를 중심으로 각국이 패전국인 독일의 해외자산을 국유화하기 시작하자 독일 정부가 이를 보호하기 위한 목적이 있었다. 현재 여러 국가에서 채택, 운용하고 있는 이 협정은 해외투자의 안전성 보장에 중요하지만, 다음과 한계점에 주의하여야 한다.

첫째, 전쟁, 내란, 혁명, 재해 등 투자대상국 정부가 의도하지 않은 사태가 발생하는 경우 이 협정의 효과는 매우 미약하다.

둘째, 갑작스런 정책변경에 의한 수용 등 현지 정부의 의도적인 행위에 의한 경우에도 사태의 공공성 및 정당한 보상여부 등 해석은 최종적으로 현지 정부의 판단에 달려있다는 점이다.

셋째, 간접수용 대처 명확한 규정의 부재이다. 2국간 투자보장협정은 해외투자의 안전을 보장에 절대적인 방법은 아니지만, 동 협정의 체결은 국유화의 견제 및 보상에 있어 정부의 구상대위라는 중요한 의의를 갖고 있다.

4. 지역별·국별 위험분산

위험분산은 해외투자기업이 리스크대책 상 가장 중시하는 방법이 되고 있다. 최근까지 발생한 컨트리 리스크 사례를 보면 지역별, 국별, 시기별로 집중화되는 경향을 보이고 있다. 국유화는 1960년대의 중남미, 1970년대 전반 아프리카에서 집중적으로 발생하였다. 전쟁위험은 1980년대 중동, 중미, 아프리카에서 집중적인 발생 및 동일 지역에서도 특정국에서 집중적으로 발생하는 경향을 나타내고 있으며, 이스라엘, 레바논, 이란, 이라크 등이 대표적이라 할 수 있다.

지역별, 국별 투자의 분산이 리스크 관리차원에서 중요한 수단이지만, 이 같은 위험분산방식에는 다음과 같은 한계가 있다.

첫째, 자원개발투자의 경우 자원의 부존상황과 직결되어 있어 투자대상국의 선택 여지가 적다. 동일한 자원이 선진국에도 부존되어 있는 경우에는 기업은 채산 상 불리한 점이 있더라도 선진국에의 진출을 선호한다.

둘째, 특정국에 대한 해외투자의 집중으로, 최근 우리나라의 해외투자는 중국, 미국, 동남아 등에 집중되고 있다. 이 같은 국별 집중은 현지의 투자 환경 및 성장잠재력 등과 우리나라 기업의 특정국 선호에 기인한다.

셋째, 중소기업의 해외투자이다. 중소기업의 경우 각 기업 당 1건의 투자가 대부분이며, 투자지역도 중국과 동남아에 집중되어 있다. 지역별, 국별 위험분산은 투자건수의 증가를 전제로 하고 있으나, 자본과 인력 등이 부족한 중소기업의 위험분산에는 한계가 있다.

제 05 장

M&A

제1절 개 요

1. 의의

기업의 합병(Merge) 및 인수(Acquisition)는 19세기 말엽부터 미국에서 성행되기 시작하여 몇 가지 시대적 특징을 지니면서 현재에 이르고 있다.

합병(Merge)은 2개 이상의 회사가 합쳐서 한 회사가 되는 것으로 합병 시 어느 한 회사는 존속하면서 타 회사의 재산 및 주식을 흡수하는 흡수합병과 합병하는 당사자 모두가 제 모습을 잃고 새로운 회사를 설립하는 신설합병이 있다.

인수(Acquisition)는 한 기업이 타 기업의 주식이나 자산 등을 매입하여 경영권을 획득하는 것을 의미한다.

2. 발전과정

1) 1단계(1985년~1905년): 수평적 합병시대

이 시기는 창업자들의 이윤추구 및 시장지배를 목적으로 동일한 산업 내

통합이 주로 발생하였다. 미국기업이 제조공정의 경제적 효율화, 세계시장 대상 판매전략, 원료생산 및 유통시장의 기반을 확립한 때이나, 독점을 위한 합병은 1914년 독점금지법의 제정으로 쇠퇴하기 시작하였다.

2) 2단계(1920년~1929년): 수직적 합병시대

이 시기 초기는 증권시장의 대호황기로 대기업이 원료에서 완제품에 이르는 모든 생산 line의 계열화 Boom이 일어났으나, 1929년의 경제대공황으로 쇠퇴하기 시작하였다.

3) 3단계(1950년~1969년): 복합적 합병시대

1929년의 경제대공황으로 한동안 잠잠하던 기업의 M&A활동은, 2차 대전후 경제재건 Boom에 편승하여 호경기에 접어들자 다시 활발하게 움직이기 시작하였다. 이 시기는 산업의 연관성 또는 동질성과 관계없이 투자수익 또는 양적 성장을 목표로 기업의 인수합병이 일어났던 시기이다.

4) 4단계(1990년 이후): 기업구조의 재편성시대

이 시기는 개인 및 은행투자가들이 은행, 보험회사 등 대규모 자본집단과 결탁하여 경영능력이 취약하거나 기업가치 저평가 기업을 인수하고, 인수 후 저 수익성 자산이나 사업부의 매각처분 및 종업원 정리 등으로 기업구조를 재편성하였다. 특히 동아시아 외환위기 이후 기업의 M&A 활동이 급격히 증가된 요인으로는

첫째, 자본주의 경제의 발달로 여유자금이 풍부한 기업이 시간과 노력을 투자하여 새로운 기업을 시작하기 보다는, 기반이 다져진 기업을 인수 합병하여 쉽게 기업의 확장할 수 있기 때문이다.

둘째, 금융기관의 각종 고수익성 상품 투자에 몰려드는 자금의 규모가 큰 것도 그 한 이유이다.

제2절 M&A의 동기

1. 경영다각화를 통한 성장전략으로서의 M&A

하나의 거대 그룹의 생성에는 최소 20~30년이 소요되나, M&A 전략을 이용할 경우 비교적 짧은 시간 내에 이를 달성할 수 있다.

경영다각화를 통한 성장전략으로서의 M&A는 경영다각화 전략에 따른 회사의 위험분산과 신규 유망산업 분야에 진출을 위한 M&A를 말한다. 새로운 산업분야에 진출하는 경우 M&A를 이용하면, 새로운 회사 설립의 초기투자 위험과 비용의 절감 이점이 있다. 해당 산업분야에서 상당한 기술축적을 하였거나 제품의 상표(brand) 및 유통망이 구축된 회사의 M&A는 대체로 이 유형에 속한다. 경영이 다각화되고 사업규모가 확장될 경우 회사의 경영진 또는 대주주는 여러 가지 형태의 직·간접적인 사회·경제적 이익을 추구할 수 있게 된다.

2. 시너지 효과

두 개의 기업체가 합병할 때 그 결합에 따른 전체적인 성과가 각 기업체가 결합하기 전 별개의 성과보다 커지면 시너지(synergy)효과가 있다고 할 수 있다. 시너지 효과를 목적으로 하는 M&A는 두 회사가 합병 후 생산 활동, 자금배분 등이 유기적으로 이루어져 기업경영의 효율이 배가(倍加)될 때에만 그 목적이 이루어질 수 있다.

시너지 효과는 영업상의 시너지 효과(operating synergy)와 재무상의 시너지 효과(financial synergy)로 구분할 수 있다.

영업상의 시너지효과는 두 회사의 결합으로 인해 규모의 경제(economy of scale)가 실현되고 그 결과 생산비용이 감소함으로써 얻어지는 경우가 많다. 또한 제조업체가 원자재 생산회사와 결합하든가 판매회사를 인수함으로써 생산비용 또는 판매비용을 절약함으로 시너지 효과를 얻는 경우도 있다. 기타 정보소통의 원활화 및 관련 기능의 상호보완에 의해 시너지 효과가 발생하기도 한다.

재무상의 시너지효과는 결합된 두 회사의 자금 운용을 보다 적절하게 활용함으로써 얻어지기도 하고, 기업결합에 따라 회사의 자산증가 및 자금상태가 호전되어 외부차입이 쉬워지거나 차입비용이 감소함으로써 생겨나기도 한다.

3. 시장지배력 강화

특정시장에서 경쟁회사를 매수하여 시장지배력 강화를 목적으로 이루어지는 M&A이며, 수평적·수직적 기업결합의 방법으로 이루어진다.

독점적 원자재 공급업체를 M&A할 경우 경쟁업체에 대한 원자재 공급을 제한하면 시장지배력이 대폭 강화된다. 이 경우 시장경쟁의 약화로 소비자 이익의 침해가 우려되므로 각국은 독점규제법에 따라 이러한 M&A를 규제하는 경향이 있다.

4. 조세상의 이익

조세상의 이익을 위한 기업결합은 피(被)인수회사의 세법(稅法)상의 이연손실(移延損失, net operating loss)을 이용하여 절세 목적으로 M&A가 이루어지는 경우가 이에 해당되며, 세법상의 특혜가 주어지는 회사를 인수하여 그 특혜를 이용하는 방법도 있다.

5. 사업 재구축을 위한 동기

기업합병을 통해 사업을 재구축하려는 M&A동기가 있을 수 있다.

첫째, 적자 사업부를 매각 및 매각대금 이용 나머지 사업부분 강화

둘째, 성숙기 사업부를 매각하여 새로운 성장 부문 진출

셋째, 축적된 자본을 바탕으로 신규 사업 진출로 사업을 다각화

넷째, 자산이 확보되어 있는 기업의 경우 일부 자산을 매각하여 새로운 분야로 진출

6. 비용절약 동기

최근 미국, 유럽, 일본 등 주요 선진국에서 금융기관 간 M&A가 크게 유행하고 있다. 금융기관 간 합병의 이유는 규모의 경제, 인원감축과 비용절감, 기술의 발전 및 각국의 금융규제 완화이며, 이 중 가장 큰 이유는 비용절감을 통한 경쟁력 확보에 있다.

7. 현지화와 해외직접투자를 위한 M&A

현지화와 해외직접투자를 촉진하기 위해 M&A를 활용하는 경우도 있다. M&A형 해외직접투자는 해외의 현지기업이 보유하고 있는 전문경영진, 유통망, 고객 등을 동시에 획득하여 신규진출에 따른 시간과 비용의 절감과 정보부족 문제도 해결해 준다.

M&A형 해외직접투자는 현지화와 해외시장접근을 위한 가장 효과적인 방법이 될 수 있다. 다만 외국 현지기업의 M&A 시 현지 경영관습, 노동환경, 회계처리방식, 조세와 관련 법규 등 국내기업과는 매우 다를 수 있으므로 주의를 기울일 필요가 있다.

특히 원목, 원유, 곡물 등 원자재의 해외의존도가 높은 기업은 외국의 현지기업 M&A를 통하여, 그 나라의 정치경제적 변화에 관계없이 안정적으로 원자재를 공급받을 수 있게 된다. 소비제품이나 원자재 의존도가 높은 기업에게는 M&A가 현지화와 해외직접투자를 위한 좋은 전략이 될 수 있다.

8. 기술 · 유통망 등 경영자원 획득을 위한 M&A

M&A의 이점 중 하나는 기술 및 유통망 등 경영자원에 비교적 쉽게 접근하고 획득할 수 있다는 점이다.

우리나라의 LG전자는 미국의 가전업체인 제니스(Zenith)회사를 인수함으로써 쉽게 미국의 기술 및 유통망을 확보하였다. LG전자의 제니스사 인수는 제니스사 보유 디지털 신호처리 및 압축기술을 디지털 TV와 멀티미디어 산업에 응용하는 한편 제니스사의 브랜드 이미지 및 유통망을 활용하기 위함이었다. 메디슨은 오스트리아의 크레츠테크닉사를 인수하여 유럽 내 유통망을 손쉽게 확보하였다. 현대전자가 미국의 맥스터(Maxter)회사 인수, 삼성전자의 미 컴퓨터 업체인 AST Research의 인수 등은 이들 기업의 기술력과 브랜드 및 유통망 등 경영자원을 확보하기 위함이었다.

9. 시장퇴출을 위한 M&A

최근 기업 간 경쟁이 치열해지면서 M&A 시장에서는 두 가지 중요한 경영전략이 부각되고 있다. 첫째 전략은 기업을 인수·합병하여 거대화함으로써 규모의 경제를 이루어 경쟁력을 확보하려는 것이다. 둘째 전략은 불필요한 부분을 잘라내고 한 분야에 전문화함으로써 효율성을 극대화하고 경쟁력을 확보하겠다는 전략이다.

이 두 가지 전략은 서로 상반된 것처럼 보이지만 생존 경쟁력 확보라는 점에서 공통된 목적을 갖고 있다. 경영전략으로서의 M&A는 M&A과 분할매각 두 가지로 모두 활용될 수 있는 것이다.

경제의 고성장시기에는 다양한 분야의 진출이 기업 성장의 유효한 전략이 될 수 있다. 대량생산 및 대량판매가 중요한 산업에서는 '규모의 경제' 가 필수적이지만, 제한된 시장에서 경쟁하는 산업이나 성숙기 제품의 경우에는 다른 기업보다 더 싸게 공급할 수 있는 능력이 중요하다.

불필요한 부분을 매각하고 최고의 효율성을 갖춰 경쟁력을 확보해야 하며, 사용가능한 경영전략이 사양산업 또는 경쟁열위산업의 퇴출전략이다. 퇴출방법에는 소멸, 매각, 청산, 파산 등이 있는데, 가장 쉽고 이득을 많이 얻을 수 있는 방법이 M&A이다. 기업의 경쟁력 약화로 사업 전망이 불투명하면, 경영자는 기업을 매각을 통한 시장퇴출의 기회를 활용하여야 한다.

10. 경영권 방어를 위한 M&A

M&A 방어전략 중에는 기업을 분할 매각하거나 다른 기업을 인수함으로써 적대적 M&A를 피하는 전략이 있다. 잠재 매수자가 원하는 주요자산

(crown jewel)을 매각하거나, M&A 타겟(target) 사업부를 분할 매각 또는 분리 신설하기 위해 M&A를 활용하는 것이다. 또한 불필요한 타(他)기업을 차입금을 동원하여 인수함으로써 잠재 매수자의 매수동기를 약화시키거나, 잠재 매수기업과 유사한 업종의 기업을 인수하여 결과적으로 독점규제법에 위반되도록 하는 방법 등이 활용되고 있다.

11. 부실기업 인수한 후 사업의 부가가치를 높여 시세차익 목적 M&A

비즈니스는 싸게 사서 비싸게 팔아 시세차익을 남기는 것이다. 미국 메트로미디어 인터내셔널 그룹의 존 클루게 회장은 남들이 관심도 없는 사업체를 싸게 사들여 부가가치를 높인 후 이를 비싸게 되파는 천부적인 사업가이다.

존 클루게는 1950년대 TV 보급으로 사양산업이 된 라디오 방송국을 매수하여 큰 이익을 남겼고, 옥외광고회사들을 여러 개 싼 값에 M&A하여 미국 최대의 옥외광고회사로 키웠으며, 네트워크 방송국이 아니면 생존이 어려운 시기에 독립적으로 운영하는 7개의 TV방송국을 매입하였다. 1982~1983년에는 무선호출 업체를 미국 각지에서 사들여 불과 2~3년 만에 매입가격의 2.5배를 받고 팔아 넘겼다. 1980년대말 미국에 미디어 붐이 일자, 그는 그 동안 사들였던 TV방송국들을 언론재벌인 루퍼트 머독에게 되팔았다. 그는 12개 도시에서 무선호출, 케이블 TV, 라디오 방송 등 24가지의 사업을 하고 있다.

제3절 Global M&A 시장의 특질

오늘날 기업들은 국경 없는 글로벌(global) 시장에서 경쟁하고 있다. 경쟁의 격화에 따라 기업환경에도 변화가 크며, M&A 시장에서도 마찬가지다. 세계 초일류기업을 지향하는 거대기업들 간의 Global M&A는 국적과 사업영역에 관계없이 무차별적으로 발생하고 있다. 오늘날의 M&A는 크기파괴, 국경파괴, 영역파괴의 양상을 보이면서 기존 관념들을 깨뜨리고 있다.

1. 크기파괴

지금까지의 M&A는 주로 자기보다 규모가 작은 기업을 상대로 한 것들이었으나, 최근 대기업간 결합이 늘어나면서 M&A시장에서도 크기파괴(size break)의 양상이 생겨나고 있다.

세계거대기업들은 불필요한 사업을 과감하게 잘라내고 M&A를 통해 경쟁력 있는 사업부문, 즉 시너지 효과가 큰 주력사업 부문에 투자하여 규모를 키워나가려는 경향을 보이고 있다. 이는 생존경쟁의 심화 한경에서 시장점유율, 수익률 등 세계 최고의 기업이 되기 위한 전략이라고 볼 수 있다.

세계의 경쟁구조가 경쟁력 있는 기업 2~3개만 살아남는 과점체제로 급속하게 재편되고 있기 때문이며, 전 세계의 M&A규모도 매년 기록을 경신하고 있는데, 특히 두드러진 현상은 합병 건수의 감소에도 불구하고 건당 합병규모가 커져서 합병총액이 증가하고 있다는 점이며, 거대기업 간 M&A가 본격화되고 있다는 사실을 보여 주는 것이다.

제조업 부문 '크기파괴'의 대표적인 M&A사례는 미국의 보잉사와 맥도널더글러스사의 합병을 들 수 있다. 보잉사는 민간 항공기 시장의 65%를 차지하고 있던 세계 제1위의 항공기 제작회사였다. 맥도널 더글러스사는 민간항공기 부문에서는 시장점유율이 4%밖에 되지 않았으나 전투기 제작기술에서는 우위에 있던 회사였다. 이 두 회사는 합병으로 인해 민간항공기와 전투기 분야에서 세계 최대의 회사가 되었다.

금융분야에서는 도쿄미쓰비시은행이 거대 은행간 합병의 좋은 예(例)라고 할 수 있다. 도쿄미쓰비시은행은 일본 내 기반이 탄탄한 미쓰비시은행과 외환부문의 전문성이 있는 도쿄은행이 합병하여 탄생한 금융기업이며, 두 은행의 합병으로 도쿄미쓰비시은행은 세계최대의 은행으로 발돋움하였다. 미국의 증권회사인 모건 스탠리와 딘 위터는 증권, 자산운용, 신용카드 등 3대 분야의 금융서비스를 모건 스탠리 위터로 합병하였다.

2. 국경파괴

글로벌화가 진행되면서 기업 간 경쟁은 세계시장을 무대로 격화되고 있으며, M&A 시장에서는 국경파괴(border break)의 양상이 생겨나고 있다.

통신업체인 미국의 스프린트, 프랑스 텔레콤, 도이치 텔레콤 등 3개 회사는 세계최대의 통신회사인 미국의 AT&T와 경쟁하기 위하여 글로벌 원이라는 합작회사를 설립하였다.

금융산업에는 일본채권은행이 미국 뱅커스 트러스트와 제휴, 영국의 바클레이즈 그룹과 일본의 홋카이도 다쿠쇼쿠은행, 스위스은행과 일본장기신용은행 등 외국의 대형은행 간 포괄적인 업무제휴가 확대되고 있다.

3. 영역파괴

오늘날 국제 M&A시장의 영역파괴(sphere break)는 주로 은행과 증권, 보험, 방송과 통신부문에서 두드러지게 나타나고 있으며, 각국의 M&A 대한 규제가 완화되면서 이런 현상이 자주 나타나고 있다.

M&A시장의 영역파괴는 문어발식 사업다각화를 위한 영역확대와는 차이가 있으며, 이는 거품을 배제하고 오직 시너지 효과를 얻을 수 있는 분야에만 영역을 확대하기 때문이며, 영역확대에 앞서 군살 제거를 위한 철저한 매각전략이 동시에 이루어지고 있다.

영역파괴 M&A의 대표적 사례는 미국 방송사 ABC와 월트디즈니의 합병을 들 수 있다. 미국 은행인 뱅커스 트러스트는 M&A 전문기관인 울프슨을 인수한데 이어 증권회사인 알렉스 브라운을 인수하였다. 스위스의 은행그룹 크레디트 스위스는 스위스의 3위 보험회사인 빈터투어와 합병하였으며, 종래에 타 영역으로 인식해 왔던 은행과 보험사업을 함께 영위하겠다는 전략이다. 향후 M&A의 영역파괴는 금융과 통신분야 이외의 다른 분야에서도 다양하게 발생할 것으로 예상된다.

제4절 M&A후 국제유통전략

국제유통전략은 일반적으로 '6C'의 전략목표에 따라 수립되고 집행된다.

1. 비용(cost)

유통채널을 개발하기 위한 단회적(單回的)인 자본투자비용과 유통경로를 지속적으로 유지·관리하는 데 드는 경로유지비용이 있다. 국제기업은 경로의 선택과 관리의 합리화를 통하여 비용을 절감하여야 한다.

2. 소요자본(capital requirement)

유통경로의 개발에는 많은 자본이 소요된다. 유통업자나 중간상 등을 잘 이용하면 소요자본의 양을 크게 절감할 수 있다. 소요자본의 조달방법은 일반적으로 제품의 마케팅으로 얻어지는 현금유입(cash inflow)의 흐름과 밀접한 관계가 있다. 현금유입의 양과 시기에 맞추어 현금자산의 재활용계획 또는 부채의 상환계획을 수립하기 때문이다.

3. 통제(control)

국제기업은 전체적인 기업목표에 맞추어 유통경로를 통제하게 된다. 통제의 효율성 제고를 위해서는 국제기업이 직접 유통경로를 지배·관리하는 것이 좋으나 비용이 많이 들고, 때로 지나치게 통제한 나머지 경로의 효율성을 저해하는 수가 있을 수 있다. 경로의 형태와 중간상의 종류에 따라서 통제의 가능성도 정도·특성 등이 달라지며, 유통경로가 길고 복잡해질수록 기업의 가격, 판매량, 판매촉진, 중간상의 형태 등에 관한 통제능력이 약화된다.

국제기업의 유통경로 통제능력은 그 기업의 마케팅능력을 대변하는 것이며, 유통경로를 적절한 통제 없이는 국제기업의 통일적인 관리를 행할 수 없기 때문이다.

4. 시장침투의 범위(coverage)

시장침투란 아래와 같다.

첫째, 국제기업이 진출한 각각의 피투자국 시장에서 최대의 판매고 달성

둘째, 적절한 시장점유율을 유지

셋째, 계속적인 시장침투로 시장 확대

시장침투의 범위는 지리적 커버(cover)의 정도 또는 세분화된 시장의 범위와 내용에 따라 평가할 수 있다. 국제기업은 그 기업목표에 따라 적절한 시장침투의 범위를 정하고 그에 알맞은 유통경로를 개발 또는 변화시켜야 하며, 시장침투의 범위를 정함에 있어서 해당 시장에서 국제기업의 제품라인이 모두 커버될 수 있도록 배려해야 한다.

5. 특성(character)

국제기업의 유통경로조직은 시장특성, 기업특성, 제 특성 등을 감안하여 융통성 있게 조정되어야 하고, 시간의 흐름과 환경의 변화에 따라 신축성 있게 조정되어야 한다.

6. 유통경로의 연속성(continuity)

국제마케팅 관리자는 유통경로의 연속성을 유지하기 위해 노력해야 한다. 유통경로의 연속성을 제약하는 요인 중 가장 중요한 것은 중간상들의 부침(浮沈)이다. 중간상들이 망하거나 업종 변경 또는 경쟁업체 제품만을 취급할 경우에는 해당 시장에서의 유통경로가 소멸되기 때문이다. 따라서 국제마케팅 관리자는 유사시에 즉각 가동 · 활용할 수 있는 예비적인 위기관리계획(contingency planning)이 필요하다.

제 06 장

국제수지

제1절 국제수지의 개념

1. 국제수지의 의의

국제수지(international balance of payments)는 일정기간 동안(보통 1년)에 한 나라의 거주자와 외국의 거주자(비거주자) 간에 발생한 모든 경제적 거래를 체계적으로 분류하여 집계한 것으로, 한 나라의 국제거래에서 발생하는 화폐지급(payments)과 화폐수취(receipts)를 기록한 것이다.

국제수지는 국제수지통계 또는 국제수지표의 뜻으로 사용하며, 국제수지가 흑자(surplus) 또는 적자(deficit)라고 말하는 것처럼 국제수지 차액의 뜻으로 사용되는 경우도 있다. 국제수지가 어떠한 뜻으로 사용되든 간에 그 내용은 국제수지표에 잘 나타나고 있다. 국제수지와 별개로 국제대차(international indebtedness)는 한 나라가 일정 시점에 있어서 외국에 대해 보유한 채권 또는 채무를 나타내는 것이다.

국제수지는 일정기간에 결제된 과거 화폐수지의 총액이며, 국제대차는 일정시점에서 볼 때 장래에 결제될 채권 · 채무의 총액을 나타낸다. 국제수지가 기업회계에서의 손익계산서(I/S: income statement)에 이면, 국제대차는 대차대조표(B/S: balance sheet)에 해당된다고 할 수 있다.

국제수지가 일정기간에 걸쳐서 한 나라 거주자(국내거주자)와 다른 나라 거주자(해외거주자) 사이에서 발생한 각종 경제거래, 즉 재화 및 용역의 수출입, 현금 지불 및 수입금의 유출입, 증여, 차관 및 대부, 해외직접투자 등의 대차관계를 뜻한다.

정부에 의해 작성되는 국제수지표는 한 나라의 일정기간에 있었던 대외경제관계의 표시, 고용과 임금 수준, 투자규모 결정 등 국내경제정책 수립에 반드시 고려되어야 할 내용이 되고 있다. 국제수지표는 기업인들의 의사결정에 영향을 미치게 되며, 특히 재정경제부, 중앙은행 등 통화당국에 의해 기록되므로 한 나라의 국제경제 전반을 반영해 주고 있다.

국제수지표는 국제대차표와 엄밀히 구별된다. 국제대차표는 일정시점의 한 나라의 대외채권과 대외채무의 잔액을 대조하는 것으로서 저량(stock)을 나타내며, 국제수지표는 일정기간에 있어서 국제거래에 따라 발생한 자금의 흐름을 나타내는 표이기 때문에 유량(flow)을 나타내는 표이다. 국제거래의 대부분은 재화나 용역의 이동과 같이 유량으로 나타나지만 자본거래와 같이 저량 성격의 거래도 적지 않다. 저량개념의 자본거래를 유량개념의 경상거래와 일치시키기 위해서는 일정기간의 저량 변화만을 기록한다.

2. 국제수지표 작성의 목적

국제수지표 작성의 가장 큰 목적은 한 나라의 대외경제관계의 상황을 일목요연한 방법으로 정리하는 데 있다. 기업이나 가계의 경우에 손익계산서나 가계부를 작성하는 일반적인 목적이 경상적 수취와 지급의 균형을 보기 위한 것과 같이 국제수지표도 한 나라의 대외결제관계가 원활하게 이루어지고 있는가를 보기 위한 목적으로 작성되고 있다.

국가 간 화폐 및 금융제도가 다르기 때문에 외국에 대한 자금의 지급은 외국으로부터 수취한 자금을 가지고 행하게 된다. 만일 한 나라가 국제 거래의 결과 적자가 생기면, 지급초과분은 그 나라가 축적한 대외지급수단, 즉 외환보유고(foreign exchange reserves)에서 충당해야 한다. 한 나라의 외환보유고는 한도가 있기 때문에 장기적인 지급초과 지속은 국제수지의 조정정책을 실시할 필요가 있으며, 국제수지표는 그 진단자료가 된다.

국제수지표 작성의 또 다른 목적은 외환의 원천과 용도를 밝히는 데 있다. 어떤 나라의 경우에도 외환은 한정되어 있기 때문에 그 원천이 어디에 있으며, 또 효율적으로 운용되고 있는가에 관심을 갖게 된다. 외환관리 상 외환배분 계획의 자료로서 국제수지표는 중요하다. 국제수지 문제로 곤란을 겪고 있는 개발도상국의 경우에는 이 목적이 특히 중요시되고 있다고 할 수 있다.

제2절 국제수지표의 기재와 구성

1. 국제수지표의 기재방식

1) 국제수지표의 2대 계정

국제통화기금(IMF)의 표준양식에 따른 국제수지표에 의하면 모든 대외거래를 계상한 국제수지표의 계정은 크게 두 그룹으로 나뉜다.

첫째, 상품·용역 및 소득거래와 경상이전(unrequited transfers)을 합친 경상거래(current transaction)이다. 경상거래는 직접 소득을 만들어 내거나 또는 그것을 사용하는 거래로서, 경상계정(current account)은 국민소득의 경상적 순환의 흐름에 영향을 주기 때문에 소득계정이라고도 한다.

둘째, 자본 및 투자계정으로서 자본계정에는 자본이전거래와 비생산·비금융자산의 취득 및 처분거래가 포함된다. 투자계정에는 직접 투자·포트폴리오 투자·기타 투자가가 기재되고, 화폐용 금·특별인출권(SDR)·국제통화기금 리저브 포지션(IMF reserves position)·외환·기타 청구권 등 준비자산(reserve assets)이 투자계정에 포함된다.

이상에서 언급한 경상계정과 자본 및 투자계정은 IMF 국제수지 표준분류에서 다음과 같은 구성을 보여준다.

〈IMF 국제수지표의 2대 계정〉

Ⅰ. 경상계정	Ⅱ. 자본 및 투자계정
A. 상품, 용역 및 소득 (commodity, services and income) B. 경상이전거래 (unrequited transfer)	A. 자본 (capital) B. 투자(investment) [리저브 포함(including exchange reserves)]

2) 국제수지표의 기재방법

국제수지표의 기재방법은 기업회계와 같이 복식부기 원리(the principle of double entry book-keeping)에 입각하고 있다. 복식부기 방법은 모든 거래를 급부와 반대급부의 측면에서 파악하여 대변과 차변 쌍방에 동액을 계상하는 방법으로서, 대외거래에도 응용되고 있다.

국제수지표에서 한 나라의 모든 대외경제거래는 두 가지 측면으로 파악되며, 비거주로부터 대금의 수령을 수반한 거래는 대변(credit, 좌측)에, 비거주자에 대한 대금의 지급을 수반한 거래는 차변(debit, 우측)에 각각 기록한다. 따라서 상품·용역의 수출, 이전거래의 수령, 자본유입은 대변에 기재되고, 상품·용역의 수입, 이전거래의 지급, 자본유출은 차변에 기재된다.

원조 및 배상 등 반대급부가 없는 이전거래의 경우에는 대변 또는 차변에 실체가 없는 항목을 만들어서 복식부기의 원칙을 유지하고 있다. 복식부기에서 자산의 감소 또는 부채의 증가는 대변에, 자산의 증가 또는 부채의 감소는 차변에 기입되는데 이것은 국제수지표의 경우도 마찬가지이다.

일반적으로 국제수지표의 수입(대변)·지급(차변)의 의미는 거래의 결과 발생하는 화폐 흐름의 방향에 따라 설명되고 있다. 상품의 수출은 그 대가로서 화폐가 유입되므로 수입란에 계상되고, 대외투자의 경우는 차입증을 받은 대가로서 화폐가 유출되므로 지급란에 계상된다.

〈복식부기원리에 의한 기재방법〉

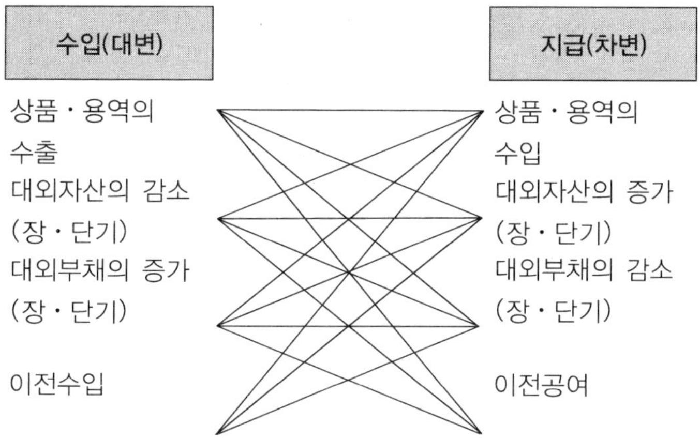

2. 국제수지표의 구성내용

우리나라는 1998년도부터 새로운 편제에 의한 국제수지표를 작성하고 있다. 1993년 9월 발간된 IMF 국제수지 편제 매뉴얼 제5판에 의한 국제수지표의 기본구조는 경상계정(current account), 자본 및 투자계정(capital and investment account), 준비자산계정(reserves account)의 증감으로 변경되었다.

금융계정에 계산되던 예금은행의 대외자본거래는 신기준에서 민간기업의 대외거래와 함께 자본계정에 계상하고, 준비자산 증감에는 각종 대외거래의 결과로 발생한 통화당국의 외환보유액(foreign exchange holdings) 증감만을 기록하게 되었다.

1) IMF 국제수지표 항목의 내용

IMF 국제수지의 신체계 표준항목 분류체계이며, 이 표의 주요항목의 내용에 관하여 구체적으로 살펴보기로 한다.

<table>
<tr><th>대계정</th><th colspan="2">소 계 정</th><th>대 항 목</th></tr>
<tr><td rowspan="4">Ⅰ. 경상
계정</td><td rowspan="2">A. 상품 및
서비스</td><td>a. 상품</td><td>1. 일반상품
2. 가공용 재화
3. 재화수리
4. 운수조달재화
5. 비화폐용 금</td></tr>
<tr><td>b. 서비스</td><td>1. 운수
2. 여행
3. 통신서비스
4. 건설서비스
5. 보험서비스
6. 금융서비스
7. 컴퓨터 및 정보서비스
8. 특허권 사용료
9. 기타 사업 서비스
10. 개인·문화 및 오락서비스
11. 기타 정부서비스</td></tr>
<tr><td colspan="2">B. 소득</td><td>1. 피용자 보수
2. 투자소득</td></tr>
<tr><td colspan="2">C. 경상이전</td><td>1. 일반정부
2. 기타 부문</td></tr>
<tr><td rowspan="2">Ⅱ. 자본
및 투자
계정</td><td colspan="2">A. 자본계정</td><td>1. 자본이전
2. 비생산·비금융 자산의 취득, 처분</td></tr>
<tr><td colspan="2">B. 투자계정</td><td>1. 직접투자
2. 증권투자(포트폴리오투자)
3. 기타 투자
4. 준비자산</td></tr>
<tr><td colspan="4">Ⅲ. 준비자산 증(-) 감(+)
Ⅳ. 오차 및 누락</td></tr>
</table>

(1) 경상계정

경상계정(current account)의 구성항목은 개편 전의 무역수지, 무역외 수지, 이전수지에서 국민계정체계(SNA: system of national accounts)와의 조화를 위하여 상품·서비스수지, 소득수지, 경상이전수지로 변경되었다. 상품·서비스수지는 다시 상품수지와 서비스수지로 구분되는데 상품수지에는 개편전의 무역수지에 계상되었던 재화의 수출·수입은 물론 무역외 수지에 계상되었던 운수조달재화 및 재화수리를 포함하였다.

서비스수지는 개편 전의 무역외 수지에서 운수조달재화, 재화수리 등 상품수지에 포함되는 항목과 투자수익 등 소득수지에 포함되는 항목을 제외한 순수 서비스 거래만을 계상하였으며 통계분석의 편의를 위해 운수, 여행, 통신서비스, 보험서비스, 특허권 등 사용료, 사업서비스, 정부서비스, 기타 서비스 등 11개 항목으로 세분하였다.

소득수지는 개편 전 무역외수지에 포함되었던 투자수익수지 · 급료 및 임금을 계상하였으며, 개편 전의 이전수지에 계상되던 이전거래는 경상이전거래와 자본이전거래로 구분하여 경상이전거래만 경상이전수지에 계상하고 자본이전거래는 자본계정에 포함하였다.

① 상품수지

상품수지(commodity balance)는 수출입상품을 상품특성에 따라 일반상품, 가공용 재화, 운수조달재화, 재화수리 및 비화폐용 금으로 세분하였으며, 가공용 재화는 외국에서 가공하기 위해 수출한 후 재수입된 재화 또는 국내에서 가공하기 위해 수입한 후 재수출된 재화로서 재수출 및 재수입시에는 가공임을 포함한 재화의 총가액을 계상한다.

운수조달재화에는 선박, 항공기 등 운송수단이 해외의 항구 및 공항에서 조달한 연료 · 식량 · 보급품 등을 계상하며 재화수리에는 선박, 항공기 등 재화에 대한 수리대가로 수취 또는 지급한 수리비를 계상한다. 비화폐용 금에는 통화당국이 준비자산으로 보유하고 있는 금(화폐용 금)을 제외한 모든 금의 수출입 거래를 계상하고 일반상품에는 수출입상품 중 가공용 재화, 운수조달재화, 재화수리 및 비화폐용 금에 포함되지 않는 모든 재화의 거래를 계상한다.

이와 같이 상품수지는 유 · 무상거래를 불문하고 원칙적으로 수출은 수입란에, 수입은 지급란에 기록된다. 이들 상품의 수출입은 원칙적으로 세관을 통과해야 하므로 통관통계를 기초로 산출한다. IMF방식은 수출입 모두 FOB(Free On Board: 본선인도가격)가격으로 계상하도록 통일되어 있으므로 수입이 CIF(Cost, Insurance & Freight: 운임 · 보험료 포함가격)가격인 경우에는 이를 본선인도가격(FOB)으로 조정할 필요가 있다.

② 서비스수지

서비스수지(services balance)에는 거주자와 비거주자 간의 용역거래를 운수, 여행, 통신서비스, 보험서비스, 특허권 등 사용료, 사업서비스, 정부서비스 및 기타 서비스로 구분하여 계상한다. 운수에는 거주자와 비거주자 간의 운송수단을 이용한 서비스거래로서 여객 수송, 재화 수송, 승무원을 포함한 운송수단의 임대, 예인·도선 등 기타 지원 및 보조서비스를 계상한다.

- 여행: 여행자인 개인이 직접 사용하거나 타인에게 제공할 목적으로 해외체류기간 중 체류국에서 취득한 재화 및 서비스
- 통신: 거주자와 비거주자 간의 전화, 팩시밀리 등을 이용한 원격통신서비스, 우편 및 배달서비스
- 보험: 거주자와 비거주자 간의 보험료, 보험금의 수취 및 지급을 계상하며 수출입상품에 대한 적하보험, 재보험 등
- 특허권 등 사용료: 상표권, 저작권, 특허권 등 무형자산 사용 대가
- 사업: 상품중개인 및 대리인의 상품 및 서비스거래, 승무원이 동반하지 않은 선박·항공기 등 수송장비의 임대, 법률·회계·경영컨설팅, 광고 및 시장조사, 각종 공사의 기획 및 감독 등에 따른 서비스 수수료
- 정부: 정부와 비거주자 간의 서비스거래를 계상, 해외 대사관, 영사관, 군대 등이 주재하고 있는 경제권의 거주자와 행한 모든 거래
- 기타: 거주자와 비거주자 간의 금융서비스, 컴퓨터 및 정보서비스, 개인, 문화 및 오락서비스, 건설서비스
- 금융: 수출신용장(L/C), 금융리스, 외국환거래 등 관련 금융중개수수료와 발행모집·인수, 상환 등 유가증권거래관련 수수료
- 컴퓨터 및 정보: 소프트웨어 구축, 하드웨어관련 자문, 컴퓨터 및 주변기기 유지·보수, 통신사의 뉴스서비스, 신문 등 정기간행물 구독료
- 개인, 문화 및 오락: 영화제작, TV 프로제작 등 관련 서비스료, 대중매체 배급권, TV 중계권 및 문화·스포츠·오락 활동과 관련된 서비스. 건설서비스에는 일반적으로 1년 이내에 외국에서 수행되는 건설 및 설비 공사

〈경상계정의 분류체계〉

Ⅰ. 경상계정
A. 상품 및 서비스
B. 소득
C. 경상이전
a. 상품
b. 서비스
1. 일반상품
2. 가공용 재화
3. 재화수리
4. 운수조달재화
5. 비화폐용 금
1. 운수
2. 여행
3. 통신
4. 건설
5. 보험
6. 금융
7. 컴퓨터·정보
8. 특허권 등 사용료
9. 기타 사업
10. 개인, 문화 및 오락
11. 기타정부서비스

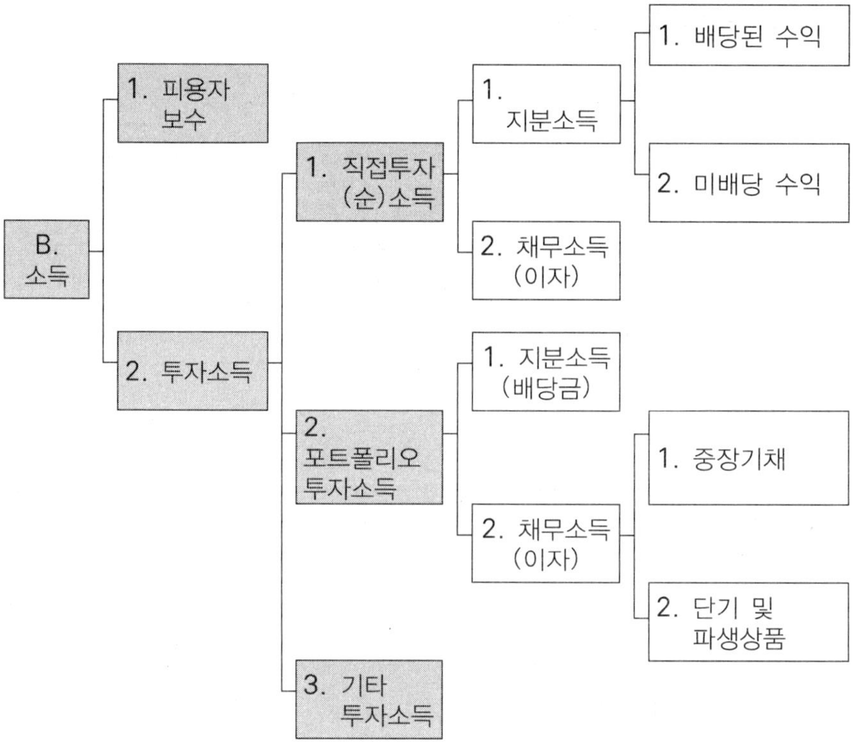

일반적으로는 경제적 가치를 목적으로 생산되는 무형의 경제가치를 모두 서비스로 정의하는 데 반하여, 국제수지체계에서 간주하는 서비스에는 아래 표에서 보는 바와 같이 11가지가 있다.

과거 국제수지체계에서는 운임 및 보험료, 기타 운수, 여행, 투자수익 및 기타 서비스의 5항목으로 분류하였으나, 서비스 산업의 분화·발전 및 WTO 체제하에서 국제적인 규범체계의 수립에 따라 세분화된 분류체계가 요구되어 IMF 국제수지 매뉴얼 제5판에는 11개 항목으로 확대하였다.

③ 소득수지

소득계정(income account)은 IMF 국제수지 매뉴얼 제5판에 새롭게 설치된 계정으로서, 이전에 주로 재화 및 서비스 계정에 속해 있는 항목들을 분리·독립시켰다.

국제수지의 소득계정에는 거주자와 비거주자 간 근로소득 지급과 투자소득 지급을 계상하고 있다. 계절노동자, 국경노동자, 기타 단기 비거주 노동자에게 지급되는 근로소득은 피용자보수항목에 계상하고, 대외금융자산이나 부채 관련 소득수입과 지급은 투자소득항목에 기록한다. 소득수지에는 외국인 노동자에게 지급되거나 내국인 해외근로자가 수취하는 급료 및 임금과 금융자산 또는 부채에 관련된 배당, 이자 등 투자소득의 수입 및 지급을 계상한다. 투자소득은 자본계정 내의 투자수지분류체계에 맞추어 직접투자소득, 증권투자소득 및 기타 투자소득으로 구분한다.

④ 경상이전수지

경상이전수지(current transfers balance)는 거주자와 비거주자 간에 아무런 경제적 가치의 대가없이 일방이 다른 일발에게 실물자산이나 금융자산 등 경제적 가치를 제공하는 거래를 일반적으로 이전거래(transfers transaction)라 한다.

경상이전수지에는 아무런 대가없이 제공되는 송금, 구호 식량, 의약품 등의 무상원조, 국제기구 출연금 등이 계상된다. 종전에는 이전거래를 따로 구분하지 않았으나 IMF 매뉴얼 제5판 국제수지체계에서는 이전거래를 경상이전과 자본이전으로 구분하여 각각을 경상계정과 자본 및 투자계정에 나누어 설정해 놓고 있다.

〈경상이전계정 체계〉

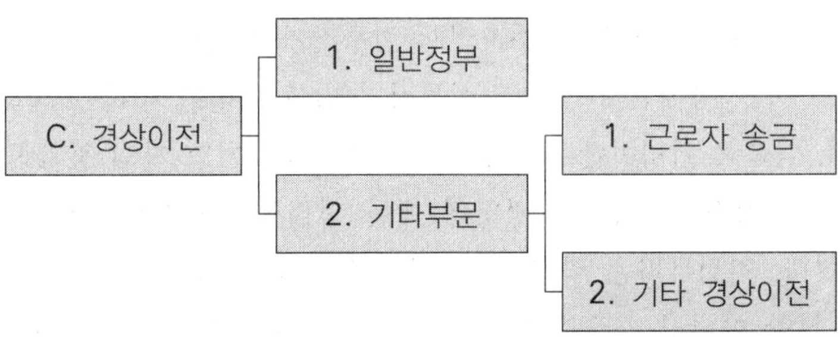

(2) 자본 및 투자계정

국제수지체계의 자본 및 투자계정에는 거주자와 비거주자 간에 발생한 채권 · 채무관계의 변동내용과 금융자산의 거래를 기록한다. 따라서 반대급부가 없는 이전거래라 하더라도 채권 · 채무관계의 변동을 초래하거나 금융자산의 변동이 발생하면 자본 및 투자계정(capital and investment account, 자본계정의 자본이전항목)에 기록한다.

종전의 국제수지체계에서는 이러한 이전성격의 거래를 경상계정의 이전거래항목에 포함하여 계상하였으나, IMF 국제수지체계 매뉴얼 제5판에서는 자본 및 투자계정의 자본이전항목에 계상하고 있다.

① 자본이전계정과 특허권 등 기타 자산계정

자본이전(capital transfer)이란 거래 당사자 중 최소한 일방에게 반드시 현금 이외의 자산에 변동을 초래하는 이전거래로서 현물형태나 현금형태로 나타나게 된다.

자본이전은 해외이주비 · 투자보조금 지급 등 고정자산 취득과 관련한 현금이전을 계상하고, 특허권 등 기타 자산의 거래는 특허권 · 저작권 · 상표권 등 비생산 무형자산 및 토지 · 지하자원 등 비생산 유형자산의 취득 및 처분에 따른 거래를 계상한다.

② 투자계정

투자계정(investment account)은 통화당국의 준비자산증감을 제외한 민간기업 · 금융기관 · 정부의 대외금융자산 또는 부채의 소유권 변동과 관련된 거래를 계상하며 직접투자, 증권투자, 기타 투자로 세분한다.

직접투자는 한 경제권의 거주자인 직접투자가가 영속적인 이익을 취득하기 위하여 다른 경제권의 기업(직접투자기업)에 대하여 행하는 대외투자를 계상하며, 영속적 이익이란 직접투자가와 직접투자기업 간의 장기적인 관계가 존재하고 직접투자기업의 경영에 대한 직접투자가의 영향력이 큰 경우를 의미한다. 직접투자는 직접투자가와 직접투자기업의 관계를 발생시키는 최초거래뿐만 아니라 자금의 대출, 차입 등 후속거래도 포함한다.

증권투자는 기업에 대한 영속적인 이해관계보다는 투자수익을 목적으로 하는 대외투자로서 주식 및 채권에 대한 투자를 포함한다. 주식은 지분 및 참가증서를 포함하며 채권은 만기가 1년 이상 전환사채, 변동금리부채권 등 중장기채, 재무성단기증권, 기업어음, 은행인수어음 등 단기채와 선물, 옵션, 스왑 등의 파생금융상품을 포함한다.

기타 투자는 대출 및 차입, 무역관련 신용, 현금 및 예금 등 직접투자와 증권투자에 속하지 않는 모든 금융거래를 계상한다. 대출 및 차입은 채권자가 채무자에게 직접적으로 자금을 대여하는 거래로서 차관·금융리스·환매조건부거래(repo), IMF 신용인출 및 IMF 차입을 포함하며 무역관련 신용은 재화 및 서비스거래와 관련하여 공급자와 구매자 간에 직접적으로 이루어지는 신용공여와 그에 따른 채권·채무를 계상한다. 현금 및 예금은 민간기업, 금융기관 등이 보유하고 있는 현금 및 해외예치금을 계상한다.

(3) 준비자산계정

준비자산계정(reserves account)은 통화당국이 국제수지의 불균형을 직접 보전하거나 외환시장 개입을 통하여 환율정책에 의한 국제수지 불균형을 간접적으로 조정하기 위하여 사용할 수 있는 대외준비자산이다. 준비자산으로는 화폐용 금, 특별인출권(SDR), IMF 리저브 포지션(reserves position), 외환자산(현금, 예금 및 외화증권 등) 등이다. 준비자산 증감에 나타나 있는 수치가 (+)일 경우에는 국제수지의 적자를 의미하고, (-)일 경우에는 국제수지의 흑자를 의미한다.

(4) 오차 및 누락

국제수지에 계상되는 모든 거래는 복식부기의 원리에 의하여 대변과 차변에 동액이 기재되기 때문에 모든 거래에 대한 대변과 차변의 합계는 항상 일치하여 그 차액은 0이 되어야 한다. 그러나 국제수지계상에서 그 단위가 거액일 뿐만 아니라 내용이 너무 복잡하기 때문에 대변의 합계와 차변의 합계가 항상 일치하는 것은 아니며, 오차 및 누락(error and omission)은 이를 일치시키기 위하여 사후적으로 만들어 낸 항목이며 통계상의 불일치항목이라고 한다.

오차 및 누락은 다음과 같은 사유로 발생할 수 있다.

첫째, 국제수지에 계상되는 자료의 통계출처가 서로 다르기 때문

둘째, 계상시점의 차이

셋째, 거래의 포괄범위의 차이

넷째, 시장가격의 원칙에 의거해 거래를 평가하는 방법의 차이

다섯째, 환산(conversion)과정, 부주의나 과오

제3절 국제수지의 조정

1. 국제수지조정의 의의

국제수지의 조정은 한 국가 대외거래의 수입과 지급의 총괄적 집계인 국제수지가 균형의 상태를 벗어나는 경우 이 불균형의 상태를 조정하는 것을 말한다.

불균형이 지급초과(적자)는 화폐용 금 및 외환보유액이 한도 및 국내물가가 상승할 우려가 있기 때문에 바람직하지 않으며, 수취초과(흑자)는 다른 교역상대국의 적자를 발생과 종국적으로는 자국의 수출부진으로 파급될 수 있기 때문에 바람직하지 않다. 따라서 국제수지가 적자, 흑자 간 불균형은 바람직한 상태가 아니므로 각국은 국제수지 균형을 위해 여러 가지 조정을 하게 된다.

2. 국제수지의 조정과정

1) 국제수지의 조정경로

한 나라의 국제수지가 균형, 이탈, 재 균형으로 복귀되는 과정은 자동적 조정(automatic adjustment)에 의한 과정과 조정정책(adjustment policies)에 의한 과정으로 구분할 수 있다. 자동적 조정은 정부의 개입없이 시장에 의해 국제수지가 균형으로 복귀되는 과정을 말하고, 조정정책은 정부가 의도적으로 국제수지의 불균형을 제거하는 방법을 말한다.

변동환율제도하에서는 원칙적으로 국제수지의 불균형을 시정하기 위한 정부의 조정정책은 불필요하게 된다. 환율이 시장의 수급세력에 의해 자유롭게 변동하는 변동환율제도하에서 국제수지의 균형은 외환시장에서 환율의 변동을 통해 자동적으로 달성된다. 고정환율제도하에서 국제수지의 자동적 조정은 가격과 소득의 변동을 통해 이루어진다. 그러나 자동적 조정메커니즘은 실업이나 인플레이션과 같은 사회적 비용을 수반하게 된다는 단점이 있다. 조정정책은 이와 같은 사회적 비용을 감소시키기 위해 정부가 의도적으로 국제수지의 균형을 달성하고자 하는 방법이다.

국제수지의 조정과정은 자동적 또는 정책적이건 간에 가격 변동이나 소득 변동 또는 양자가 동시에 발생함으로써 이루어지며, 그 밖의 국제수지 조정은 화폐적 조정(monetary adjustment)과정을 통해 분석할 수도 있다. 또한 국제수지 조정은 무역제한수단과 같은 정부의 인위적인 통제에 의해서 이루어질 수도 있다.

2) 국제수지의 자동적 조정

국제수지가 불균형일 때 국제수지의 조정과정이 작동하며, 주어진 환율제도의 제약하에서 국제수지를 좌우하는 요인들인 가격, 소득, 이자율, 화폐공급 등을 변화시킨다.

고정환율제도에서 국제수지의 불균형은 우선 외환보유고의 변동을 가져오고, 다음으로 통화량에 변화를 가져온다. 그리고 이러한 통화량의 변화에 따라 이자율이 변화하고 소득이 변화하며, 가격도 변화하게 된다. 자유변동환율제도에서 국제수지의 불균형은 우선 환율을 변화시키고, 환율변화는 다시 상대가격을 변화시켜 소득의 변화, 이자율의 변화, 통화수요의 변화 등을 유발한다. 관리변동환율제도에서 국제수지의 불균형은 우선 다소간의 통화량의 변화와 다소간의 환율의 변화를 가져온다. 다음으로 이들 변화는 각각 소득, 가격, 통화의 수요나 공급을 변화시킨다.

국제수지의 불균형에 따라 변화하는 가격, 소득, 이자율, 화폐공급 등은 국제수지의 불균형을 해소하는 방향으로 움직인다. 고정환율제도에서 국제수지의 흑자는 통화량 증대, 가격 상승, 이자율 하락, 소득 증가를 초래하며, 이들은 모두 국제수지의 흑자를 줄이는 방향으로 작용한다. 자유변동환율제도에서 국제수지의 적자는 환율 상승(자국통화의 평가절하), 자국상품의 가격이 해외에서 상대적으로 하락, 외국상품의 가격은 국내에서 상대적으로 상승하게 되어 무역수지를 개선하게 된다. 이와 더불어 환율상승에 따라 일반물가가 오르고 실질소득이 떨어지게 되는데, 이것도 무역수지를 개선하게 되며, 국내에서의 이자율 상승도 자본수지를 개선한다.

이처럼 국제수지의 불균형은 국제수지를 좌우하는 요인의 전부 또는 일부가 변동하게 되는데, 이들은 대체로 당시의 국제수지의 불균형을 줄이거나 해소하는 방향으로 작동한다.

국제수지의 불균형이 있을 때 가격, 소득, 화폐의 수요나 공급이 변화하면서 국제수지의 불균형이 시정되어 국제수지의 균형이 이루어지게 되는 과정을 국제수지의 조정과정(balance of payments adjustment process)이라고 한다. 국제수지의 조정과정은 실제로는 가격, 소득, 이자율, 화폐의 공급 등이 동시에 변화하면서 진행된다. 그러나 이러한 조정과정을 이해하는 데 있어서 이들의 움직임을 한꺼번에 관찰하기보다는 가격, 소득, 이자율, 화폐의 공급 등 몇 가지 단면으로 나누어 이들 각각과 관련되는 움직임을 개별적으로 관찰하는 것이 편리하다.

우선 가격의 변화를 통하여 국제수지의 조정이 이루어지는 단면을 가격조정기구(price adjustment mechanism), 소득의 변화를 통해 국제수지의 조정이 이루어지는 단면을 소득조정기구(income adjustment mechanism), 화폐의 수요나 공급이 변화하면서 국제수지의 조정이 이루어지는 단면을 통화조정기구(monetary adjustment mechanism)라고 한다[1].

각종 국제수지의 조정기구를 통한 국제수지의 조정은 불균형상태의 국제수지를 균형상태로 이행해 가도록 한다. 가격, 소득, 화폐의 수요나 공급의 변화를 내용으로 하는 자동조정메커니즘이 있어서 불균형인 국제수지는 균형으로 회복하게 된다.

3. 국제수지조정의 접근방법

국제수지의 불균형이 가격, 소득 또는 화폐 시장의 적응에 의해 해소되어 간다고 할 때, 이중 무엇이 보다 중요한 것인가 하는 점에 대한 견해에 따라 세 가지의 상이한 접근방법이 제시되고 있다. 이른바 탄력성접근방법, 총지출접근방법, 화폐론적 접근방법이 그것이다.

1) 가격조정기구: 가격의 상승 → 국제수지의 적자 → 가격의 하락 → 국제수지의 균형회복, 소득조정기구: 소득의 증가 → 국제수지의 적자 → 소득의 감소 → 국제수지의 균형회복, 통화조정기구: 화폐의 초과공급(공급의 과다 또는 수요의 과소) → 국제수지의 적자 → 화폐의 초과공급의 해소 → 국제수지의 균형회복

1) 탄력성접근방법(elasticity approach)

국제수지가 불균형은 각종 가격이 국제수지의 균형과 대응하는 올바른 수준에 있지 못하기 때문이라고 한다. 따라서 이 접근방법은 각종 가격을 변경함으로써 올바른 상대가격체계를 확립하면 국제수지는 자동적으로 균형에 이르게 된다고 보고, 또 각종 가격을 올바른 상대가격체계를 확립할 수 있는 수단으로서 환율의 변경을 중시한다.

이 접근방법은 상대가격의 변화에 대해 민감한 반응을 보이는 수출과 수입, 즉 무역수지를 중시하는데, 환율을 인상하여 무역수지를 개선하기 위해서는 수출과 수입의 가격탄력성이 일정한 조건을 충족할 수 있을 만큼 충분히 커야 한다는 것이다. 따라서 이 접근방법에서는 수출과 수입의 가격탄력성이 중요하게 되고, 탄력성접근방법이라고 불리게 된다. 이 접근방법은 수출과 수입에 초점을 두고 있기 때문에 국제수지 중 무역수지와 연관을 맺고 있다고 할 수 있다.

2) 총지출접근방법(absorption approach)

경제 전체의 소득과 총지출(흡수)의 차이를 국제수지 불균형의 근본적 요인으로 중시한다. 이 접근방법은 국민경제 전체의 지출규모(흡수의 크기)를 조정하여 국제수지의 불균형을 극복할 수 있다고 본다.

국제수지가 적자일 때 그것을 극복하기 위해서는 소득을 늘리거나 지출(흡수)을 줄여야 하지만, 단기적으로 소득의 증가는 쉽지 않으므로, 총지출을 줄이는 것이 관건이 된다.

이 접근방법에서는 총지출이 핵심적 역할을 하고 있기 때문에 총지출접근방법이라고 부른다. 총지출은 수출이나 수입과 직접적 관련을 가지지만 자본이동과는 긴밀한 관계를 가지고 있지 않다. 따라서 이 접근방법은 국제수지 중 경상수지와 관련되어 있다고 할 수 있다.

3) 화폐론적 접근방법(monetary approach)

화폐시장에서의 수요와 공급의 불일치에서 국제수지의 불균형의 원인을 찾는다. 화폐당국에 의한 화폐공급이 국민경제의 상황과 화폐수요함수에 따라 결정되는 민간부문의 화폐수요와 일치하지 않으면 국제수지의 불균형이 발생한다고 본다. 국제수지가 균형을 이루고 있을 때 화폐가 추가로 공급됨으로써 화폐의 공급이 수요를 초과하게 되면 민간부문은 초과 공급된 화폐를 해외에 유출시키려 하게 되며, 이때 화폐의 유출은 수입의 증가 또는 해외로부터의 금융자산의 매입이라는 형태로 이루어진다고 본다.

그리고 이러한 수입의 증가 또는 금융자산의 매입과 더불어 무역수지나 자본수지가 악화되므로 국제수지의 적자가 초래된다고 본다. 반대로, 화폐의 공급이 그 수요에 미치지 못할 때는 민간부문은 부족한 화폐를 해외로부터 수입하려 할 것이고, 이를 위하여 수출을 늘리거나 금융자산을 해외로 매출하게 된다고 본다. 따라서 화폐시장에서 화폐의 초과수요가 나타나게 되며, 수출증대에 따른 무역수지의 개선이나 금융자산의 매출에 따른 자본수지의 개선을 통하여 국제수지의 적자가 나타나는 것이다.

화폐론적 접근방법은 국제수지 불균형의 원인을 화폐시장에서의 수요와 공급의 불일치에서 찾고, 국제수지 불균형의 시정을 위해서 화폐시장의 수요와 공급이 일치하도록 화폐수요의 변화를 유도하거나 화폐공급을 조정해야 한다고 본다.

화폐론적 접근방법은 화폐시장의 초과수요 또는 초과공급을 시정하는 방법으로서 재화의 추가수출과 금융자산의 추가매출이나 재화의 추가수입과 금융자산의 추가매입을 감안하고 있으므로 무역수지와 자본수지 모두와 관련을 맺고 있다. 이러한 점에서 화폐론적 접근방법은 무역수지 또는 경상수지와 관련을 갖는 탄력성접근방법이나 총지출접근방법보다 포괄적이라고 할 수 있다.

4) 자산선택접근방법(portfolio choice approach 또는 portfolio balance approach)

국제수지 불균형의 원인이 화폐시장에서의 수요와 공급의 불일치에 있다고 보는 점에서는 화폐론적 접근방법과 같으나, 화폐의 수요 식별에 있어 종래 거시경제론에서 사용되던 화폐수요함수를 기계적으로 이용하는 것에 반대하고, 화폐의 수요를 채권의 수요·주식의 수요 등 여러 가지 종류의 자산에 대한 전체적인 수요체계의 일부로서 파악하려고 한다는 점에서 차이가 있다. 이를 통해 이 접근방법은 화폐시장에서의 불균형 이유를 보다 폭넓은 시각을 가지고 식별하고 있다.

이러한 네 가지 접근방법은 상이한 점을 강조하면서 서로 보완적 위치를 점하고 있다. 각각의 접근방법은 모두 국제수지 조정의 중요한 단면을 조명하고 있으나 모두 부분만을 밝힐 뿐 전체를 완전히 해명하는 것이라고는 할 수 없기 때문이다.

역사적으로 보면 탄력성접근방법이 가장 먼저 논의되었으나, 그에 대한 불만에서 총지출접근방법이 나타났다. 그리고 총지출접근방법이 밝히지 못하는 점을 조명하려는 데서 화폐론적 접근방법이 나타났고, 이것이 자산선택접근방법으로 정밀화되었다.

가격·소득·화폐공급 등 국제수지를 좌우하는 요인들의 값이 주어지면 그것에 대응하여 국제수지의 값이 결정된다. 나아가 이렇게 결정된 국제수지가 균형이 아니라면 국제수지의 조정과정이 전개되어 가격, 소득, 화폐공급 등을 바꾸면서 국제수지의 불균형을 줄여가게 된다.

제 07 장

WTO와 FTA

제1절 WTO

1. WTO 탄생배경

WTO는 세계무역기구(World Trade Organization)는 국가 간 무역을 관장하는 국제기구이다. 이전의 국제무역기구인 관세 및 무역에 관한 일반협정(GATT: General Agreement on Tariffs and Trade)체제하에서 8차례의 다자간 무역협상을 통해 관세의 실질적인 인하 등 성과가 있었으나, GATT의 여러 가지 제약 및 한계점으로 인해 우루과이라운드(UR: Uruguay Round)협상결과 1995년에 WTO가 탄생하게 되었다.

1948년 발효된 GATT는 국제무역협정으로서 임시적 협상기구로서의 역할을 수행해 왔음에 비해 WTO는 완전한 법인격(legal personality)을 가진 국제기구로서 상품 · 서비스 · 지적재산권 등 GATT보다 폭넓은 범위를 가지고 있다. WTO는 전 세계 185개 국가가 회원국으로 가입해 있는 국가 간 무역규범을 취급하는 국제기구이며, 가능한 한 국가 간 무역자유화(trade liberalization)의 신장을 목표로 하고 있다.

2. WTO의 역할

WTO의 핵심적 역할을 다음 세 가지 측면에서 살펴보고자 한다.

1) 세계무역자유화

WTO는 다자간 무역협상을 증진시키기 위한 분명한 목표를 가지고 출범함으로써 전 세계적인 무역자유화를 가속화(加速化)시키는 역할을 수행한다. 이전의 GATT는 주로 공산품의 시장개방을 추진하였으나, WTO는 공산품뿐만 아니라 농산물·서비스상품 등 모든 상품의 시장개방을 추진하고 있다.

2) 세계교역질서의 구축

WTO는 국제경제 및 무역관계에 있어서 법의 지배(ruling of law)가 가능하도록 규칙(rule)에 의한 국제질서(international order)를 정착시키는 역할을 수행한다. 특정국가의 일방적인 국내법(domestic law) 대신에 WTO 규범이 세계의 교역규범이 되도록 일정한 룰을 정하는 것이 WTO의 주요 역할이 되고 있다.

3) 무역분쟁의 합리적 해결

WTO는 회원국들 간에 발생하는 무역분쟁을 분쟁해결기구(DSB: Dispute Settlement Body) 및 절차를 통해 해결하는 역할을 수행한다. 분쟁해결기구의 결정사항을 이행하지 않는 경우에는 교차보복 등 보복조치를 허용함으로써 GATT체제하에서보다 더 구속력 있는 분쟁해결기능을 갖추고 있다.

WTO체제하에서는 WTO협정을 위반한 국가에 대해서 일정한 절차에 따라 상품·서비스·지적재산권 및 타(他)분야에서 교차보복조치를 취할 수 있도록 허용하고 있다. 예를 들면, 서비스시장 개방의 약속을 어겨서 WTO에서 패소하는 경우 자동차나 반도체에 대해 보복관세를 부과할 수 있다.

WTO의 목표인 국제무역의 원활화를 이룩하기 위해서는 시장개방의 확대와 동시에 각국 무역규범이 국제교역규범에 적합하도록 개정되어야 하며 통상분쟁의 해결시스템을 강화시켜야 한다.

3. WTO의 기능

WTO의 주요 기능은 무역자유화의 추구, 다자주의 무역체제의 확립, 세계 무역질서 확립에 의한 각 회원국의 경제적 이익(economic benefit) 증대라고 할 수 있다.

1) 무역자유화의 추구

WTO의 주요 기능으로 무역자유화의 추구이며, 무역자유화로 인해 시장개방이 가속화됨으로써 세계 각국은 경제적 혜택을 보게 된다. 무역자유화가 가져다주는 경제적 혜택으로 소비자는 소득의 향상과 다양한 제품의 선택 가능성이 커지게 되며, 생산자는 경쟁력 있는 제품생산에 특화(specialization)함으로써 생산의 효율성(efficiency of production)을 제고시킬 수 있게 된다[1].

그러나, 무역자유화로 인해서 모든 국가와 모든 계층의 시민이 이익을 보는 것은 아니며, WTO는 이러한 사실을 인식하여 선진국과 구별하여 개발도상국에 대해 무역상의 특혜를 주고 있다. WTO의 조치는 결국 무역자유화의 혜택이 세계 각국의 모든 계층에 분배될 수 있도록 하는 일종의 국제적 소득분배 메커니즘(mechanism of international income distribution)이라고 평가할 수 있다. 결국 무역자유화의 결과 얻게 되는 총이익이 총손실을 초과하기 때문에 무역자유화로 인해 세계의 후생(global welfare)은 증대하게 된다.

2) 다자주의 무역체제의 확립

WTO체제의 출범으로 국제교역의 다자주의(multilateralism)체제가 확립되었다고 평가할 수 있으며, WTO가 추구하는 다자주의는 다음 원칙에 입각하고 있다.

---

1) WTO 체제 출범으로 세계소득이 1,090억 ~ 5,100억 달러 증가하는 것으로 분석됨.

(1) 국제무역 및 투자에 있어서의 무차별성

WTO회원국들은 교역상대국 간에 차별을 해서는 안 된다는 원칙이다. 이 원칙에는 교역상대국 간의 차별을 금지하는 '최혜국대우원칙'과 외국의 상품, 서비스 또는 자연인간에 차별을 해서는 안 된다는 '내국민대우원칙'이 포함된다.

(2) 시장개방 및 자유화의 추진

관세를 포함한 일체의 무역장벽(trade barrier)은 협상을 통해 제거해야 하며 서비스분야의 경우 점진적인 자유화(gradual liberalization)를 통해 시장개방을 수용할 수 있도록 한다.

(3) WTO규정에 대한 구속력 및 신뢰도 제고

국제교역에 대한 구속력 있는 규정을 갖춤으로써 WTO 정책에 대한 예측가능성 및 신뢰도를 제고시킨다. 외국정부, 기업, 투자자에게 무역장벽을 자의적으로 높이지 않고 보다 많은 관세인하와 시장개방에 대한 국제적 약속을 함으로써 기업들로 하여금 기업경영에 대한 안정성 및 향후 국제교역질서에 대한 예측가능성을 제고시킬 수 있도록 한다.

(4) 공정경쟁의 촉진

WTO는 보다 자유로운 교역과 더불어 공정한 무역(fair trade)을 추구하고 있다. 또한 공정경쟁을 촉진시키기 위해 덤핑(dumping)수출과 같은 불공정 무역행위에 대한 규제를 강화시키고 있다.

(5) 경제개발 및 개혁의 장려

WTO는 개발도상국, 특히 최빈국(最貧國)의 무역을 통한 경제개발을 지원하고 있다.

3) 세계무역질서 확립에 의한 각 회원국의 경제적 이익 증대

WTO체제의 출범으로 세계 각국의 경제적 이익은 증대되고, 특히 우리나라와 같은 소규모 개방경제(small open economy)인 국가는 세계적 무역 및 투자자유화에 따라 더 많은 경제적 혜택을 누리고 있다고 할 수 있다. 일부 학자들은 WTO가 미국, 일본, 유럽연합 등 선진국의 이익을 주로 대변하고 있으며 개발도상국과 저개발국의 경제적 이익에는 소홀하다는 지적을 하고 있으나, 무역분쟁에 관한 해결사례를 보면 WTO체제가 출범 이후 특히 개발도상국들의 경제적 이익이 증대되고 있음을 알 수 있다.

GATT체제하에서 분쟁해결 사례를 살펴보면 선진국이 개발도상국을 제소한 사례에서 패소한 경우가 드물었지만, WTO체제하에서는 개발도상국들이 선진국들을 제소한 사례에서 선진국이 패소하는 사례들이 흔히 발생되고 있다. WTO가 선진국의 이익을 대변한다기보다는 WTO의 목표는 룰에 입각한 세계무역질서(rule-based system of global trade)를 확립하는 것이라 할 수 있다. 따라서 회원국들은 무역분쟁 시 WTO규범의 합치(合致)여부에 따라 발언권을 확보할 수 있게 되었기 때문에 WTO의 출범으로 개발도상국들은 특히 선진국과의 무역분쟁 시 이전보다 훨씬 공정한 해결을 기대할 있게 되었다.

미국은 그 동안 무역분쟁 시 적용시켰 왔던 슈퍼 301조의 발동을 WTO체제 출범 이후에는 자제하고 있으며, 더욱이 슈퍼 301조 자체가 WTO에 제소된 상태이기 때문에 선진국의 일방적 무역조치의 효력은 상당히 상실되었다고 볼 수 있다.

제2절 경제통합의 유형

경제통합의 형태는 역내 결속도 저도, 경제통합의 방법 등 차이와 정도에 따라 학자 및 기관별로 달리하고 있으나, 본서에서는 발랏사(B. Balassa)의 5가지 유형에 따라 설명하고자 한다.

1. 자유무역협정(Free Trade Agreement)

자유무역협정은 역내국가에 대해서는 무역장벽(관세 및 비관세장벽)을 철폐하여 자유무역을 실시하고, 역외국가에 대해서는 각국이 독자적인 관세정책 및 무역제한조치를 취하는 형태의 경제통합을 말한다. FTA의 대표적 사례는 북미지역의 NAFTA(북미자유무역협정), 유럽지역의 EFTA(유럽자유무역협정)등을 들 수 있다.

2. 관세동맹(Customs Union)

관세동맹은 역내국가 간 자유부역을 하는 점에서 FTA와 유사하지만, 역외국가에 대하여 공동의 관세정책 및 공동무역정책을 사용한다는 차이점이 있다. 1834년 프로이센 주도하에 결성된 독일의 관세동맹이 역사상 가장 오래된 관세동맹 형태이다. 현대적 관세동맹은 2차 세계대전 후 1944년 네덜란드 · 벨기에 · 룩셈부르크 등 3국이 결성한 베네룩스 관세동맹(Benelux Customs Union)과 EEC(유럽경제공동체) 등이 있다.

3. 공동시장(Common Market)

공동시장은 관세동맹에서 더 발전하여 역내국가 간에는 경제적인 국경을 철폐하고 국가 간 무역량 확대와 사회적 · 경제적 발전을 도모하기 위해 노동(건설, 컨설팅 등) · 자본(은행, 기타 금융서비스, 해외직접투자 등) · 기술 등의 생산요소의 자유로운 이동이 보장되며, 역외국가에 대해서는 각국이 공통관세제도를 취하는 형태의 경제통합 형태를 말한다. 이전에는 국내 영역으로만 간주되었던 법과 제도에까지 영향을 미침으로써 보다 발전된 통합의 단계를 말한다. 유럽연합 이전 형태의 EEC(유럽경제공동체; European Economic Community), CACM(중미공동시장: Central America Common Market) 등이 있다.

4. 경제동맹(Economic Union)

지역경제통합의 가장 심화된 단계로써, 생산재의 자유로운 이동(자유무역협정, 관세동맹) 및 자본, 노동 등 생산요소의 자유로운 이동뿐만 아니라 금융정책, 재정정책, 노동정책 등의 조정 및 통합을 이루는 경제통합 형태이다. 경제동맹 중 가장 진전된 것이 공통통화의 사용과 중앙은행이 설립되는 것이다. 경제동맹이 외교, 군사(안전보장)의 분야까지 미치면 정치통합이 된다. 유럽연합의 전신인 EC(유럽공동체)가 지향하였던 경제통합 단계를 말한다.

5. 완전경제통합(Complete Economic Integration)

다수국의 경제동맹에 관한 협정을 체결하여 가맹국의 경제정책을 조정하는 단계를 지나, 초국가적 기구를 설립하여 통화, 금융, 재정, 사회, 경기정책 등을 통합함으로써 사실상 새로운 국가를 결성하는 것과 다름없는 하나의 조직체를 구성하는 경제통합을 말한다. 이에 해당하는 경제통합은 없으나, 유럽연합이 완전경제통합을 목표로 하고 있다.

<table>
<tr><th>역내 관세/
비관세장벽
철폐</th><th>역외
대외공통관세
(CET)</th><th>역내 생산요소
자유이동 보장</th><th>역내
공동경제정책
수행</th><th>초국가지구
설치 운영</th></tr>
<tr><td>FTA</td><td colspan="4"></td></tr>
<tr><td colspan="2">Customs Union</td><td colspan="3"></td></tr>
<tr><td colspan="3">Common Market</td><td colspan="2"></td></tr>
<tr><td colspan="4">Economic Union</td><td></td></tr>
<tr><td colspan="5">Complete Economic Integration</td></tr>
</table>

발랏사의 경제통합 5가지 유형

제3절 지역무역협정 현황

2011년 9월 말 현재 WTO에 통보된 지역무역협정(RTA: Regional Trade Agreement)의 현황은 아래와 같으며, 시기별로는 1995년 1월 WTO 출범 이후 급증 추세를 보이고 있으며, 유형별로는 자유무역협정과 서비스협정이 대부분을 차지하고 있다.

시기별 RTA 발효건수

구분	1958~ 1994	1995~ 2000	2001~ 2005	2006~ 2011.9	계
발효건수	43	53	87	118	301
비중(%)	14.3	17.6	28.9	39.2	100

자료: www.wto.org

유형별 RTA 발효건수

구분	자유무역협정 (FTA)	관세동맹 (CU)	개도국간 협정(PSA)	서비스협정 (EIA)	계
발효건수	176	22	15	88	301
비중(%)	58.5	7.3	5.0	29.2	100

자료: www.wto.org

제4절 우리나라 FTA 추진 현황

1. 우리나라의 FTA 추진현황

우리나라는 2003년 한·칠레 FTA 체결 이후, 자유무역의 확산을 통한 신성장동력 창출 등 목적을 위해 FTA를 적극 추진하기로 하였으며, 2004년에 FTA 추진 road map를 수립하였다. 동 추진 road map에 따르면 전략적·적극적·동시다발적 추진, 포괄적 FTA 추진, 국민적 공감대의 기초 하에 추진 등

3대 원칙이 제시되었다.

우리나라가 FTA 추진을 통한 경제의 활력을 찾으려는 데는 대내외적인 경제 환경과 밀접한 연관이 있다. 대내적으로는 저출산·고령화, 설비투자 부진, 서비스 산업의 저생산성 및 비효율성, 취업난 지속 등이며, 대외적으로는 무역의존도 85%의 소규모 개방경제의 한계, 핵심 부품소재 강국인 일본과 중국 등 후발국의 추격에 처한 샌드위치 경제의 한계 등이 주 요인이다.

FTA는 우리나라가 지향하는 개방과 경쟁을 통한 국가적 생산성의 확충, 세계 최고 경쟁력 보유 국가와의 교류확대를 통한 기술력과 신산업 창출, 경제의 양적·질적 고도화를 통한 양질의 일자리 창출 등 시급한 과제를 해결하기 위한 수단이 될 수 있다.

우리나라의 FTA 추진현황

구분	발 효 중(9)	타결(1)	협 상 중(5)	협상재개 여건조성(6)	협상준비 공동연구(4)
국가 및 지역	칠레, EFTA, 싱가포르, ASEAN, 인도, 페루, 미국, EU, 터키	콜롬비아	인도네시아, 중국, 베트남, 한중일, RCEP	캐나다, 호주, 뉴질랜드, 일본, 멕시코, GCC	Mercosur, 이스라엘, 중미, 말레이시아

EFTA(European Free Trade Association: 유럽자유무역연합)
RCEP(Regional Comprehensive Economic Partnership: 역내포괄적동반자협정)
GCC(Gulf Cooperation Council: 걸프협력회의)
Mercosur(Mercado Common Sour: 남미공동시장)
주: http://www.motie.go.kr/산업통상자원부

2. 한·미 FTA 기대효과

한미 FTA를 통하여 소득증대와 소비자 후생증대 등 우리나라 경제전체의 후생증대를 기대할 수 있다. 소득증대 측면은 교역증진(관세·비관세 장벽 제거, 우호적 마케팅 조성), 투자확대(투자환경개선을 통한 FDI 증대, 국내

투자 증가), 생산성 향상(경재촉진 및 시스템 선진화), 신기술 · 경영 도입)을 기대할 수 있다. 소비자 후생증대 측면은 물가안정(수입 제품 가격 하락, 국내 제품 가격경쟁), 선택폭 확대(상품 다양성 증가, 차별화된 서비스 제공)을 들 수 있다.

2009년 기준 1.6조 달러로 추산되는 세계 최대 규모의 선진시장인 미국시장의 수입시장 점유율 증가와 세계 최대의 자본과 기술을 보유한 미국과의 교류 증대로 FDI 선도, 기술이전을 통하여 미국의 동남아 및 중국 진출의 허브 역할이 기대되며, 호주와 싱가포르를 제외한 아시아국 중 최초로 미국과 FTA 체결를 활용하여 일본, 대반, 중국 등 경쟁국 대비 미국시자의 선점효과를 극대화해야 한다[2].

한미 FTA는 전반적으로 높은 수준의 개방을 약석한 공산품 양허, 우리나라의 민감성을 반영한 농산물 양허, 선택적 · 단계적 개방을 통한 서비스 · 투자부문 및 제도 선진화의 계기 마련 등 향후 운용과 발전양상에 따라 우리나라에 우호적인 협상결과를 거두었다고 볼 수 있다.

분야별 협상결과와 영향 평가는 다음과 같다.

1) 상품전반

주요협상 결과

- 상품분야(공산품) 100% 관세 철폐, 수입액 기준 95.8%)
  - · 품목 수 기준: (한) 96.2%, (미) 91.4% 2년 내 철폐[3]
  - · 자동차 부품 관세(4%): 즉시, 승용차(2.5%): 4년 후 철폐
- 물품위급 수수료 철폐: 연간 4,700만 달러 절감

영향평가

- 상품의 전 품목에 대한 관세철폐 합의로 양국간 시장 접근성 제고
- 대미 주력 수출 품목의 시장점유율 확대

2) 미국 수입시장점유율(1995년--> 2009년): 한국 3.3--> 2.5%, 중국 6.1--> 19.0%
3) 한- EU FTA 3년내 철폐율(품목수 기준): 한국 95.8%, EU 99.4%

2) 섬유

주요협상 결과

- 관세 양허: 대미 수출품의 61%(수입액 기준) 즉시 철폐
- 원산지기준: 원사기준 예외인정-린넨, 레이온, 여성재킷 등, 원산지 예외 쿼터: 2억 m3(수출비중 10% 상당)
- 우회수출방지: 원사지 검 및 기업정보 제공 등 세관협력

영향평가

- 관세철폐로 대미수출 확대 기대[4)]
- 가격경쟁력 강화 및 디자인, 마케팅 활동을 통한 브렌드 이미지 제고

3) 자동차

주요협상 결과

- 관세: 승용차 4년 간 철폐, 자동차부품 즉시 철폐
- 비관세
  · 한 EU 일반세이프가드 수준의 자동차 세이프가드 도입
  · 자동차 분야 신속 분쟁해결 절차, snap-back 도입
  · 제작사별 25,000까지 미국 안전기준 인정
  · 4,500대 이하 제작사 온실가스/ 연비 기준 19% 완화

영향평가

- 자동차와 자동차부품에 대한 관세 혜택 확보
  · 자동차부품 대미 수출[5)]

4) 무역구제

주요협상 결과

- 무역구제위원회 설치

---

4) 중국 등 경쟁국 대비 가격경쟁력 악화로 대미 섬유수출 2000년 이후 연평균 12.4% 감소
5) 수출(백만 달러): 2006년 2,591, 2008년 2,704, 2010년 4,075

- 다자세이프가드 발동 시 선택적 상호 배제
  · 한 EU 일반세이프가드 수준의 자동차 세이프가드 도입
  · 자동차 분야 신속 분쟁해결 절차, snap-back 도입
  · 제작사별 25,000까지 미국 안전기준 인정
  · 4,500대 이하 제작사에 대한 온실가스/ 연비 기준 19% 완화

영향평가

- 양국간 채널을 통한 반덤핑·상계관세 조치 감소
  · 2010년 현재 우리나라의 DRAM, 축전지 등 87회에 결쳐 반덤핑·SG 조치 실시 및 14건에 대한 규제 진행 중

5) 기술장벽(TBT)

주요협상 결과

- 표준 및 기술표준 제정 및 개정과정의 투명성 확보
- 양국간 기술표준 관련 협의를 위한 TBT위원회 설치
- 통신제품인증서 상호인정협정(MRA)체결 합의

영향평가

- 양국간 정보제공을 통한 기술장벽 완화로 대미 수출 증가
- TBT 위원회를 통한 업계 애로사항 해소 가능

6) 투자

주요협상 결과

- 투자자-국가 분쟁해결절차(ISD) 도입: 간접수용 범위 축소, 절차적 공정성 강화
- 국제적 수준의 투자자 보호를 통한 투자환경 개선
  · 내국민대우/ 최혜국대우 부여
  · 투자에 대한 내외국인 차별 금지, 이행의무 부과 금지

영향평가

- 투자자에 대한 정책 투명성 제고

- 미국에 투자하는 우리나라 투자기업들에 대한 보호 강화
- 제3국의 우리나라에 대한 투자 증대 기대

7) 서비스

주요협상 결과

- 기초서비스 공공성 유지
  - · 교육 · 의료 · 사회서비스 포괄 유보
  - · 전력(40%) · 가스(30%) 지분제한 유지
- 전문직 자격 상호인정
  - · 건축설계사, 기술사, 수의사 등 논의 개시
  - · 투자에 대한 내외국인 차별 금지, 이행의무 부과 금지
- 방송서비스 부분 개방
  - · 케이블TV 방송쿼터 완화[6)]
  - · 방송채널사용사업(PP) 간접투자 제한 폐지
- 통신서비스 일부 개방
  - · KT, SKT 이외 사업자 간접투자 제한 철폐
- 사업서비스 단계적 개방
  - · 법률 서비스 3단계(발효시, 2년, 5년)
  - · 회계 · 세무 서비스 2단계(발효시, 5년)

8) 통관·서비스

- 개성공단
  - · 개성공단 원산지 특례 인정을 위틀 마련
  - · "한반도 역외가공지역 위원회" 설치: 일정요건하 역외가공 지정
- 통관절차
  - · 양국간 상호 통관편의 제공: 대미시장 신속 조달, 수출경쟁력 향상
  - · 현재 최대 5일 소요: 원칙적으로 48시간, 특급배송은 48시간 이내

---

6) 쿼터 완화: 영화 35%-> 30%, 애니메이션 25%-> 20%

- 정부조달
  · 미 연방정부 조달시장 확대(양허하한선: 약 2억원-〉 1억원)
  · 미 조달시장 입찰 시 미국 본토내 실적 요구 금지

3. 한 · EU FTA

2009년 기준 GDP 16.5조 달러, 역외 상품수입 1.7조 달러, 인구 약 5억 명 및 회원국 27개국의 거대 시장인 유럽연합과의 FTA체결로 인한 우리나라의 기회와 의의를 부문별로 살펴보기로 한다.

1) 한·EU FTA 주요내용

가. 공산품 양허

EU는 최대 5년, 우리나라는 최대 7년 내 관세철폐를 합의하였으며, 우리나라는 기계 및 화학부문, EU는 자동차부문에서 자국산업의 민감성을 반영하였다.

관세철폐 (단위: %)

구분		즉시	3년	3년 내	5년	7년	총계
한국	수입액	69.4	22.4	91.8	6.9	1.3	100
	품목수	90.7	5.1	95.8	3.7	0.5	100
EU	수입액	76.7	16.6	93.3	6.7	0	100
	품목수	97.3	2.1	99.4	0.6	-	100

나. 비관세장벽 제거

- 자동차
  안전기준: 국제기준 UN/ECE 기준 충족 시 자국기준과 동등성 인정[7]

7) 자동차 기술표준의 국제조화를 목적으로 하는 58협정(48개 체약국)에 근거한 자동

환경기준: 2014년부터 EU식 배출가스 자기진단 장치(Euro-6 OBD)와 한국식 OBD간 동등성 인정

- 전기전자/화학물질

전기전자: 자율안전 확인신고[8], 공급자 적합성 선언 방식(SDoC)[9] 등 도입으로 적합성 평가 간소화

화학물질: REACH 등 화학물질 규제 제도 운영의 투명성 증진 및 정보교환 협력

다. 투자/서비스

- 시장접근보장의무(예: 독점규제, 쿼터 등 시장제한 금지) 적용범위를 비서비스업(제조업, 광업)까지 확대

라. 정부조달

- 현행 WTO GPA의 양허수준 유지[10]: 입 · 낙찰 시 과거실적 요구 금지
- 1,500만 SDR(222억원) 이상 민자사업 개방

2) 한-EU FTA 기대효과

가. 한-EU FTA 의의

- 한-미 FTA 이상의 경제적 효과 기대
  - · EU의 평균관세율은 5.2%로 미국의 3.5%보다 높으며, 자동차(10%), TV(14%), 섬유(7.9%) 등 주요 수출품 고관세
  - · 교역증대 효과: 47억 달러〈KIEP 예상〉
- 중국, 일본 등 경쟁국 대비 최소 3년 이상 비교우위 확보[11]

차 안전 및 환경기준(우리나라는 2004년 11월 가입)

8) 지정된 시험기관에서 제품시험을 하고 인증기관에 신고하는 방식

9) 제품의 안전기준 적합성 여부를 공급자가 스스로 확인한 후 적합 마크를 표시하여 제품을 판매하는 방식

10) 정부조달에 관한 WTO 복수국 협정으로 한국과 EU 모두 회원국임.
GPA 가입국: 38개국 + 네덜란드자치령(aruba)

11) 2010년 10월 EU 통상담당 집행위원인 De Gucht의 향후 EU 통상정책방향 발표자

· 통상적으로 협상개시부터 발효까지 3년 이상 소요[12)]

나. 바이어가 보는 한 · EU FTA

- 유럽연합의 바이어 대상 설문조사: 바이어 58%가 우리나라와의 수입 확대 및 수입선 전환 고려(업종별: 전기/전자 67% 최대 및 운송기기 52% 최저)
- 중국으로부터의 수입을 우리나라 수입선으로 전환: 32%(운송기기/부품 52% 최대, 에너지/환경 22% 최저)

다. 주요업종별 기대효과

- 자동차/ 자동차부품[13)]
  · 유럽 완성차 대상 OEM납품 확대(GM Opel, VW,Benz, PSA, FIAT 등 국내 부품 소싱에 관심)

(단위: %, 억 달러)

구분		관세	금액	수출입 유망국
수출	승용차	10	52/27	EU 전지역
	자동차부품	2.7~4.5	24/18	체코, 슬로바키아, 독일, 프랑스
수입	승용차	8	15/13	독일, 이태리, 프랑스
	자동차부품	8	15/11	독일, 이태리, 프랑스

주: 금액(2008/2009), MTI 4단위 기준

료에서 "일본과의 통상관계 증진(closer trade ties)" 언급하여 일본과의 FTA 협상 가능성을 시사함.

12) 한국 및 EU 의회 비준--> 잠정 발효(2011년 7월 1일)--> EU 개별 회원국 비준 --.> 정식 발효(2~3년 소요)

13) 관세철폐 및 관세환급 인정으로 1대당 평균 1,000유로 + 500유로 가격인하 효과 (ACEA: 유럽 자동차제조업협회)

- 섬유
  · 화섬, 직물 등 주력품목 수출 확대
  · 고부가가치 섬유 소재, 명품의류 등 대 EU 수입 증가: 기술이전 및 투자유치로 국내 기술력 향상 기대
- 기계
  · 범용 기계류 및 부품 등 대일 수입품의 수입전환효과 기대
  · 건설중장비, 금속절삭가공기계 등 가격경쟁력 기대
- 전기전자
  · 상대적 고관세인 디지털가전(9~14%) 수출 확대 기대(프리미엄가전, 디스플레이, TV 등)[14]
  · EU 원천기술과 우리나라의 응용기술간 기술협력 유망(초음파진단기 등)

"한 · 미 FTA로 인베스트 코리아 붐 조성해야"

통상전문가들이 평가하는 한 · 미FTA 효과

한 · 미FTA가 발효된 이후 4개월이 지났다. 한 · 미FTA는 발효되기까지 여러 차례 우여곡절을 겪었지만 최근 통계를 보면 내실 있게 정착되는 것으로 나타난다.

금년 상반기 우리의 무역통계를 보면 유럽의 재정위기와 중국 등 주요국의 경기부진으로 인해 수출입 증가율이 크게 하락했다. 수출입은 각각 전년동기대비 0.7%와 2.5% 증가에 그쳤고 무역흑자는 전년대비 2/3 수준으로 축소됐다. 대외여건의 악화에 따라 우리나라의 2분기 실질 국내총생산도 전기대비 0.4% 성장에 그쳤다. 경제성장을 견인해온 대외무역에 경고등이 켜진 셈이다.

14) 현지 생산중인 일부 가전제품의 수출 증가는 제한적(TV, MP3, DVDP 등)

금년 3월 발효된 한 · 미 FTA는 빠르게 효과를 발휘하면서 부진에 빠진 우리경제에 큰 도움이 되고 있다. 한 · 미FTA발효 이후 3개월(3월 15일~6월 15일) 동안 대세계수출은 전년동기대비 2.5%나 감소했다. 이에 반해, 대미수출은 8.4% 증가한 166억 달러를 기록했고 수입은 6.3% 감소한 115억 달러를 기록해서 대미흑자는 51억 달러에 달했다. 구체적으로 자동차 부품(18%↑), 고무제품(15%↑), 섬유(8%↑) 등의 한 · 미FTA 혜택 품목군의 수출이 비혜택 품목군의 수출(3.8%↑)보다 크게 증가했다.

현재 한 · 미 FTA의 수출활용율은 59.2%로 나타나는데, 이는 다른 협정과 비교할 때 높은 수준이다. 미국의 경우 한 · 미FTA에 따른 개방 수준이 높아서 FTA활용유인이 큰 것으로 평가된다.

금년 7월 FTA활용 경진대회에 발표된 사례를 보면 낚시바늘을 제조하는 K사의 경우 원산지관리 전담팀 구축 등 치밀한 준비를 통해 한 · 미 FTA 발효후 45건에 대하여 모두 원산지증명서를 발급받았다. K사는 한 · 아세안 및 한 · EU FTA도 100% 활용해서 매출이 급신장되고 있으며, 생산시설도 지속적으로 확충하고 있다. 또한 G사의 경우 섬유제품의 QR코드를 활용해서 원산지정보를 확인함으로써 원산지관리 비용을 97%나 절감하고 중간유통업체의 비협조 등의 장애요인도 극복했다.

이처럼 FTA협정은 무역 및 투자확대를 통해 경제적 이익을 볼 수 있는 기회를 제공하는 것이며, 기대되는 효과를 실현시키는 것은 우리 기업의 몫이다. 이에 따라 우리 기업들은 FTA발효 이후 관세인하에 따른 가격경쟁력뿐만 아니라 기술 및 품질경쟁력을 확보해야 하며, 수출을 더욱 늘려갈 수 있도록 FTA활용능력을 배양해야 한다.

현재 중소기업들의 경우 원산지기준과 증명절차 등에 대한 인식부족으로 FTA의 활용율이 상대적으로 높지 않다. 정부는 중소기업의 FTA 활용역량 강화를 위해 FTA 활용 전문인력 양성 및 해외마케팅 개선 등과 같은 기업지원을 확대해 나가야 한다.

또한 한 · 미FTA의 기대효과를 극대화하기 위해서는 무역뿐 아니라 외국인투자를 통한 산업내 및 기업간의 파급효과를 확산시키고, 국내산업의 생산성도 제고시켜야 한다.

우리 경제는 한·미FTA발효로 인해 전 세계 시장의 61%를 경제영토로 편입하였으며, 북미, 유럽, 아시아를 잇는 글로벌 FTA네트워크를 구축하게 됐다. 허브국가로서 우리 경제의 매력도가 높아지는 만큼, 다국적기업의 영업 및 제조거점에 대한 맞춤형 유치전략 등을 통해 인베스트 코리아(우리나라에 대한 투자) 붐을 조성해야 한다.

〈2012. 8. 8 최낙균 대외경제정책연구원 선임연구위원〉

제 08 장

AFTA

동남아시아 자유무역지대(AFTA: ASEAN Free Trade Area)는 1994년에 태국, 말레이시아, 인도네시아, 필리핀, 싱가포르, 브루나이 등 동남아국가연합(ASEAN) 6개국을 중심으로 결성되었으며, 1995년 베트남, 1997년 미얀마와 라오스, 1999년 캄보디아가 가입함으로써 인도차이나반도와 동남아지역의 광대한 경제 블록을 형성하였다.

제1절 AFTA의 설립과 내용

1992년 1월 싱가포르 정상회담에서 '싱가포르 선언[1]'과 'ASEAN의 경제협력 강화에 관한 기본협정'[2]이 체결되었으며, ASEAN 경제각료회의에서 'ASEAN 자유무역지대결성을 위한 공동유효특혜관세제도에 관한 협약'[3]이 체결됨으로써, 1994년 1월 1일부터 ASEAN 6개국의 ASEAN 자유무역지대(AFTA)를 창설되었다.

---

1) Singapore Declaration
2) the Frame-work Agreement on Enhancing ASEAN Economic Cooperation
3) Agreement on the Common Effective Preferential Tariff(CEPT) Scheme for the ASEAN Free Trade Area(AFTA)

AFTA는 ASEAN 회원국 간의 무역거래에 대한 관세 및 비관세 장벽의 점진적인 인하와 철폐를 통하여 ASEAN 역내무역을 자유화하고 외국인의 ASEAN 투자를 촉진하며, 그를 통해 자원의 효율적 배분, 규모의 경제 실현, 경쟁력 향상 및 지속적인 경제발전을 도모하고자 하였다.

AFTA의 주요 내용은 공동유효특혜관세제도와 역내거래에 대한 관세인하 및 비관세장벽의 철폐, 원산지 규정, 역내회원국간 협력분야 등으로 이루어져 있다[4].

1. 관세인하 및 비관세장벽 철폐계획

1994년 1월 1일부터 개시된 ASEAN 역내무역자유화 대상은 비가공 농산물과 서비스부문을 제외한 자본재 및 가공농산물을 포함하는 전 제조업제품이며 이들의 역내거래에 대한 관세인하 및 비관세장벽 철폐계획은 다음 표에 정리된 바와 같다.

CEPT 제도가 ASEAN 자유무역지대의 주요 정책수단이며 관세인하계획의 기본원칙은 각 회원국이 예외품목으로 지정한 품목을 제외한 모든 역내무역거래에 대해 공동유효특혜관세(CEPT)를 적용하고, CEPT를 1994년 1월 1일부터 향후 15년 이내에 점진적으로 인하하여 관세인하 계획의 완료 후 역내거래 관세율을 0~5% 수준으로 유지한다는 것이다. 그러나 AFTA 회원국들이 비회원국에 대해 적용 관세율은 각 회원국의 독자적 결정에 달려 있다.

AFTA 설립 이전부터 시행되어 오던 우대관세협정에 의해 회원국 간 무역거래 시 적용되어 온 우대관세율 제조업 상품들은 모두 CEPT 관세율 적용을 받게 되며 비제조업상품으로 우대관세율을 계속 유지함으로써 CEPT에 보완적 기능을 하게 된다.

CEPT 제도에서는 전 산업제품이 가속관세인하대상(Fast Tract Program)품목, 정상관세인하대상(Normal Track Program)품목, 예외(Exclusions and Exceptions) 품목으로 나누어진다. CEPT 적용품목별 관세인하계획은 동 품목의 가속관세인하대상 여부 및 1994년 1월 1일 당시 적용관세율의 고저(20% 기준)에

---

4) CEPT: Common Effective Preferential Tariff

따라 다르며, 양적 규제를 포함하는 비관세장벽의 인하계획은 동 품목에 대한 현행 적용관세율 및 양적 규제 이외의 비관세장벽의 존재유무에 따라 달라진다.

구 분	현행 관세율 20%이상 품목	현행 관세율 20%이하 품목
1. 정상관세인하 - 1단계 - 2단계	1993. 1. 1부터 5~8년 이내에 20%수준으로 인하 이후 7~10년간 0~5% 수준으로 인하	1993. 1. 1부터 15년 이내에 0~5%수준으로 인하
2. 가속관세인하	1993. 1. 1부터 10년 이내에 0~5% 수준으로 인하	1993. 1. 1부터 7년 이내에 0~5% 수준으로 인하
3. 비관세장벽양적규제 - 기타비관세장벽	1993. 1. 1부터 5~8년 이내에 철폐 양적규제가 철폐된 후 5년 이내에 철폐	즉시 철폐

■ 가속관세인하계획

가속관세인하대상은 15개 부문으로 현재 적용되는 관세율이 20% 이상인 경우 10년 이내에 0~5% 수준으로 인하하고, 현행관세율이 20% 이하인 경우 향후 7년 이내에 0~5% 수준으로 가속 인하하여 늦어도 2003년 1월 1일까지는 가속관세인하대상 전 부문들에 대한 관세 인하를 완료한다.

■ 정상관세인하계획

가속관세인하대상이 아닌 정상관세인하대상 산업부문은 각 회원국들의 현행 관세율 차이가 큰 점을 고려하여 회원국별로 신축적인 2단계 관세인하계획을 수립할 수 있도록 하였다. 현행 관세율이 20% 이상인 경우 향후 5~8년 사이에 20% 수준으로 인하하고, 그 후 7~10년 사이에 0~5% 수준으로 인하한다. 현행관세율이 20%를 초과하는 정상관세인하 대상품목들은 2001년 이후 회원국 간 관세인하 일정을 일반화하기 위해 동 품목들에 대한 관세를 2003년 말까지 15%, 2005년 말까지 10% 그리고 2007년까지 0~5% 수준으로 인하하기로 합의하였다.

또한 가속관세인하대상 품목이 아닌 경우에도 2개 이상의 회원국들이 동 품목의 가속관세인하에 대해 합의할 경우 이를 인정하게 되어 있다. 향후 AFTA협정의 진척과 관련하여 한 가지 흥미로운 점은 동 관세인하계획에 의한 관세 인하 개시일자가 회원국별로 다를 뿐 아니라 관세인하 시행방법도[5] 회원국의 결정에 달려 있다는 점이다.[6]

■ 양적규제 및 기타 비관세장벽

비관세장벽 중 양적규제의 경우 현행관세율이 20% 이상인 품목에 대한 양적규제에 대해서는 향후 5~8년 이내에 양적 규제를 철폐하며, 현행관세율이 20%이하인 품목에 현존하는 양적규제는 즉시 철폐하도록 규정하고 있다. 그리고 양적규제를 제외한 기타 비관세장벽에 대해서는 양적규제가 철폐된 후 5년 이내에 동 비관세장벽을 철폐하도록 하고 있다.

2. 예외품목

ASEAN 역내무역자유화 계획에서 CEPT의 적용대상에서 제외되는 예외품목은 일반예외(general exceptions) 품목, 잠정배제(temporary exclusions)품목, 비가공 농산물과 서비스부문이 있으며 산업피해구제를 위한 일시적인 CEPT 적용의 배제 또한 인정된다[7].

---

5) 예를 들면 정율법에 의한 관세인하
6) 1977년부터 시행되었던 우대관세협정(Preferential Trading Arrangements)의 실패 원인이 회원국 간 합의된 품목들에 대한 품목별(product by product base) 할인관세율 적용원칙이었다는 점과 이것을 이용하여 회원국들이 자국산업에 미칠 영향을 극소화할 수 있는 우대관세 적용 품목을 선정하는 국가별 이기주의로 인한 것이었다고 할 수 있다. AFTA 협정체결 당시 동 협정내용 중 각 회원국에게 자국의 관세인하 일정 및 내용을 자율적, 신축적으로 조정할 수 있게 한 것이 동 협정의 진행에 부정적인 영향을 미치리라는 것이 일반적인 예상이었다.
7) 'AFTA·Reader' vol. 1참조

■ 일반예외품목

각 회원국들은 자국의 안보, 공공도덕, 국민 및 동식물의 생명과 건강보존 그리고 예술적·역사적·고고학적 가치를 지닌 물건의 보호를 위해서 필요하다고 인정되는 품목들을 CEPT 시행대상에서 제외할 수 있다.

■ 잠정배제품목

각 회원국이 일시적으로 특정 민감품목(sensitive items)들을 CEPT 적용대상품목에 포함할 수 없는 경우 이들을 잠정적으로 CEPT 적용대상에서 배제할 수 있다. CEPT 적용품목들은 HS 6단위의 산업부문단위(sectoral basis)로 적용되나 CEPT 적용대상에서 잠정적으로 배제되는 민간품목들을 HS 8/9단위 수준에서 지정한다. 이러한 잠정배제품목들의 존속여부는 8년 후에 재검토하며, 이 때 회원국들은 동 잠정배제품목의 수를 줄이고 이들의 관세율이 그 후 7년 이내에 0~5% 수준에 이르도록 관세인하에 노력하여야 한다.

■ 서비스와 비가공 농산물

서비스와 비가공 농산물은 CEPT 적용대상에서 제외되며 비가공 농산물이란 HS 1~24에 속하거나 기타 분류에 속하는 비가공 농산물들과 원재료에 최소의 가공을 한 품목들을 말한다.

■ 산업피해규제

CEPT 실시 이후 역내회원국들로부터 수입급증으로 동일한 상품 혹은 경쟁관계에 있는 상품을 생산하는 자국 산업의 피해가 발생할 때 수입국가는 CEPT의 적용을 잠정적으로 중지할 수 있다. 회원국이 이러한 긴급 산업피해구제조치를 취할 때는 ASEAN Secretariat를 통해 AFTA Council에 즉시 통보하여야 한다.

3. 원산지규정

자유무역지대에서는 비회원국으로부터의 수입품에 대해 적용되는 관세율이 회원국마다 다르므로 역외국으로부터의 수입품가격 차이가 있기 마련이다. 따라서 자유무역지대 설립 시 이러한 회원국 간 수입품의 가격 차이를 이용한 수입품의 역내교역(Commodity arbitrage)을 방지하기 위해 회원국 간 무역에 대해 원산지규정을 적용함으로써 우회무역 가능성을 봉쇄한다[8].

만일 회원국들이 관세 혹은 비관세장벽을 통해 비회원국으로부터의 수입을 규제하는 경우 비회원국의 수출업자들은 그러한 무역규제를 피하기 위해 동 자유무역지대 내에 직접 투자하여 현지 생산을 할 수도 있다.

역내부품사용제도(Local content scheme)는 비회원국의 수출업자가 역내투자를 통해 현지공장을 설립하는 경우, 역내무역장벽의 회피를 위한 단순부품조립공장(screw driver plant)의 방지를 위해 FDI에 의해 현지공장을 설립한 외국기업들은 총 생산액 중 일정 비율 이상의 역내부품 혹은 생산요소를 사용해야 한다고 규정한다.

AFTA의 원산지규정과 역내부품사용제도는 적어도 40% 이상의 역내부품을 사용한 물품의 경우 이를 ASEAN 역내생산품으로 인정한다고 규정한다.

4. CEPT와 호혜주의

AFTA 협정 상 특이사항은 회원국 간 무역거래에 대한 조건부 CEPT 적용규정이다. 즉 CEPT가 AFTA 설립 이전 주요 역내무역진흥수단이었던 우대관세제도와 다른 점은 CEPT 제도하에서 회원국 간 거래에 호혜주의가 적용된다는 점이다. A 회원국이 여타 회원국과 B 상품의 무역거래에서 CEPT의 적용을 받으려면 다음의 세 가지 조건을 만족시켜야 한다.

첫째, 동 상품이 수출국과 수입국의 CEPT 적용대상상품 목록에 속해야 하며 동 상품의 현행 관세율이 20% 이내이어야 한다.[9]

둘째, AFTA Council에 의해 인정된 동 상품의 관세인하계획이 있어야 한다.

셋째, 동 상품이 ASEAN 부품을 40% 이상 사용한 ASEAN 상품이어야 한다.

---

8) 수입품의 역내거래 성립을 위해서는 회원국 간 무역에 소요되는 운송비용이 너무 크지 않다는 가정이 필요하다.

9) 현행관세율이 20% 이내 품목의 경우, 각 회원국의 관세율인하가 독자적(무차별적) 혹은 AFTA 회원국간의 거래에 대해서만 적용되든 관계없이 CEPT 적용대상에 포함된다. 이러한 점에서 CEPT제도가 '개방적 지역주의'의 요소도 포함하고 있다고 볼 수 있다.

처음 두 가지 조건들이 CEPT 적용을 받기 위한 실질적, 형식적 조건이며, 이러한 조건들은 2개 이상 ASEAN 회원국들이 쌍무협정을 통해 특정품목에 대해 회원국 전체에 적용되는 CEPT 관세율 인하계획보다 가속적으로 적용관세를 인하하는 것을 인정하는 CEPT 적용 원칙과 함께 CEPT 제도가 상호주의 원칙에 입각해 있음을 보여주고 있다.[10)]

이러한 호혜주의 원칙의 적용은 과거 우대관세제도 시행에서 나타났던 회원국 간 실질적 무역개방 노력의 지연을 방지하고자 하는데 있다. 즉 상기조건을 만족시키지 못한 회원국들과의 무역거래에는 CEPT를 통한 관세인하의 혜택을 부여하지 않음으로써 free rider 문제를 방지하고 각 회원국에 자유시장개방의 동기를 부여함으로써 회원국 간 무역자유화 노력을 가속화하는데 동 제도의 목적이 있다.

5. 외환규제완화 및 기타 역내협력강화

CEPT의 시행을 원활히 하기 위해 CEPT 적용품목의 수출입대금 결제 시 외환규제조치를 완화한다. 또한 회원국들은 무역자유화를 보완하기 위하여 기준의 통일, 제품검사보증의 상호인정, 외국인투자에 대한 장벽제거, 공정경쟁정책의 제정, 벤처 캐피탈의 장려, 거시 경제정책에 대한 협의 등과 같은 분야에서 회원국 간 협력가능성을 협의하도록 한다.

제2절 AFTA의 무역자유화 추진

AFTA협정은 역내 무역자유화의 회원국별 일정 등의 세부적 실천 계획을 명시적으로 규정하지 않은 상태에서 단지 무역자유화의 기본 원칙만을 천명하고 있었다. 1992년 12월 자카르타에서 열린 제3차 AFTA Council 회의에

10) CEPT의 호혜주의적 원칙은(6-X)규칙이라고도 한다. 6개의 ASEAN 회원국 모두가 자동적으로 CEPT 적용 요건을 만족시키거나 2개 이상 회원국간 관세인하에 관한 특별합의가 있는 경우에만 CEPT의 적용을 받을 수 있다.

각 회원국들이 잠정적인 CEPT 대상품목 목록과 품목별 관세인하계획을 제출하였으나 회원국별로 관세인하 개시 시기의 차이가 존재해 회원국간 이해관계의 갈등으로 CEPT의 시행이 지연되었다는 사실 이외에도 관세인하대상에서 잠정적으로 제외되는 민간품목의 수가 너무 많다는 점 그리고 무역자유화의 일정이 너무 길다는 점과 같은 문제점들로 인해 민간부문이 동 계획의 실현가능성에 거는 기대는 매우 낮은 수준이었다[11].

이에 따라 역내산업들은 동 산업제품의 배제 품목화를 위해 자국정부에 대한 로비활동을 증대하는 상황이었으며 회원국들의 관세인하 일정 및 방법 등에 관한 회원국 간 복잡한 이해관계를 조율하는 일이 AFTA 성패의 관건으로 남아 있었다고 할 수 있다.

이와 같이 AFTA 회원국들이 국내 산업으로부터의 반대와 국내경제사정을 이유로 관세인하계획을 적극적으로 이행하지 않았고, 1994년 4월 UR이 타결되어 1995년부터 출범하게 된 WTO 체제에서 GATT 회원국들이 10년 내에 관세인하를 완료하고 관세 및 비관세장벽을 철폐하기로 함으로서 1993년 1월에 발효된 AFTA 협정상의 관세인하계획은 해외투자자들의 관심을 끌기에는 부족했다고 볼 수 있다.

이러한 상황에서 그 동안 주요 투자선이었던 일본경제의 불황, NAFTA의 결성과 같은 이유로 역외 선진국과 NICs로부터의 외국인 투자가 멕시코, 중국, 베트남 등의 국가들로 전환되어 1993년 중 ASEAN의 투자가 격감하자 ASEAN 회원국들은 싱가포르에서 열린 1993년 10월 제4차 AFTA Council 회담과 1994년 9월 태국 치앙마이에서 열린 경제각료회의 등을 통해 역내무역자유화를 가속화하기 위한 다음과 같은 일련의 합의를 맺게 되었으며 이를 통해 그 동안 지지 부지하던 AFTA 계획은 커다란 발전의 계기를 맞게 되었다. 10년 내에 관세인하를 완료하고 관세 및 비관세장벽을 철폐하기로 함으로서 1994년 1월에 발효된 AFTA 협정상의 관세인하계획은 해외투자자들의 관심

11) 싱가포르와 태국은 1993년 1월 1일부터 동 관세인하, 브루나이는 1994년 관세인하, 인도네시아는 1995년(정상관세인하 대상품목)과 1998년(가속관세인 대상품목), 필리핀은 1996년으로 설정하였다. 말레이시아는 1993년부터 시행하되 여타 ASEAN 국가들의 관세인하 시점부터 유효하다는 조건부 관세인하계획을 발표하였다[AFTA: Trading Bloc or Building Bloc(1994)].

을 끌기에는 부족했다고 볼 수 있다.

1993년 10월 제4차 AFTA Council 회의에서는 그 동안 확정되지 않았던 회원국별 CEPT실천계획과 대상품목을 확정[12]하였으며, 그 동안 각 회원국이 자율적으로 결정했던 관세인하 실행시기의 문제도 현행관세율이 20%가 넘는 고관세품목의 경우 관세율인하일정을 1994년 1월 1일 이전으로 앞당기는데 합의하였다. 그리고 비가공 농산물의 경우 CEPT 시행대상에 정식으로 포함되지는 않으나 몇몇 회원국들이 자발적으로 일부 비가공 농산물을 CEPT 대상에 포함하기로 결정하였다.

1994년 인도네시아를 비롯한 몇몇 AFTA 회원국들은 해외투자에 대한 규제를 완화하였으며 1994년 9월 태국에서 열린 제26차 경제각료회의에서 원래 AFTA 협정서상 관세인하 완료시점인 2008년 1월 1일보다 5년 빠른 2003년 1월 1일까지 역내무역자유화를 완료하는 것과 잠정배제품목의 점진적 CEPT 대상품목화계획을 골자로 한 수정관세인하계획을 발표했다. 이 회의에서 합의된 수정관세인하계획안과 기타 주요 의결사항은 다음과 같다.

첫째, 정상 관세인하 대상품목 중 현행관세율이 20%가 넘는 품목의 관세율을 1998년 1월 1일까지 20% 이내로 낮추고 역내무역자유화를 원래 계획보다 5년 앞선 2003년 1월 1일까지 완료했다. 현행관세율이 20%이하인 품목들의 관세율을 2000년 1월 1일까지 0~5% 이내로 인하하였다.

둘째, 가속관세인하 대상품목 중 현행관세율이 20% 이상인 품목들의 CEPT 관세율을 2000년 1월 1일까지 0~5% 수준으로 인하하고 현행관세율이 20% 이하인 품목들의 관세율을 1998년 1월 1일까지 0~5% 이내로 인하하였다.

셋째, 기존 CEPT 협정에서 관세인하대상으로부터 제외되었던 쌀 등의 비가공 농산물을 점진적으로 관세인하대상에 포함시키며 잠정배제품목의 수를 1996년 1월 1일부터 5년간에 걸쳐 20%씩 균등하게 축소하여 CEPT 적용대상 품목으로 전입한다. 즉 1996년 1월 1일까지 잠정배제품목 중 20%를 감축하여 2000년 1월 1일에는 전품목이 CEPT대상품목이 되었다.

---

12) 이러한 CEPT 세부실천계획을 1993년 11월 1일부로 비회원국가, GATT 무역개발위원회와 민간부문에게 알려 계획의 투명성 제고 및 그 동안 동 계획에 회의적이었던 역내 민간부문 및 외국인투자자의 불확실성을 제거하도록 하였다.

넷째, 그 동안 자국의 자동차산업을 보호하기 위하여 제품별 보완계획에 참여하지 않던 인도네시아가 동 계획에 참여하기로 하였으며 AIJV계획에서 1990년 12월 31일 이전에 승인된 사업에만 한시적으로 적용되던 외국인지분 한도 확대조치를 1996년 12월 31일 이전에 승인되는 모든 AIJV합작사업에 확대 적용한다. 그리고 CEPT 규정과 AIJV 계획상 현지부품사용비율 불일치에서 빚어졌던 모순점을 해결하기 위해 AIJV의 현지부품사용비율을 50%에서 40%로 인하하였다.

다섯째, AFTA 협정상 합의된 사항들의 진전 상황 점검, 농산물 제외품목의 선정, 통관수속 및 과세기준의 통일, 역내분쟁을 해결하기 위한 기구로 실무그룹을 설치한다. 또한, AFTA 사무국을 설치하고 정책협의 기구를 정례화하여 회원국간 정책협력을 강화한다.

여섯째, 동아시아경제협력체(EAEC)는 무역문제를 제외한 에너지 · 산업 · 관광 · 인적자원개발 등 분야의 협력문제를 다루는 협의체로 할 것을 검토하고 APEC 협상이 실패할 경우 EAEC에서 무역문제를 취급하기로 한다.

제3절 AFTA의 경제적 효과

AFTA의 경제적인 효과는 여러 가지로 생각해 볼 수 있다. 무역창출과 무역전환의 효과 면에서 무역창출효과가 무역전환효과를 능가하기 위해서는 경제 블록에 포함되는 회원국들이 통합 전에는 경쟁적인 구조를 가지고 있으면서 잠재적으로는 상호 보완적인 구조를 갖고 있어야 한다. 각 회원국들의 AFTA형성 이전에는 무역보호율이 높고 AFTA 형성으로 인해 무역보호율이 대폭 인하된다면 무역창출효과가 무역전환효과보다 클 가능성이 많아지는 것이다.

현재 아세안국가들은 제조업 제품의 수출을 늘리고 있으며 섬유, 의류, 목제품, 전기부품 등 수출품들이 서로 비슷하기 때문에 무역전환의 가능성은 적어 보인다. 또한 아세안 수출특화지수를 보면 아직까지 절대수준은 낮지만 수출부문에서 보완성이 어느 정도 증가하고 있는 것으로 나타나고 있어

공업화의 진전과 AFTA의 추진과 함께 역내교역이 활발히 이루어지고 무역창출효과가 파생될 것으로 기대된다.

아세안은 4억 이상의 인구를 포용하고 있어 EU나 NAFTA를 능가하고 있지만 국민총생산 면에서 세계전체의 2%, 교역액은 세계전체의 6%에 불과한 소규모 시장을 배후로 하고 있다.

그러나 최근 AFTA 회원국들 사이의 역내교역이 급증하는 등 큰 폭의 신장세를 보이고 있고 교역구조도 과거 1차 상품 위주에서 기계, 전자제품 등 제조업 제품이 압도적인 비중을 차지하고 있어 교역구조도 빠르게 개선되고 있다.

제 09 장

동북아 경제협력

제1절 동북아 경제협력 추진

1. 동북아 경제협력 추진

1980년대 말 냉전의 종식과 함께 한국이 구소련 및 중국과 외교관계를 수립함으로써 동북아 경제협력의 여건이 조성되기 시작하였다. 그러나 역내 국가간 정치 · 경제체제의 차이와 과거사 문제의 잔재 등 동북아 지역의 특수성으로 인하여 동북아 경제협력에 관한 논의는 국가간 협력보다는 특정지역의 국지적 협력, 낙후지역의 자원개발과 인프라구축, 인근국가 또는 도시간 협력을 중심으로 이루어졌으나 협력사업 대부분이 이렇다 할 성과를 내지 못하였다.

반면 지난 20년간 시장주도의 동북아지역의 기능적 경제통합은 한 · 중 · 일 3국을 중심으로 빠르게 진전되었다. 한 · 중 · 일 3국의 역내교역비중은 1990년 12.3%에서 2010년에는 22.5%로 증가하였으며, 홍콩, 마카오 및 대만을 포함하면 동북아(한 · 중 · 일+HMT) 역내교역의 비중은 2010년 37.3%에 달하였다.

또한 동북아 경제협력을 위한 제도적 노력도 한 · 중 · 일 3국을 중심으로 진행되어 왔다. 1999년 11월 마닐라에서 열린 아세안+3 정상회의에서 3국 정상간 회동 이후 정상회담이 정례화되었으며, 2008년 12월 후쿠오카 한·중·일 3국 정상회의 이후에는 ASEAN+3 정상회의 틀에서 벗어난 3국간 정상회의의 정례화도 이루어졌다. 3국이 늦게 지역주의 추세에 참여하였음에도 불구하고 지난 10년간 다수의 FTA를 체결하였다. 하지만 정작 3국간에는 아직까지 FTA를 체결하지 못한 상태이다.

그러나 최근 긍정적 상황의 전개가 3국간 경제협력의 진전 가능성을 시사하고 있다. 1999년 마닐라 한·중·일 정상회동 시 합의에 따라 3국 연구기관간에 수행되어 온 연구는 2003년부터 한·중·일 FTA 연구를 토대로 2009년 한·중·일 FTA 관련 연구를 정부 차원의 논의로 격상시킬 것을 건의하였다. 이를 토대로 2009년 10월 한·중·일 정상회의 시 한·중·일 FTA 산관학 공동연구에 대한 합의가 이루어졌다.

한편 제도적 경제통합은 1997～1998년 아시아 금융위기 이후 동아시아 차원에서 경제협력 강화를 위한 제도적 통합의 움직임이 지속되어 왔다. 1997년 12월 제1차 아세안+3 정상회의가 개최된 이래 이 정상회의가 정례화되었으며, 그 후 ASEAN과 한·중·일 3국간 주요 장관회의 및 고위당국자 회의도 정례화됨에 따라 동아시아 13개국간 경제협력을 논의할 장이 조성되었다. 또한 2005년에는 ASEAN+6개국(한·중·일, 인도, 호주, 뉴질랜드)이 참여하는 동아시아 정상회의가 출범하였다.

아울러 동아시아 차원에서의 기능적 경제통합도 순조로이 진행되었다. 지난 20년간 ASEAN+3국의 역내교역 비중은 28.6%에서 39.7%로 상승하였으며, ASEAN+3+HMT, ASEAN+6개국, ASEAN+6+HMT의 2010년 역내교역 비중은 각각 51.9%, 45.1% 및 56.2%를 기록하여 NAFTA(40.5%) 대비 높은 편이며, EU(56.3%)에 견줄 수 있는 수준에 이르렀다.

그리고 동아시아 경제협력의 제도화와 관련한 의미있는 진전은 역내 국가간 FTA 체결 및 확산으로 나타났다. 1992년에 AFTA 협정이 ASEAN 6 국가간에 체결되었지만, 동아시아 국가의 본격적 FTA는 싱가포르가 2000년 11월 뉴질랜드 및 2002년 1월 일본과 FTA를 체결하면서 개시되었다.

동아시아 역내 국가간 양자간 FTA 확산과 더불어 동아시아 차원의 FTA에 대한 관심도 고조되었다. EAFTA는 2001년 10월 EAVG에 의해 ASEAN+3국 정상회의에 건의되었고, 2002년 11월 EASG에서도 중장기 목표로 설정하였다. 그 후 ASEAN+3국 경제장관회의에서 중국의 제안으로 EAFTA(East Asia FTA) 및 한국이 주도한 제2기 EAFTA 연구가 수행되었다. 일본은 ASEAN+6국의 CEPEA(Comprehensive Economic Partnership in East Asia)를 추진하였으며, 제2기 EAFTA 및 CEPEA 연구를 토대로 EAFTA 를 위한 정부 차원의 4개 실무작업반(working group)이 구성되었다.

동아시아는 세계 주요기업들의 생산기지로써 세계의 공장이 되었다. 그리고 글로벌 금융위기와 유럽 재정위기의 여파로 세계경제, 미국 및 EU의 침체중인 상황에서, 동아시아는 세계경제의 성장엔진으로 기대되고 있다.

동아시아 시대를 위해서는 역내국가들의 지속적인 경제성장과 역내시장이 확대되어야 하며, 아울러 국제정치 · 안보적 환경이 조성되어야 한다.

동아시아 역내국간에는 ASEAN+1 FTAs를 비롯한 다수의 FTA가 체결되었고 동아시아 차원의 FTA를 준비하기 위한 실무작업반도 구성되었다. 그러나 한 · 중 · 일 간 FTA가 체결되지 않은 상황에서 EAFTA 를 위한 근본적인 과제는 한 · 중 · 일 3국간의 FTA 실현이다. 즉 동아시아 시대의 도래를 위해서는 제도적 차원에서 EAFTA가 체결되어야 한다.

한 · 중 · 일 FTA는 경제교류, 인적 · 물적 · 문화적 교류의 증대로 이어져 3국간 신뢰구축 촉진, 외교안보적 긴장 완화 등 동북아 국가간 '정상화' 시기의 단축이 기대된다. 이런 측면에서 한 · 중 · 일 FTA는 단순한 자유무역협정 이상의 역사적 상징성을 내포하고 있다. 한 · 중 · 일 3국은 동아시아 시대를 준비하기 위해 EAFTA 실현을 중장기 목표로 삼고 추진해야 한다.

한국은 한 · 중 · 일 FTA에 우선순위를 부여하여 3국 정상회의에서 협상개시를 노력해야 한다. 한 · 중 · 일 FTA 추진이 합의되지 못할 경우에는 양자간 FTA를 추진할 수 있을 것이다. 한국이 중국과 일본과의 양자간 FTA 이전에 3자간 FTA를 추진하는 것은 양자간 FTA가 상대적으로 용이하다는 일반적 상식에 반하나, 현 시점에서 한 · 중 및 한 · 일 FTA 추진 을 시작하는 것보다 한 · 중 · 일 FTA를 먼저 추진하는 것이 바람직하다고 본다. 한국의 3자간 FTA의 선호 결정은 향후 지속될 한 · 중 · 일 3국간의 관계개선에 한국이 적극적 역할을 담당하겠다는 의지의 표명으로도 해석될 수 있을 것이기 때문이다.

제2절 동북아 지역의 경제와 경제협력 현황

1. 동북아 지역의 경제와 경제협력 현황

1) 동북아 지역의 경제현황

동북아 지역의 아시아 전체의 약 20%에 해당하는 면적에 약 3억명에 이르는 인구를 보유하고 있다. 그리고 연간총생산의 규모는 13조 달러 이상으로 세계 전체의 약 30%이상을 차지하지만, 각 국가별로 소득수준의 격차가 상당히 큰 편이다.

일본은 산업기술, 금융자본, 정보수집, 처리능력, 시장개척능력, 소비재시장 등에서 세계 최고의 수준이나, 경제의 유지와 발전을 위해 연재료를 대량으로 수입해야 하는 자원빈국이다.

한국은 산업기술, 자본조달능력 등을 보유하고 있으나, 자원빈국으로서 역내자원개발의 참여 등 원재료의 장기 공급선의 확보가 긴요하다.

중국의 동북3성은 중공업의 중심이지만 공업설비의 노후화 등으로 일본, 한국 등과의 협력이 필요하며, 농축산물의 수출능력과 저렴하고 풍부한 노동력을 보유하고 있다.

러시아 극동 지역은 천연가스, 석유, 석탄 등 천연자원이 풍부하나, 노동력 부족, 철도, 도로, 교량, 항만 등 사회간접자본이 미비하여 국제적인 협력이 필요한 실정이다.

북한은 희소 금속류, 철, 비철금속 등 광물자원 및 양질의 노동력을 활용 여지는 존재한다. 산업설비의 노후화로 기술 및 자본이 필요하며, 동북아 물류유통기지로 입지를 갖추고 있으나, 대내외 여건이 부족한 실정이다.

(1) 흑룡강성

- 중공업 비중이 3/4 정도이고, 중공업 중 채취공업이 40~50% 및 경공업 중 농작물 가공업이 80% 차지
- 자본 부족, 산업생산의 부가가치가 낮고, 산업구조가 중화학공업에 편중
- 석유(대경)와 석탄, 농작물 생산기지(삼강평원)의 가능성

(2) 길림성

- 중공업의 비중이 2/3정도이며, 수출 중 절반 이상이 농작물
- 자본, 에너지와 비료 등이 부족하며, 산업구조가 중화학공업에 편중
- 농작물과 목재의 공급원, 물류기지(훈춘 등)의 가능성

(3) 요녕성

- 중화학공업 기지로서 중공업 비중이 3/4 정도 및 철강, 금속공업이 중공업의 1/3 정도 차지
- 자본과 에너지 부족, 설비 노후화, 산업구조의 중화학공업 편중
- 석유, 석탄, 철광석, 몰리브덴 등 지하자원 풍부

(4) 한국

- 제철, 자동차, 조선, 전기, 전자, 섬유산업 등 고도 발전
- 무역마찰, 에너지자원과 광물자원 부족
- 기술수준이 비교적 높고, 각종 산업 발달

(5) 일본

- 제철, 자동차, 조선, 전기, 전자, 정밀기계, 정보산업 등 고도 발전
- 무역마찰, 에너지자원과 광물자원 부족, 식량의 수입의존도가 높음
- 풍부한 자본과 높은 기술수준, 고도 정보 산업 등 발달

(6) 북한

- 중화학, 군수공업의 중심, 수출은 비철금속과 위탁가공 섬유제품 위주

• 자본과 에너지 부족, 식량난, 설비 노후화로 산업생산 부진
• 마그네사이트 등 광물자원, 노동력, 관광자원, 물류기지 가능성

2. 동북아 경제협력의 필요성

지역경제 블록화 현상은 대외 지향적 교역확대를 통하여 경제성장을 달성해야하는 동북아지역 국가에게 큰 장애 요인이 되고 있다. EU가 완전한 경제통합으로 역내 시장을 형성하여 경쟁력을 강화하게 되면 아시아 국가의 수출경쟁력에 커다란 타격을 줄 것으로 예상되며, 향후 아·태 국가들이 가해왔던 통상압력도 그 강도를 더할 것으로 보인다.

미국은 냉전시대에 동북아 국가들에 대한 안보와 경제성장을 의한 수출시장을 제공해 왔으나. 미국이 자국의 난관을 해소하기 위하여 개발도상국에 무리한 요구를 하고 있다. 1980년대 이후 미국은 세계경제의 상대적 우위 상실과 무역수지 적자의 동북아 국가 편중으로, 현재의 무역패턴이 계속되는 한 동북아 지역과 무역마찰은 지속될 것이다.

일본은 버블경제 붕괴 이후 금융개방과 자본자유화로 일본식 개발모델의 한계, 내수부진, 금융시장의 불안정, 실업률 증가 등 전반적인 경제적 난국에 직면하고 있다.

중국은 개혁·개방과 중국식 사회주의 정착으로 빠른 경제성장을 기록하였으나 최근에 성장률이 둔화되는 추세이며, 러시아는 시장경제 이행의 시행착오가 완전히 해소되지 않은 채, Dutch Disease 우려를 낳고 있다. 북한은 국제적 고립 심화와 식량난 등을 겪고 있다. 동북아 국가들의 위기상황의 극복을 위한 대안으로 동북아 경제협력이 절실하나, 동북아 지역은 특수한 과거사 문제와 지역 갈등의 문제점을 보유한 채 타결점을 찾지 못하고 있다.

제3절 동북아 경제통합논의와 입장

1. 각국의 입장

1) 중국

1978년 등소평 이후 개혁 · 개방정책에 나선 중국은 정치적으로 사회주의 체제 및 경제는 자유시장경제체제로 전환하는 과정을 밟아왔다. 중국은 사회주의 초급단계에서는 계획경제방식보다는 시장경제방식이 우월하다는 판단 아래 중국식사회주의시장경제론을 내세웠다. 이러한 배경에서 중국은 대외개방 정책으로 방향전환을 가져온 것이다. 중국의 개혁 · 개방정책은 경제구조 변화 및 범세계적 의존관계가 급속하게 높아 갔다. 동북아지역은 공통의 역사적 전통과 지리적 근접성에 기초하여 한 지역경제권 형성에 용이하다.

'동북아 경제권' 개념은 1980년 1월 북경에서 개최된 '동북아경제권합작발전문제연구회'에서 사용되었다. 중국은 동북아지역을 제8차 5개년 계획(1990~1995)의 중점지역으로 지정하여, 대외개방을 적극 추진하여 이 지역을 중국의 공업 및 무역의 중심지로 개발하였다. 러시아 극동지역에 인접한 흑룡강성의 흑하시, 수분하시와 북한 접경도시인 길림성 훈춘시, 도문시를 국경무역 중심지 및 대외개방 창구로 개발한다는 내용을 담고 있다.

각 성(省)은 거점 중심 개발계획의 일환으로, 요령성의 요동반도 개발계획, 길림성의 도문강지역 개발계획, 흑룡강성의 '전방위 향북 개방' 개발계획 등이 그것이다.

중국은 최근 두만강 인접 지역인 길림성의 훈춘, 북한의 선봉 및 러시아의 포시에트를 연결하는 삼각주지역의 개발계획을 승인하였다. 동 계획에 따르면 이 지역에 한국, 일본 등 자본과 기술을 유치하여 자유무역항과 위탁가공무역지구를 개발한다는 것이다. 이를 위해서는 두만강 경유 동해에 이르는 항로개발과 출해권이 필수적이다.

따라서 중국은 방천의 국제항 개발, 방천~동해 15km에 이르는 두만강 항로를 개발하여 역내지역 간 해운거리의 단축 계획을 수립하였다. 그러나 계획의 추진은 러시아와 북한의 협력과 개발 소요자본과 기술을 위한 한국, 일본의 협력이 필요하다. 두만강지역 개발계획은 중국의 지역개발 계획을 초월하여, 유엔개발계획(UNDP) 주관 아래 국제적 협력사업으로 전환하고 있다.

2) 러시아

러시아는 1991년 구 소련의 독립국가연합(CIS) 및 급속한 시장경제체제 전환으로 부의 성장률을 기록하는 등 진통을 겪었다. 러시아는 중장기적으로는 시장경제 효율성과 동북아지역 국가와 경협 활성화로 동북아지역 경제에 기여할 전망이다.

러시아는 동북아경제협력의 입장 정립이 불분명하나, 중국의 동북아경제협력안과 일본의 환일본해경제협력안을 동의하고, 국제경제협력 참여국의 범위와 방법에 구애받지 않는다고 할 수 있다. 러시아 극동지역은 사회간접자본시설이 비교적 잘 갖추어져 있으며, 인구 밀접 및 한국, 일본, 중국, 북한 등 인접성 등으로 동북아 경제협력의 거점의 가능성이 크다.

3) 일본

일본은 동아시아경제권에서 중국과 함께 매우 중요하다. 일본의 동북아시아 직접투자의 증대는 해외 조달형 진출 전략의 일환으로 볼 수 있다. 생산거점의 일부를 동아시아 이전 및 일본의 기술 및 경영지도로 생산한 제품의 제3국 수출 또는 일본 재반입 전략이다. 일본 해외 조달형 직접투자의 증대는 국제수지 흑자 감소, 이들 지역의 산업구조를 일본의 산업구조조정의 보완적 성격으로 개편시키려는 구상이다.

일본은 동북아 지역에서 공급자 역할을 해 왔다. 동북아 지역의 동아시아경제권 자율협력시대로 전환을 위해서는 수출주도형 성장을 가능케 해준 미국 역할을 일본이 대신해야 한다. 선진 기계설비나 부품의 공급과 선진기술 및 경영지식의 전수 등 공급자의 역할이 강조되고 있다.

4) 북한

북한은 1947년 경제계획을 실시한 이후 중앙집권 비효율적인 계획경제체제를 유지하여 성장의 한계에 이르렀다. 1989년 이후 동구권 국가들의 개혁 · 개방과 구소련의 붕괴 등 대외경제협력기반이 무너져 자생적 성장 동력을 상실하였다.

북한은 경제침체, 교역차질, 외화부족 등 대내외 난국 타개를 위하여 남북한 교류와 유엔개발계획(UNDP), 유엔공업개발기구(UNIDO) 등 서방경제의 협력을 추진할 계획이다. 제한적 · 부분적 개방을 선호하는 북한의 입장에서 남북한 교류는 북한주민에게 남한경제의 우위성을 인식시킬 가능성이 있다. 따라서 북한은 두만강지역개발계획과 두만강 중심의 동북아지역 경제협력을 추진할 필요가 있다.

북한은 1991년 7월 유엔개발계획회의와 8월 동북아경제개발계획 세미나 등에서 청진-나진-선봉 경제특구개발의사를 밝혔다. 청나선지역에는 경공업, 전자, 서비스, 목재가공업 등 산업 유치를 위한 사회간접자본 확충이 필요한다. 중 · 러 철도망 복선화, 중 · 러 철교 복구 또는 신설, 고속도로, 신웅상항 건설 등 확충을 계획하고 있다. 6자 회담의 전제조건인 핵 폐기, 남북한 긴장 해소, 일본과의 관계회복 전제되어야, 북한 경제성장을 가속할 수 있으나, 북한체제와 맞물려 쉽게 진전되지 않고 있다.

제4절 동북아 경제협력의 가능성 및 구상

동북아지역에서의 급속한 역내교역의 증대와 동 지역의 왕성한 성장잠재력은 동북아 경제권 구상을 더욱 가시화 시킬 수 있는 유인이 되고 있다. 한국, 북한, 일본, 러시아, 중국 등 동북아 5개국이 중심이 되고 있는 동북아 경제권 논의의 핵심은 역내자원의 공동개발과 함께 각국이 갖고 있는 비교우위요소를 적절히 결합시킴으로써, 역내국가간의 상호보완성을 최대한 활용하여 국가 간 교역규모를 더욱 확대하며, 나아가 다자간 지역협력체제의 구축을 통하여 동북아지역의 공동번영을 이룩하는 것이라 하겠다.

1. 경제협력의 가능성

1) 촉진 요인

최근 동북아 경제권 촉진 요인으로 아래의 사실을 지적할 수 있다.

첫째, 북한 핵문제로 역내국가간 정치적 불안감이 조성되고는 있으나, 한·중 및 한·러 국교정상화, 러시아 개방형 시장경제체제 채택, 남북한 유엔 동시가입, 중·러 관계 정상화 등 동북아지역의 정치적·군사적 긴장이 완화되고 있다.

둘째, 역내국가간의 경제발전 정도 차이, 산업구조 및 생산요소의 부존 상태가 상호보완적, 경제협력을 통하여 상호 호혜, 동태적인 성장의 기틀을 마련할 수 있다.

셋째, EU 및 미국 중심의 NAFTA 등 지역주의 확산등으로 역내국가 간의 대처안으로 자기 완결적인 경제협력권 형성 필요성이 증가하고 있다.

넷째, 역내국가과 지리적 근접성 및 역사적, 문화적 연계, 경제교류에 수반되는 수송 및 통신비용의 경감 등 동북아경제권 형성에 유리하다.

다섯째, 일본의 세계 최고 기술과 자본력, 한국의 교량역할, 한국의 교량역할, 중국의 성공적 시장개방, 러시아 극동지역, 북한의 개방 가능성 등 다른 지역보다는 경제적 역동성이 크다.

2) 제약요인

동북아 경제권 형성과 관련, 학계나 민간단체를 중심으로 강조되는 것은 아직도 장애요인이 많고 여건이 미성숙 단계이기 때문이다.

첫째, 동북아 경제권 주변 여건의 미흡함. 러시아, 중국, 북한 등 체제변경, 경제정책 가변성, 대외결제능력 부족 등 역내국가간 교역 및 투자환경에서 위험도가 높으며, 사회간접자본시설이 대단히 열악하여 교류를 크게 저해하고 있다.

둘째, 동북아 경제권은 냉전체제의 붕괴와 동유럽 사회주의국가들의 자본주의 개혁 미완수, 중국, 북한 등 사회주의 경제 존재 등으로 초보적인 논의 수준에 있다. 동북아 경제권은 이질적 경제체제의 지역경제통합체제이며, 사회주의 계획경제와 시장경제의 경제이념 및 운영원리 차이로 포괄적인 통합은 어려울 것으로 보인다.

셋째, 주도적 국가의 리더쉽 부재. 일본의 시장, 자금 및 기술이 동북아 경제권에 유입, 과거사 미결(한국, 북한, 중국 등은 일본이 동북아 패권주의적 주도권 행사로 경제적 종속 경계)상태에 있다.

넷째, 역내국가간 신뢰감 부족. 북한의 체제유지적 속성과 한・중 관계의 성숙한 발전 저해, 북일 국교 교섭 지연, 러시아의 아・태지역 진출에 대한 중국의 경계, 일・러간 북방 4도 반환 마찰 등 요인이 잔존해 있다.

다섯째, 역내국가간 경제발전수준 및 산업구조상 격차로 역내국가간의 수직적 종속이나 비대칭적 의존관계 심화, 경제권형성의 외부적 우려와 관심의 견제 등이다.

3) 동북아 경제권 형성의 가능성

현 단계에서 동북아 경제권에 따른 장애요인이 더 크게 작용하고 있어, 시장의존형 경제통합의 구상에는 불안정하고 불충분한 상태라 하겠다. 그러나 초보적 형태의 소극적 경제통합은 예상해볼 수 있다. 유연성있는 지역경제권의 기본방향은 다음과 같이 기대된다.

첫째, 요소결합형 지역공동체

둘째, 개발 사업 중심의 개발공동체

셋째, 비 배타적 개방형 경제권 형태

넷째, 개발프로젝트 중심 임의적 단순협력체제로 개시

2. 경제협력의 구상

1) 개념적 구상

동북아지역의 다자간 경제교류 범위가 국가 단위 또는 광범위한 지역보다는 공동이해관계에 있는 특정지역의 제한적 경제통합이 우선 고려대상이다.

특정한 개발거점지역 지정 개방방식은 중국, 북한, 러시아 등 사회주의국가들의 경우 개방 파급효과를 통한 내부 정치적 기반이 크게 위협받지 않아 사회주의국가의 계획경제와 시장경제간의 연계를 가능하게함. 한국, 일본은 상대적으로 낙후지역의 개발을 통하여 수도권 집중현상 해소, 지역 간 균형발전이 가능한 제한적 경제협력체라 하겠다.

다른 경제통합이 블록화 속성에도 논의의 경제협력체는 역외국가에 대하여 배타적 블록화 없이 대외개방을 지속적으로 유지 · 가능하게 한다.

중국 동북3성 및 러시아 극동지역의 분권화 · 개방화, 한국의 지방자치제, 일본의 국지적 경제협력체제는 현 단계에서 유용한 구상이다. 거점도시의 지정은 이들의 개방 · 개발을 통해 국내 여타 지역 및 경제발전에 미칠 수 있는 파급효과가 극대화되어 역내 후진지역의 공업개발과 선 · 후진지역간의 연계 가능성이 높은 지역을 선정해야 한다. 중국의 훈춘지역, 러시아의 나호트카, 북한의 선봉지역, 일본의 니이카다, 호쿠리쿠지역 중심의 연안도시 및 한국의 동해, 포항 등 연안도시 등의 상호 결합이 바람직할 것으로 보인다.

이들 도시간의 경제협력 형태는 기본적으로 다자간 합의에 의해 계획 · 개발되어야 하며 아울러 이들 지역이 정치 · 경제적인 특성을 고려하여, 역내자원이 효율적으로 이용될 수 있도록 단순히 시장 mechanism에 의하지 않고 다자간 합의에 의해 개발 거점도시의 유망산업을 집중적으로 육성하도록 하여야 할 것으로 보인다.

그러나 각 도시별 유망산업의 선정에 있어 역내생산요소가 효율적으로 이용되어야 하겠지만 효율성만을 고려하면 지역경제협력으로 그 성과가 크게 기대되는 산업이 오히려 선진국에 집중될 가능성이 크며, 이에 따라 역내 지역 간 불균형이 심화될 가능성이 크기 때문이다. 효율성과 형평성의 조화가 필요하다.

2) 동북아 경제협력의 증진방안

동북아 경제협력은 여건을 조성해 가면서 단계적인 경제협력체를 추구하는 동태적인 경제통합 형태라 하겠다. 동북아 경제협력의 발전적 전개를 위한 몇 가지 방안을 제시하고자 한다.

(1) 상호이해의 증진

동북아 경제협력의 우선적인 선결과제는 과거사에 대한 진솔이 필요하다.

대학 간 자매결연, 정보기관 창설, 공동연구 추진, 학술교류와 연수생, 유학생의 적극적인 교환 등 학술교류를 추진하고 동북아 경제협력의 과정에서 중추적 역할을 수행할 도시들 간의 자매결연을 통해 서로 다른 문화, 사회체제, 민족 간의 상호이해를 증진한다. 이외 문화, 스포츠 부문에 있어도 상호간의 교류를 촉진시켜 동북아 경제협력의 실질적인 교류기반의 기초가 다져지도록 노력해야 한다.

(2) Infrastructure의 정비

과거 역내국가들간의 정치적, 군사적 대립으로 인해 지역 내의 사회간접자본시설에 대한 투자가 미비, 한국과 일본은 미국 등 태평양연안 국가들과의 교역을 중심으로 경제발전을 추진해 오는 과정에서 낙후지역지역에 대한 투자가 저조했기 때문이다.

우선적으로 정보, 통신, 교통 등 기반정비, 정기항공로, 항만, 각 지역의 도로망 및 철도교통망의 정비 등이 시급하다.

다국적 은행이나 동북아경제협력기금 조성 등 조달원의 다양성 확보가 필요하다.

(3) 공동프로젝트의 추진

동북아 경제협력의 경우 이를 포괄적으로 다루는 정부 간 공식협의체는 아직 없다. 따라서 역내 국가들 간의 경제발전단계 및 생산 요소 부존상의 보완성을 고려하여 이들 지역들의 자본, 기술, 노동력, 경영능력 등이 상호결합 된 공동프로젝트를 추진하도록 하며, 동북아 경제권 형성에 초석을 삼도록 한다.

최근 유엔개발계획(UNDP) 사업의 일환으로 구체적으로 논의되고 있는 두만강유역의 개발계획과 같이 지역 내 개발 가능성과 개발효과가 큰 지역을 선정하여 공동프로젝트를 추진하거나, 또는 에너지, 농산물, 삼림, 수산물 등 역내 국가들의 자원개발, 도시개발, 공업개발 및 서비스산업개발에 공동프로젝트를 추진 등의 예를 참조해 볼 필요가 있다,

(4) 자유무역지역, 자유무역항의 창설

지역 내 상공업 및 교통의 중심지역에 국제공동의 다국적 관리하의 자유무역구역을 설치하고, 나아가 다국적 보세가공구역을 설치, 운영하도록 한다. 이로서 역내 국가들 간의 상호보완성을 결합하여 역내 국가들 간의 적극적인 투자활동과 기술이전, 인력자원의 개발 등을 야기시킴으로써 역내 국가들 간의 공동발전과 합의된 분업구조를 창출하도록 한다.

(5) 산업구조의 고도화 추진

동북아시아 제국의 경제발전단계 및 요소 부존 상태를 고려할 때 초기의 경제협력은 한국 및 일본이 기술이전 및 자본집약재 수출하고, 중국의 동북 3성 및 북한은 노동집약재, 러시아의 극동 지역은 자원 공급 수직분업형태가 불가피하다.

역내선진지역의 후진지역에 대한 해외직접투자와 원조, 기술공여 및 산업구조 조정이 수반된 특혜공여를 제공하도록 한다. 이러한 과정을 통해 초기에는 수직분업단계로 시작하여 연쇄적인 산업구조고도화를 전개하고, 이어 역내국가간 수평분업의 형태로 전환토록 한다.

(6) 동북아경제협력기금의 창설

동북아 경제협력은 주로 개발프로젝트를 중심의 개발공동체의 양상을 띨 것으로 보이며, 개발프로젝트는 소요기간이 길고 단기적으로는 채산성이 보장이 되지 않기 때문에 비수익성 개발기금의 조성을 통해 재원의 확보가 필요하다.

국제기관, 각국 정부, 지방자치단체, 기업 등 출연에 의하여 기금을 조성하며, 동 기금의 운용은 역내 합작기업에 대한 융자, 자유무역 단지 및 관광

시설, 교통, 통신망 정비 등 infrastructure 시설에 대한 융자, 기술자 파견 및 연수 등 기술이전에 대한 비용, 문화, 예술, 스포츠 등 역내 국가들 간의 교류증대를 위한 분위기를 조성하는데 사용하도록 한다.

(7) 개방적 협력체제의 조성

동북아 경제협력은 역내국가들의 경제발전과 부존요소의 상호보완성이 커서 비교적 동질적 요소를 지닌 국가들간의 경제통합으로 규모의 경제를 추구하고 있는 EU경제권보다도 발전 가능성이 더 크다고 할 수 있다.

통합이 용이하며 각국의 경제체제 및 대외정책의 근본적 변화 없이, 역외국가에 대하여 비배타적 경제협력이 제기되어야 하며, 이러한 관점에서 동북아 지역의 경제통합의 범위는 국가 또는 광범한 지역의 통합보다는 공동의 이해관계가 있는 특정지역의 제한적인 개방 및 통합이 바람직할 것으로 보인다.

동북아 경제권은 유럽, 미주 등 여타 경제권의 결성과는 달리 역내·외 환경 변화에 적응하기 위한 인위적, 선험적, 동태적인 협력체가 되어야 한다. 이러한 사항들을 고려하여 동북아 경제협력은 역내국가들 간의 전면적 개방보다는 특정지역에 자유무역지대를 형성하여 개방하는 국지적 통합의 형태가 현실적인 구상이라 하겠다. 가장 중요한 것은 성급한 경제통합이 아니라, 실현 가능한 점진적 경제협력 체제의 구축이 요구된다.

제5절 ASEAN+3 정상회의

WTO 체제에서도 유럽연합(EU), 북미자유무역협정(NAFTA), 남미공동시장(MERCOSUR) 등 지역경제통합(regional economic integration)이 강화되고 있다. 그 동안 동아시아는 역내경제통합의 진전을 논의를 하지 못하였으나, 1997년 이후 'ASEAN+3 정상회의'를 통해 한·중·일 3국과 ASEAN 10개국은 이 지역의 경제협력을 강화시키고 있다.

동아시아는 인구 · 경제규모 · 교역 등 거대시장을 형성하고 있다. 19억 인구, 6.5조 달러 내수시장, 2.6조 달러 교역 규모를 보유하며, 부존자원(natural resources) 및 경제발전단계(stage of economic development)의 상호 보완성(mutual complementarity)이 커서 경제협력의 가능성 및 이점이 매우 크다고 할 수 있다. 특히 한 · 중 · 일 3국은 'ASEAN+3 정상회의'를 통하여 동북아 3국의 경제협력과 동북아 3국의 대 ASEAN 경제협력 강화에 더욱 큰 비중을 두고 있다. 우리나라의 경우 동남아는 교역 · 투자 · 건설 분야 등 잠재력이 큰 시장이며 실질적으로 우리나라 경제에 많은 이익을 주고 있는 시장이 되고 있다.

1. 추진경위

1990년 12월 말레이시아는 미국, 호주 등을 제외한 아 · 태 지역 국가만의 경제협의체 결성을 목표로 「東아시아 경제회의」(EAEC)창설을 제의하였으며, 1993년 7월 ASEAN 외무장관 회의에서 EAEC[1] 창설을 합의했으나 미국의 견제와 일본의 소극적 태도 등으로 무산되었다.

그러나 東아시아 국가 간 교역 · 투자의 확대 등 상호 의존이 심화되면서 미국의 아 · 태 경제 질서 주도에 대응한 東아시아 경제권의 독자적 결성체 여론이 확산되었으며, 1994년 10월 싱가포르의 제의로 ASEM이 가동됨에 따라 EU에 상응하는 東아시아 국가 간 협력의 필요성이 제기되었다. 특히 개방적 지역주의를 표방해 온 APEC이 선진, 개도국 간 견해 차이로 무역 및 투자의 자유화가 부진하고 東아시아 외환위기에도 적절히 대응치 못하는 등 지역협력체 역할이 미흡했다. 이런 상황에서 ASEAN은 1997년 창설 30주년 기념 정상회의에 한 · 중 · 일을 초청한 데 이어, 1998. 12 하노이 정상회의에서 한 · 중 · 일 참석의 정례화를 합의했다.

1) 미국은 EAEC를 무역장벽으로 경고하면서 한 · 일의 불참을 요청

2. 역대 주요 회의 결과

1) 제1차 정상회의(1997. 12, 쿠알라룸푸르)

ASEAN 창설 30주년을 기념하기 위해 개최된 제2차 ASEAN 비공식 정상회의에 한 · 중 · 일 정상이 초청하여, ASEAN + 한 · 중 · 일 정상이 최초로 회동하였다.

2) 제2차 정상회의(1998. 12, 하노이)

동아시아 외환위기 극복을 위한 경제협력 방안의 협의와 역내 협력의 확대 필요성에 대한 공감대가 형성되었다. 일본의 개도국 지원을 위한 「미야자와 플랜」(300억불), 국제금융체제 개편 등 경제위기 극복 방안을 중점 논의하고 ASEAN + 한 · 중 · 일 정상회의를 정례화 하기로 합의[2)]하였다.

우리나라는 정치 · 경제 · 안보 등 제반분야의 협력강화 필요성을 역설하고 同 회의의 발전 및 역내 경협증진 등을 논의하기 위한 「東아시아 비전그룹」(EAVG) 창설을 제안했다.

3) 제3차 정상회의(1999. 11, 마닐라)

東아시아 협력에 관한 공동성명을 채택하여 최초로 정상 차원의 '21세기 東아시아 국가 간 협력 방향'을 제시했다. 공동성명을 통해 역내 경제구조 개혁, 금융, 통화, 재정정책 협의 · 조정 강화, 전자상거래, 중소기업 및 관광 등 분야에서 상호 협력키로 합의[3)]하였다.

4) 제4차 정상회의(2000. 11, 싱가포르)

동남아 · 동북아 등 「東아시아」의 협력을 증진해 나가기로 하고, 각국 정부 대표로 구성되는 「東아시아 연구그룹」(EASG)발족을 결정했다. 또한 IT분

---

2) 우리나라는 업종별 민간협의회 구성 및 東아시아 경제, 사회적 격차 해소를 위한 협력을 제안, 참가국들로부터 호응

3) 동 합의사항 일환으로 2000년 5월 ASEAN+3 재무장관회의에서 역내 외환위기 재발 방지를 위한 통화스왑 계약 체결을 도출

야 협력, 빈부격차 해소 및 금융위기 관리를 위한 구체적인 방안 마련에 합의하였다.

우리나라는 역내국가간 정보격차 해소를 위해 「東아시아 특별기금」을 설립과 금융위기 재발 방지를 목적으로 하는 「통화스왑 협정」의 체결을 제안했다.

5) 제6차 정상회의(2002. 12, 프놈펜)

우리나라가 제안한 「東아시아 연구그룹」의 26개 장 · 단기협력 방안의 검토 및 장기적으로 「ASEAN + 한 · 중 · 일 정상회의」를 「東아시아 정상회의」(EAS)로 전환하기로 합의하였다. 「東아시아 자유무역지대」 설립은 경제장관회의에서 검토하여 2003년 정상회의에 보고서를 제출토록 요청하였다.

6) 제7차 정상회의(2003. 10, 발리)

「東아시아 연구그룹」이 선정한 26개 단기 및 중장기 협력사업에 대한 후속 이행 실태를 점검하였다. 東아시아 지역협력의 확대, 「ASEAN 통합 이니셔티브」(IAI) 지원 및 「東아시아 자유무역지대」 실현 노력에 합의하였다. 우리나라는 ASEAN과의 관계를 경제 · 통상분야 협력 확대를 포함한 「21세기 개발 협력 동반자관계」로 발전시켜 나가기로 약속하였으며, 북핵 문제의 평화적 해결과 역내 테러 척결을 위한 東아시아 차원의 공동노력의 강화를 촉구했다.

7) 제8차 정상회의(2004. 11, 비엔티엔)

「東아시아 공동체」(EAC) 실현의 일환으로 2005년 중 말레이시아에서 제1차 「東아시아 정상회의」(EAS) 개최를 합의하였다. ASEAN+3 의 발전을 위해 회원국 간 정보 · 개발의 격차 해소에 주력하며 「東아시아 자유무역지대」창설 연구를 위한 전문가 그룹의 설치를 결정하였다. 중국은 2010년까지 ASEAN과 FTA를 포함한, 정치, 안보, 군사, 운송, 정보기술, 관광분야 협력 등을 명시한 「실천계획」에 서명했다.

8) 제9차 정상회의(2005. 12, 쿠알라룸푸르)

「東아시아 공동체」 구상의 실현 과정에서 ASEAN이 주도력을 발휘하며 ASEAN+3 체제가 중추적 역할을 담당 한다는데 인식을 공유하였다.

9) 제11차 정상회의(2007, 싱가포르)

한 · 중 · 일 3국은 ① 동아시아 역사 왜곡 반대, ② 진정한 자유민주주의 국가 체제로 변화해 상호협력하고, 우리나라와 국민, 동아시아 모두의 평화와 공동번영을 위하여 노력하기로 결정

10) 제12차 정상회의(2009, 후아힌)

2009년 9월 24~25 피츠버그 G-20 정상회의 결과를 환영하고, 거시경제적 협력 증진, 경제 성장 및 실업률 회복, 보호무역주의 반대, 국제 금융 시스템 및 기구의 개선을 위한 노력 및 도하개발아젠다(DDA)의 야심차고 균형적인 합의 필요성을 지지하였다.

11) 제13차 정상회의(2010, 하노이)

경제 · 금융 위기, 식량 안보 등 주요 국제문제에 대한 ASEAN + 3 차원의 협력현황 점검, 금융 분야 협력, 정보 · 통신, 경제 · 통상, 환경 · 에너지, 교육, 농업 등 20여개 분야의 협력 확대, ASEAN + 3을 지역협력의 모범사례로 발전시켜 왔다. 2010년 3월 발효된 치앙마이 이니셔티브 다자화(CMII)와 그 이행을 위한 감시기구의 설립, 신용보증투자기구 설립 등 ASEAN + 3 국가간 금융협력 네트워크 구축 노력, “ASEAN + 3 비상 쌀 비축사업”의 원활한 이행을 평가하였다[4].

---

4) 비상사태 발생 시 쌀의 안정적 공급 및 쌀 가격의 안정화를 도모하기 위해 ASEAN+3 국이 80만 톤 규모의 쌀을 비축하고 식량위기 발생 시 지원

12) 제14차 정상회의(2011, 발리)

- 협력 계획 (2,007~2,017년) 구현
- 사회, 문화적 및 개발 협력
- 경제 및 금융 협력의 지속적 협력 약속

13) 제15차 정상회의(2012, 프놈펜)

- 1997년 ASEAN+3 출범 이후 금융 · 농업 · 보건 · 문화 · 교육 등 20여개 분야로 협력의 범위를 확대하고 실질협력을 증진시키는 등 동아시아에서 가장 제도화된 다자협력체로 발전해왔음을 평가
- 식량안보 · 금융위기 · 경제통합 등 지역 차원의 단합된 노력을 요구하는 다양한 과제들에 대한 공동 노력의 필요성 인식
- 치앙마이 이니셔티브 다자화(CMIM:Chiang Mai Initiative Multilaterization) 규모를 2배로 확대하여 위기예방 기능을 강화 평가
- 향후 10년간 아시아 채권시장의 비젼을 담은 「아시아 채권시장 발전방안 뉴로드맵 플러스」채택
- 2011년 10월 체결된 「ASEAN+3 비상쌀 비축 협정」원활한 이행 협력
- 제2차 동아시아비전그룹(EAVG Ⅱ)이 이번 ASEAN+3정상회의에서 최종 보고서를 제출 환영, 「연계성에 관한 ASEAN+3 파트너쉽 선언」 채택

3. 주요 추진 사업

1) 치앙마이 이니셔티브(CMI)

1999년 11월 제3차 ASEAN+3 정상회의에서 결정한 금융지원 메카니즘 강화를 통하여 역내 외환위기의 재발 방지를 위한 ASEAN+3 지원을 약속하였다. 2000년 5월 ASEAN+3 재무장관회의에서 계약 상대국의 금융위기 시 약정금액 범위 내에서 자금을 지원하는 내용의 「치앙마이 이니셔티브」(CMI)를 합의하였다.

이에 따라 ASEAN+3국 2006년 750억불(2005년 395억불) 규모의 양자 간 통

화스왑 협정을 체결한 가운데 재무장관회의를 통해 CMI의 효율적 시행 방안의 협의를 계속하였다. 同 기금은 외환위기 발생이 희박한 4개국(한·중·일·싱가포르)을 제외한 9개국의 총 외환보유액(1,918억불)의 40%에 상당하는 금액이다.

2) 아시아 채권시장 육성

2002년 11월 ASEAN+3 재무차관 회의에서 우리나라는 아시아 채권시장 발전 방안의 연구를 바탕으로 역내 외환위기 재발 방지를 위한 기구의 설립을 제안하였으며, 2003년 8월「아시아 채권시장 이니셔티브」(ABMI)가 채택하였다. ABMI는 외환위기 재발 방지를 위한 역내 채권시장 활성화 방안을 주요 내용으로 하고 있으며 신용보증제도, 결제제도 등 6개 실무 작업반을 구성하였다. 2004년 5월 ASEAN+3 재무장관회의의 결정을 근거로 채권발행자 및 채권시장구조에 대한 정보교환을 위해 Asian Bond Online Website를 개통하였으며, ASEAN+3 국가의 외환보유고 중 5%를 할애하여 상호 증권시장 등에 투자하는 방식의 공동 관리체제도 논의하였다. 동아시아(일본 제외) 채권시장 규모는 1997년 외환위기 당시 GDP의 16.5%에서 2005년 48%로 확대되었다.

3) 동아시아 자유무역지대 추진

2001년 11월 제5차 ASEAN+3 정상회의 시 우리나라가 제안한「東아시아 공동체」실현의 일환으로「東아시아 자유무역지대」(EAFTA)를 중점 사업으로 추진키로 하였다. 2004년 9월 경제장관회의에서 중국이「EAFTA 실현 가능성 연구를 위한 전문가그룹」구성을 제의하고 ASEAN 제국이 이를 지지하였다.

4) 동아시아 포럼(EAF)

2002년 11월 우리나라는 제6차 ASEAN+3 정상회의에서 東아시아 협력의 모멘텀 유지 및 확대를 위해「東아시아 포럼」(EAF) 창립총회를 서울에서 개최할 것을 제안하였다. 同 포럼은「東아시아 연구그룹」(EASG)의 26개 협력사업 중 하나로써, 13개국 산·관·학계 대표들이 참가한 서울 창립총회

(2003년 12월)[5], 말레이시아(2004년 12월), 중국(2005년 10월), 캄보디아(2005년 10월)등 4차례 회의를 개최하여 東아시아 공동 번영을 위한 협력증진 방안 등을 협의하였다. 회의는 ASEAN 회원국과 한・중・일에서 매년 교대로 개최해 왔으며 5차는 일본(2007년)에서 개최하였다.

5) 동아시아 공동번영을 위한 ICT 협력사업

2007년부터 ASEAN 역내 정보화 수준의 향상 및 동아시아 공동 번영에 기여할 수 있는 새로운 협력모델로 '동아시아 공동번영을 위한 ICT 협력사업' 추진하기로 하였다. 사업기간은 5년(2007~2011년)이며, 약 1,000만불 지원 예상하였다. ASEAN이 역내 경제성장과 발전을 위해 역점 추진하고 있는 'ASEAN ICT FOCUS 2005~2010' 프로젝트를 중심으로 추진키로 하고, 정보인프라 구축 등 4대 기본목표, 15개 추진전략 및 30여개 세부 실행 프로그램으로 구성하였다.

(1) ASEAN+3 2007~2017 사업계획 요지

① 정치 및 안보 협력
- 역내 평화 및 안정을 위해 테러방지 분야 등에서의 협력 증진
- 해양 안보 및 비전통적 안보 분야 협조 촉진

② 경제 및 금융 협력
- 역내 FTA 추진 등 무역 및 투자 촉진을 위한 협력 확대
- 치앙마이 이니셔티브 등 금융협력 체제의 확대・발전
- 운송 분야 연계망 확보 및 농・수산업 및 임업 분야 협력 촉진
- 중소기업의 경영능력 제고 및 ICT 협력 강화

③ 에너지 및 지속가능한 개발 협력
- 에너지원 다변화 등 에너지 안보를 위한 역내 협력 증진
- 환경 및 지속가능한 개발을 위한 협력 확대

5) 서울 창립총회에서는 포럼 사무국 설치 등 제도적 장치 마련, 디지털 격차 해소를 위한 정부차원의 협력 강화를 촉구하는 공동발표문 채택

④ 사회문화 협력

- 빈곤경감 및 취약집단 지원을 위한 국가 간 협력 확대
- 역내 사회·문화 및 인적 교류의 확대 추진
- 과학 및 기술 교류 기회 증대
- 재해관리 및 긴급대응을 위한 민관 협력망 구축

4. 동아시아비전그룹(EAVG) 보고서

5차 ASEAN+3 정상회의에서 가장 주목을 받은 의제는 동아시아비전그룹 보고서라고 할 수 있다. EAVG는 1998년 베트남에서 개최된 2차 ASEAN+3 정상회의에서 우리나라의 제안으로 설치되었으며, 13개 회원국에서 각각 두 명씩 총 26명의 전문가들로 구성되었다.

1998년 말레이시아의 제안으로 '동아시아경제협의체(EAEC)'의 창설을 주창한 바 있으나 미국, EU 등 반발과 역내 회원국들의 참여부족으로 진전을 보지 못하였다. 그러나 1997년 동아시아 외환위기 이후 동아시아 각국이 지역경제협력체의 필요성을 인식하게 되면서 ASEAN+3 정상회의가 정례화 되었고, 이후 동아시아 경제협력에 대한 논의가 활성화되고 있다. EAVG의 의미와 주요 내용 및 평가에 대해 살펴보고자 한다.

1) 동아시아비전그룹 보고서의 의미

EAVG 보고서는 동아시아경제협력의 청사진을 제시했다는 점에서 큰 의미가 있다. '동아시아자유무역지대', '동아시아통화기금' 등 일부 제안사업은 단기간 내 추진은 어렵지만, '동아시아공동체' 구축을 위해서는 필수적인 사업이라고 할 수 있다.

2) 동아시아비전그룹 보고서의 주요 내용

EAVG 보고서는 동아시아지역이 지향(指向)해야 할 목표로 동아시아공동체(East Asian Community)의 형성을 지적하였으며, 이러한 목표의 달성을 위해 경제·사회·문화·정치 등 각 방면의 다양한 협력방안을 제안한 동아

시아 협력에 대한 청사진이라 할 수 있다.

세계경제가 WTO체제 출범 이후 다자주의(multilateralism)체제로 나아가면서도 각 지역별로 경제블록을 형성하는 지역주의(regionalism)가 강화되고 있다. 세계경제질서(global economic order)의 급변에도 불구하고 동아시아지역의 지역협력의 인식이 부족하였고 구체적인 논의가 이루어지지 못하였다. 따라서 동아시아지역의 협력을 위한 동아시아 전 지역이 공감대를 형성할 수 있는 장기계획과 비전이 제시되어야 하며, 이러한 역할을 수행하기 위해 EAVG가 결성되었다고 할 수 있다. EAVG 보고서가 제안한 사업 중 경제부문과 관련한 핵심내용을 간략히 살펴보고자 한다.

(1) 무역활성화

EAVG 보고서는 무역활성화와 관련하여 동아시아자유무역지대를 APEC의 보고르(Bogor)목표 이전에 설립할 것을 제안하고, 이의 달성을 위한 구체적 전략의 수립을 위한 각료급회의를 권고하였다. 또한 무역자유화(trade liberalization)로 인한 경제적 혜택(economic benefit)을 역내 회원국들이 공유(共有)하기 위해 역내 저개발국들(underdeveloped countries)을 위한 일반특혜관세 및 특혜조항의 도입을 강조하였다.

(2) 투자환경조성

역내투자환경의 조성과 관련하여 '동아시아 투자정보네트워크(EAIIN)'설립, 중소기업의 투자증진 및 행정 · 금융지원체제의 수립, 동아시아투자지역(EAIA)의 설립 등을 제안하였다.

(3) 역내지역개발

역내지역개발을 위해 동남아성장지대내 자원과 인프라의 공동개발과 이를 위한 금융지원과 민간기업들의 적극적 참여를 권고하였다. 특히 사회간접자본(SOC), 정보통신기술(IT), 인적자원개발 등 분야에 우선적으로 지원을 확대할 것을 제안하였다. 또한 역내 저개발국에 대한 ODA를 확대하고 기술이전 및 공동기술개발을 통한 역내협력강화를 강조하였다.

(4) 금융분야 협력

EAVG는 금융분야협력사업으로 '동아시아차입협정(East Asian Arrangement to Borrow)' 또는 '동아시아통화기금(EAMF: East Asian Monetary Fund)'의 설립을 제안하였다. 금융분야의 구체적인 협력사업으로 다음 세 가지가 있다.

① IMF 기능 보완을 위한 역내 모니터링(monitoring)과 감시체제의 강화
② 거시경제 및 금융분야의 의견교환을 위한 포럼 설립
③ 금융안정 및 경제개발을 위한 역내 환율 공조체제 추진

3) EAVG 제안사업에 대한 평가

EAVG가 제시한 보고서의 역내 협력사업 중 핵심적인 부문은 동아시아자유무역지대(EAFTA : East Asian Free Trade Area)의 설치와 동아시아통화기금의 설립이다.

(1) 동아시아자유무역지대의 설치

동아시아자유무역지대의 설치에 대한 역내국들의 인식과 지지가 낮은 수준에 있다. AFTA는 동남아지역이 2002년 중에 목표관세율(0~5%)을 달성하고 교역자유화를 위한 여러 관련조치들을 추진 중에 있다. 중국은 아세안과의 FTA 체결, 일본은 2002년 1월 싱가포르와 FTA를 체결하였다.

2001년 이후 일본과 중국의 동아시아 경제권의 주도권 움직임이 활발한 가운데, 일본은 2002년 1월 싱가포르와 자유무역협정을 포함한 '일-싱가포르간 경제제휴협정'을 조인하였으며, 2002년 1월 ASEAN과의 자유무역을 포함한 포괄적 경제제휴 구상을 제안하였다. 아시아국가간의 FTA로 한·중·일을 비롯한 동아시아 국가의 '동아시아자유무역지대' 구상이 가속화될 전망이다.

우리나라는 수출지향 경제성장 전략(export-oriented economic growth strategy)을 향후에도 유지할 것이며, 다자 차원 또는 지역 차원의 무역자유화가 우리나라 경제에 이익이 됨은 자명한 사실이다. '동아시아자유무역지대'의 설치가 우리나라 경제에 미치는 영향은 국내총생산(GDP) 2.14%, 수출 30%, 수

입 25%, 무역수지 8.8억 달러 개선이 가능할 것으로 분석되었다. '동아시아자유무역지대'는 중장기적인 관점에서 추진되어야 할 것으로 전망되며, 회원국 간 동아시아자유무역지대 결성을 위한 논의가 활발하게 이루어질 것으로 기대되고 있다.

(2) 동아시아통화기금의 설립

1997년 동아시아 외환위기 직후 일본이 제안한 아시아통화기금(AMF: Asian Monetary Fund)설립은 미국과 미국 주도의 IMF 등의 반대로 무산되었다. 따라서 EAVG 보고서는 IMF의 기능을 보완하는 장치로서 EAMF의 설립을 제안하고 있다. EAMF는 IMF의 대체보다는 역내 금융위기에 보다 효율적으로 대처하기 위해 IMF의 지역적 기능을 보완하는데 국한시켜 미국 등 역외국들의 반대를 완화시킬 수 있을 것으로 기대하고 있다.

EAVG 보고서는 궁극적으로 동아시아지역의 경제공동체를 구축하고 세계경제에서의 동아시아지역의 위치를 공고히 하는데 중요한 역할을 할 것으로 기대된다. EAVG가 제시하는 제안들의 실효성을 거두기 위해서는 동아시아 지역협정이 다자체제와 합치 또는 보완기능을 미국 등 주요 역외국들에게 인식시켜야 될 것으로 보인다.

동아시아지역은 우리나라의 중요한 교역파트너이며 특히 동남아시아는 우리나라의 무역수지흑자 대상국인 전략적인 측면에서 경제협력을 더욱 강화시켜야 한다. 세계화 및 지역블록화의 심화 상황에서, 우리나라는 중국, 일본, 동아시아지역과의 역내협력에 대한 중장기적 전략을 수립하고 구체적인 협력방안을 모색해야 하며, 주요 지역과의 FTA 체결 확대를 추진하여 향후 동아시아 경제협력 구축에 있어서 중추적인 역할을 수행할 수 있어야 한다.

제6절 한 · 중 · 일 정상회담

동북아지역 경제협력과 자원개발, 환경 녹색운동, 금융협력 등 지역현안의 해결을 위하여 한·중·일 정상 매년 상호 방문회의를 정례화하였다.

"가까운 적을 공격하기 위해 먼 곳의 적과 동맹을 맺는다"는 중국 속담과 같이, 2008년 12월 동경 회담을 시작으로 한·중·일 정상들은 처음으로 3개국 정상회담을 열었다. 오랜 기간 유럽에서는 일반적인 현상이 동북아 3국의 새로운 현상이 된 것은 경쟁 관계 , 과거사 부담 등 실현되지 못하였다. 글로벌 금융위기가 가까운 적이므로, 이제까지 실현 불가능으로 여겨졌던 새로운 동맹이 태동한 것이다.

글로벌 금융위기의 극복은 3국 정상회담 주 의제이며, 무역장벽 해제, 지역통화 방어기금 조성 등은 공동 현안이었다. 한·중·일 대의 지속적인 발전을 통하여 동북아의 정치·경제적 협력을 도출하고, 미국과 EU 등에 대응하는 제3의 세력의 잠재력을 발전시킨다는 것이다.

한·중·일은 ADB 강화, AMF 조성 등 공동목표의 달성을 통하여 동아시아 통합의 2번째 전기를 기대하고 있다. ASEAN 10개국은 40년 전부터 정치·경제적으로 협력하고 있으며, 2008년 12월 법적 지위를 획득하여 회원국의 외교적 협상을 대신할 수 있으며, 2015년까지 무관세 교역을 목표로 하고 있다.

동아시아 국가들이 EU보다는 정치 · 경제 · 문화적 차이가 크고, 전체 아시아 국가들을 하나의 협력체로 결속은 어렵더라도, 동북아 3국은 경쟁자들보다 더욱 가까운 적들과 맞서 공동노선을 발견할 기회를 갖게 되었다. 3국 정상은 3국간 협력의 강화가 동아시아와 전 세계의 안정과 번영에도 기여할 것이라는 인식을 바탕으로 「한 · 중 · 일 3국 동반자 관계를 위한 공동성명」을 발표하였다.

3국 정상은 향후 2~3년 간 다양한 분야에서 추진할 협력사업을 명기한 「한 · 중 · 일 3국 협력 증진을 위한 행동계획」을 승인하고, 2009년 중 「사이버사무국」을 개설을 합의하였다. 3국 정상은 「재난관리 협력에 관한 한 · 중 · 일 3국 공동발표문」을 채택하였다.

3국 정상은 국제금융상황의 3국간 공조, 「G-20 금융경제정상회의 후속조치」, ASEAN 과의 협력 및 치앙마이 이니셔티브(CMI)의 다자화, 보호무역주의 반대와 자유무역체제 증진, DDA 협상의 포괄적인 타결 등을 지지하였다. 이와 함께 경제성장 촉진과 내수 증대의 중요성, 동아시아 자체의 성장을 위한「국제금융 및 경제에 관한 공동성명발표」등 세계의 금융시장 안정과 경제발전 기여 방안을 협의하였다.

3국 정상은 북한의 신뢰 가능한 검증체제 수립 및 비핵화 실현, 동북아 정세, 동아시아지역협력, 기후변화 등 환경문제 등 주요 지역 및 국제 문제에 관한 의견 교환 및 향후 3국 간 제반분야의 협력 증진, 금융, 재난 등 역내·외 공동 이슈에 대한 공조 등 지역 현안과 갈등 조정 등 상호이해와 신뢰 증진에 기여할 것으로 기대된다.

제7절 東아시아 외환위기의 원인

1. 개요

1997년 7월 태국의 외환위기로 촉발된 東아시아 외환위기는 동남아 각국을 거쳐[6], 급기야는 경제의 펀더멘탈(fundamental)이 강하다는 우리나라까지 경제위기에 빠뜨렸다. 감염효과(contagion effect)는 아시아 각국의 경제의 깊은 연관성과 지역경제의 연계성으로 파장이 컸었다. ASEM의 출범은 세계경제질서에 있어서 북미·EU·동아시아 3극체제 형성의 신호탄이었으나, 3극체제는 경제력 차이로 출발부터 비대칭적이었으며, 東아시아 경제위기는 3극체제의 비대칭성을 더욱 확대시켜 3극체제의 붕괴 위험마저 생기게 하였다.

6) 어느 누구도 사전에 예상치 못했던 東아시아의 경제위기는 1996년 3월 태국 방콕에서 출범한 ASEM의 틀을 근본적으로 뒤흔들고 있음.

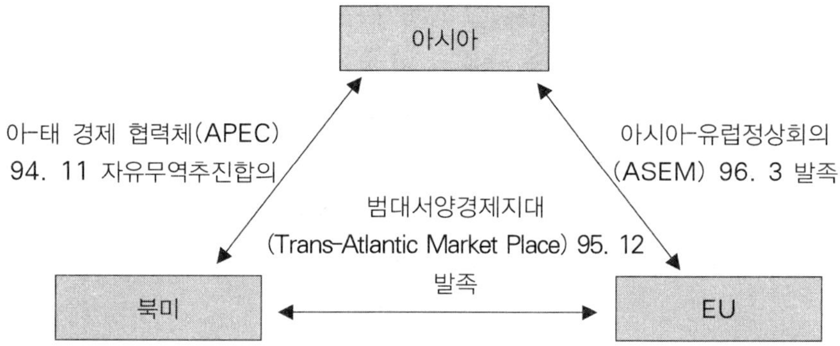

2. 東아시아 경제위기의 원인과 현황

1) 東아시아 경제위기의 원인

첫째, 실물부문에서 동남아 각국의 경쟁력이 급속히 상실되어 전통산업의 수출경쟁력이 급속히 저하되었으나 대체산업은 육성되지 못하였다[7]. 동남아 국가의 산업경쟁력은 저임금에 바탕을 둔 노동집약적인 제품이며, 중국의 부상에 따라 이들 산업은 점차 퇴조하게 되었다. 중국은 동남아 국가보다 경쟁력있는 가격의 제품을 국제시장에 출하하였으며, 동남아 각국의 노동집약적 산업의 집단적인 몰락의 결과를 가져왔다. 동남아 각국은 이러한 위기상황에 직면하여 대체산업의 육성을 위해 중화학 공업 프로젝트를 추진하였으나, 중화학공업 정책은 이들 국가들의 경제체질을 더욱 약화시키는 결과를 초래하였으며, 저 기술수준, 저효율 및 과잉생산 등으로 세계시장에서 경쟁력이 없었기 때문에, 경제정책의 실패(mismanagement)는 동남아 경제위기의 가장 큰 원인이라고 할 수 있다.

둘째, 동남아 각국의 장기집권과 정치적 현실이다. 장기집권은 정치적 부패를 초래하여 대부분의 동아시아 국가의 정부부문 효율성은 극히 낮은 편이었다. 이러한 정치적 상황은 동아시아 각국의 경제개혁을 더욱 어렵게 만

7) 특히 노동집약적인 제품의 수출이 급격히 감소하기 시작하였는데, 1996년 태국의 섬유수출은 17% 및 인도네시아는 5.7% 감소하였으며, 이 같은 노동집약적 전통산업 퇴조의 가장 큰 이유는 중국의 부상(浮上)때문임

들고, 기득권층의 권한을 제약하는 경제개혁을 매우 어렵게 하였다. 태국의 개혁의 속도가 느린 이유는 왕족들과 일부 상층부가 태국 경제의 기득권을 장악하고 있기 때문이며, 기득권층의 반발은 나라마다 다소 차이가 있으나 사실상 거의 같다.

셋째, 각국 외환제도의 왜곡과 외환정책의 불합리성 이다. 동남아 각국은 외자도입의 촉진을 위해 관리변동환율제 또는 복수통화바스켓 제도를 택하였고, 자국(自國)통화를 미 달러화에 연계(peg)하여 자국(自國)통화의 대(對) 달러 가치 안정을 도모하였다. 이들 국가들의 교역구조와 분업체계는 대일(對日)의존도가 큼에도 불구하고 대(對) 달러 안정 중심의 환율 제도를 고수하였다. 외환정책과 교역구조의 불일치로 인한 자국 통화의 고평가 는 1995년 4월부터 시작된 엔 저(低) 가속으로 한계상황에 이르게 되었다[8]. 우리나라의 국제교역은 엔화 환율과 밀접하게 관련되어 있으나, 시장평균환율제도 이후 원/엔 환율은 엔화의 움직임을 제대로 반영하지 못하고 있었다. 제3국 통화와의 재정환율(cross rate)의 계산 상 우리나라는 환율 결정에 있어 엔화(貨)의 움직임을 반영시킬 필요가 있었다. 아시아의 기업들은 투자를 주로 외자(外資)를 사용하였으나, 환율안정을 과신하고 헷징(hedging)을 하지 않아 엄청난 환차손을 초래하였다[9]. 동아시아 외환위기의 발생 이후, 기업들은 외채상환을 위해 경쟁적으로 외환을 매입함으로써 환율을 상승을 증폭시켰다. 더구나 동아시아 각국은 외환위기 발생 초기대응에 실패하였다[10]. 각국은 무모한 환율방어를 위해 보유외환을 허비하였고, 경상수지 적자 등 거시경제의 불균형을 과소평가하였다.

넷째, 우리나라의 외환위기 본질은 정부의 거시경제 운용능력 부재와 그 결과 파생된 정책 실패라고 볼 수 있다. 정부는 위기감지와 위기대처 능력을 발휘하지 못하고 외환관리체제도가 가동되지 않았으며, 환율방어를 위해 보유외환을 소진하는 정책판단의 실패를 거듭하였다. 이 같은 정책실패는

8) 외환위기 발생하기 이전 태국의 바트화는 24.3%, 인도네시아의 루피아화는 19.8%, 필리핀의 페소화는 16.5% 고평가

9) Goldman Sachs에 의하면 인도네시아 34개 대기업 부채 중 40% 이상이 외화부채이나, 이 중 약 50%가 외자에 대한 헷징을 전혀 하지 않았다고 함.

10) IMF는 초기대응 실패를 거부신드롬(denial syndrome)이라고 하였음.

정부주도형 경제계획인의 한계에도 불구하고, 여전히 강력한 통제력을 행사하여 금융과 기업을 지배한 결과이다. 그 결과 금융구조의 왜곡과 관치금융 폐해는 금융기관의 도덕적 해이(moral hazard)현상을 가져왔다. 금융기관 은 대출의 부실을 정부의 보전으로 충당하여, '대마불사'의 확신 속에서 영역과 과당경쟁을 불러일으키게 되었다. 한국 경제는 모든 산업부문의 공급과잉 현상을 맞게 되었으며, IMF의 관리가 개시된 이후 가전, 자동차, 정보통신, 발전설비, 건설, 섬유, 유화(油化) 등 거의 모든 산업들이 공급과잉과 재고 누적으로 고전하였다. 공급과잉은 경기후퇴, 기업의 채산성 악화, 부채 누증 및 차입경영의 악순환과 대기업들의 과다한 부채비율을 초래하였다. 금융당국의 외국환은행 인가, 제2금융권에 대한 외국환업무 확대로 국제금융시장에서 차입을 확대하였다.

정부 및 금융기관들이 국제신용평가에 대한 이해부족으로 대응 소홀, 단기간 평가등급 급락에 따라 대출 상환국 전락하였다. 정부는 수출경쟁력의 지속적인 약화에도 불구하고 반도체 특수의 환상에 빠져 경상수지적자 누증을 방치하였다. 외채 규모의 증가와 방만한 외환관리는 금융기관의 도덕적 해이와 상승작용을 일으켜 외채규모를 기하급수적으로 증가시켰으며, 기업들은 내·외자를 가리지 않고 자본을 조달하여 경제력을 집중시키고 국내·외를 가리지 않고 투자사업을 확장하였다.

정부는 기업의 수출경쟁력 향상을 위한 실질적인 조치도 없이, 고비용·저효율 생산구조의 근본적인 개선 노력도 하지 않았으며, 환율의 안정을 과신한 채 금융기관과 기업의 단기외채 조달을 방치하거나 조장하였다. 한국 경제의 정책실패는 세계경제 흐름의 근본적인 변화에 대처하지 못한 한국 경제의 신뢰성(credibility)-투명성(transparency)-유연성(flexibility) 부족이라고 할 수 있다. WTO 출범 이후 세계경제의 규칙이 바뀌었으며[11], 이러한 세계 경제 규칙 변화에 따라 사고(思考)의 전환이 필요하다.

---

11) 정부 및 기업운영의 투명성(transparency)이 강조되고 있음. 투명성은 신뢰성(credibility)과 밀접한 관련이 있으며, 한국 등 동아시아 경제위기의 핵심은 민간자본의 신뢰성 갭(credibility gap) 때문이라고 할 수 있음. 투명성·신뢰성과 함께 정부정책 및 기업전략의 유연성(flexibility)이 요구되고 있음.

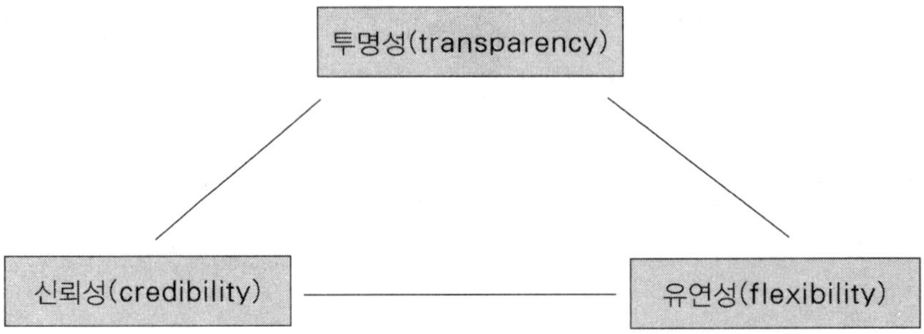

2) 東아시아 외환위기의 현황

東아시아 외환위기 이후 아시아 각국의 경제는 급속도로 악화되었고, 위기를 겪은 국가는 내수 및 투자 감소로 성장률이 떨어지고 있으며 수출도 둔화되고 있다.

우리나라는 제조업 경쟁기반이 탄탄하여 수출이 크게 둔화되지 않고 내수 위축으로 인한 수입 감소로 국제수지가 호조를 보였다. 아시아 각국의 기업들은 공통적으로 환율상승으로 인한 원리금 부담과 수요부진으로 고전하고 있다. 동남아의 상당수 기업들은 채무불이행 상태에 있으며, 금융시스템에 대한 신뢰 추락, 각국의 금융산업의 인수 · 합병 등 구조조정을 추진하고 있어 금융산업의 안정성이 크게 흔들리고 있다.

인도네시아는 외국은행들이 인도네시아 은행의 신용장(L/C)를 신뢰하지 않고 있어, 기업들이 정상적인 수입을 하지 못하고 있으며, 정상적인 수입이 어려움은 수출용 원자재 수입을 불능으로 생산라인의 중단 등 상황이 계속되고 있다. 수출의 증가로 경상수지가 호전되어야 하는데, 원자재난으로 수출산업도 정상적인 조업을 못하는 상황에서 기업 구조조정의 결과로 대규모의 실업이 발생하였다. 실업사태는 중산층의 몰락을 초래하여 사회의 안정성을 근본적으로 위협하였으며, 실업사태의 장기화로 정치 · 사회의 불안정을 초래하였다.

東아시아 경제위기가 IMF의 구제금융 지원 등에도 쉽게 해결되지 않고 있는 이유는 이들 나라들의 신뢰성 갭(credibility gap) 으로 국제적 신인도가 충분히 회복되지 않고 있기 때문이며, 외국인 투자의 대규모 철수로 석유, 화학 등 과잉투자된 분야에 대한 국내투자도 감소하였다. 동남아 각국의 섬유·농가공 등 산업은 고환율 덕분으로 가격경쟁력이 상승되어 다시 성장세를 회복할 것으로 전망된다. 동남아 각국의 산업고도화 정책은 오히려 산업경쟁력을 후퇴시키는 결과를 초래하였으며, 기업의 도산으로 실물부문이 상당히 붕괴되었고, 또 투자가 감소하여 성장잠재력이 감소하였기 때문이다.

3. 東아시아 외환위기의 국제적 파급효과

1) 東아시아 각국에 대한 감염효과

1997년 7월 태국에서 시작된 東아시아의 경제위기는 여타 아시아 국가들을 급속히 감염시켜 동아시아의 모든 국가들이 경제위기 상황에 노출되었다고 말할 수 있다.

경제위기의 여파로 어느 한 나라가 moratorium을 선언하게 될 경우, 이러한 moratorium은 국제금융시장의 대출재원을 위축시킬 가능성이 크며, 대출채권을 회수하지 못할 경우 대주 은행들도 BIS 기준을 맞추기 위해 자신들의 대출재원(loanable fund)규모를 축소하지 않을 수 없기 때문이다. 서구 은행들의 대출재원이 축소될 경우 동아시아 각국의 외자조달은 더욱 어려워지게 될 가능성이 있다.

東아시아 외환위기 해결과 전망에 있어 관건이 되는 것은 중국 위엔화(元貨)의 평가절하 가능성과 그 영향이며, 중국이 위엔화(元貨)의 평가절하를 단행할 경우 동남아 각국의 통화는 연쇄 폭락하여 동아시아 전체가 통제할 수 없는 경제위기에 빠져들 가능성이 있다.

중국의 실업 등 거시경제가 회복되지 않으면, 수출 증대를 통한 고용창출과 위엔화 평가절하의 가능성을 전혀 배제할 수는 없다. 일본 경제의 회복이 지연되고 있는 것도 東아시아 외환위기 극복에 장애요인이 되고 있다. 미국 등 구미 제국은 일본의 내수 진작을 촉구하고 있고, 일본 또한 경기부양책을 추진하고 있으나 뚜렷한 경기회복 조짐은 보이지 않고 있다.

2) 세계적 불황을 초래할 가능성에 대한 우려

東아시아 외환위기가 세계경제의 다른 지역으로 감염되고 있어, 동아시아 경제위기가 세계적인 불황(global recession)으로 발전하게 될는지도 모른다는 우려가 확산되고 있다. 최근 남미 일부 국가 및 러시아의 경제 불황 등이 이 같은 우려를 더욱 강조하고 있다. 東아시아 외환경제위기가 세계적인 불황으로 발전할 가능성은 다음 두 가지 예측에 근거하고 있다.

미국 경제의 버블(bubble)이 수년 내 붕괴 가능성과 Sub-prime 위기가 미국의 금융 및 실물경제로 확대되어 세계경제가 파국으로 진입하고, 남유럽 사태의 조기 안정에 실패할 경우 유럽경제가 대혼란에 빠지게 될 것이라는 시나리오가 현실에서 실현되고 있다[12].

東아시아 외환위기 이후 2008년 미국의 sub-prime mortgage 사태로 비롯된 투자금융기관의 도산 및 합병으로 세계금융위기가 가중되고 있으며, 그 여파로 실물경제에 타격을 미쳐 새로운 경제공황 진입을 점치고 있다. 세계 각국의 부동산 가격의 하락과 증권거래 지수의 침체국면에 돌입하고 있다[13].

---

12) 동아시아 경제위기가 세계 불황으로 발전할 경우 그 순서는 아시아 → 미국 → 유럽이 될 것으로 예측하고 있음

13) 일본이 보유하고 있는 미국 국채는 약 3,000억 달러 초과로 추정되고 있음. 일본이 미국 채권을 회수하게 되면, 미국의 금리 급상승, 주가 폭락 등 미국 경기는 심각한 불황 속에 빠지게 될 가능성이 있음

제10장 APEC

1990년대 들어 세계경제는 지역주의(regionalism)와 경제공동체간 제휴·확대 및 강화가 활발히 이루어지고 있다.

주요 선진국들은 WTO 출범 이후 범세계적인 자유무역체제(free trade system)를 강조하면서도, 유럽연합(EU), 북미자유무역협정(NAFTA)등 지역경제공동체를 구축하거나 타경제공동체와의 제휴를 강화하는데 앞장서고 있다.

이에 대항하여 개발도상국들 또한 기존 경제공동체의 결속을 강화시키거나, 선진국들처럼 타경제권과의 연합을 모색하고 있다.

제1절 APEC의 설립배경

아·태지역의 경제협력 및 경제통합 논의는 1950년대 말부터 진행되어 왔지만, 1989년에야 최초의 정부간 공식협의체인 아시아·태평양경제협력체(APEC: Asia Pacific Economic Cooperation)가 탄생되었다. 그러나 동 지역의 실질적인 경제통합은 역내 상호의존도의 급속한 증가를 바탕으로 1970년대부터 실현되어 왔다고 할 수 있다.

1970~1980년대에 아·태 지역 국가들 중 일본·ANIEs·ASEAN·중국 등 동아시아지역의 고도성장이 실현되고, 이에 따른 지역 간의 경제 활력 유지와 경제적 상호의존성의 효율적인 관리 필요성이 증대되어 정부차원의 협력기구가 필요하게 되었다.

EU나 NAFTA가 시장확대 이익를 위한 경제통합인데 반하여, 아·태 지역국가들은 제도적인 틀 없이 상호의존도 증가에 따른 실질적인 경제통합의 이익을 누려왔다고 볼 수 있다. 아·태 지역의 역동적안 경제발전에 부응하고 세계경제의 블록(bloc)화 추세에 대응하기 위해 지난 1989년 11월 우리나라와 호주의 주도하에 APEC이 공식 출범되었다.

APEC의 최초 회원국은 12개국(한국·미국·일본·캐나다·호주·뉴질랜드·싱가포르·인도네시아·말레이시아·브루나이·필리핀·태국)이었으나, 1차로 중국·홍콩·대만, 2차로 멕시코·파푸아 뉴기니·칠레, 3차로 러시아·베트남·페루가 추가 가입하여 2012년 말 현재 회원국은 21개국이며 사무국은 싱가포르(1993년 2월)에 설치되어 있다.

제2절 APEC의 전개과정

APEC은 1989년 11월 호주의 캔버라에서 개최된 제1차 각료회담에서 출범한 최초의 정부간 다자협의 포럼이다. 수차례 정상회담을 거치면서 처음에는 회원국간 대화와 협력을 주 목적으로 하는 구속력이 약한 비공식적 형태의 협력체였다.

APEC은 1994년 11월 인도네시아의 보고르에서 개최된 2차 회담에서 선진국은 2010년 및 개도국은 2020년까지 각각 무역자유화를 달성한다는 정상선언이 있었으며, 1996년 11월 마닐라에서 개최된 4차 정상회담에서는 3차 오사카 정상회담에서 채택된 행동지침의 구체적인 행동계획인 마닐라 실행계획(MAPA : Manila Action Plan for APEC)을 승인하였다. MAPA의 채택으로 회원국간 관세인하, 비관세장벽(non-tariff barrier)의 제거를 통하여 역내 무역 및 투자 활성화를 이루게 됨으로써 APEC은 내실 있는 경제협력체로써 발전 계기를 마련하였다.

제3절 APEC의 특징

APEC은 역외국가에 차별적인 대우를 취하고 있는 EU나 NAFTA 등과는 달리 기본적으로 역내무역·투자자유화 및 기술·경제협력의 성과와 혜택의 역외국가에 무차별적 부여 등 개방적 지역주의를 표방하고 있으나, APEC이 역내 무역·투자자유화의 혜택을 역외국가에도 동등하게 부여할 것인가의 문제는 회원국 간 논란이 되고 있다.

회원국 간 논란의 근거는 APEC 회원국들의 다양한 경제적 배경에서 찾을 수 있으며, 회원국 간의 상이한 경제발전단계, 시장개방 등 상황을 참작하여 국별 무역자유화 이행 일정의 차등을 두자는데 있다. APEC에는 개방적 지역주의 실천방법과 관련하여 상반된 두 가지 입장이 있다.

1. ASEAN 국가들의 견해

ASEAN국들은 지역주의에 대하여 APEC 지역 차원의 무역자유화 이익이 최혜국(MFN: Most Favored Nation)대우 원칙의 무조건부적 기준으로 역외국에 적용한다는 포괄적인 최혜국대우원칙은 역외국가에 대한 무임승차(無賃乘車)를 야기하게 된다고 주장한다.

현실적으로 APEC에서 거래되는 상품교역의 80% 정도가 역내거래이므로 역외국의 무임승차는 미미하며, 역외국가에 무조건부적인 무역자유화를 실시하더라도 역내국의 경제적 피해는 크지 않다는 전망이다.

2. 미국의 견해

미국은 EU를 견제하기 위해 개방적 지역주의의 혜택을 EU가 APEC이 추진하는 정도의 자유화 조건을 준수하는 경우에만 호혜적으로 부여하자는 입장이다. 역외국가에 대해 상호주의적 역내자유화 혜택의 부여는 APEC의 역외공동무역조치를 요구하게 되고, 이는 역내 회원국간의 상이한 경제발전에 따른 상충된 이해관계를 고려할 때 실질적인 자유무역지역의 형성을 요구하는 미국의 제안은 비현실적이라고 평가할 수 있다. EPG는 이러한 상반되는 입장에 대해 이 두 가지 입장을 반영하고 있는 네 가지 실천방안을 제시하고 있다.

① APEC 회원국들은 독자적 자유화(unilateral liberalization)를 최대한 실시해야 한다. 이는 각국의 경제발전단계, 문화·사회·정치적 여건에 맞게 자유화 일정 및 범위를 자율적으로 결정하도록 하는 것이다.

② 독자적 자유화와 병행하여 상호주의(reciprocity)에 입각한 역내·외 자유화를 실시하는 것이다. 즉 아·태 지역의 완전무역자유화를 위해서는, 구속력 있는 협상과 상호주의 원칙에 따른 자유화가 실시되어야 한다는 것이다.

③ 역외국에 대한 무역과 투자 장벽을 상호주의 원칙에 따라 지속적으로 낮추어 나가는 것으로, 역외국이 APEC에 상응하는 자유화를 이행하여 APEC이 범세계적 무역자유화를 선도한다는 의미를 가지고 있다.

④ APEC 수준 이상의 자유화는 각 회원국이 역외국에 대한 MFN 대우를 자율적으로 결정하게 하는 것으로써 역내 선·후진국간의 마찰을 방지할 수 있게 된다.

아·태 지역 국가의 다양성으로 역내국간 무역자유화를 위한 통일된 의견 도출은 어려운 일이다. 역내국간 다양한 경제적·사회적·문화적·역사적·언어적·인종적·정치적 배경이 존재하고, 미국과 일본 등 선진국과 개도국 및 아시아 지역과 비아시아 지역의 입장 차이 등으로 APEC이 통합된 경제권으로 발전하는 데에는 상당한 시일이 소요될 것으로 보인다.

제4절 주요국의 입장

1. 미국

1989년 1월 호주가 아・태 경제협력체 구상을 제안하였을 때, 미국은 즉각적인 반응을 유보하였다가 1989년 6월에야 동참의사를 밝혔으며, APEC 출범 당시 미국은 미국을 배제하는 아시아 지역협력체의 설립을 방지하고 APEC을 통한 UR 타결을 촉구하여 EU와의 협상력을 제고시키는 것이었다.

따라서 미국은 APEC을 UR 타결 보조수단 정도로 인식하여 APEC의 활동에 소극적이었으나, UR 타결이 지연되고 협상결과도 기대에 미치지 못할 가능성이 커지자 APEC을 주요 대외정책수단으로 인식하게 되었다. 1990년대 초, 미국은 동아시아의 성장잠재력이 세계에서 가장 크다는 점을 중시하여 APEC의 무역・투자자유화가 미국의 경제성장에 주요한 요인으로 작용할 것이라는 인식을 하게 되었다.

미국 무역적자의 대부분이 일본 등 동아시아 국가들과의 교역에서 발생하고 있기 때문에 무역적자의 개선과 APEC의 역내무역자유화가 직결된다고 보고 있고, UR의 성과가 만족스럽지 않으면 아・태 지역의 자유화 협상을 통해 미국의 국익을 증대시키려 하고 있으며 EU를 견제하는 방편으로써 APEC을 활용할 것이다. 또한 아・태 지역에서 미국을 배제한 지역경제권의 설립을 방지하고 계속하여 경제적 주도권을 강화하겠다는 의지를 나타내었다고 볼 수 있다. 하지만 APEC 체제가 회원국간 다양성 존중, 대화와 협의 위주의 협의체 등 이유로 미국의 의도의 충족여부는 의문시된다.

2. 일본

일본은 아・태 경제협력체 제안을 처음으로 지지하였다. 일본의 지지입장의 근거는 동 구상이 역내국과의 무역 및 투자 강화에 도움을 준다는 것과 미・일 무역마찰을 피하기 위한 방안으로써 유용하다는 것이다. 일본은 APEC을 아・태 지역 경제협력을 발판으로 역내 경제교류를 증대해 나간다는 입장이나, 미국이 APEC을 통해 아·태 지역의 경제적·정치적 주도권 장악을 경계하고 있다.

일본은 미국이 APEC을 경제협력체에서 경제공동체로 발전시키려는 의도에 대해 APEC은 개방경제연합(OEA: Open Economic Association)으로 발전하기를 바라고 있다. 이는 자유무역지역의 결성과 같은 포괄적인 무역자유화 추진이 아·태 지역의 다양성을 고려할 때 적합하지 않다고 판단하며, APEC의 발전은 가능한 부문부터 점진적인 협력을 지지하고 있다.

3. 중국

중국은 1980년대 이후 시장경제체제로 전환하면서 세계경제에 활발히 진출하고 있다. 세계경제에 순조롭게 진출하기 위해서 미국·일본·ANIEs·ASEAN 등이 참여하고 있는 APEC과 같은 지역경제협의체가 자국에 유익하다는 판단아래 기본적으로 APEC의 결성을 지지하였다. 중국은 APEC을 통하여 자국의 시장경제 촉진, 경제개발 가속화, 선진국으로부터의 원활한 기술이전 등을 기대하고 있다.

그러나 중국도 일본과 같이 APEC이 경제협력체 이상의 발전을 원하지 않고 있다. APEC이 미국의 의도대로 지역경제공동체로 발전될 경우, 미국의 중국 등 동아시아에 대한 미국의 통상압력을 우려하고 있기 때문이다. 한편, 중국은 APEC에 3 중국 중 하나로 가입은 하였으나, APEC 내에서 홍콩과 대만의 입지 강화를 경계하고 있는데, 특히 대만이 중국과 같은 입지를 가지는 것을 강력히 견제하는 입장이다.

4. ASEAN의 입장

ASEAN은 아·태 경제협력의 필요성에 동의하여 APEC에 참여하기는 하였으나, APEC의 급속한 진전에 따른 ASEAN 국가 간 결속력 약화를 우려하여 APEC의 급속한 추진에 소극적인 입장을 보였다. 최근 ASEAN은 APEC에 적극 참여하여 ASEAN의 이익을 옹호하려는 입장을 나타내고 있다. 이러한 입장 변화는 ASEAN의 APEC 내 무역비중이 70% 이상이며, 주요 투자국이

APEC 국가라는 현실적인 인식이 작용하고 있다.

그러나 말레이시아 등 일부 ASEAN 국가들은 APEC의 무역·투자자유화 과정에서 개도국의 입장 반영에 대한 의문, 미국 주도의 APEC 추진으로 인한 ASEAN 회원국의 결속력 약화 및 미국의 입지강화로 인한 ASEAN 회원국의 미국 경제 종속, APEC의 대선진국 협상력 약화 등을 우려하여 APEC이 구속력있는 경제공동체로 발전하는 것에 대해 반대하고 있다.

제5절 APEC의 역할

APEC은 범세계적 지역주의 경향을 완화시키며 비배타적, 무차별적인 개방적 지역주의 정책을 계속 견지할 것으로 보인다. 아·태 지역은 경제협력의 과실을 역외국가와 공유할 것이며 이는 다자주의의 원칙에도 부합된다고 할 수 있다.

지역주의와 다자주의 관계가 대립적 또는 보완적 논쟁이 벌어지고 있다. 지역주의가 다자주의의 약화를 초래한다는 논리는 지역주의의 속성인 보호주의적 특성에 중점을 두고 있으며, 특정지역의 지역주의가 여타지역에서 대항적인 성격의 지역주의 성립을 가져온다는 측면을 강조하고 있다. 반면에 보완성을 중시하는 견해는 일부지역의 역내국가간 실질적인 무역장벽이 합리적인 기간 내에 제거된다면, 적어도 해당지역 내에서는 교역이 활성화되며 이는 다자주의의 활성화에 기여하게 된다고 보고 있다.

APEC의 역할

① 아·태 경제협력은 기존 지역주의의 개방을 유도하는 압력요인으로 작용하게 된다. EU가 배타적인 경제블록으로 발전할 경우에는, APEC이 집단적으로 EU를 견제할 수 있고, NAFTA 회원국들을 아·태 경제협력으로 유도하여 NAFTA 비회원국의 차별을 완화할 수 있다.

② APEC은 미국과 일본의 무역마찰로 야기된 양국 시장의 보호무역주의

를 완화시켜 줄 수 있다. 역내 무역자유화로 미국의 일본시장에 대한 용이한 접근과 미국의 일본에 대한 반덤핑 제소 등 불공정 무역관행을 자제시킬 수 있다.

③ APEC의 협력은 역내국가의 경제적 이익의 증대를 가져오게 된다. 아・태 지역은 경제적 특성상 각국간 경제적 상호보완성과 잠재력이 크다고 할 수 있다. APEC의 발전은 역내국가를 포함한 지역전체의 번영과 WTO의 정신에 부합되는 국제무역질서의 창출에 기여하게 된다.

제6절 APEC의 과제

APEC은 향후 무역・투자자유화의 추진 속도를 조절하여 회원국간 이해관계의 갈등을 최소화하면서, 결속력 제고를 이룰 것으로 기대되고 있다. APEC의 발전과 관련한 APEC의 당면 과제를 다음 두 가지 측면에서 살펴보고자 한다.

1. 상호보완적인 경제협력체 지향

APEC은 회원국의 경제발전 차이로 수평적 국제분업(horizontal international division of labor)보다는, 수직적 국제분업(vertical international division of labor)에 기초한 협력체로 발전되어 왔다. 이러한 경제협력의 틀에서 상호보완적 경제협력을 위해서는 역내 회원국들의 경제적 주권(economic sovereignty)이 평등하게 보장되어 특정국가의 독주를 견제할 수 있어야 한다. 민주적 의사결정을 위한 제도적 장치와 역내국가의 호혜평등이 유지되어 진정한 역내국들의 공동 번영이 가능하게 된다.

2. 정상선언의 실효성 제고

APEC 정상회담은 9차까지 진행되었지만 정상합의 사항의 실효성에 한계가 있는 것이 사실이다. 정상선언의 내용은 3개월마다 개최되는 고위관리회의(SOM)·재무장관 및 통상장관회의 등 각료회담에서 검토되지만 APEC이 당초 협의기구로 출범했기 때문에 구속력을 가지지 못하고 있다. 따라서 APEC의 효용성 제고를 위해서는 정상선언의 실효성과 후속조치에 대한 근본적인 개선책이 요구되고 있다.

제 11 장

ASEM

제1절 ASEM 탄생 배경

ASEM은 'Asia-Europe Meeting'으로써, 창설 당시 한·중·일 및 ASEAN 7개국 등 동아시아 10개국과 EU 15개 회원국 및 EU 집행위원장 등 15개국 및 1 집행위원회로 발족하였으나, 현재는 아시아회원국 17개, 유룹 회원국 28개 및 제 3그룹 회원국 3개국 등 48개 관련국으로 발전하였다.

아시아 회원국(17)	유럽 회원국(28)	제3그룹 회원국(3)
우리나라, 라오스, 몽골, 말레이시아, 미얀마, 베트남, 브루나이, 싱가포르, 인도, 인도네시아, 일본, 중국, 캄보디아, 태국, 필리핀, 파키스탄, ASEAN 사무국	그리스, 네덜란드, 덴마크, 독일, 라트비아, 루마니아, 룩셈부르크, 리투아니아, 몰타, 벨기에, 불가리아, 사이프러스, 스웨덴, 스페인, 슬로바키아, 슬로베니아, 아일랜드, 영국, 에스토니아, 오스트리아, 이탈리아, 체코, 포르투칼, 폴란드, 프랑스, 핀란드, 헝가리, EU 집행위원회	호주, 뉴질랜드, 러시아

ASEM은 회원국 정상들이 아시아와 유럽지역의 정치, 안보, 경제, 사회, 문화 등 다양한 분야에 대하여 자유로운 의견교환을 통하여 공동발전과 번영을 지향하는 정부간 협력체로 발전하였다. ASEM은 양지역의 포괄적인 관심사를 탄력성과 역동성을 바탕으로 포괄적인 관심사를 열린 논의의 장에서 다룬다는 점에서 무역, 투자 등 경제협력을 주로 다루는 다른 협력체와 구별된다.

다양한 분야 협력의 효율적 증진을 위해 ASEM은 2년마다 정상회의, 정상회의 미 개최년에 외무, 경제, 재무 등 각료급 회의 및 수시로 실무급 고위관리회의(SOM: Senior Officials' Meeting)를 개최한다. SOM에서는 정상회의 합의사항의 이행 상황을 점검하고 다양한 협력사업을 추진해 나가고 있다.

제2절 ASEM의 의의

ASEM은 냉전체제의 붕괴 이후의 국제질서와 경제협력을 위하여 자생적으로 창설된 정부간 기구이다. 정치·경제적 다극화, WTO 체제 이후의 심화된 지역경제통합 및 세계의 3대축으로 성장한 동아시아(한중일 중심) 등 3극체제를 배경으로 하고 있다.

ASEM은 회원국의 면적, 인구 등에서 APEC에 미치지 못하고 있다. ASEM의 인구는 22.6억 명(세계전체의 38%)으로 APEC의 25.3억(세계전체의 42.6%), 면적은 ASEM은 세계전체의 12.6% 및 APEC은 세계전체의 46.2%를 차지하고 있다. 그러나 교역량은 ASEM의 총수출은 3.3조 달러(세계전체의 58.2%), 수입은 3.1조 달러(세계전체의 52.3%)로 총교역량이 세계전체의 55.2%를 차지하고 있는 반면, APEC의 총 교역규모는 세계전체의 44.5%를 차지하고 있다.

제3절 ASEM의 체제

체제 면에서 ASEM은 국제연합(UN), 세계무역기구(WTO), 국제통화기금(IMF), 세계은행(IBRD), 경제협력개발기구(OECD) 등 국제기구와 같이 체계적이고 조직적인 구조를 갖추지 못하고 있다.

ASEM은 아직 아시아와 유럽지역간의 포괄적 협력 수준에 머무르고 있다. 양 지역의 정상들이 현안 및 미래 사안에 대하여 자유롭게 토론하고 의견을 나누는 포럼성격이 강하다는 측면에서 한계성이 있으나, 구체적인 구속력은 없다 하더라도 정상회의에서 큰 틀의 방향과 협력방안을 결정하므로 장기적인 관점에서는 발전 가능성을 기대할 수 있다.

ASEM의 조직 구조

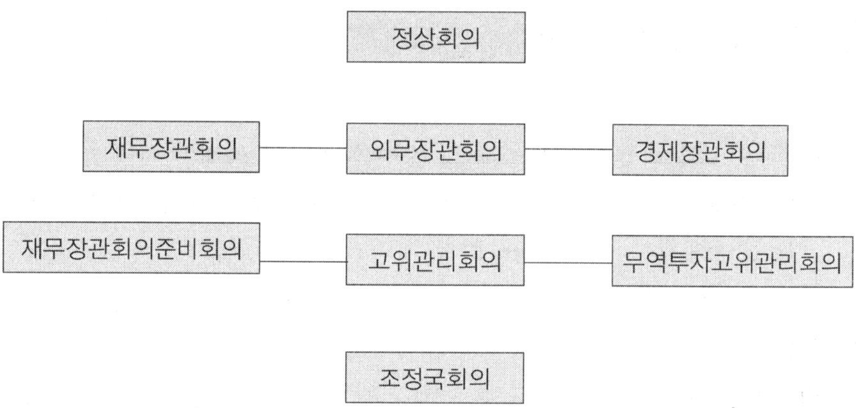

ASEM은 조직은 2년마다 개최되는 정상회의를 정점에 두고, 정상회의 비개최 중간 해마다 열리는 재무, 외무, 경제장관회의 및 수시로 개최되는 고위관리회의를 통하여 조직의 효율성을 도모하고 있다. 기구의 관료화와 비효율성을 배제하여 별도의 상설기구를 두고 있지 않는 것이 ASEM의 특징이라 할 수 있다. ASEM의 상설기구 설치와 관련하여 아시아 회원국 들은 ASEM의 발전을 위해 최소한의 상설기구가 필요하다는 입장이나, 유럽 회원국들은 기존의 국제기구 관료화 및 제도화의 폐단을 지적하면서 상설기구의 설치에 반대하고 있다.

ASEM은 운영 관련 전반적인 조정을 회원국 외무장관 회의에 맡겨두고 있으며 경제, 재정, 통상 등 의제는 경제장관 또는 재무장관 회의를 통해 결정하고 있다. 특히 ASEM 합의 사항들의 점검 및 구체적 실행방안은 고위관리회의(SOM)에서 담당하고 있으며, SOM은 특별한 정기적인 모임을 결정하지 않고 필요 시 수시로 모여 정상회의에서 합의한 의제 및 결정사항들에 대한 사후관리를 맡고 있다.

현재의 국제구도는 유럽과 북미, 아시아와 북미, 아시아와 유럽의 3각 체제로 형성되어 있으며, 이 중 아시아와 유럽의 관계가 가장 미약하여 미싱 링크(missing link) 현상을 보이고 있다.

제4절 ASEM과 아시아-유럽

ASEM의 아시아 회원국들은 ASEM의 발전을 통하여 세계 최대의 무역블록인 유럽연합(EU)과의 협력이 아시아의 발전을 위해 중요하다는 것을 인식하고 있다. WTO체제하에서 국제사회의 지역간 협력은 국가간 공존, 국제협력, 초국가적 협력체 구성을 거쳐 궁극적으로는 세계정부의 수립을 기대하고 있다.

유럽연합 초기 구성원 15개국 중 12개국은 Euro화를 공통화폐로 사용하고 있으며, EU 회원국들은 초국적 기구의 결성을 위한 막바지 단계에 있다고 볼 수 있다. 아시아는 경제발전의 국가간 격차가 심하며, ASEM 외 지역협력체의 발전에 여러 제약이 존재하고 있는 실정이다. 따라서 아시아 국가들은 유럽 국가들의 지역협력체의 구성 및 결속에 관한 노하우를 습득해야 할 필요가 있다.

유럽과 아시아는 언어와 문화적 차이 등 상호 이해가 부족한 현실적인 문제가 있다. 유럽인의 아시아에 대한 이해 부족은 대체로 다음 세 가지로 요약될 수 있다.

첫째, 유럽인들은 종교적 차이 등 유럽과 아시아의 문화적 배경이 크게 상이하다고 생각

둘째, 아시아 정치시스템은 시민의 직접참여가 적은, 즉 민주주의적 요소가 약한 상태로 발전

셋째, 아시아가 농경문화에서 산업화가 급속도로 진행되고 있다는 사실에 대한 인식 부족. 아시아적 가치에 대한 국제 논쟁은 아시아에 대한 유럽인들의 오해

유럽은 동아시아 외환위기와 위기의 극복 과정을 아시아적 가치의 부존으로 여기고 있으며, 유럽문화의 우월성(superiority of European culture)을 강조하고 있다. 그러나 문화적 차이는 EU 국가 간에도 있으며, 아시아 지역 또한 각 국별로 다른 문화를 가지고 있다. 문화와 행동양식에 대한 이해부족은 지역분쟁의 요인으로도 작용하고 있다. 따라서 ASEM의 성공은 회원국 간 문화적 차이의 이해에서 출발하며, 이러한 이해를 바탕으로 ASEM 회원국들의 자발적이고 효율적인 참여를 이끌어낼 수 있다.

한편, 우리나라의 제안으로 결성된 아시아-유럽 비전그룹(AEVG)은 ASEM의 중・장기 발전방향과 과제 등을 연구하여 1999년 3월 '보다 나은 내일을 위해(For A Better Tomorrow)' 의 정책보고서를 제출하였다. AEVG에는 각국의 전직외무장관, 저명 학자, 기업인, 정치인 등이 참여하여 양 지역의 경제, 정치・안보, 사회, 문화 등 광범위한 주제에 대하여 9개 주요 정책과 22개 기타 정책을 권고하였으며, AEVG의 권고는 ASEM 정상들의 토론을 거쳐 구체적으로 추진하고 있다.

1. ASEM의 중요성

1) 아시아, 유럽 양 지역의 평화와 번영에 기여

ASEM은 양 지역의 공동발전과 번영을 추구하는 지역 간 협력체제로서 두 지역 국가들에게 상호이익이 되는 공동 협력 사업을 포괄적으로 추진하고 있다. ASEM은 정치대화를 통해 회원국 간의 정치적 현안을 해결해 나가는 협의

창구 역할을 수행함으로써 양 지역의 번영과 평화에 기여하게 될 것이다.

2) 주요 국제문제 해결과 세계평화에 기여

ASEM은 회원국 간 문제 및 인류공동의 주요 국제문제에 대한 토의의 장으로도 활용되고 있다. 이를 통하여 두 지역 국가들은 양 지역의 평화와 세계평화와 안정에도 기여해 나갈 수 있다.

3) 외교의 다변화 추구

ASEM은 회원국 간 정치, 안보 협력의 증진 및 한반도문제에 대한 국제사회로부터의 지지를 확보하는데 기여할 수 있다. 우리나라와 아시아·유럽 간의 경제협력 증진과 양 지역 간 경제적 보완성을 적극적으로 활용할 수 있는 기회로 삼고 있다.

ASEM은 유럽과 아시아 지역 간 협력체이므로 아시아의 공동입장을 창출하여야 할 경우가 많이 있다. 우리나라는 ASEM을 통해 공동입장 창출과정에 적극 참여하고 각종 협력 사업에서 주도적 역할을 수행함으로써 동아시아의 정치, 경제 협력관계를 더욱 공고히 할 수 있을 것이다. 이와 같이 ASEM은 우리나라 외교의 반경을 아시아와 유럽에서 더욱 확대시킴으로써 외교의 다변화에 기여할 것이다.

2. ASEM 협력내용

정치분야	경제분야	사회분야 등 기타분야
-정치대화 -아시아 · 유럽 비전 그룹	- 무역원활화 행동계획 - 투자촉진 행동계획 - 아시아 · 유럽 비즈니스 포럼 - 아시아 · 유럽 경제연계 연구 - 아시아 · 유럽 중소기업인 회의 - ASEM Connect - 고위기업인 투자촉진단 - ASEM 신탁기금 - 유럽금융전문가 네트워크 - 세관당국간 협력 - 국가, 시장의 역할에 관한 세미나 - 돈세탁 방지 - 메콩강 연안 개발 사업 - 범아시아 철도망 구축 - 정보 및 통신 사업	- 아시아 · 유럽 재단 - 아시아 · 유럽 Young Leaders - 아시아 · 유럽 환경, 기술 - 농업, 환경, 기업기술 전문가 회의 - 문화재보호 - 전통의학, 현대의학의 접목 - ASEM 교육망 - 환경재해 방지 - 노동관계 세미나 - 아동복지사업 - 아시아 · 유럽의 대학 교류

제 12 장

BRICS Economy

제1절 개 요

1. 브릭스(BRICS)란?

브릭스(BRICS)는 2000년대를 전후해 빠른 경제성장을 하고 있는 브라질, 러시아, 인도, 중국, 남아프리카공화국 등 신흥경제 5국을 말한다. 이 용어는 2003년 미국의 골드만삭스의 보고서에서 처음으로 사용되었다. 남아공이 BRICS의 회원은 2011년 4월 중국 북경에서 개최된 제3차 브릭스 정상회의에 중국이 남아공을 초청하고, 기존의 브릭스 4개 국가(브라질, 러시아, 인도, 중국)가 회원으로 받아들이기로 합의하였다.

이들 5개국은 1990년대 말부터 빠른 성장을 거듭하면서 새로운 신흥경제국으로 주목받기 시작하였다. 경제 전문가들은 2030년에는 이들이 세계 최대의 경제권으로 도약할 것으로 보고 있다. 브릭스는 현재의 경제성장 속도와 미래 발전 가능성을 미루어 볼 때, 5개국의 성장 가능성이 가장 크다는 뜻에서 하나의 경제권으로 묶은 개념이다. 브릭스 5개국은 공통적으로 거대한 영토와 인구, 풍부한 지하자원 등 경제대국으로 성장할 수 있는 요인을 갖추고 있다. 5개국을 합치면 세계 인구의 40%가 훨씬 넘는 약 28억 명(중국

13억, 인도 11억, 브라질 1.7억, 러시아 1.5억, 남아공 5천만)이 되며, 막대한 내수시장과 풍부한 노동력을 보유하고 있다.

실제로 브릭스 5개국은 2000년 이후 수요와 구매력이 빠른 속도로 증가하고 있고, 외국인 투자와 수출의 호조로 높은 경제성장을 거듭하고 있다. 중국은 1990년대 이후 해마다 7~10%에 달하는 초고속 성장을 지속해 왔으며, 인도는 IT 강국으로 떠오른 지 이미 오래다. 세계 각국은 브릭스 시장의 선점을 위해 치열한 경쟁을 벌이고 있다.

2. 브릭스의 매력

브릭스(BRICS) 5개국은 낮은 1인당 소득에도 불구하고 실질구매력과 소비자수, 비공식소득 등에서 선진국 경제에 버금가는 소비시장으로 성장하고 있다. 지난 2003년부터 경제성장 잠재력이 뛰어난 것으로 평가되며, 소비인구가 많다는 점에서 시장가치를 인정받고 있다.

브릭스는 1인당 국민소득이 낮지만, 구매력은 기대 이상으로 크다. 1인당 국민소득이 2천 달러를 넘어선 중국에서 스마트 폰, 고급 수입가전제품 등의 수요가 급증하고 있다. 브릭스 국가의 소비구조과 숨은 구매력의 비밀이 궁금하지 않을 수 없다.

1) 높은 실질구매력

명목달러화 가치로 환산된 브릭스 국가들의 소득이 정확한 현실을 반영하는가이다. 미국과 중국의 명목달러 기준으로 비교해 보면, 2012년 미국의 GDP는 약 14조 달러인 반면, 중국은 약 5조 달러에 불과하여, 양국 경제규모의 차이는 거의 3배에 달하지만, 미국이 중국보다 3배나 부유한 나라라고 볼 수는 없다. 양국 간의 물가를 현지화로 표시된 국내총생산(GDP)을 달러화 대비 환율로 환산하는 것은 적절치 않다. 못 사는 나라의 물가가 싸기 때문에 같은 1달러라도 중국에서는 미국에서보다 더 많은 물건과 서비스를 구입할 수 있다. 명목달러환율 대신 구매력평가(PPP: Purchasing-Power Parities) 기준을 사용하면 국가 간 물가 차이를 감안한 소득수준을 추산해 낼 수 있다.

이와 같이 브릭스 5개국의 GDP 규모를 명목달러 기준으로 보면 중국만이

3위 이지만, 구매력평가 기준 GDP로 보면 사정이 달라진다. 중국이 2위 및 인도, 브라질, 러시아 등이 모두 10위권 내에 진입하게 된다. 또한 브릭스의 1인당 GDP 역시 구매력평가 기준을 적용하게 되면 명목달러로 환산했을 때에 비해 크게 향상된다.

2) 확대되는 중산층

두 번째로 생각할 수 있는 브릭스 구매력의 비밀은 인구수에 숨어 있다. 브릭스의 1인당 소득이 낮은 것은 GDP를 인구수로 나누었기 때문이다. 브릭스 국가들은 인구 대국이며 1인당 소득은 낮아질 수밖에 없다. 중국의 명목 GDP 규모는 2012년에 일본을 능가하였지만, 중국의 인구가 일본보다 10배 이상 많기 때문에 중국의 1인당 GDP는 일본의 8%에도 미치지 못한다.

이런 사실에 비춰 일본의 평균적 시민이 중국의 시민들보다 훨씬 잘 산다고 할 수 있다. 그렇지만 구매력을 갖춘 인구 규모 측면에서는 중국이 일본을 능가할 가능성이 높다. 중국의 인구 베이스가 워낙 크기 때문이다. Worldwatch Institute가 매년 작성하는 'State of the World'에서 '소비자계층'은 PPP 기준 연간 소득이 7천 달러 이상인 소비자들이며 중국과 인도에서 약 5억 명이 여기에 해당된다. 중국과 인도를 합한 소비층인 약 5억 명은 EU 27개국의 전체 인구수와 비슷한 수준이다.

3) 부유층에 구매력 편중

브릭스 국가들의 경우 부유층이 고급 소비를 주도한다는 점이다. 빈국일수록 빈부격차가 심하다는 사실을 역으로 생각하면 브릭스 국가의 상류층의 구매력이 얼마나 큰지 알 수 있다. 가령 이들 나라의 상위 5%만 부유층이라고 가정하더라도, 부유층 수는 중국이 6.6천만 명 및 인도가 5.5천만 명에 이른다. 러시아는 10억 달러 이상의 세계적 부자들이 많기로 유명하다. Fortune지에서 선정하는 세계적 부호 가운데 러시아 출신이 10여명 이상을 차지한다.

브릭스의 경우 부자도 많지만 빈곤층도 상상 이상으로 많다. 브라질은 전

국민의 43.5%가 하루 소득이 2달러 이하로 살아가는 빈곤층에 해당된다. 세계은행이 최근 발표한 자료에 의하면 브라질의 지니계수(0에서 1까지의 지수로 1은 최고 수준의 불균형을 의미)는 0.59를 기록하여 중남미에서 소득불균형이 가장 심각한 것으로 나타났다. 이와 같은 빈부격차 현상은 상하위 소득계층 10%가 차지하는 GDP 비중에서도 잘 나타난다. 브라질은 상위 10% 인구가 GDP의 48%를 점하는 반면 하위 10%는 불과 GDP의 0.7%를 차지하고 있다. 중국과 인도는 상위 10%가 차지하는 GDP 비중이 30%대로 다소 양호한 편이지만 영국이나 한국 대비 부가 편중된 것으로 나타나고 있다. 이에 따라 상위 10% 인구만의 1인당 명목 GDP를 계산해보면 러시아와 브라질은 모두 1만 달러대를 넘어선다. 브릭스의 부유층들은 이러한 소득을 바탕으로 수입소비재를 구매하면서 고가시장을 형성하고 있다. 다른 한편 빈곤층이 확산되면서 저가시장이 발달하게 되는 것이다. 브릭스의 중산층이 빠른 속도로 성장하지 않는 한 시장의 양극화는 주요한 트렌드로 형성될 전망이다.

4) 높은 실질가처분소득

브릭스 구매력의 비밀은 실질가처분소득이 많다는 점이다. 브릭스 국가들은 물가가 저렴하여 기초생활을 싸게 영위할 수 있는데다 일부 국가들은 저축률이 낮아서 가처분소득이 많으며, 공산품 구매여력이 크다고 할 수 있다. 러시아는 소비재의 대부분을 수입에 의존하고 있는데, 수입품은 관세 및 운송비가 부과되기 때문에 결코 가격이 싸지 않다. 러시아에서 유통되는 한국산 수입자동차는 명목 달러화 기준으로 서유럽에서보다 오히려 비싸다. 그럼에도 불구하고 1인당 명목 GDP가 3천 달러에 불과한 러시아인들이 고가의 수입자동차를 살 수 있는 이유는 무엇일까.

러시아인에게 3천 달러의 연간소득은 작은 것이 아니다. 러시아에는 사회주의 체제의 전통이 남아있어, 공교육비 및 의료비, 전화, 전기, 난방 등의 가격이 저렴하고 수도료는 아예 없다. 기초생활은 최소한의 비용으로 해결하고, 나머지 소득으로 소비재를 구매할 수 있는 것이다.

브릭스의 물가가 상대적으로 저렴하다는 사실은 빅맥지수에서도 잘 나타난다. 영국의 The Economist지에서 산출하는 빅맥(맥도널드 햄버거의 일종) 지수로 이 나라들의 물가를 보면 미국에 비해서 40~60% 정도 싼 것으로 파악된다. 저렴한 물가와 함께 낮은 저축률은 가처분소득이 늘어나는 또 다른 요인이다. 러시아나 브라질 등과 같이 환율이 안정되지 않고 비공식경제가 발달된 나라에서는 은행 예금의 비중이 높지 않다. 특히 브라질인들은 지난 1980~1990년대 하이퍼 인플레이션을 겪으면서 저축의욕을 상실하고, 돈이 생기면 쓰고 보자는 심리에 젖어 있다. 집에서 보관되는 돈이 많다는 것은 아무래도 즉흥적으로 소비될 수 있는 성격의 돈이 많다는 의미가 될 수 있을 것이다. 중국은 주택, 교육, 의료제도 등이 개인 부담으로 이행하는 과정에 있어 저축 동기가 강하고 이로 인해 소비가 제한되는 것으로 나타나고 있다.

5) 비공식 경제부문 발달

지하경제(비공식 경제)의 발달도 보이지 않는 구매력의 원천이 되고 있다. 비공식 경제에 대한 수치는 용어 규정상 추정치일 수밖에 없으며, 추정방법과 가정에 따라서 추정치는 한계가 있다. UN의 'World Economic and Social Survey'에 따르면 러시아는 1990년에 GDP의 14.7%였던 비공식경제 비중은 1995년에 41.6%로 크게 높아졌다. 러시아에는 1,200만 명 이상이 자영업자로 분류되며 대부분은 1인 영업 형태를 가진다. 그러나, 등록된 소규모 자영업자는 100만 명이 채 되지 않으며, 폴란드의 400만 명과 미국의 1,500만 명에 크게 못 미친다. 이러한 다수의 러시아 비공식 자영업자들은 지하경제의 한 축을 형성하고 있다.

중국은 국유기업의 복리후생, 현물지급 등 비화폐 소득이 많다. 중국은 업종, 기업형태 및 소득 규모 등 차이는 있으나 비공식적 수입이 공식수입의 50% 정도에 달하는 계층도 있다. 러시아 및 중국 등 사회주의경제의 관행이 잔존하는 국가의 비공식경제부문을 감안한 민간의 구매력은 공식 통계보다 약 40~50% 상승될 것으로 예상된다.

브릭스 경제가 계속 성장세를 보이면서 중산층이 증가하여 구매력을 보유한 유효수요 소비층의 확대해가고 있다는 점이다. 원유 등 원자재 가격의 상승은 러시아 및 브라질 등 자원강국에 유리하게 작용하고 있다. 러시아는 매장량 기준 원유와 천연가스의 자원대국이며, 채굴량 기준으로 세계 1위 원유수출국으로서 고유가의 혜택을 톡톡히 보고 있다. 러시아는 원유의존형 경제의 한계의 극복이 과제이기는 하나, 고유가로 인한 수출의 확대는 재정 수입과 외환보유고의 증가로 나타나고 있다.

제2절 브라질

1. 국가현황

- 공식 명칭: 브라질연방공화국(Federative Republic of Brazil)
- 인구: 194.7 백만 명(2012년)
- 면적: 8,512 천 Km2
- 수도: 브라질리아
- 정치 · 의회형태: 연방공화제, 다당제, 양원제
- 국가원수/정부수반: 대통령/대통령
- 공식 언어: 포르투갈어
- 독립년월일: 1822. 9. 7
- 화폐단위: 헤알(Real/R$)
- 국가(國歌): Ouviram do Iparanga("They hear the river Iparanga")

2. 일반개황

국토 면적, 인구, GDP 등 남미 대륙의 절반을 차지하고 있는 브라질은 '資源의 寶庫'로 풍부한 천연자원을 보유하고 있으며, 석유, 철광석 등 각종 광물자원과 커피, 원당 등 각종 농산자원이 풍부하며, 석유의 자급을 이루고 있다.

면 적	8,515천 Km^2	G D P	22,064억 달러
인 구	194.7백만 명	1인당 GDP	11,332 달러
정치체제	대통령중심제	통 화 단 위	Real(R)(헤알)
대외정책	친서방 실리주의	환율(달러당)	1.95

주: 2012년 말 및 2012년 연중 평균(환율)

자동차, 철강 등 제조업이 발달된 중남미 최대의 공업국이며, 남미공동 시장(MERCOSUR)을 주축으로 안데스공동시장(ANCOM)과의 연대를 통하여 미주자유무역지대(FTAA) 창설에 적극 대응하는 한편, 미국과 재생에너지 협력 강화를 추진하고 있다.

2010년 10월 실시된 대선에서 집권 노동자당의 여성 후보 지우마 호세프(Dilma Rousseff)가 당선되었다. 전임 룰라 대통령 집권 시 에너지부 장관과 수석장관직을 역임하였고, 룰라의 전폭적인 지지로 향후 정책의 큰 변화는 없을 것으로 예상된다.

3. 경제 동향

1) 국내경제

2011년 브라질 경제는 세계경제의 침체에 따른 경상수지 악화, 정부으 긴축정책, 민간투자 부진 등으로 2.7% 경제성장률을 기록하였다. 2012년에는 금리인하, 대출확대, 대규모 인프라투자 등 확대재정 및 금융정책에도 불구하고 1.0% 경제성장률을 기록하였다. 이는 세계경기의 침체와 국내 총투자율의 저하 등 국내외적 지속된 불경기의 여파로 경제활력을 찾지 못하기 때문이다[1].

브라질 경제는 2012년 금리 인하, 세금 감면, 대출 확대, 인프라 투자 확대 등 경기 부양책에도 불구하고 경제성장률이 1.0%에 그쳐 성장 둔화세를 보

1) 실질경제성장률: 2010년 7.5%, 2011년 2.7%, 2012년 1.05%

이고 있다.

소비자물가는 2011년 외자 유입의 확대와 대출 확대 등 통화 증발 효과로 인한 물가불안 요소로 6.6%까지 상승하였다. 2012년에는 세계 및 국내경기의 하락으로 물가상승 압력이 완화되어 확장적 통화정책에도 불구하고 5.2%의 상승을 기록하였다.

재정수지는 2011년 긴축정책 지속으로 재정수지 적자폭이 GDP의 -2.6% 및 2012년은 저금리 정책의 유지로 이자부담이 경감되었음에도 재정수지 적자폭은 GDP의 -2.26%로 낮아졌으나, 세금 감면과 재정수입의 감소로 재정수지 적자의 확대가 예상되며, 2008년 이후 5년 간 지속하여 재정적자를 기록하고 있다[2].

〈표 1〉 주요 국내경제 지표

(단위: %)

구 분	2008	2009	2010	2011	2012e
경 제 성 장 률	5.2	-0.3	7.5	2.7	1.0
재정수지 / GDP	-1.3	-3.0	-2.7	-2.6	-2.2
소비자물가상승률	5.7	4..9	5.0	6.6	5.2

자료: 한국수출입은행

2) 경제 구조 및 정책

브라질은 높은 소비 성향과 과거 극심한 인플레이션 경험으로 인한 은행예금 기피현상으로 저축률이 20% 내외 수준에 불과(아시아 국가들의 경우 30% 상회)하며, 고금리정책으로 평균 대출금리가 연리 40%를 상회하는 구조적인 취약점을 안고 있다. 이로 인해 금융의 자금중개기능이 제대로 작동하지 못하고 있으며, 투자 재원의 상당 부분을 해외에 의존하고 있는 실정이다. 높은 금융비용으로 인해 많은 사업기회가 상실되고, 신생기업이나 중소

2) 재정수지/GDP: 2008년 -1.3%, 2009년 -3.0%, 2010년 -2.7%, 2011년 -2.6%, 2012년 -2.23%

기업이 성장하기 어려운 사업환경이다.[3)]

브라질은 풍부한 부존자원과 인구 1.9억 명의 내수시장 그리고 정치, 경제적 안정을 토대로 21세기 신경제대국으로 부상하고 있으며, 세계에서 가장 중요한 식량 생산국 및 수출국으로 년간 3 억의 인구가 소비할 수 있는 농작물을 생산하고 있다[4)]. 석유, 철광석, 석탄, 주석, 망간, 니켈, 보크사이트 등 30종에의 막대한 양의 광산자원을 보유하고 있으며, 2006년 석유의 완전자급을 달성한 이후, 2007년부터는 석유수출국 대열에 진입하였다.

브라질은 대부분의 산업이 규모의 경제가 실현가능한 내수시장을 가지고 있으며, 에너지, 자동차, 전자, IT 등 제조업 분야에 다국적 기업이 진출하여 현지에서 생산, 판매활동을 벌이고 있다. 브라질 국내기업도 석유, 철강, 항공기산업 등 여러 분야에서 활발히 활동하고 있으며, 민영화와 시장개방정책 등으로 수입대체산업화정책으로 약화되었던 국제경쟁력을 회복하고 있다.[5)]

브라질은 헤알 플랜이 도입된 1994년 이후 전력, 통신, 석유, 가스 등 기간산업 분야의 국가독점 폐지, 국영기업 민영화, 무역자유화, 조세개혁, 행정개혁, 사회보장개혁, 노동개혁 등 경제안정과 발전을 위한 각종 개혁정책을 시행해 왔다. 정부는 지속적인 성장기반 구축을 위한 선결과제인 재정수지 균형달성을 위해 사회보장개혁, 세제개혁 등 각종 개혁정책과 강력한 수출드라이브 정책을 추진하고 있다.

브라질은 지우마 정권 취임 이후 물가안정과 긴축정책을 추진해 왔으나, 2011년 하반기부터 사회간접자본과 인프라 확충, 에너지세율 인하, 자동차 부품 등 전략적 제조업의 세율 인하 등 경기부양과 수출진흥 정책의 추진으로 고용안정과 소득증대 효과를 기대하고 있다[6)].

---

3) 골드만 삭스의 BRICS 보고서: 브라실의 성장 장애요인으로 낮은 투자율, 저축률, 과중한 공공부채와 외채를 지적하고 있으며, 2007년 브라질의 투자율은 17.6%로 칠레(20.6%), 멕시코(20.8%), 중국(40.4%), 인도(34.6%) 등에 비해 크게 낮은 수준임.

4) 주요 농작물은 밀(세계 3위), 콩(세계 1위) 쌀(세계 10위), 커피(세계 1위), 설탕(세계 3위), 면화(세계 6위) 등임.

5) 골드만 삭스: 브라질 경제규모가 향후 50년간 연평균 3.6% 성장하여 2025년에는 이탈리아, 2031년에는 프랑스, 2036년에는 영국과 독일을 능가할 것으로 전망.

6) 실업률은 2012년 말 5.5%로 최근 10년 내 최저수치이며, 저소득층 비율은 2008년

3) 대외거래

상품수지 흑자는 헤알화 평가절하와 국제원자재 가격의 상승으로 2007년까지 400억 달러를 기록하였으나, 2008년 이후 상품교역의 수입초과로 흑자폭의 축소로 전환되어 2011년에는 289억 달러에 그쳤다.

경상수지는 상품수지의 흑자에도 불구하고 외국인 투자기업의 과실 송금 등 소득수지의 적자 및 서비스수지의 적자로 2008년 이후 적자로 전환되었으며 적자폭은 증가하고 있다.

FDI 유입액은 지속적으로 증가하고 있으며, 브라질 정부의 대규모 인프라 투자계획인 경제성장촉진프로그램(PAC) 추진 및 광물에너지 부문에 대한 투자 확대 등으로 FDI 유입액은 2008년 451억 달러, 2009년 260억 달러, 2010년 485억 달러, 2012년 667억 달러 등 최고치를 갱신하고 있다.

외환보유액은 2012년 말 3,621억 달러를 보유하여, 월평균 수입액의 12개월분 및 세계 6위 수준을 유지하고 있다. 총외채잔액은 2008년 이후 점증 추세를 보이고 있으나, 단기외채규모 및 외채상환비율의 개선되고 있다.

〈표 2〉 주요 대외거래 지표

(단위: 백만 달러, %)

구 분	2008	2009	2010	2011	2012e
경상수지	-28,192	-24,302	-47,323	-52,480	-63,341
경상수지 / GDP	-1.7	-1.5	-2.2	-2.1	-2.8
상품수지	24,835	25,290	20,147	29,807	19,447
수출	197,942	152,995	201,040	256,040	242,580
수입	173,107	127,705	181,768	226,233	223,133
외환보유액	192,842	231,888	280,570	343,384	362,097
총외채잔액	262,959	281,651	352,440	404,317	428,758
총외채잔액 / GDP	15.9	17.4	16.5	16.3	19.4
DSR	23.5	32.6	25.1	22.2	18.6

자료: 한국수출입은행

말 26%에서 2011년 말 19%로 감소하였음.

4. 정치 · 사회동향

1) 정치안정

2010년 10월 집권 여당의 후계자인 룰라 전 대통령의 지우마 호세프 후보가 브라질 최초의 여성 대통령으로 당선되어 2011년 1월 취임하였다. 취임 후 호세프 대통령은 전임 각료 중 다수를 유임시키는 등 룰라 정부의 정책과 경제안정을 위한 긴축 재정정책의 기조를 유지하는 가운데 지속적인 성장기반 구축을 위한 대규모 인프라 개발계획을 적극 추진할 것으로 예상되었다.

호세프 대통령은 빈곤과 기아퇴치를 최우선 국정과제로 삼겠다고 밝히면서 2014년까지 극빈층 해소 목표를 제시하였고, 이를 위해 룰라 정부의 대표적 빈민 구제 프로그램인 볼사 파밀리아(Bolsa Familia)를 포괄하는 새로운 사회 보장 프로그램 마련을 발표하였다.

호세프 대통령에 대한 지지율은 2012년 말 72%, 2013년 3월 77% 등 집권 이후 지속적으로 상승하였고 있으며, 식료품, 세금 및 전기료 등의 인하, 서민층 복지정책의 확대 및 부패척결 등 친서민적인 정책 결과로, 2012년 저조한 경제성장률에도 불구하고 대통령의 지지율이 높게 유지되는 등 국내정치의 안정성이 매우 양호하다.

2) 사회안정 및 소요사태

브라질은 소득순위 상위 10%의 계층이 가 국부의 42.9% 이상을 소유하고 있으며, 국민의 10.8%는 하루 소득이 2달러 이하의 빈곤층 등 빈부격차가 심각한 수준이다. 극빈층인 월 소득 70헤알(약 4만원) 미만의 인구가 2010년 말 전체 인구의 8.5%에 해당하는 약 16백만 명 달하고 있다.

2003년부터 시행 중인 극빈층 삶의 질 개선 프로그램인 볼사 파밀리아(Bolsa Familia: 생계비 마련을 위한 소득 지원)의 지원규모의 확대와 만 6세 이하 자녀를 둔 여성들에게 생계비의 추가 지원 등 극빈층 감소 및 중산층 확대를 목표로 하고 있다[7].

브라질은 국가 안보문제에 있어서 비교적 자유로우며, 독립 이후 수차례의 쿠데타가 있었으나 대부분 무혈 쿠데타였으며, 잦은 정변에도 불구하고 내전사태 및 군부의 정치 개입 가능성이 거의 사라진 상태이다. 절대빈곤과 빈부격차 문제가 사회 혼란으로 이어질 가능성은 있으나 소요사태로 발전될 가능성은 낮으며, 반국가단체나 테러단체의 활동 위험도 거의 없는 상태이다.

2) 국제관계

브라질은 중남미의 정치, 경제 통합 및 역내 역할 강화를 위해 남미공동시장(Mercosur)을 중심으로 영향력의 강화, 중남미, 아프리카, 중국, 신흥경제국(IBSA, 남아공, 인도)등과 남남협력(South-South Cooperation)의 확대, 미국 및 EU중심의 통상관계를 다변화 등 움직임을 보이고 있다.

미국과는 미주자유무역협정(FTAA)협상, 철강분쟁, 농업보조금 등 이슈로 마찰을 보이고 있으며, Mercosur 회원국들과 미국의 개별적인 FTA 체결을 반대하는 등 미국의 남미에 대한 영향력 확대를 견제하고 있다.

EU와는 1999년부터 Mercosur와 FTA 협상을 진행하였으나, EU시장의 농산물, 자동차 시장 및 통신 시장 개방 등에 대한 양측의 대립으로 협상이 중단되었다. 2013년 1월 개최된 라틴아메리카-카리브 국가공동체(CELAC)-EU 정상회의에서 EU정상들은 Mercosur와의 FTA협상과 유럽과 중남미와의 통상 확대 필요성을 강조하였다,

아시아와 아프리카와는 인사 교류, 교역 및 투자 유치단 파견 등 경협 확대를 주력하고 있다. 최근 중국과의 교역이 확대되면서 대규모 무역적자를 지속함에 따라 중국산 수입품에 대한 반덤핑 관세 부과 등 수입규제 조치를 강화하고 있고, 중국의 위안화 평가절상 문제는 미국과 공조입장을 취하고 있으나, 2013년 3월 브라질 중앙은행은 중국 인민은행과 600억 헤알(약 33조 1천억) 규모의 통화 스와프 협정을 체결하는 등 양국 간 긴밀한 협력관계를 발전시키고 있다.

---

7) 브라질은 20대 80 사회의 가장 대표적인 국가 사례로 지목되고 있으며, 기타 빈곤으로부터 파생되는 강력범죄, 마약, 환경오염 등 각종 사회문제에 시달리고 있음.

5. 국제신인도

1) 주요기관별 신용도 평가순위

OECD: 4등급(2006. 6) → 3등급(2007. 6, 2011. 6, 2012. 6)

S&P: BB+ (2007. 5) → BBB- (2008. 2) → BBB(2011.11)

Moody's: Ba1(2007. 8) → Baa3(2009. 9)→ Baa2(2011. 6)

Fitch: BBB- (2008. 5) → BBB(2011. 4) → BBB(2011.10, 2012. 7)

2) 외채상환태도

2005년 12월 IMF 차관 잔액 156억 달러와 2006~2007년에 기일 도래하는 파리클럽 채무 25.75억 달러의 전액 조기상환 및 2006년 2월 브래디 본드 채무 66.4억 달러 전액을 외환보유액으로 환매(buy back)하였다.

브라질의 외채 조기상환은 대외적으로 투자 신인도의 제고, 채무구조 개선 및 국가신용등급을 상승 효과로 작용하였다. 또한 2008년 2월 500년 역사상 처음으로 순채권국 전환을 발표하는 등 최근 브라질의 대외지급능력은 크게 개선된 것으로 나타났다.

3) 우리나라와 교역 및 투자 현황

우리나라의 대 브라질 수출은 1990년 1억 달러, 2000년 17억 달러, 2012년 103억 달러로 급신장하였으며, 대 브라질 수입도 1990년 7억 달러, 2000년 9억 달러, 2012년 61억 달러로 크게 증가하였다[8]. 최근 대 브라질 수출의 급증세로 대 브라질 무역수지는 2006년 3.6억 달러, 2010년 30억 달러, 2011년 55억 달러, 2012년 42억 달러 흑자를 기록하였다. 2012년 대 브라질 주요 수출 품목은 자동차 및 자동차부품, LCD 및 칼라 TV부품, 핸드폰 부품 및 건설 중장비 등이며, 특히 자동차는 2009년부터 수출 1위 품목 및 2012년 수출의 10.8%를 차지하였다. 대 브라질 주요 수입 품목은 철광석, 펄프, 천연섬

8) 2011년 기준 우리나라의 제16위 수출대상국, 제24위 수입출대상국으로 중남미 최대의 교역대상국임

유 및 농산물 등 주로 원자재이다.

우리나라의 대 브라질 투자는 1980년대 2건(2백만 달러)에 불과했으나, 1990년대 이후 경협 확대와 브라질 경제의 안정세 회복으로 증가하기 시작하였다. 1998년 경제위기와 2002년 금융 불안에 따른 위축으로 2004년까지 둔화되었으나, 2005년부터 브라질 내수의 회복으로 폭발적으로 증가하였다. 2008~2009년 세계 경기침체, 기업 영업환경 악화 등 사유로 직접투자 규모가 각각 1.3억 달러 수준으로 감소하였으나, 2010년 브라질의 경기 회복으로 급증세를 보이고 있으며, 특히 SK네트워크의 브라질 철광석 기업 지분인수(7억 달러)로 사상 최대치인 10.5억 달러를 기록하였다[9]. 투자업종은 주로 광업과 제조업이며, 투자지역은 세제 혜택이 있는 마나우스지역, 상업중심지인 상파울루와 리오데 자네이루 등에 집중되고 있다.

제3절 러시아

1. 일반개황

면 적	17,098천 km^2	G D P	18,504억 달러
인 구	141.5백만 명	1인당 GDP	12,993 달러
정치체제	대통령중심제(연방공화제)	통 화 단 위	Russian Ruble(RUB)
대외정책	미국의 일방 독주 견제, 자국 역할 증대 방안 모색	환율(달러당)	29.38

주: 2011년 말 및 2011년 연평균(환율)

러시아는 세계 최대의 영토와 풍부한 천연자원, 세계적인 과학기술력 및 양질의 노동력을 보유한 성장잠재력이 풍부한 국가이며, 1991년 구소련의 붕괴와 1998년에 전환경제의 시행착오 등으로 심각한 경제위기에 직면했으나, 2000년 정치적 안정과 국제유가의 상승에 힘입어 2008년까지 연평균 7%

9) 2012년 말 기준 직접투자 규모는 신규법인수 208개, 48억 달러임

대의 높은 경제성장세를 기록하였다. 2008년 후반 세계 금융위기 이후 국제적인 금융시장 불안과 실물경기 침체로 BRICS 국가 중 가장 심각한 타격을 입었으나, 2009년 말 이후 더딘 경기 회복세를 나타내고 있다.

러시아는 석유 및 가스 분야에 편중된 취약한 산업구조를 가지고 있으며, 주요 전략산업에 대한 외국인투자 제한, 불투명한 제도, 관료주의 및 부정부패 등 외국인투자의 제약요인이 되고 있다.

2. 경제동향

1) 국내경제

2010년 유가상승, 경기부양정책, 내수회복 등 요인으로 (+) 경제성장률 4%를 실현하였다[10]. 2011년에는 실질임금 상승, 농산물 풍작, 경기부양정책의 지속 등으로 4.3% 성장 및 2012년 산업생산 증가, 실질임금과 소득의 증가, 소비증가 등으로 4% 성장률을 유지하였다[11].

〈표 1〉 주요 국내경제 지표

(단위: %)

구 분	2007	2008	2009	2010	2011e
경 제 성 장 율	8.5	5.3	-7.8	4.3	4.3
재정수지 / GDP	5.4	4.1	-5.9	-4.0	0.8
소비자물가상승률	9.0	14.0	11.7	6.9	8.4

자료: 한국수출입은행

2) 경제구조 및 정책

러시아 경제는 에너지(원유, 천연가스)산업에 과도하게 의존하고 있어 국제유가의 등락에 따라 경제전반이 큰 영향을 받는 구조이며[12], 2008년 상반

10) 우랄산 원유가격 추이(U$/배럴, 연평균): 2008년 41.8, 2009년 76.6, 2010년 92.2, 2011년 105.7

11) 2012년 이후는 유로존의 경기침체와 유가하락 변수로 성장률 둔화가 예상된다.

기까지는 고유가로 인해 지속적인 경제성장을 해왔으나, 2008년 하반기 이후 국제유가가 급락세 전환으로 성장이 급격히 둔화되고, 2009년에는 국제유가 상승세 반전에도 불구하고 세계 경기침체로 에너지 수요 및 원유 수출이 감소하여 경상수지가 전년대비 크게 감소했고 재정수지는 적자로 전환되었다. 2010년 들어 고유가로 에너지 수출 및 관련 세입이 증가해 경기회복세를 나타내고 있으나 향후 지속가능한 안정적인 경제 발전을 위해서는 취약한 경제구조 개선이 필요하다.

러시아는 원유[13], 가스[14], 석탄, 철광석 등 풍부한 천연자원을 보유하고 있으며, 인구도 1.4억 명으로 내수기반도 점차 확대되고 있으며, 2011년 기준 GDP규모가 1.8조 달러에 달하는 세계 9위 경제대국이다.

러시아는 2008년 하반기 세계 경제위기 이후, 원자재 분야 의존 및 산업경쟁력 부족의 경제의 구조적 취약성 해결을 위하여 모든 생산영역에서의 현대화와 기술혁신을 강조하고 있다.

경제 현대화는 5대 전략산업[15]에 대한 중점육성과 첨단산업 중심의 산업 전반의 기술혁신을 골자로 하고 있으며, 현대화 추진을 위한 정책방향 마련과 중점과제 이행을 위해 '러시아 경제의 현대화 및 기술발전에 대한 대통령위원회'와 '하이테크 및 혁신을 위한 정부위원회'를 설치했으며, 2009~2010년 약 470억 달러의 예산을 투입하였다[16].

러시아는 R&D에 종사 국내외 투자자들에 대한 세제 혜택을 제공하고, 스콜코보(Skolkovo)지역에 첨단기술단지를 조성하는 프로젝트(2011년 착공_를 추진 중이다. 이 단지에는 에너지, 정보통신, 전자통신, 생의학, 원자력 기술 등 5개 분야의 연구시설이 입주할 예정이며, 동 프로젝트의 1단계 비용으로 3.4억 달러 지원 및 파격적인 세제 혜택(향후 10년간 지대, 부가가치세, 수익

---

12) 에너지 산업 의존도(2011년 기준): 총 수출의 59%, GDP의 18%, 재정수입의 50%
13) 원유(2010년 말 현재): 확인매장량(774억 배럴)세계 7위, 생산량(연간 5.1억 톤)세계 1위
14) 천연가스(2010년 말 현재):확인매장량(44.8조㎥)세계 1위, 생산량(연간 5,889억㎥) 세계 2위
15) 5대 전략 산업: 에너지 효율화(신 연료 개발 등),원자력 기술, 우주기술, 의료기술(진단장비 및 의약품 포함),전략정보기술(슈퍼컴퓨터 및 소프트웨어 개발 등)
16) 2009년 100억 달러 이상, 2010년 368억 달러(정부예산의 10% 이상 규모)

세면제)에도 불구하고, 지적재산권 보호 취약, 부정부패 및 자의적인 법 집행 등 투자환경의 악화 등으로 외국인투자의 지속적인 유입은 쉽지 않을 전망이다.

러시아는 에너지 가격의 급락에 따른 충격에 대비하여 2002년부터 원유 및 천연가스 수출세 수입과 연방예산 잉여금으로 석유안정화기금(Stabilization Fund)을 적립하고 있으며[17], 2008년 2월 석유안정화기금을 적립기금(Reserve Fund)과 국부기금(National Welfare Fund)으로 분리하여 적립기금은 대외채무 상환과 재정부족에 충당하고, 국부기금은 정부 개혁프로그램에 사용하고 있다.

3) 대외거래

2011년에는 유가 상승으로 상품수출이 증가하였으며(전년 대비 30.3%), 2012년에도 비슷한 양상이 예상된다. 경상수지는 원유, 석유제품, 천연가스 등 수출가격의 상승으로 GDP 대비 2010년 4.7%, 2011년 5.3%의 흑자를 실현하였으나, 자본유출로 자본수지의 적자는 2010년 260억 달러, 2011년 762억 달러를 기록하였다.

〈표 2〉 주요 대외거래 지표

(단위: 백만 달러, %)

구 분	2007	2008	2009	2010	2011e
경상수지	77,768	103,530	48,605	71,080	98,834
경상수지 / GDP	5.9	6.3	4.1	4.7	5.3
상품수지	130,915	179,742	111,585	151,996	198,180
수출	354,401	471,603	303,388	400,630	522,011
수입	223,486	291,861	191,803	248,634	323,831
외환보유액	466,376	410,695	405,825	432,949	441,162
총외채잔액	471,000	480,541	462,976	479,914	488,214
총외채잔액/ GDP	37.6	28.5	37.6	32.3	26.6
DSR	36.1	26.3	28.1	22.9	16.2

자료: 한국수출입은행

17) 석유안정화기금(Stabilization Fund) 현황(2010.4.) :1,286억 달러(Reserve Fund406억 달러, National Welfare Fund880억 달러)

2011년 외환보유액 규모는 4,412억 달러로 월평균수입액의 10개월분에 해당되며, 2012년에도 경상수지 흑자 및 FDI 유입 증가로 외환보유액의 증가가 예상된다. 2011년 총외채잔액은 4,882억 달러 수준이며, 수출과 GDP 규모의 증가로 총수출 대비 총외채잔액 및 GDP 대비 총외채잔액 비율은 각각 79.6% 및 25.6%로 개선되었다[18].

3. 정치 · 사회동향

1) 정치안정

2011년 12월 총선에서 여당인 통합러시아당(United Russia)이 450석 중 238석을 과반의석을 유지하였다. 2012년 3월 대선에 푸틴이 당선되어 이전 재임기간을 합하여 20년 집권이 가능하게 되었다.

부정선거의 시비 해소와 향후 장기집권의 부작용과 정치사회 전반에 걸친 부정부패의 불만이 어떻게 표출될 것인지가 관건이다.

2) 사회안정

2000년대 고도 경제성장 과정에서 계층간, 지역간 빈부격차가 확대되었으며, 2008년 후반의 글로벌 금융위기로 인해 실업율이 9.4%까지 상승하였으나, 2010년 하반기 이후 6%대를 유지하고 있다. 2009년 재정 적자에도 불구하고 연금, 공공부문 급여 및 실업자 보호 등 사회복지와 관련 예산수준은 유지하였으며, 2012년에는 예산을 확대하여 경제문제로 인한 대규모 사회불안 가능성은 낮다.

2008년 이후 2010년 3월 모스크바 지하철 테러, 2011년 1월 모스크바 공항 테러, 2102년 5월 다케스탄 자살폭탄테리 등 사회불안이 지속되어 엄정한 처리 방침을 유지하는 한편, 북코카서스 지역은 경제 여건 개선을 통해 반정부세력을 무력화하는 정책을 유지하고 있다.

18) 외채원리금상환비율(DSR) 추이: 2009년 28.1%, 2010년 22.9%, 2011년 16.2%

3) 국제관계

2009년 9월 미국의 폴란드 및 체코 전략미사일방어기지(MD)구축계획 중단 선언, 2010년 4월 2009년 12월 만료된 전략적 핵 감축 조약(START 1)을 대체 신조약 체결, 최근 미국의 러시아 WTO 가입 지지 등으로 미러관계가 많이 개선되었다. EU와는 공동관심사인 에너지안보, 과격주의 세력 척결 및 핵 확산 방지를 위한 협력을 지속하고 있으며, 2010년 6월에는 신기술, 혁신 및 에너지 효율화 추진을 위한 협정을 체결하는 등 실질적인 협력관계를 모색하고 있다.

중국과는 미국의 영향력 확대 견제의 공동 목적 하에 협력을 강화하고 있으며, 특히 아시아 지역에 에너지 수출 시장을 확대할 목적으로 관계 강화를 위해 노력하고 있다.

구소련 국가와는 집단안보조약기구(CSTO), 유라시아경제공동체(EEC)를 중심으로 안보 및 경제협력 강화를 추진하고 있으며, 특히 최근에는 원유, 가스 등 에너지 자원을 이용하여 역내에서의 영향력 회복을 모색하고 있다. 2009년 가스 대금으로 분쟁을 겪었던 우크라이나는 친러 성향의 대통령의 집권에 따라 관계 개선이 전망되며, 2010년 7월 벨로루시와 카자흐스탄과의 관세동맹의 발효로 역내 경제통합 노력을 지속하고 있다.

4. 국제신인도

1) 주요 기관별 신용도 평가

OECD: 4등급 (2009.10) → 4등급 (2010. 1) → 3등급 (2011. 1)
S&P: BBB/N(2008.12) → BBB/S(2009.12)
Moody's: Baa1/S(2008.12) → Baa1/S(2012. 5)
Fitch: BBB/S(2010. 1) → BBB/P(2010. 9) → BBB/S(2012. 1)

2) 외채상환태도

2005년 1월 IMF 대기성차관 33억 달러를 조기 상환했으며, 2005~2006년에 걸쳐 파리클럽채무 430억 달러도 전액 조기 상환함에 따라 IMF 등으로부터 추가 차관을 받을 가능성은 낮다.

5. 우리나라와의 관계

1990년 9월 국교를 수립한 이래 양국 간 경제교류는 괄목할 수준으로 증가하였으며, 2010년 212억 달러(수출: 103억 달러, 수입: 109억 달러)를 달성하였다[19].

〈표 4〉 한 · 러시아 교역 규모

(단위: 백만 달러)

구분	2009	2010	2011	주요 품목
수출	4,194	7,760	10,305	자동차 및 부품, 선박구조물 및 부품, 합성수지
수입	5,789	9,899	10,852	원유, 석유제품, 천연가스

자료: 한국무역협회

우리나라의 대 러시아 직접투자 누계액은 2011년 말 기준 19.4억 달러(435건)로, 2006~2009년 연도별 투자금액은 지속적인 증가세를 나타내었다[20].

2010년은 3.3억 달러 및 2011년 1.0억 달러로 감소추세를 보였다. 2011년 10월 한 · 러 경제과학기술위원회, 2011년 11월 정상회담과 전략적 동반자관계의 내실화와 러시아 경제현대화를 위한 실질적인 협력 방안을 모색하였으며, 남 · 북 · 러가스관 사업의 추진의사를 확인하였다.

6. 3기 푸틴 정부 이전의 주요 계획

러시아는 2009년'극동 및 바이칼 지역 사회경제발전전략 2025'를 채택하여 해당지역 개발의 기본 개념을 제시하였다.

---

19) 러시아는 우리나라의 11위 수출상대국, 13위 수입상대국임.(2011년 기준)

20) 연도별 투자금액: 2006년 1.1억 달러, 2007년 2.3억 달러, 2008년 3.6억 달러), 2009년 4.3억 달러

'전략 2025'는 경제발전 및 편안한 거주환경 형성과 러시아 평균 수준의 사회경제발전을 통한 이 지역주민들의 정착이라는 지정학적 과제 수행을 전략적 목표로 설정하고 있다.

이와 관련된 목표의 달성을 위하여 아래와 같은 과제가 제시되었다.

첫째, 지역 잠재력을 기반으로 하는 경제 특성화 발전 여건 조성

둘째, 선도적 경제성장지대를 중심으로 이주 인구 유입 시스템 구축

셋째, 타 지역과의 경제사회적 통합 및 다양한 정책수단을 통한 생산물 경쟁력 제고

넷째, 노동력 확보 및 인적자본의 질적 제고

다섯째, 소수 원주민의 전통적 생활양식 유지 지원

'전략 2025'는 2009년부터 2025년까지 기간을 3단계로 구분하고 단계별 목표와 문제들을 제시한 지역발전 시나리오를 포함하고 있다.

1996년 4월 연방정부령 480호로 승인되고 2007년 8월 수정된 '프로그램 2018'은 러시아의 지전략적 이익과 안보에 대한 고려 하에 극동 및 자바이칼리예 경제의 우선 발전부문의 필수적인 인프라와 호의적인 투자환경 조성을 목표로 하고 있다.

2012년 9월 APEC정상회의 준비 차원에서 '프로그램 2018'의 하위 프로그램인 '아태지역 국제협력의 중심으로 블라디보스토크 발전' 프로그램도 동시에 수행되었다. 러시아는 블라디보스토크를 아·태 경제협력의 중심으로 육성하기 위해 4년간 이 지역에 총 6,793억 루블(약 213억 달러)을 투자하여 교통 및 도시환경 인프라·발전시설 등을 대대적으로 건설, 현대화하였다.

극동 및 바이칼 지역 사회경제발전 전략 2025

단계	목표	예상 문제
1단계 (2009-2015년)	- 러시아 평균 투자 증가율 추월 - 에너지자원저장 기술 도입 - 고용의 미미한 증가 - 선도적 경제성장 지대들에서 산업 및 농업 신규 인프라 프로젝트 수행 시작으로 투자 증가 및 새로운 지역발전 중심 형성 촉진	- 교통·에너지·사회 인프라 부족 및 경제 다각화 미진으로 인한 높은 시장 리스크 등 사회경제 발전 억제요인들의 영향력 경험
2단계 (2016-2020년	- 외국인 및 국가 투자 유입과 관련되고 기존 인프라 장벽 극복을 보장하는 대규모 에너지 프로젝트 수행 - 교통잠재력확대, 여객 및 화물수송확대, 자동차·철도·공항·항구 네트워크 등 주요 교통망 구축 완료 - 채굴된 원료의 심층가공 생산물 수출 비중 증대	- 1단계 대비 투자 증가율 둔화 등 부정적 경향 출현
3단계 (2021-2025년)	- 세계경제에서 러시아의 주도적 지위 강화와 극동 및 바이칼 지역의 세계경제 통합과 관련된 사회경제적 발전 - 혁신경제발전, 첨단기술·지식기반경제 ·에너지·교통부문에서 극동 및 바이칼 지역의 경쟁 잠재력을 수행하는 국제 노동분업 참여 - 대규모 탄화수소(hydrocarbon) 연료 채굴, 가공, 공급 프로젝트 수행 - 대규모 에너지, 교통 프로젝트 수행 완료 - 러시아 과학의 선도적 지위 확대 - 교육 및 보건에 대한 국가 및 민간 지출의 점진 적 증가(선진국 수준까지)로 이 부문에서 주도적 지위를 보장하는 인적자본의 발전 가속화	- 원료 채굴 및 에너지 수출 증대 잠재력 제한과 환경보호 지출 증가와 관련된 억제요인 출현

KIEP오늘의 세계경제, Vol.13 No. 10 p15 (2013, 3,29) 재인용

2. 3기 푸틴 정부의 극동개발 기본 구상

3기 푸틴 정부의 출범을 전후로 하여 극동개발에 대한 관심이 증대되고 있다. 2011년 11월 러시아 대외경제은행은 극동 및 바이칼 지역 투자 유치

외국인투자 포함 및 대규모 프로젝트수행을 위해 150억 루블 규모의 주식회사 형태의 '극동 및 바이칼 지역 개발펀드'를 설립하였다.

대외경제은행은 총 3,500억 루블(약 114억 3,000만 달러)이 소요되는 해당 펀드의 프로젝트 수행을 위해 극동 연방관구 및 바이칼 지역에 2015년까지 총 700억 루블을 대출할 예정이다. 해당 펀드가 계획하고 있는 대규모 프로젝트들은 주로 경제 및 사회 인프라, 혁신(innovation) 부문, 특별경제지대 개발 등이다.

또한 푸틴은 2012년 5월 7일 취임 직후 대통령령 '장기국가경제정책에 대하여'를 통해 연방정부에 시베리아 및 극동의 사회경제발전 가속화 제안을 제출하라고 지시하였으며, 2012년 5월 극동 지역 개발을 전담하는 극동개발부(Ministry for Development of Russian Far East)가 설립되었다.

극동개발부는 극동 연방관구 관할지역에서 다음과 같은 정책수행을 계획하고 있다.

첫째, 국가프로그램 및 연방목적프로그램 수행의 조정

둘째, 연방재산의 관리(임업펀드, 특별자연보호지대, 전략기업 국영기업 등 제외)

셋째, 연방주체 권력기관들의 권한행사 통제

2012년 11월 극동개발부가 '극동 및 바이칼 지역 개발펀드' 자금 이용을 위해 대외경제은행에 우선투자프로젝트 목록을 제출하였는데, 90여 개 이상의 프로젝트들 중 교통 인프라 건설이 대부분을 차지하였다.

극동개발부는 2015년까지 3조 루블(약 980억 달러) 이상 및 2025년까지는 9조 루블 이상의 투자를 언급하였으며, 2개 이상의 연방주체 관할지역에 걸쳐 수행되는 대규모 우선투자 프로젝트는 다음과 같다.

첫째, 바이칼 아무르 철도 및 시베리아 횡단철도의 현대화 및 보수

둘째, 한반도 종단철도와 러시아 철도망 연결

셋째, 사할린섬과 대륙과 연결하는 연륙교(連陸橋) 건설

다섯째, 극동 지역 공항 개발

극동개발부 제안 연방주체별 주요 프로젝트

연방주체	주요 프로젝트
사하 공화국	- 지역 철도 노선 건설 - 지역 항공수송 발전 프로젝트 수행
프리모리예 변강	- 보스토츠니 항에 특화된 환적 복합단지 건설, 항구 컨테이너 터미널 및 로지스틱스 센터(연간 컨테이너 120만 개 규모) 건설 - 블라디보스토크-나호드카-보스토츠니이 항 자동차도로 건설
하바롭스크 변강	- 하바롭스크 부근 아무르 강 다리 3차 보수(자동차도로 차선 확대) - 항구 복합단지'노바야 소베트스카야 가반(Novaya Sovetskaya Gavan)' 건설(곡물 터미널 및 생선 가공공장) - 무라비요프 곶에 곡물 터미널 건설과 소베트스카야 가반 만에 철광석 정광(iron ore concentrate) 환적 해양 터미널 건설 - 소베트스카야 가반-무라비요프 곶 철도 노선 건설 - 셀리히노-구르스코예-케나다-바니노 자동차도로 건설
아무르 주	- '쉬마놉스카야-가리'철도 노선 건설 프로젝트
마가단 주	- 마가단 공항 보수 및 개발
사할린 주	- 유즈노사할린스크 공항에 공항 터미널 복합단지 건설
유대인 자치주	- 니즈네레닌스코예 지역에 아무르 강 철교 건설
캄차트카 변강	- 북극항로 개발 차원에서 페트로파블롭스크-캄차트스크에 허브 항구 건설

KIEP오늘의 세계경제, Vol.13 No. 10 p19 (2013, 3,29) 재인용

3. 한 · 러 협력과제

3기 푸틴 정부의 극동개발계획은 추진 배경, 사업 규모, 제도화 측면을 고려할 때 이전의 계획과 달리 정부의 적극적인 지원 및 철저한 감독하에 추진될 것으로 전망되며, 극동 및 바이칼 지역의 정치, 경제, 안보적 상황은 이 지역의 개발을 더 이상 미룰 수 없는 전국가적 과제가 되고 있다.

2012년 12월 연방의회 연례교서에서 푸틴대통령은 "21세기 러시아 발전의 벡터(vector)는 동쪽으로의 발전이며, 시베리아와 극동은 우리의 엄청난 잠재력이다. 이것은 가장 정력적이고 역동적으로 발전하는 세계의 한 지역인 아태지역에서 귀중한 지위를 차지할 수 있는 가능성이다"라며 극동개발의

필요성을 강조하였다.

러시아의 1년 연방예산 약 30%에 해당하는 3.9조 루블 규모의 연방정부 투자계획과 대규모 민간투자 유치계획은 전례 없는 정부의 재정적 지원책이라 할 수 있으며, 대외경제은행의 '극동 및 바이칼 지역 개발펀드' 설립, 해당 지역 개발을 전담하는 극동개발부 설립 통합적인 장기 국가프로그램 마련 특별법 제정 등은 해당 지역 개발을 위한 체계적 메커니즘의 구축을 의미한다고 볼 수 있다.

따라서 러시아의 극동개발계획과 관련하여 우리나라의 역량에 부합하는 중점 협력과제 설정 및 협력체계 개선이 매우 시급하다.

가. 중점 협력과제

극동 및 바이칼 지역 진출 활성화를 위한 제도적 기반이 마련되어야 한다. 2012년 9월 블라디보스토크 APEC정상회의를 계기로 개최된 한·러 정상회담에서 인적교류 증대를 위한 사증면제협정 체결, 양국 기업들의 경제적 부담 경감을 위한 사회보장협정 체결 등이 합의되었다.

러시아가 우리나라와의 경제동반자협정 체결을 잠정 보류하고 있는 것을 감안하여 보다 낮은 수준의 협정 체결을 통해 통관제도 개선, 투자자 보호 및 투자분야 확대, 인력이동, 수산물 쿼터 확보, 에너지자원 협력 등 제한적 영역에서라도 보다 유리한 지위 확보가 필요하다.

러시아가 교통 인프라 확충을 해당 지역 발전의 우선과제로 설정하고 있는 바, 철도, 항만, 항공분야 협력, 한반도와의 교통 및 물류 연계성 강화가 필요하며, 극동개발부가 지정한 한반도 종단철도의 러시아 철도망 연결 사업과 관련하여, 우선 나진·하산 구간 북·러 철도 연결 사업 및 나진항 부두 물류단지 개발의 참여를 적극 검토하여야 한다.

이는 향후 북핵문제, 남북관계 경색 등 정치·안보적 위기가 진정 또는 해결 될 경우 남·북·러 철도 연결사업을 재추진하는 기반이 될 것이다. 부산 또는 동해 지역 항만에서 나진까지의 해상운송과 시베리아 횡단철도를 통한 육상운송을 결합하는 복합운송 프로젝트를 추진할 필요가 있다. 남·북·러 철도연결 사업의 시범사업 성격을 갖고 있는 이 프로젝트의 상업적 성공은 국제사회에서 한반도종단철도(TKR)와 시베리아 횡단철도(TSR) 연결 사업의 공론화에 매우 긍정적인 효과로 작용할 것이다.

러시아 정부의 에너지 · 광물 자원개발 및 수출 정책에 대한 면밀한 검토와 창의적인 협력방안 모색이 필요한 시점이다. 러시아의 자원개발 관련 정책 변화, 극동 및 바이칼 지역 자원개발에 제공되는 특혜조치를 검토하여 채굴, 가공, 수출과정을 수직적으로 통합한 개발계획을 마련해야 할 것으로 판단된다.

러시아는 2012년10월 '연료-에너지 복합단지 개발 및 환경안보전략문제위원회'에서 세계 LNG시장의 활성화를 의미 있는 현상으로 지적하고, 이에 대한 정부와 가즈프롬의 적극적인 대응 기획하고 있다. 정치 안보적 문제로 인해 남 · 북 · 러 가스관 건설 사업이 모멘텀을 상실하지 않도록 러시아 측과의 지속적인 협의가 필요하다.

나. 협력체계 개선

러시아 전례 없이 적극적으로 극동개발을 추진하고 있는바, 기존 한 · 러 협력 메커니즘의 효율성을 재점검하고 대안을 마련할 필요가 있다. 극동 및 바이칼 지역 개발을 전담하는 극동개발부의 카운터 파트너로서 이 지역에 대한 투자 진출과 경제협력사업 전반을 지원 및 조정하는 전담기구 마련이 시급하다.

전담기구는 한 · 러 협력의 마스터플랜과 이에 부합하는 단계적 액션플랜을 마련해야 할 것이며, 극동 및 바이칼 지역에 대한 한국 기업의 투자 진출 지원은 물론, 양국 협력의 확대를 재정적으로 담보하기 위한 한 · 러 극동개발펀드 조성을 검토해야 한다.

극동 및 바이칼지역에 대한 기업들의 투자 진출 리스크감소를 위해 우리나라의 정책적, 제도적 지원이 요구되며, 신흥시장 특히 러시아 시장은 투자환경 면에서 진입장벽이 높고 리스크가 큰 반면, 일단 진입에 성공하면 경쟁기업들에 비해 유리한 지위를 확보하여 더 큰 이익을 얻을 수 있다는 장점이 있다.

따라서 우리나라는 단기 성과주의 경제논리에서 벗어나 해당 지역의 투자환경을 고려하면서 장기적 전략하에서 기업들의 리스크를 감소시킬 수 있는 정책적 제도적 수단을 다각도로 개발해야 할 것이다.

제4절 인도

1. 개관

- 국명 : 인도공화국(Republic of India)
- 위치 : 히말라야 산맥 남부의 남아시아 대륙에 위치한 나라. 주변국으로는 네팔, 부탄, 파키스탄, 방글라데시 등
- 면적 : 3,287천㎢(세계 7위, 한반도의 15배, 남한의 33배)
- 인구 : 1,220백만 명(세계 2위, 2012년 기준)
- 기후 : 열대 몬순
- 수도 : 뉴델리
- 정치체제: 내각책임제
- 대외정책: 비동맹중립
- 주요 도시 : 뭄바이(경제), 꼴까따(문화), 첸나이(무역), 벵갈루루(IT)
- 화폐 단위 : Rupee/ U$ = 53.32Rs(2012년 평균)
- GDP/ 1인당 GDP: 18,779억 달러/1,539 달러

2. 경제동향

1) 국내경제

인도는 경기부양정책과 민간소비의 증가로 2009년 8.2%, 2010에는 농업생산 증가, 산업생산 및 서비스 분야의 호조 등으로 9.6%, 2011년은 물가상승 대비 중앙은행의 금리인상[21] 등으로 6.9% 및 2012년에는 물가상승, 성장세

21) 인도중앙은행(Reserve Bank of India; RBI)은 인플레이션 억제를 위해 기준금리인

둔화, 소비 및 투자 위축, 유럽위기 등 수출 둔화 등으로 5.4%의 경제성장률을 기록하였으며, 2012년에는 경제개혁 및 경기부양정책의 효과로 6.0%의 성장을 예상하고 있다.

〈표 1〉 주요 국내경제 지표

(단위: %)

구 분	2008	2009	2010	2011	2012e
경제성장율	3.9	8.2	9.6	6.9	5.4
재정수지 / GDP	-6.0	-6.4	-4.8	-5.9	-6.1
소비자물가상승률	8.4	10.9	12.0	8.9	9.2

자료: 한국수출입은행

열악한 조세제도 및 낮은 소득세 징수율로 인한 세수 부족, 선심성 정책에 따른 정부지출 증가 등으로 인하여 인도의 재정수지는 만성적인 적자를 기록하고 있다.

2009년에는 5월 총선에 따른 선심성 정부지출의 증가, 물품세 및 관세 수입의 감소 등으로 재정수지 적자가 GDP의 6.4%를 기록하였으나, 2010년에는 경기 회복에 따라 재정적자폭이 6% 이하로 축소되었다. 2011년 및 2012년 재정수지는 각각 GDP의 8.5%, 8.4%로 추정된다.

2) 경제 구조 및 정책

가. 구조적 취약성

전력, 도로, 항만, 통신 등 열악한 인프라로 매년 경제성장률을 1~2% 하락 요인이 되고 있다[22]. 12차 경제개발계획 기간(2012~2017년) 중 인프라개발에

리포금리와 역리포금리를 2010년 3월 이후 네 차례 인상하였으며, 물가 안정에 대한 정부의 강경한 의지와 긴축정책을로 2010년 중 물가 상승폭은 다소 완화될 것으로 전망되며, 2010년 7월 네 번째 금리인상으로 리포금리는 4.75%에서 5.75%로, 역리포금리는 3.25%에서 4.5%로 상향 조정됨.

22) 열악한 교통으로 식료품 배송이 지연되고 가격이 급등하는 등 주요한 식료품 물가 상승 요인으로 작용함.

약 1조 달러를 투자할 계획이며 인프라 펀드의 조성 등 외국인 투자 및 민간자본 조달을 위한 다양한 방안을 추진 중이다.

인도는 심각한 관료주의와 행정 비효율성이 낮으며, 중앙과 지방정부의 협력 부재로 중앙정부에서 승인한 사항이라도 지방정부의 반대로 사업진행에 어려움을 겪는 경우가 많다. Transparency International의 부패지수(Corruption Perceptions Index)에 의하면, 인도는 36점으로 176개국 중 94위에 해당된다.

나. 성장 잠재력

최근 경제성장을 바탕으로 중산층 인구가 급증하고 있으며, 중산층 인구는 2010년 1.6억 명, 2015년 2.7억 명, 2025년 5.5억 명으로 예상되어 거대한 내수시장의 형성이 전망된다.

2011년 산업별 비중은 농업 17.2%, 제조업 26.4%, 서비스업 56.4%이며, 서비스 산업 중 IT산업은 우수한 영어 구사 능력과 숙련된 기술을 보유한 저임의 풍부한 노동력과 더불어 정부의 적극적인 IT산업 지원 정책, 미국 및 유럽과의 시차에 따른 이점 등으로 컴퓨터 프로그래밍, 콜 센터 등 글로벌 아웃소싱이 증가하고 있다[23].

다. 정책성과

재정수지의 적자 완화 및 투자환경 개선을 위하나 정책이 지속적으로 추진되고 있다. 2012년 재정수지 적자를 GDP의 5.3% 수준으로 관리하고, 2017년에는 GDP의 3.0% 수준으로 낮춘다는 계획이다. 균형적인 재정 운영을 위해 보조금 폐지, 소비세 인상, 공기업 지분 매각 등을 통해 재정적자 축소에 총력을 기울이고 있다[24].

---

23) 인도의 이동통신시장 월 신규 가입자가 600만 명에 이르며, 자동차 시장도 매년 12~13% 성장하는 등 소비시장의 성장이 빠르게 진행되고 있으며, 중산층 인구는 2015년 20%, 2025년 40%에 달할 것으로 전망됨.

24) S&P는 재정적자 우려로 2009년 2월 '부정적'인 신용등급 전망을 인도 정부의 농가 비료 보조금 축소, 유류 소비세 현실화 등 적극적인 재정적자 규모 축소 정책 추진에 따라 2010년 3월 '안정적'으로 조정하였다.

2012년 9월 단일브랜드 및 멀티브랜드 소매 유통업, 항공업, 전력 거래, 방송 서비스 등 외국인 지분율 확대 방안을 발표하였으며, 2013~2014 회계연도 예산안에서 외국인투자기업에 대한 소급과세제도 도입 연기를 명기하는 등 외국인 투자 심리 개선 노력을 하고 있다.

3) 대외거래

서비스 수지의 흑자에도 불구하고 수입수요 증대, 원유 및 금 가격 상승 등으로 상품수지와 경상수지의 적자를 나타내고 2009년 이후는 적자폭이 증가 추세에 있다. 루피아 약세로 인한 서비스 수출 증가 및 금 수입 관세 인상 등 상품수지 개선 정책으로 2013년 상품수지와 경상수지 적자폭의 축소가 전망된다.

〈표 2〉 주요 대외거래 지표

(단위: 백만 달러, %)

구 분	2008	2009	2010	2011	2012[f]
경상수지	-30,972	-26,186	-52,275	-26,626	-27,042
경상수지 / GDP	-2.4	-2.0	-3.1	-3.2	-4.6
상품수지	-92,675	-79,950	-96,239	-116,413	-196,748
수출	199,065	167,958	225,915	299,387	297,058
수입	291,740	247,908	322,154	415,800	493,806
외환보유액	246,603	258,583	267,814	262,933	281,480
총외채잔액	225,994	249,993	290,182	287,469	297,597
총외채잔액/GDP	17.5	18.7	17.3	15.2	15.9
DSR	9.7	6.0	6.8	6.5	7.5

자료: 한국수출입은행

인도에 대한 외국인직접투자는 금융 등 서비스 산업, 컴퓨터 및 소프트웨어, 통신 등 ICT산업 위주로 꾸준히 증가하였으나, 열악한 인프라, 부정부패, 토지 수용 및 환경규제, 행정 비효율, 지방정부의 반대 등 외국인직접투자의 제약요인으로 작용하였다[25].

3. 정치 · 사회동향

1) 정치동향

2009년 총선에서 소냐 간디, 만모한 싱 총리 등의 국민의회당(UPA)이 승리하여 재집권 하였으나, 경기침체와 부정부패로 지지율이 하락하고 있다.

2012년 경제 개혁안에 대한 반발로 우호 세력을 상실하였으며, 2014년 총선까지 불신임 등 특이사항은 없겠으나, 현 정부의 정책 추진력의 약화는 불가피한 실정이다.

2) 사회동향

다양한 종교, 민족, 언어 등이 공존하는 등 복잡한 사회구조를 보이며, 지역 간 경제발전 및 소득격차가 매우 커서 지역 간 불균형을 보이고, 최근 급속한 경제 성장에 따라 계층간 빈부격차 또한 심화되는 양상을 보이고 있으나, 1950년 공식적으로 폐지된 카스트제도는 사회 전반에 걸쳐 인도인들의 생활을 지배하는 요소로 작용하고 있어 제도에 대한 비판에도 불구하고 복잡한 구조를 보이는 인도 사회의 안정을 유지하는 데 중요한 역할을 하고 있다.

인도 중동부에서 활동하는 낙살라이트(Naxalite) 인도 마오주의 공산 반군은 인도 하층민의 지지를 받고 있어 정부의 반군세력 근절이 어렵고 사회불안 세력이 되고 있다.

3) 국제관계

인도는 실용주의적 대외관계 노선을 추구하여, 일본, 독일, 브라질과 유엔안보리 상임이사국 진출을 위해 공동협력하고 있으며, 남아시아지역협력체

25) FDI 유입액 : 2007년 344억 달러, 2008년 434억 달러, 2009년 356억 달러, 2010년 265억 달러, 2011년 342억 달러, 2012년 234억 달러

(SAARC) 등 강대국 및 신흥개도국들과의 협력체 등 다양한 협력기구에 참여함으로써 국제적인 위상 강화하고 있다.

1947년 영국으로부터 분리 독립한 인도와 파키스탄은 힌두교와 이슬람교의 종교 문제 및 카슈미르 지역의 영유권 문제로 분쟁하여 왔으며, 2006년 7월 뭄바이열차 연쇄폭탄테러, 2008년 11월 뭄바이 테러, 2010년 7월 카슈미르에서 반정부 무슬림 시위대와 인도군의 충돌 등 약국 관계가 냉각되는 등 관계정상에는 상당 기간 소요될 것으로 보인다.

중국과는 정치적 긴장관계와 경제적 실리추구를 병행하고 있으며, 서북부 잠부-카슈미르와 동북부 아루나찰프라데시 등 125,000km2의 영유권 문제는 미해결로 남아 있다. 2010년 양국 간 수교 60주년 맞아 양국 관계의 개선이 기대되며, 단기적으로는 국경문제, 지역 패권경쟁 등 긴장 관계가 유지되면서 실리적인 경제협력 관계를 추구할 것으로 예상된다.

4. 국제신인도

1) 외채상환 태도 및 국제시장평가

총외채잔액의 계속 증가 추세를 보이고 있으나, GDP 대비 20%대로 관리하고 있으며, 2012년 2,815억 달러의 외환보유액을 보유하고 있어 단기적인 대외지급능력에는 문제가 없어 보인다.

〈표 3〉 주요 기관별 평가등급

평가기관	최근 평가등급	종전 평가등급
한국수출입은행	B2 (2013. 2)	B2 (2012. 7)
OECD	3등급 (2012. 3)	3등급 (2011. 3)
S&P	BBB- (2012. 4. 3)	BB+ (2010. 3)
Moody's	Baa3 (2011. 8)	Baa3 (2010. 7)
Fitch	BBB- (2012. 6)	BBB- (2010. 6)

자료: 한국수출입은행

5. 우리나라와의 관계

2012년 기준 인도는 우리나의 제9위 수출대상국이며, 교역규모는 2007년 112억 달러, 2008년 156억 달러, 2009년 122억 달러, 2010년 171억 달러, 2011년 205억 달러, 2012년 188억 달러를 기록하였다.

우리나라의 대 인도 해외직접투자는 2012년 9월말 현재 593건, 37억 달러(투자누계 기준)를 기록하고 있다.

〈표 4〉 한 · 인도 교역 규모

(단위: 백만 달러)

구 분	2010	2011	2012	주요 품목
수 출	11,435	12,654	11,921	자동차부품, 합성수지, 윤활유, 냉연강판
수 입	5,674	7,894	6,924	나프타, 합금철, 알루미늄
합 계	17,109	20,548	18,845	

자료: 한국무역협회

제5절 중국

1. 일반개황

- 국명: 中華人民共和國 (People's Republic of China: PRC)
- 건국: 1949. 10. 1
- 수도: 北 京
- 면적: 약 960만㎢ (한반도 면적의 43배, 남한 면적의 약100배, 세계 3위)

- 남북: 남사군도(23˚N)~흑룡강(53˚32′N), 5,500㎞
- 동서: 파미르고원(73˚E)~우수리강(135˚E), 5,500㎞

- 영해: 12해리(1958.9.4 선언, 1992.2.25 영해 및 접속수역법 제정공포)
- 국경선 총 길이 : 20,280㎞(한국, 러시아, 몽골, 중앙아 3국, 아프가니스탄, 파키스탄, 인도, 네팔, 부탄, 미얀마, 라오스, 베트남 등 14개 국가와 육지 접경)
- 민족: 漢族(한족)과 55개 소수민족
- 55개 소수민족 : 9,120만 명으로 인구의 8%(조선족: 192만 명, 소수민족의 2.6%)
- 언어: 중국어(민족 자치구에서는 소수민족언어병용)
- 국정공휴일: 元旦(1.1), 春節(음력 1.1), 노동절(5.1), 국경절(10.1)
- 國旗: 五星紅旗[26]
- 國徵: 중앙의 천안문은 중국인민의 반제국주의, 반봉건주의 민족정신을 상징, 천안문 아래 둥근 황금색 톱니바퀴와 주위의 곡식은 각각 "노동자계급"과 "농민" 상징, 國旗와 마찬가지로, 황색의 五星중 가장 큰 별과 주위 네 개의 별은 각각 "중국공산당"과 "중국인민"을 대표하며, 중국공산당의 지도하에 조화, 단결하는 인민을 나타냄

■ 정치

- 정치체제: 노농연맹에 기초한 인민민주독재의 사회주의 국가(1993년 신헌법 제1조 규정)
- 정부형태: 공산당 일당 독재(형식상 8개 정당존재)
- 의회: 단원제(전국인민대표대회)
- 행정구역: 22개성, 4개 직할시, 5개 자치구, 2개 특별행정구
- 1997. 7. 1: 영국으로부터 홍콩을 인수, 특별행정구 설치
- 1999.12.20: 포르투갈로부터 마카오 인수, 특별행정구 설치

■ 주요정책: 경제건설을 중심, 중국식 사회주의 건설 추진

---

26) 붉은 바탕(紅旗)은 "革命"을, 황색의 五星은 붉은 대지로부터 밝아오는 "光明"을 상징, 황색의 五星중 가장 큰 별과 주위 네 개의 별은 각각 "중국공산당"과 "중국인민"을 대표하며, 중국공산당의 지도하에 조화, 단결하는 인민을 나타냄

- 대륙 · 대만 간 국가통일 실현(1국 2체제 방식)
- 패권주의 반대, 세계평화 옹호

2. 일반 동향

중국은 한족(92%) 등 56개 민족으로 구성되어 있다. 석탄, 석유, 철광석 등 풍부한 천연자원과 노동력을 보유하고 있으며, 1978년 개혁개방 이후 높은 경제성장을 지속하고 있다.

덩샤오핑(鄧小平)의 선부론(先富論)은 먼저 동남부 연해지역을 발전시킨 후 내륙과 기타 지역의 균형 발전을 도모하는 것이다. 2002년 후진타오(胡錦濤) 정권은 정책기조를 균부론(均富論)를 통하여 양적성장을 질적성장으로 전환하였다. 2012년 시진핑(習近平) 정권도 지역균형발전, 산업구조 고도화, 환경규제 강화 및 에너지원 확보, 내수 진작과 소비대국의 건설 및 도농간의 격차 해소를 위한 도시화 정책 등 개혁정책을 지속적으로 추진할 것으로 전망된다.

1) 경제동향

가. 국내경제

2012년 중국은 소매판매 증가(14.3%), 고정자산 투자 증가(20.6%), 산업생산 증가(10.0%), 정부지출(11.0%)에도 불구하고, 미국, EU 등의 경기침체에 따른 대외수요의 감소로 GDP가 7.8% 성장하여 51.9조 위안(8.2조 달러)을 기록하였다[27].

2013년 1분기 경제성장률은 7.7%로 전 분기(7.9%)대비 둔화 및 2013년 5월 HSBC PMI 지수의 50이하(경기위축) 기록 등 2013년 연간 경제성장률도 전년 수준인 7.8%로 전망이나, 중국은 경제 구조개혁을 위해 성장률 둔화를 감내한다는 입장이므로, 높은 성장률 달성을 위한 대규모 경기부양책은 펼치지

27) 2012년 ASEAN에 대한 상품 수출 두자리 수 성장, 미국에 대한 수출 회복세, EU에 대한 수출(전체 수출의 18.8%)은 마이너스 성장, 전체 상품수출은 7.9% 성장 (연도별 상품수출 증가율(%): 2010년 31.6, 2011년 20.3, 2012년 7.9)

않을 전망이다.

재정수지는 복지제도 구축을 위한 정부지출로 2012년 재정적자가 GDP의 1.6%로 증가하였다. 지역간 소득격차 해소, 교육, 의료 등 복지제도 구축을 위한 정부지출과 경기부양을 위한 소비보조금 지급 등으로 정부 지출이 전년대비 증가(11.0%)하였다. 2013년에도 건전재정을 바탕으로 민생개선과 질적 성장을 위한 지출 지속, 경기침체 대비 소비촉진책 등으로 재정적자가 GDP의 2.1%로 증가할 전망이다.

2012년에는 경제성장 둔화와 식료품 가격 안정 등 물가 상승률이 지속적으로 안정되어 소비자물가상승률이 연중 2.6%를 기록하였다. 2012년 하반기 이후 주요국의 추가 금융완화에 따른 유동성 증가, 생산자물가 반등, 국내수요 증가, 부동산 가격 상승[28] 추세 등으로 물가 상승압력이 높아져 2013년에는 3.3%의 물가상승률을 기록할 전망이다.

〈표 1〉 주요 국내경제 지표

(단위: %)

구 분	2009	2010	2011	2012	2013f
경 제 성 장 율	9.2	10.4	9.3	7.8	7.8
재정수지 / GDP	-2.2	-1.6	-1.1	-1.6	-2.1
소비자물가상승률	-0.7	3.3	5.4	2.6	3.3

자료: 한국수출입은행

2) 경제 구조 및 정책

가. 구조적 취약성

과거 연해지역 우선발전전략으로 인한 도농간, 지역간 빈부격차가 큰 편이었으나, 2000년부터 동부지역 산업이 중서부로 이전하는 등 균형발전 전략을 추진한 이후 2012년 1인당 농촌순수입 증가율이 13.5%로, 1인당 도시

28) 100대 도시 평균 부동산가격(위안/㎡): 2012년 6월 8,688, 2012년 12월 9,715, 2013년 4월 10,098

가처분 소득 증가율(12.6%)을 3년 연속 상회하였다. 지역별로는 2000년 동부지역의 소득이 서부지역의 3.01배에서 2011년 2.09배로 감소하였으며, 2012년 성장률 상위 10개 성 중 6개성이 중서부 지역[(평균 성장률 12.4%, 상하이 11위)]으로 중부와 서부지역의 GDP비중도 증가하는 추세이다[29].

중국은 2007년부터 투자 위주의 성장방식이 중복, 과잉투자를 유발하는 등 한계에 직면함에 따라 경제구조를 소비위주로 전환하여 산업 구조조정, 소득 재분배 등을 실시하였다. 이에 따라 민간소비의 성장기여도는 2007년 4.0%에서 2012년 3.5%로, 투자의 성장기여도는 2007년 5.3%에서 2012년 3.2%로 변화하였다.

중국의 민간소비는 2012년 GDP의 36.3% 수준으로 미국(70.7%), 일본(57.1%), 인도(55.1%), 한국(54.7%)에 비해 현저히 낮은 수준이며, 이는 사회안전망 미비로 인민들이 수입의 대부분을 저축하기 때문이다.

미국에너지정보국(EIA)에 따르면 중국의 원유소비는 일일 939만 배럴로 미국(1,977만 배럴)에 이어 세계 2위이며, 석탄 소비는 세계 1위(22억 932만톤)이다. 이와 같은 과도한 화석연료 사용으로 중국은 연간 미국의 1.4배에 달하는 77억 톤의 온실가스를 배출하고 있으며, 환경오염으로 전국의 강 하천 70%가 오염되었으며, 이 중 40%는 자정기능을 상실하였다.

WHO에 의하면, 중국의 도시별 미세먼지는 38~180 ㎍/㎥로써 인도(36~251 ㎍/㎥), 이란(70~372㎍/㎥), 파키스탄(181~251㎍/㎥), 몽골(279 ㎍/㎥) 등과 함께 미세먼지가 높은 국가로 분류된다[30].

중국은 경제활동은 국유기업 중심이며, 2011년 Fortune Global 500에 포함된 61개 중국기업 중 민간기업은 3개에 불과하였다. 중국 국유기업의 생산성은 민간기업의 1/3에 불과하고, 국유기업의 1/4에서 손실이 발생하고 있다. 특히 금융시장이 국유은행 위주(위안화 대출의 55.2%)로 민간부문의 금융제한, 저금리 과잉투자, 투명성 부족 등으로 우발채무 증가, 금융구조의 복잡성과 대응 미비 등 시스템 리스크가 증가할 우려가 있다.

---

29) 지역별 GDP 비중변화(%, 1993→2011년): 동부(60.0→53.1), 중부(18.2→19.7), 서부(21.8 →27.2)

30) 우리나라는 49~64 ㎍/㎥, 미국은 6~38 ㎍/㎥

나. 성장 잠재력

중국은 1978년 개혁개방 이후 저임금과 각종 투자유인책을 바탕으로 한 생산요소 투입으로 세계 2위 경제대국, 세계 1위 제조업 생산국, 세계 1위 수출국, 세계 2위 수입국으로 성장하였다. 그러나 고성장(연평균 9.9%)에 따른 부작용으로 환경오염, 빈부 및 지역간 격차, 중복 과잉투자 등 문제가 발생함에 따라 성장방식의 전환 필요성이 대두되었다.

중국은 국부 중심에서 민부 중심으로 경제정책의 목표를 수정하고, 투자와 수출중심에서 내수 중심으로 성장방식을 전환하였다. 이를 위해 경제성장률 목표치를 연 10%이상에서 연 7% 수준으로 하향조정하고, 산업구조 고도화 및 수출상품 고도화 추진, 국유부문 독과점 해소, 자원의 효율적 배분 및 경쟁 도입 등을 포함한 개혁 계획을 수립하였다[31].

중국은 2012. 5월 〈12.5 국가 전략적 신흥산업 발전계획〉을 승인하고, 20개 세부 프로젝트도 설정하였다. 현재 전략적 신흥산업이 국내 총생산 비중이 3%에 불과하나, 적극적인 투자유치로 2015년 8%까지 확대하겠다는 계획이다. 또한 2013년 1월 〈주요 업종 기업합병 구조조정 추진 지도의견〉을 통해 초과공급 상태인 9개 산업에 대한 구조조정을 발표하였다. 대상 업종은 자동차, 철강, 시멘트, 선박, 전기분해알루미늄, 희토류, IT, 의약, 농업 등 이며, 소규모 기업들이 난립하여 전문화 수준이 낮고 생산 구조도 비효율적인 것으로 평가되었다[32].

다. 정책성과

중국은 대외수요 악화로 2012년 2/4분기 성장률이 급감하자 금리인하, 소비보조금 지급, 인프라투자 조기승인 등 부양책을 신속하게 마련하여 성장 둔화에 대비하였다[33].

---

31) 중국은 고소득국가로 도약을 위한 신성장 동력으로 에너지절약 및 환경보호 산업, 차세대 정보기술 산업, 바이오 산업, 첨단장비제조 산업, 신에너지 산업, 신소재 산업, 신재생에너지 자동차 산업 등 7개 전략산업을 선정하였다.

32) 이를 타개하기 위해 해당 산업 인수합병(M&A)으로 기업체 수를 줄이고, 대기업을 육성하기로 함. 산업별로 10대 기업의 목표 산업집중도는 자동차 80%, 철강 60%, 시멘트 35%, 선박 70%, 의약 50% 등

2012년 중국의 정책별 성과 중 통화정책은 연간 세차례의 지준율 인하(총 1.5%)와 두 차례의 기준 금리 인하(총 대출 금리 0.56%, 예금금리 0.5%)를 단행하였다. 소비촉진책은 가전, 자동차 등 에너지절감 제품 구입에 대한 소비보조금 지급, 농촌지역의 가전제품 구입에 대한 소비보조금(2007년 12월 ~ 2013년 1월) 지급하였으며, 2013년 1월 생활, 의료, 제조장비, 친환경제품 등에 대한 관세율 인하, 신용카드 결제수수료 인하 등의 추가 소비촉진책을 발표하였다. 투자촉진책은 철도, 풍력발전소, 공항 등 대규모 투자계획을 승인(총 1조 위안 규모)하였으며, 지방정부도 각종 인프라 투자 계획을 수립하였다.

중국은 2000년부터 해외시장개척, 자원 확보 및 외환보유고 관리를 위해 해외직접투자를 적극 지원함에 따라 해외직접투자가 빠르게 증가하여, 2012년 자본수지가 1,173억 달러 적자로 전환됨에 따라 1,931억 달러에 의 경상수지 흑자를 상쇄하여 국제수지 불균형을 완화하였다. 이에 따라 위안화 절상 압박이 완화되고, 외환 보유고 증가속도도 둔화되었다[34].

3) 대외거래

2012년 중국의 국제수지를 분석해 보면 상품수지의 흑자 증가에도 불구하고 서비스 및 소득수지 적자 증가, 이전수지의 흑자 감소 등으로 경상수지 흑자가 4.3% 감소하여 GDP 대비 경상수지 흑자 비중이 2.3%로 감였다. 상품수지는 대외수요 개선으로 유럽을 제외한 미국, 아세안 수출이 회복되면서 수출이 크게 증가(2,425억 달러 → 3,216억 달러), 서비스수지와 소득수지 적자 및 이전수지의 흑자는 35억 달러로 감소하였다[35].

2013년에는 수출입이 모두 증가하여 상품수지는 3,222억 달러로 2012년과 비슷한 수준이 예상되나, 경상수지는 서비스수지 적자 증가(898억 달러→

---

33) 분기별 성장률(%, 2012년): 8.1 (1/4) → 7.6 (2/4) → 7.4 (3/4) → 7.9 (4/4)

34) 2011년 해외직접투자가 외국인직접투자의 51.4%까지 성장

35) 서비스수지는 해외여행 급증, 법률, 서비스 등의 고급 서비스 수요 증가로 898억 달러 적자, 소득수지는 외국인 근로자 임금, 투자 배당, 이자 등의 대외지급으로 422억 달러의 대규모 적자 및 이전수지는 북한, 아프리카 등의 원조 증가에 따른 이전 지출 증가

1,175억 달러)로 GDP 대비 1.7%로 감소할 전망(1,931억 달러 → 1,596억 달러)된다.

2012년 총 외채잔액은 8,732억 달러(GDP 10.6%, 총 수출 36.4%)로 비교적 많은 편이나, 외환보유액이 세계 최고 수준(3.3조 달러)으로, 외환보유액 대비 단기외채 비중이 15.8%(2011년)에 불과하고, DSR도 3.1%로 낮아 단기 유동성 위험이 낮은 편이다.

〈표 2〉 주요 대외거래 지표

(단위: 백만 달러, %)

구 분	2008	2009	2010	2011	2012
경상수지	412,364	261,120	305,374	201,714	193,100
경상수지 GDP	9.1	5.2	5.2	2.8	2.3
상품수지	360,680	249,513	254,420	242,469	321,600
수출	1,434,600	1,203,800	1,581,420	1,812,319	2,056,900
수입	1,073,920	954,287	1,327,240	1,569,850	1,735,300
외환보유액	1,946,030	2,399,150	2,847,340	3,181,150	3,305,000
총외채잔액	390,200	428,700	548,900	693,800	873,200
총외채잔액 / GDP	8.6	8.6	9.3	9.5	10.6
DSR	2.0	2.9	2.4	2.8	3.1

자료: 한국수출입은행

4) 정치 · 사회동향

가. 정치안정

2012년 11월 공산당 제18기 전당대회에서 지도부 교체가 단행되었다. 시진핑 국가 부주석과 리커창 부총리가 각각 국가 주석과 총리에 올랐으며, 나머지 5명의 상무위원도 합의하에 선출된 만큼 지도부 교체로 인한 정국혼란은 없어 보인다.

그러나 시진핑 주석과 리커창 총리을 제외한 상무위원이 17기 정치국원 중 연장자 순으로 선출됨에 따라 신 지도부는 보수적인 색채가 강한 것으로 평가되며, 경제성장 방식 전환을 위한 경제체제 및 구조개혁의 추진여부는 지켜봐야 할 상황이다.

나. 사회안정

외형상의 정치적 안정에도 불구하고 지역간, 도농간 소득격차, 산업 구조조정 등 실업자 증가가 잠재적인 불안요인이 되고 있다.

중국은 비리척결을 위해 2010년 '반부패와 청렴정치 건설백서'를 발간하였으며, 시진핑 총서기도 관료주의 타파와 부패 척결을 지속적으로 강조하는 등 부패와의 전쟁을 지속하고 있다[36].

2008~2009년 종교탄압과 소수민족 차별에 반발하여 발생한 티벳족과 위구르족의 시위가 진압된 이후 대규모 시위는 발생하지 않았다. 중국은 시위의 강경진압원칙을 고수하고 있으며, 시위 확산을 막기 위해 인터넷 등의 미디어 통제를 강화하고 시위 발발 지역에 대한 경제적 지원을 늘리는 등 회유책을 병행하고 있다.

다. 국제관계

미국이 2011년 11월 중국산 태양광 패널에 대한 덤핑 및 보조금 의혹을 제기하면서 양국 간 무역갈등이 재연되었으며, 중국과 기업들이 보조금 조사에 불응하자 미국은 중국 정부 및 기업들을 WTO에 제소하였으며, 중국산 닭고기, 철강실린더에 반덤핑 및 상계관세를 부과하였다. 이에 중국은2012년 7월 미국산 자동차에 반덤핑 및 상계관세를 부과하고, 미국이 이를 불공정 무역행위로 WTO에 제소하는 등 양국간 무역갈등이 심화되고 있다.

EU가 2012년 9월 중국산 태양 전지판에 대한 보조급 지급 여부를 조사하자, 중국은 동년 11월에 EU 일부 회원국이 태양 전지판 수출 보조금을 지급하고 있다며 WTO에 제소하면서 무역 갈등이 지속되고 있다.

ASEAN과는 2010년 1월 FTA를 체결하는 등 경제통합을 강화해왔으나, 미

---

36) 국제투명성기구의 비리인식지수: 중국은 평가대상국 183개 국 중 75위(2012년)

국이 환태평양경제동반자협정(TPPA)을 주도하고, 일본 등 아시아 국가들이 동참의사를 밝힘에 따라 중국 중심의 경제통합 전략이 순탄하지 않을 전망이다. 미국은 일본, 캐나다, 한국 등과 논의를 지속하는 한편, 지적재산권 확립과 환율 조작 등 중국을 겨냥한 의무규정을 내세우고 있어, 중국이 가입하더라도 미국이 TPPA를 중국 견제수단으로 활용할 가능성이 높다[37].

미국이 2013년 4월 발표한 환율정책보고서는 1994년 이후 19년 연속 중국을 환율조작국으로 지정하지 않았다. 이는 중국이 2010년 환율의 개혁 이후 2013년 4월까지 실질환율이 16.2% 절상, 중국의 경상수지 흑자가 2007년 GDP의 10.1%에서 2012년 2.3%로 감소 등 위안화 절상을 위한 중국의 노력을 언급하는 등 위안화 절상 압박수위는 다소 완화된 것으로 보인다.

일본이 2012년 4월 센카쿠(중국명 댜오위다오) 5개 섬 중 3개 섬의 매입계획을 발표 후, 7월에는 국유화를 추진하면서 중국과 대만정부가 크게 반발하였다. 센카쿠 섬 분쟁으로 2012년 8월 중국 전역에서 대규모 반일시위가 발생하고 도요타, 유니클로 등 일본산 제품에 대한 불매운동이 확산되었다. 일본에서도 반중시위가 발발하고 10월에는 일본에서 개최된 IMF/WB 연차총회에 중국이 불참하는 등 양국관계가 급속히 냉각되었다. 2012년 12월 일본 총선에서 우경화 보수노선의 자민당이 집권함에 따라 영토를 둘러싼 동북아의 긴장상태가 지속될 전망이다[38].

대만은 2012년 1월 대선에서 2008년 총통으로 당선된 마잉주가 재선함으로써 중국과의 우호적인 관계가 지속될 전망이다. 2010년 7월 양안경제협력기본협정(ECPA)이 체결된 이후 대만 제품과 서비스의 중국 수출이 지속적으로 확대되는 등 경제통합이 가속화되고 있다. 대만과의 금융협력을 강화하기 위해 대만을 투자 대상으로 하는 QDⅡ 한도를 두 배로 확대(5억 달러 → 10억 달러)하고, 대만 투자기관에도 QFⅡ(적격 위안화 외국인기관투자자) 프로그램을 시범 실시하고 있다.

---

37) TPPA: 2005년 뉴질랜드, 싱가포르, 칠레, 브루나이 4개국으로 출범하였으며, 2010년 호주, 페루, 베트남, 말레이시아, 미국 등 5개국 참여 및 캐나다, 일본, 필리핀, 한국, 대만의 참여 논의가 지속되고 있음.

38) 현재 3개 섬은 일본 국적 민간인 소유로, 일본정부가 임대료를 내고 임차형식으로 실효지배하여 일반인의 접근을 차단하고 있다.

러시아와는 2008년 10월 국경분쟁 타결 이후 2010년 9월 국경 통과하는 송유관 개통으로 우호관계 확대하였다.

아프리카에 대하여 중국은 자원외교를 활발히 추진하여 대부분의 아프리카 국가와 우호관계를 유지하고 있다. 중국의 교역에서 아프리카의 비중(4%)은 미미하지만, 아프리카에서는 중국이 최대 교역 대상국으로 부상하고 있다. 중국은 아프리카 내 중국의 영향력 확대와 자원개발 사업의 선점을 위해 중국-아프리카 포럼(FOCAC)을 3년에 한 번씩 개최하는 등 긴밀히 협력하고 있다[39].

5) 국제신인도

가. 국제시장평가

중국은 고도성장, 풍부한 외환보유액, 양호한 외채상환능력 등으로 매우 높은 국가신인도 유지하고 있다[40].

〈표 3〉 주요 기관별 평가등급

평가기관	최근 평가등급	종전 평가등급
한국수출입은행	B1 (2012. 8)	B1 (2012. 2)
OECD	2등급 (2012. 3)	2등급 (2011. 3)
S&P	AA- (2010.12)	A+ (2008. 7)
Moody's	Aa3 (2010.11)	A1 (2007. 7)
Fitch	A+ (2012. 4)	A+ (2011. 4)

나. 외채상환태도

중국은 리스케쥴링, 연체경험이 없으며 양호한 외채상환태도 유지하고

39) 2012년 7월 5차 포럼에서 중국은 향후 3년간 아프리카에 200억 달러의 차관 지원, '중국-아프리카개발펀드'의 50억 불까지 확대, 아프리카의 수출품에 대한 무관세 혜택 품목을 전체의 97%까지 확대 등을 약속하였다.

40) OECD 2등급, S&P AA-/stable, Moodys Aa3/positive, Fitch A+/stable

있다. 외국인의 자본시장 투자 및 자국민의 해외차입 규제로 외환을 엄격히 관리하고 있어 갑작스러운 외화 유출과 이에 따른 외채상환 불능 사태 가능성은 미미하다.

6) 우리나라와의 관계

국교수립: 1992년 8월 24일(북한과는 1949년 10월 6일)

〈표 4〉 한 · 중국 교역 규모

(단위: 백만 달러)

	2010	2011	2012	주요 품목
수 출	116,838	134,205	134,331	평판디스플레이 및 센서, 반도체, 합성수지
수 입	71,574	86,426	80,778	반도체, 컴퓨터, 철강판
합 계	177,412	220,631	215,109	

자료: 한국무역협회

우리나라와 중국이 체결한 주요협정은 무역, 투자협정(1992년), 문화협정, 이중과세방지협정(1994년), 원자력협정, 세관협력협정(1995년), 복수사증협정(1998년), 투자증진 및 보호협정(2007년) 등이다.

2012년 우리나라의 중국에 대한 수출이 1,343억 달러를 기록함에 따라 2000년대 들어 폭발적으로 증가하던 대중국 수출(평균 23.0%)이 0.1% 증가하는 데 그쳤다. 이는 중국에서 가공되어 재수출되는 수출구조에 따라 중국의 수출부진이 우리나라의 수출에 영향을 끼친 데다 중국의 성장둔화로 수입 수요가 감소한 데 기인한다. 중국으로부터의 수입은 808억 달러로, 전년대비 6.5% 감소하여 우리나라는 중국과의 교역에서 535억 달러의 흑자를 기록하였다.

2012년 말 우리나라의 대 중국 해외직접투자 누계액은 405억 달러이며, 2012년 연중 투자금액은 33억 달러로, 중국은 우리나라의 2위 투자대상국(전체투자의 14.3%)이다. 우리나라의 대 중국 투자는 2010년 이후 지속적으로 감소하는 추세이며, 2011년 투자건수가 전년 대비 6.5% 감소하고, 투자액도 전년대비 1.4% 증가하는 데 그쳤다. 2012년에는 투자건수가 15.9%, 투자액은 10.3% 감소하였다[41]. 2012년 기준 업종별로 제조업이 총투자금액의 69.6%로 가장 많고, 부동산 임대업이 18.6%를 차지하였다.

3. 중국경제 60년 평가

2009년은 중화인민공화국 건국(1949년 10월1일) 60주년이며, 중국경제는 경제운영 체제, 경제규모 및 구조, 주민생활 수준 등에서 변혁의 과정을 거쳐 왔다.

중국은 개혁 · 개방 이후 시장화 개혁과 개방경제의 추진으로 산업구조와 수출구조가 고도화되었으며, 2001년 WTO 가입을 계기로 대외교역 및 외국인투자의 폭발적인 증가로 2004년 이후 미국, 독일에 이어 세계3위 무역대국으로 성장 및 개도국 중 가장 많은 외국인투자를 유치국이 되었다.

중국경제의 지속 성장으로 향후 20년 내 중국은 세계 최대 경제대국으로 부상하고, 기존의 성장방식에서 벗어나 내수중심의 성장구조로 전환될 것으로 전망되고 있다.

1) 중국경제 60년의 시기별 변천

가. 1949~1956년: 중앙집권적 계획경제 확립

건국 후 중국은 정치적 안정과 사회주의 개조를 추진하여 중앙집권적 계획경제 모델을 확립하였고, 1950년 토지개혁을 통해 농민들에게 토지를 분배하였으며, 이 시기 경제정책 목표는 낙후된 농업국을 벗어나 선진공업국 지향이었으며, 1953년부터 대규모 공업화 건설이 시작되었다.

나. 1957~1966년: 전면적인 사회주의 건설

1953년 시작된 대규모 공업화 건설, 1958~60년의 대약진 운동을 통하여 성

41) 제조업 분야 임금상승, 외국인 기업에 대한 법인세 면제제도 폐지, 수출기업에 대한 혜택의 폐지 · 축소 등으로 비용 인상요인이 증가 때문임,

장 기반을 달성하였으며, 1964년 12월 조우언라이(周恩來) 총리는 4대 현대화(농업현대화, 공업현대화, 국방현대화, 기술현대화) 정책을 발표하여, 20세기말까지 공업대국화 실현의 목표를 설정하였다.[42]

다. 1966~1978년: 문화대혁명

1966년 이후 10여 년에 걸친 문화대혁명 기간 동안 중국경제의 성장과 발전은 답보상태에 머물러 절대 빈곤과 기초 생필품 부족으로 이어졌다. [43]

라. 1978년 이후

1978년부터 2008년까지의 30년간은 개혁 · 개방을 통한 대개혁, 대개방, 대발전을 이룬 시기로서 중국경제는 질적 · 양적 면에서 눈부신 발전을 달성하였다.

덩샤오핑(鄧小平)은 1978년 11월에 개최된 중국공산당 제11기 3중 전회에서 개혁 · 개방의 천명 및 1987년에 개최된 중국 공산당 제13차 대표대회에서 중국경제 발전의 3단계 발전목표(三步走)를 제기하였다.

제1단계: 국민총생산 규모 1980년 대비 2배 확대, 인민의 '원바오(溫飽)[44]' 문제 해결

제2단계: 20세기 말까지 다시 국민총생산 2배 확대, 인민생활수준을 '샤오캉(小康)[45]'수준으로 향상

제3단계: 21세기 중반까지 1인당 GDP를 중진국 수준 상승 및 비교적 부유한 사회 실현[46]

---

42) 제1단계는 15년간에 걸쳐 독립적인 공업과 국민경제 체제를 구축함으로써 세계 선진국가 수준에 도달하고, 제2단계를 통하여 20세기 말에 세계 제일의 공업대국에 도달

43) 1978년 중국 농촌지역의 절대 빈곤 인구는 2억 5,000만 명으로 전체 인구의 30.7%에 달함

44) 의, 식, 주 등 기본 생계 충족

45) 중등 생활 수준

46) 제1단계 발전목표는 1987년에 3년 앞당겨 실현하였으며, 제2단계목표는 1995년에 5년 앞당겨 실현함. 2002년 중국 공산당 제16기 전당대회에서 2020년까지 GDP 규모와 1인당 GDP를 2000년의 4배로 확대하여 '전면적 소강사회'를 건설한다는 목표를 설정함

〈표 1〉 신중국 이후 주요 경제사건의 주요 일지

년도	주요 경제사건
1950년	토지개혁 단행: '무상몰수, 무상분배'의 원칙에 따라 토지를 농민에게 분배
1958년	대약진운동 추진: 사회주의 건설과 신속한 경제건설을 목표
1978년	개혁・개방 천명
1980년	경제특구(SEZ)설치: 선전, 주하이, 산터우, 샤먼을 경제특구로 지정
1983년	농가청부제 도입: 각 농가의 잉여생산물 각자 처분권 허용
1987년	중국 사회주의 건설 노선:'하나의 과제와 두개의 점'47)
1990년	상해증권거래소 설립(11월), 선전 증권거래소 설립(12월)
1992년	경제개혁의 목표: 사회주의 시장경제임을 공식화
1996년	IMF협정 제8조국 수용, 위엔화의 경상거래 태환 허용
1997년	국유기업 개혁 본격 추진: 대형 국유기업에 대한 주식합작제 개혁 실시
1999년	'비공유경제'가 중국 사회주의 시장경제의 주요 부분임을 헌법에 명시
2001년	WTO 가입
2004년	사유재산권 보호 저항을 헌법에 명문화
2005년	위엔화 환율제도 변경(7월): 미 달러 페그제 → 복수통화바스켓제도 농업세 폐지(12월): 농민부담 경감, 도농 소득격차 해소
2007년	물권법 시행: 개인의 사유재산권 인정, 사유재사권 보호 규정

주: KIEP, 중국경제 60년 평가와 전망, 2009. 9 p.2 재인용

2) 중국경제 60년의 성과와 구조변화

신중국 수립 이후 60년 동안 중국경제는 국내총생산 및 대외교역 규모 등 양적 성장과 더불어 급속한 구조 변화가 발생하였으며, 중국 국가통계국의 평가에 의하면 다음과 같이 8가지 큰 변화로 특징된다.

---

47) 경제발전을 중심과제로 하고, 개혁·개방과 네 가지 기본원칙(사회주의 노선, 인민민주 전제정치, 공산당 영도, 마르크스레닌주의와 모택동 사상)을 견지한다는 내용

〈표 2〉 신중국 이후 중국경제의 변화

1 국민경제의 전반적인 체질 및 국력의 강화, 국제적 위상 제고
2 상품 및 서비스 공급의 풍요(주요 공업제품과 농산품 공급능력 확대
3 경제구조 개선(3차산업 비중 상승 등
4 인프라와 기초산업의 비약적 발전
5 대외경제 개방(대외교역 및 외자도입 확대
6 일반 주민 생활수준의 비약적 향상
7 과학기술과 교육의 발전
8 문화, 위생, 체육, 환경보호 등 사회사업의 근본적 변화 발생(경제와 사회의 조화로운 발전 지속 추진

주: KIEP, 중국경제 60년 평가와 전망, 2009. 9 p.3 재인용

가. 경제규모 확대와 국제적 위상 제고

(1) 세계3대 경제대국 부상

중국의 국내총생산액(GDP)은 1952년 679억 위엔에 불과하였으나, 1978년 3,645억 위엔(약 1,473억 달러), 2008년에는 약 30.1조 위안(4.3조 달러)으로 1952년 대비 443배 증가하였다.

1952년부터 2008년까지 중국경제는 연평균 8.1%의 성장률을 시현하였으며, 이 중 전반기 30년간은 연평균 6.1%, 개혁 · 개방 이후 30년간은 연평균 9.8%씩 성장하였으며, 세계경제에서 중국의 비중은 1978년 1.7%에서 2008년 7.1%로 상승하여, 2007년에는 미국, 일본에 이어 세계 3위의 경제대국으로 부상하였다[48].

(2) 주민 생활수준 향상

경제규모의 확대와 더불어 13억 인민의 생활수준도 대폭 향상되어, 1인당 GDP는 1952년 119위안에서 2008년에는 22,698위안(3,292달러)으로 191배(실질 32.4배)로 성장하였으며, 소득수준의 향상과 더불어 소비구조도 개선되어 1995년 이전 중국 소비자의 엥겔계수는 '원바오(溫飽)'형인 50~60%선을

48) 일본과 한국의 전후 30년간(1950~80년) 연평균 경제성장률: 한국 9.1%, 일본 7.7%

유지하였다.

〈표 3〉 중국의 GDP 및 소득수준 변화

		1952	1978	1980	1990	1995	2000	2005	2007	2008
GDP	십 억 위 엔	67.9	365	455	1,867	6,079	9,921	18,322	27,731	30,067
	억 달 러	-	1,473	1,882	3,546	7,280	11,985	22,359	33,823	43,262
	세계비중(%)	-	1.7	2.6	1.7	2.5	3.8	5.0	6.2	7.1
	세 계 순 위	-	10	11	11	8	6	4	3	3
	세계성장기여율	-	-	-	-2.7	5.7	13.5	9.4	10.3	-
소득수준(위엔)	1인당 GDP	119	381	463	1,644	5,046	7,858	14,053	19,524	22,698
	1인당GDP(달러)	-	225	313	341	601	946	1,715	2,560	3,292
	도시가처분소득	100	343	478	1,510	4,283	6,280	10,493	13,786	15,781
	농민순 수입	44	134	191	686	1,577	2,253	3,255	4,140	4,761
엥겔계수(%)	도 시	-	57.5	56.9	54.2	50.1	39.4	36.7	36.3	37.9
	농 촌	-	67.1	61.8	58.8	58.6	49.1	45.5	43.1	43.7

주: KIEP, 중국경제 60년 평가와 전망, 2009. 9 p.3 재인용

(3) 세계3대 무역대국 부상

개혁 · 개방 이전 중국은 계획경제 체제하에서 수입대체 공업화 전략을 실행하였으나, 개혁 · 개방 이후 초기 10여 년간 대외무역체제 개혁과 더불어 교역량이 증가하여 1988년에는 1,000억 달러를 기록하였으며, 1994년 대외무역관리제도 개혁, 외환관리제도 개혁 등 무역환경이 대폭 개선되면서 2001년에는 5,000억 달러를 초과하고, 2001년 WTO 가입으로 전면적인 개방이 이루어지면서 무역량이 폭발적으로 증가하여 2007년에는 2조 달러를 돌파하였다.

세계 상품교역에서 중국의 점유비도 높아져, 세계무역 비중이 1978년 0.6%에서 2008년에는 8.0%로 상승 및 2004년 이후에는 세계 3위의 무역대국으로 부상하였다.

〈표 4〉 중국의 대외경제지표 변화

(단위: 10억 달러, %)

		1952	1978	1980	1990	1995	2000	2005	2007	2008
무역액	금액	2.4	21	38	115	271	474	1,422	2,175	2,562
	비중	-	0.6	-	1.6	2.7	3.6	6.7	7.7	8.0
	순위	-	29	25	11	8	8	3	3	3
수출	금액	1.0	9.8	18.1	62.1	148.8	249.2	762.0	1,218.6	1,428.5
	순위	-	28	28	14	12	7	3	2	2
수입	금액	1.4	10.9	20.0	53.3	132.1	225.1	660.0	956.0	1,131.1
	순위		27	22	14	12	7	3	3	3
외환보유	금액	0.14	0.17	-1.30	11.1	73.6	165.6	818.9	1,582.2	1,946.0
	순위	-	40	37	7	2	2	2	1	1

주: KIEP, 중국경제 60년 평가와 전망, 2009. 9 p.4 재인용

(4) 외국인투자 유치와 중국경제

중국은 방대한 시장, 저임금 노동력, 적극적인 외국인투자 유치정책으로 개도국 중에서 가장 많은 외국인투자를 유치한 국가이며, 유엔개발기구(UNCTAD)에 따르면 1980년 중국의 외국인투자 유치액은 5,700만 달러에 불과하였으나, 연해지역에 대한 개방과 외국인투자 유입이 확대된 결과 1984~91년 중 연평균 26억 9,000만 달러 규모를 유치하였다.

특히 1992년 덩샤오핑의 남순강화 이후 중국 내수시장에 대한 부분적인 개방으로 다국적기업의 대중국 투자가 증가하면서, 1992~2001년 기간 중에는 연평균 370.2억 달러 및 WTO 가입 이후 내수시장 진출 제한의 대폭 완화와 서비스분야에 대한 외국인투자 허용으로 2002~08년에는 연평균 719.7억 달러 규모의 외국인투자를 유치하였다.

〈표 5〉 개혁 개방 이후 중국의 외국인투자 유치 현황

(단위: 억 달러, %)

	누계 FDI이용액	연평균 FDI	FDI/GDP 평균
제1단계(1979~83)	18.2	3.6	0.46
제2단계(1984~91)	215.4	26.9	0.73
제3단계(1992~2001)	3,707.7	370.2	4.69
제4단계(2002~2008)	5,038.2	719.7	2.86

주: KIEP, 중국경제 60년 평가와 전망, 2009. 9 p.4 재인용

(5) 세계의 생산공장

개혁 · 개방 이후 중국은 세계의 생산공장으로 변모하여, 철강, 석탄, 시멘트, 면직포, TV 등과 자전거, 전지, 맥주, 의류, 방직품 등 100여 종의 경공업 제품에서 세계 1위를 차지하였다.[49]

〈표 6〉 주요공산품 생산량과 중국의 순위

	단위	1978년		2000년		2007년		2008년	
		생산량	순위	생산량	순위	생산량	순위	생산량	순위
원유	만 톤	10,405	8	16,300	5	18,632	5	18,973	5
발전량	억KWH	2,566	7	13,556	2	32,816	2	34,669	2
조강	만 톤	3,178	5	12,850	1	48,929	1	50,092	1
석탄	만 톤	61,800	3	129,900	1	252,600	1	279,300	1
시멘트	만 톤	6,524	4	59,700	1	136,117	1	140,000	1
화학비료	만 톤	869	3	3,186	1	5,825	1	6,013	1
면직포	억 M	110	1	277	2	675	1	710	1
컬러TV	만 대	0.4	8	3,936	1	8,478	1	9,033	1
자동차	만 대	14.9	-	207	8	889	3	935	3

주: KIEP, 중국경제 60년 평가와 전망, 2009. 9 p 4 재인용

49) 18세기에서 20세기 초반까지 100여 년간 영국이 세계의 생산공장 역할을 담당하였고, 20세기 초반부터 1970년대까지는 미국, 2차 세계대전 이후에는 일본, 1990년 대 이후는 중국이 그 역할을 담당하고 있음

중국의 철강 생산량은 1978년 3,178만 톤에서 1996년 1억 톤을 넘어서 세계 1위 생산국 및 2008년에는 5억 톤을 초과하였으며, 컬러TV 생산량은 1978년 4,000대 및 2008년에는 9,033만 대로 세계 1위, 자동차 생산량은 1978년 14.9만 대에서 2008년에는 935만 대로 증가하였다.

나. 경제구조의 변화

(1) 경제체제변화: 사회주의 시장경제

중국경제체제의 가장 큰 변화는 중국이 사회주의 시장경제를 도입했다는 것이며, 개혁 · 개방 이후 30년간 계획경제에서 시장경제로의 이행과정을 밟고 있다.

중국경제의 시장화 개혁은 소유제도의 변화이며, 60년 전 구소련을 따라 계획경제체제 도입 후 공유제기업이 전체 국내생산의 99%를 담당하였으나, 개혁 · 개방 정책으로 다양한 형태의 소유제를 도입하기 시작한 이후 비공유제 경제가 급속히 성장하였다.

〈표 7〉 중국의 가격결정 중 시장가격이 차지하는 방식 변화

(단위: %)

구 분		1978	1991	1995	2003	2005	2006
생산재	시 장 가 격	0	46	78	87.3	91.9	92.1
	국가지도가격	0	18	6	2.7	2.2	2.3
	국가지정가격	100	36	16	10	5.9	5.6
소매상품	시 장 가 격	3	69	89	96.1	95.6	95.3
	국가지도가격	0	10	2	1.3	1.7	1.9
	국가지정가격	97	21	9	2.6	2.7	2.8
농산품	시 장 가 격	6	58	79	96.5	97.7	97.1
	국가지도가격	2	20	4	1.6	1.1	1.7
	국가지정가격	92	22	17	1.9	1.2	1.2

주: KIEP, 중국경제 60년 평가와 전망, 2009. 9 p.5 재인용

2008년 현재 중국 내 사영기업과 개체공상호(개인기업)의 수는 각각 657만 개와 2,917만 개에 이르며, 가격의 시장화는 1970년대 말까지 극히 일부 품목을 제외하고 국가가 가격 지정으로부터, 1992년 사회주의시장경제체제 구축 목표 설정 이후 대대적인 가격개혁을 단행하여, 2006년에는 생산재의 92.1%, 소매상품의 95.3%, 농산품의 97.1%가 시장가격으로 결정되었다.

(2) 개방형 경제로의 전환

개혁·개방 이전 중국은 자급자족을 위한 공업화 전략을 추진하는 폐쇄형 경제구조이었으나, 1978년 개혁·개방을 통한 부분적인 개방 및 1992년 덩샤오핑의 남순강화 이후 개방 확대 및 2001년 WTO 가입 이후 전면적인 개방 단계를 거쳐 시장을 개방해 왔다.

〈표 8〉 중국의 경제성장 기여율 및 대외의존도

(단위: 기여율(%), 기여도(% p))

연도	최종소비		자본형성		순수출		대외의존도	
	기여율	기여도	기여율	기여도	기여율	기여도	수출입/GDP	수출/GDP
1952	-	-	-	-	-	-	9.5	4.0
1978	39.4	4.6	66.0	7.7	-5.4	-0.6	9.7	4.6
1980	71.8	5.6	26.4	2.1	1.8	0.1	12.5	6.0
1985	85.5	11.5	80.9	10.9	66.4	-8.9	22.9	9.0
1990	47.8	1.8	1.8	0.1	50.4	1.9	29.8	16.0
1995	44.7	4.9	55.0	6.0	0.3	0.0	38.7	20.5
2000	63.8	5.4	21.7	1.8	14.5	1.2	39.6	20.8
2005	38.2	4.0	37.7	3.9	24.1	2.5	63.8	34.2
2006	38.7	4.5	42.0	4.9	19.3	2.2	66.5	36.6
2007	40.6	5.3	39.7	5.1	19.7	2.6	64.8	36.3
2008	45.7	4.1	45.1	4.1	9.2	0.8	59.8	33.3

주: KIEP, 중국경제 60년 평가와 전망, 2009. 9 p.5 재인용

중국경제의 대외개방은 대외의존도와 해외부문에 의한 성장의존 구조를 심화시켜, 대외의존도는 1970년대 말 10%미만에서 2006년 66.5%까지 상승하였고, 경제성장에 대한 순 수출의 기여율은 1980년 1.8%에서 개혁 · 개방 이후 1985~90년 기간에는 50% 이상으로 상승하였다.

중국은 자본 형성, 수출시장 확보, 고용 확대, 제조기술 도입의 중요한 수단으로 외국인 직접투자를 적극 이용하였으며, 외국인투자는 개혁 · 개방 초기 투자자본의 중요한 보충 수단이었으며, 1983~2008년 기간 중 중국의 전체 고정자산투자 중 7.4%가 외국인투자에 의해 이루어졌다.

도시지역 취업자 중 외국인투자 기업에 취업한 인원은 1985년 6만에서 2008년에는 4,552만 명으로 증가하여 전체 도시취업자의 15.1%를 차지하였으며, 중국 수출에서 외자기업이 차지하는 비중은 1985년 4.0%에서 2006년에는 58.2%까지 확대되었다.

〈표 9〉 **외국인투자 기업과 중국경제**

		1985	1990	1985	2000	2005	2006	2007	2008
투 자 (억 달러)	외자이용액	19.6	34.9	375.2	407.1	724.1	727.2	835.2	1,083
	비 중	2.3	3.7	15.7	10.2	6.7	5.3	4.6	4.4
도시 취업자 (만명)	외자기업	6	66	513	643	1,245	3,808	4,213	4,552
	비 중	0.05	0.39	2.69	2.78	4.56	13.45	13.95	15.1
수 출 액 (억 달러)	외자기업	5.82	78.1	468.8	1,194	4,441	5,638	6,954	7,906
	비 중	4.04	12.6	31.5	44.9	47.9	58.2	57.1	55.3

주: KIEP, 중국경제 60년 평가와 전망, 2009. 9 p.6 재인용

(3) 산업구조변화

신중국 성립 당시 농업 중심 국가였으나, 모택동 시대의 공업화 전략 추진으로 점차 광공업 중심 2차산업 경제구조로 전환되었으며, GDP에서 1차산업의 비중은1952년 50%를 상회, 1978년에는 28.2%까지 하락하였으며, 2차산업의 비중은 같은 기간 20.9%에서 47.9%로 상승하였다.

개혁 · 개방 이후에는 공업화와 더불어 서비스산업화가 빠르게 진행되어 GDP에서 서비스산업의 비중은 1952년 28.6%에서 1978년에는 23.9%로 낮아졌으나 2005년 이후에는 40%를 초과하였다.

공업 전략에서는 중공업화가 빠르게 진행되고 있으며, 특히 개혁 · 개방 이전에는 중화학 공업화 전략을 추진함으로써 경공업과 중공업 간의 발전 격차가 확대되어, 1952~78년간 중국 공업생산 중 중공업 비중은 35.5%에서 56.9%로 상승하였다.

경공업 비중은 1990년대에 49%선을 유지하였으며, 개혁 · 개방이후 국내 생필품 부족 현상을 해소하기 위해 경공업 분야에 대한 투자를 확대한 결과이며, 1990년대 후반부터 다시 중공업 육성정책을 추진하면서 2000년 이후 중공업 비중이 급상승하여, 2008년에는 전체공업에서 중공업 생산이 70.6%를 차지하였다.

〈표 10〉 **중국의 산업 및 공업 구조 변화**

연도	GDP 구성 변화(%)				공업총생산 구성(%)	
	1차산업	2차산업	(광공업)	3차산업	경공업	중공업
1952	50.4	20.9	17.6	28.6	64.5	35.5
1978	28.2	47.9	44.1	23.9	43.1	56.9
1980	30.2	48.2	43.9	21.6	47.2	52.8
1985	28.4	42.9	38.3	28.7	47.4	52.6
1990	27.1	41.3	36.7	31.5	49.4	50.6
1995	20.0	47.2	41.0	32.9	47.3	52.7
2000	15.1	45.9	40.4	39.0	39.8	60.2
2005	12.2	47.7	42.2	40.1	31.1	68.9
2006	11.3	48.7	43.1	40.0	30.0	70.0
2007	11.1	48.5	43.0	40.4	29.5	70.5
2008	11.3	48.6	42.9	40.1	29.4	70.6

주: KIEP, 중국경제 60년 평가와 전망, 2009. 9 p.6 재인용

(4) 수출구조 변화

수출상품 구조에 있어서도 중공업화, 하이테크화, 서비스화가 빠르게 진전되었으며, 중국 전체 수출에서 1차산품이 차지하는 비중은 1978년53.5%에서 2008년 5.4%로 낮아진 반면, 공산품 비중은 46.5%에서 94.6%로 높아졌다.

수출상품의 하이테크화도 빠르게 진행되어, 전체 수출에서 하이테크 제품이 차지하는 비중은 1991년 4%에서 2007년에는 31.8%로 상승하였으며, 서비스 무역액은 1982년 45억 달러에서 2008년에는 3,060억 달러로 68배 증가하였고, 전 세계 서비스 무역의 4.25%를 점유하였다.

중국의 무역은 가공무역 중심이며 무역흑자의 확대로 통상마찰이 증대되고 있다. 중국의 수출에서 가공무역의 비중은 1982년 5.1%에서, 2000년에는 55.2%로 확대되었으며, 2004년 이후 중국정부가 가공무역을 규제하는 다양한 조치를 취하면서 가공무역 비중이 감소 추세에 있으나 여전히 높은 비중을 차지하고 있다.

〈표 11〉 중국 수출구조 변화

(단위: 억 달러, %)

연도	수출상품구성		공산품 수출 구성					가공무역비중	서비스 수출
	1차상품	공산품	화학	섬유	기계운송장비	잡제품	미분류		
1978	53.5	46.5	2.4	-	3.4	-	-	-	-
1980	50.3	49.7	6.2	22.1	4.7	15.7	1.1	5.1	-
1985	50.6	49.4	5.0	16.4	2.8	12.8	12.5	12.1	25
1990	25.6	74.4	6.0	20.3	9.0	20.4	18.7	40.9	59
1995	14.4	85.6	6.1	21.7	21.1	36.7	0.0	49.5	191
2000	10.2	89.8	4.9	17.1	33.2	34.6	0.1	55.2	304
2005	6.4	93.6	4.7	17.0	46.2	25.5	0.2	54.7	744
2006	5.5	94.5	5.4	18.0	47.1	24.6	0.3	51.0	920
2007	5.5	94.9	5.0	18.1	47.4	24.4	0.2	50.7	1,222
2008	5.4	94.6	5.6	18.3	47.1	23.4	0.1	47.3	1,471

주: KIEP, 중국경제 60년 평가와 전망, 2009. 9 p.7 재인용

(5) 지역경제변화

신중국 성립 이후부터 개혁 · 개방 이전까지 중국은'삼선(三線)건설'로 대표되는 내륙 중심의 투자 및 지역발전 전략을 추진하여 왔으며 50), 개혁 · 개방 이전 중국의 경제성장은 연해지역과 중서부 지역의 균형 발전이 이루어졌다.

〈표 12〉 중국 GDP의 지역별 분포변화

(단위: %)

	1952	1978	1980	1985	1990	1995	2000	2005	2006	2007	2008
전체	100.0	100.0	100.0	100.0	100.0	100.0	100.0	100.0	100.0	100.0	100.0
동부	51.6	52.5	52.2	52.8	54.9	58.4	60.4	61.7	61.7	61.4	60.6
중부	31.3	29.1	29.6	29.1	28.6	26.1	24.4	23.4	23.2	23.4	23.8
서부	17.1	18.4	18.2	18.1	16.5	15.5	15.2	14.9	15.0	15.2	15.6

주: KIEP, 중국경제 60년 평가와 전망, 2009. 9 p.7 재인용

1990년대 말에는 연해지역과 내륙지역 간의 협조 발전을 통한 발전격차 완화 및 시너지효과 극대화의 필요성이 제기되었으며, 1999년 서부대개발전략, 2003년 동북노공업기지 개조 계획, 2006년 중부굴기 전략이 추진되고 있다.

〈표 13〉 중국의 지역발전 전략 변화

기간	전략 중점	주요 개방 및 지역발전 전략
개혁·개방 이전	내륙 중심 투자전략	삼선건설(1965
1980년대	非均衡發展戰略 동부지구 중점 개발	경제특구(1979),연해개방도시(1984), 장강과 주강삼각주(1985), 포동 개방(1990
1990년대	協調發展戰略 효율우선, 공평성 고려 서부지구 중점 개발	연선 · 연강 · 연변 · 내륙 중심 도시개방(1991~92), 지역경제협조발전, 지역발전 격차축소(〈9.5 및 2010년 중장기 발전규획규획〉)
2000년 이후	統籌區域發展 동 · 중 · 서, 동북 중점	서부대개발 전략 (1999), 동북노공업기지 개조(2003), 중부굴기(2006.4), 빈해신구 개발(2006)

주: KIEP, 중국경제 60년 평가와 전망, 2009. 9 p.7 재인용

50) 삼선지역은 운남, 섬서, 감숙, 영하, 하남, 호북, 호남, 산서 등 11개성 지역을 의미하며, 1952년부터 75년 기간 동안 중국 기본건설 투자의 55%가 내륙지역에 투자(특히 삼선지역에 대한 투자가 전체의 40%) 및 40%만이 연해지역에 투자되었음

3) 중국경제의 현안과 과제

가. 에너지 부족과 환경파괴

중국의 산업발전 과정에서의 문제점의 하나는 중국의 성장이 에너지 다소비형과 환경오염 유발형이며, 1990년대 중반 이후 에너지 부족국가로 전환되었으며, 세계 석유소비의 약 10%를 점하고 있다.

2010년 이후 석유, 천연가스, 알루미늄, 철, 동, 황금 등 주요 광물자원의 국내수요의 공급 초과가 예상되며, 2020년에는 심각한 공급부족이 전망되며, 국제에너지기구(IEA)에 따르면 2020년 중국의 석유소비는 5억 톤에 달하는 반면, 국내생산은 2010년을 정점으로 감소하여 2020년에는 1.10억 톤이 될 전망으로, 연간 4.04억 톤의 수입이 불가피한 것으로 예측된다.

〈표 14〉 중국의 에너지 수급 현황

		1978	1980	1990	1995	2000	2005	2007	2008
에너지 (백만 표준탄)	생 산	628	637	1,039	1,290	1,290	2,059	2,354	2,611
	소 비	571	603	987	1,312	1,386	2,247	2,655	2,856
	과부족	57	34	56	-22	-96	-188	-301	-245
석유 (백만톤)	생 산	-	105.9	138.3	150.1	162.6	180.8	186.7	189.7
	소 비	-	87.6	114.9	160.6	223.6	327.8	368.0	-
	과부족	-	18.3	23.4	-9.5	-41.0	-147.0	-181.3	-
원유대외의존도		-	-	-	-	31.33	43.27	48.00	49.4
중국/세계석유소비		-	-	-	5.21	6.28	8.52	9.31	-

주: KIEP, 중국경제 60년 평가와 전망, 2009. 9 p.8 재인용

나. 지역간 · 계층간 불균형 확대

중국경제의 불균형 문제는 연해지역과 내륙지역 간 발전격차, 도시와 농촌 간 소득격차, 계층간 소득격차 등 3대 격차로 나타나고 있으며, 최고 소득지역인 상하이(上海) 시와 최저 소득지역인 구이저우(貴州)성 간의 1인당

GDP 차이는 1990년 7.3배에서 2000년에는 11.3배까지 확대되었다.

도시와 농촌 간의 소득격차인 도시 가처분소득/농촌 순수입 비율은 1978년 2.57배에서2007년에는 3.33배까지 확대되었으며, 계층간 불균형을 지니계수로 비교하면 1970년대 말 0.2 수준에서 2000년에는 경계 수준인 0.40을 초과하여, 2007년에는 0.5에 육박한 것으로 추정되고 있다.

다. 인구 노령화와 노동력 공급 약화

1970년대 중반 계획생육제도를 실시한 이후 인구증가율이 크게 둔화되어 노동력 공급 증가속도가 떨어지고 있으며, 2008년 기준 중국의 인구 자연증가율은 0.5%의 매우 낮은 수준을 유지하고 있는 바, 이러한 추세가 지속될 경우 2030~2035년 기간 중 인구의 최고점 이후 감소세로 전환이 전망된다.[51)]

인구 노령화와 임금의 지속적인 상승은 노동 투입에 의한 성장에 제한이 될 것이며, 노동력의 인력구조에 있어서도 2010년을 정점으로 생산가능 연령(15~65세) 인구 비중은 하락하기 시작하고, 노령인구(60세 이상) 비중은 급상승할 것으로 전망되고 있어, 노령화는 노동력 공급의 축소 및 사회보장 부담을 가중시켜 중국의 중장기 성장잠재력을 저하시키는 요인으로 작용할 것이다[52)].

4. 중국의 소비시장

중국은 과거의 양적 성장 중심에서 소비주도 경제로 성장모델 전환을 추진하면서 '세계의 공장'에서 '소비대국'으로 급속히 변모하고 있다. 경제성장 방식에 대한 중국정부의 정책 패러다임 변화는 수출과 투자에 대한 과도한 의존이 더 이상 성장에 기여하지 못하며 '소비'가 지속 가능한 성장을 보장

---

51) 중국의 총 인구는 2020년 14.4억 명, 2035년 14.7억 명에 달한 후 감소하기 시작하여 2050년에는 14.4억 명으로 줄어들 전망임

52) 중국의 노동연령(15~65세) 인구 비중은 2010년 70.7%를 정점으로 하락하여 2020년에는 68.2%까지 하락할 것이며, 노령인구(60세 이상) 비중은 2000년 10.4%에서 2010년에는 12.6%, 2020년에는 16.6%에 달할 것으로 전망됨.

한다는 판단에 근거하고 있다.

바링허우(80後), 주링허우(90後), 푸얼다이(富二代), 신세대 농민공 등 新세대가 중국 소비주도 경제 전환의 주도세력이 될 전망이다.

중국의 신세대는 향후 빠른 소득 증가와 함께 현재는 물론 미래에도 주력 소비계층으로 부상할 전망이다. 새로운 소비 주역들의 정서와 성향을 파악해야 중국사업, 특히 내수시장 진출에 성공할 수 있을 것이다. 따라서 기업은 지속적인 모니터링을 통해 신세대 소비자의 소비행태를 파악하고, 이에 기반하여 중국사업 전략을 수립할 필요가 있다.

1) 소비대국으로 전환하는 중국

중국은 '12 · 5 계획' 기간(2011~2015년) 중 과거의 양적 성장 중심에서 소비주도 경제로 성장모델을 전환을 모색하고 있다. 소비 확대를 통해 균형 있는 성장을 도모하고, 소득격차 확대에 따른 불만과 사회불안을 해소하며, 도시와 농촌 주민의 순소득 연평균 7% 이상(성장률 이상) 증가 및 매년 15%의 임금인상을 통해 근로자의 소득 증대에 주력해 왔다.

경제성장 방식에 대한 중국의 정책 패러다임이 변화는 수출과 투자에 대한 과도한 의존이 더 이상 성장에 기여하지 못한다는 판단에 근거하고 있다[53].

최근 중국의 성장 동력이 변화하면서 소비의 성장기여율이 증가했는데, 이는 내수 위주 성장모델 전환에 청신호가 되고 있다. 실제로 소비지출은 최근 5년간 연평균 14~15% 증가하는 등 2004년 이후 두 자릿수의 안정적 성장세를 보이고 있다[54].

정부의 지속적인 내수확대 의지와 정책, 新지도부의 도시화 추진 등에 힘입어 소비시장은 계속 확대될 전망이다. 시진핑(習近平) 정부의 도시화계획 추진으로 소비수요가 확대될 전망이다. 도시화율 1% 상승은 소비증가율을 1.6% 제고할 것으로 추산되며, 소비액이 매년 1,000억~1,300억위안(160억~

53) 투자의 GDP 성장기여율: 2010년 52.9% → 2012년 50.4%, 순수출 성장기여율: 2010년 4.0% → 2012년 -2.2%

54) 소비의 GDP 성장기여율: 2010년 43.1% → 2012년 51.8%

200억달러) 증가가 예상되어 GDP 대비 소비 비중은 2012년 48%에서 2015년 에는 50%를 넘어설 전망이다.

사치품과 명품 등 과시형 소비와 해외여행 지출은 이미 세계 최고 수준이며, 2012년 중국의 명품 소비액은 146억 달러로 미국에 이어 세계 2위의 명품 소비시장으로 성장하였다. 2012년 중국인 해외관광객은 전년 대비 15% 증가한 8,100만 명이며, 이들이 지출한 금액은 1,020억 달러로 세계 1위국이 되었으며[55], 2015년 일본을 제치고 미국에 이어 세계 2위의 소비시장으로 부상할 전망이다[56].

2) 변화의 중심: 신세대

가. 중국 소비 지형의 변화

바링허우(80後), 주링허우(90後), 푸얼다이(富二代), 신세대 농민공(農民工) 등 新세대가 변화의 중심에서 소비시장의 확대를 주도하고 있다.

바링허우(80後)는 1980년대 이후 출생하여 집에서 소황제로 자란 세대로, 현재 30대로 성장해 소비시장의 주역으로 부상하였으며, 약 1.8억 명으로 추신된다.

주링허우(90後)는 1990년대 이후 출생하여 어려서부터 고가 제품과 외국 브랜드에 익숙하고 첨단유행을 선도하는 20대로 약 2.2억 명이다.

푸얼다이(富二代)는 부모의 부를 세습한 자녀로, 부유층 자녀가 부유층 인구에서 차지하는 비중은 현재의 10%(약 1,200만 명)에서 5년 내 30% 이상으로 상승할 전망이다[57].

신세대 농민공은 1980년대 이후 태어난 젊은 농민공으로 가난을 대물림하는 세대를 말한다.

중국의 신세대는 개혁 · 개방 이전에 태어나 근검절약하고 수입에 맞춰 지출하는 '치링허우(70後)' 세대와 대비하여 좋아하는 것은 바로 사야하고 舊

---

55) 개인항공기, 요트, 고급 승용차를 제외한 일반 명품소비[World Luxury Association (2012). Blue Book.]

56) 2015년 소비시장 규모: 미국 15.2조달러, 중국 6.1조달러, 일본 5.1조달러

57) 2013 中國私人財富報告, 초상은행·베인앤드컴퍼니

세대보다 과소비하는 경향이 있으며, 삶의 질이 높아지면서 자동차, 휴대폰, 가전 등 내구재 외에도 여행, 엔터테인먼트, 건강 등 새로운 시장을 창출하고 있다.

① 바링허우(80後, 1세대 소황제)

1970년대 말부터 실시한 '1가구 1자녀' 가족계획 정책으로 인해 독자(獨子)집단이 등장하면서 새로운 소비群이 형성되었다[58]. 이 '외동자녀(소황제)'들은 1990년대 고도성장기에 청소년기를 경험하고 글로벌화(다원화), 인터넷 문화, 시장경제 확산기에 20대를 보내면서 중국 사회의 주류로 성장하였다. 바링허우는 이전 세대와는 구분되는 독특한 가치관과 소비문화를 보유하며, 중국 사회의 생활방식, 도덕관념과 가치관을 변화시키며 컨라오주(啃老族), 웨광주(月光族), 팡누(房奴), 처누(車奴), 하이누(孩奴) 등 새로운 사회현상을 야기시키고 있다[59].

바링허우 세대는 정치적 파동과 경제적 어려움을 겪은 이전 세대와 달리 안정적인 사회발전, 고도성장의 풍요로움을 향유한 세대로써, 바링허우가 사회에 진출한 시기에 중국의 소득 수준이 연평균 두 자릿수 성장을 거듭하며 미래에 대한 낙관적 분위기가 팽배해 있었으며, 이같은 환경 속에서 바링허우 세대는 개인 만족을 중시하고, 성취감과 즐거움을 추구하는 가치관을 보유하게 되었다.

바링허우 세대의 소비는 연 20% 이상 증가하며, 중국 소비시장의 변화와 성장을 견인하고 있다. 현재 30대로 접어들어 결혼, 출산의 과정을 거치며 중국 소비시장의 주축으로 부상하였으며, 청년기의 현재 지향적, 실험적 소

---

58) 1979년부터 실시한 '1가구 1자녀' 가족계획 정책이 '국가 장려'에서 1980년 이후 '강제 시행'으로 전환, 이로 인해 대규모 '獨子(소황제) 집단'이 형성

59) · 컨라오주(啃老族): 자의적, 타의적으로 취업을 하지 않고 부모에 의존하여 생활하는 젊은 층
· 웨광주(月光族): 매월 급여를 한푼도 남기지 않고 모두 소비하는 사람.
· 팡누(房奴): 은행대출로 주택을 구입해 대출상환 때문에 궁핍한 생활을 하는 사람
· 처누(車奴): 자가용을 구입 및 관리와 유지비 지출 때문에 어렵게 생활하는 사람
· 하이누(孩奴):평생 자식을 부양하며 사는 사람.

비 등 과도기적 소비성향에서 보다 현실적이고 가치를 추구하는 성숙한 소비패턴으로 변화되었다.

바링허우 세대의 소비 특징

특징	내용
명품과 브랜드 선호	- 제품 구입 시 브랜드는 물론 디자인도 중시 - 매킨지 조사에 따르면, 歐美국가의 명품소비 주체는 40~60대인 반면, 중국은 20~40대가 80%의 명품 구입
신가족소비 형성	- 바링허우는 '1가구 1자녀' 가정의 중심이자 최종 구매결정자로 가족소비에 결정적 역할을 담당 - 구매력, 정보력 소비감각을 갖춘 신세대 부모 - 자녀의 소비행태 형성에도 영향, 브랜드 대물림 현상
성숙한 소비의식	- 축적된 브랜드/제품 체험을 바탕으로 성숙한 소비자 변화 - 명품을 선호하지만 가격 대비 품질과 가치를 비교하고, 소비자권익을 중시, 부가서비스에 대한 니즈가 까다로움

SERI 경제포크스 제424호, 소비대국 중국, 그 중심에 있는 신세대 p6(2013, 7,30) 재인용

② 주링허우(90後, 2세대 소황제)

1990년대 태어나 20대가 된 주링허우 세대는 자기주장이 강하고 인스턴트문화에 익숙한 세대이며, 바링허우와 같이 1가구 1자녀 정책 때문에 대부분 독자이며, 고도 성장기에 어린 시절을 보내 물질적 풍요를 누려온 세대들이다.

자본주의식 사고와 문화에 익숙하며 사상적으로 자유로우며, 가치관은 자기 중심, 온라인 관계, 현재지향으로써, '내'가 좋아하는 것을 선택하며 개성과 독특함을 추구('Cool(Ku,酷)하다')한다. 인터넷 게시판, 온라인 채팅(QQ, MSN), SNS 교류, 블로그 등을 통해 자신의 주장과 경험을 적극적으로 표현하고 공유한다. 소득의 대부분을 소비하며 '바로 지금'을 즐기고자 하는 현재지향적 가치관을 가지고 있으며, 실험소비를 하는 얼리어답터로 현재와 미래 소비의 주역이다[60].

60) 주링허우의 인터넷 사용률은 중국 평균 37%의 두 배인 70%로 정보력이 높고 글

주링허우 세대의 소비 특징

특징	내용
합리적 얼리어답터	- 유행에 민감하고 신제품이 나오면 앞장서 구매 - 히트상품, 해외트렌드에 대한 정보가 많아 글로벌 수준의 품질, 디자인, 기능을 갖춘 제품 구매 - 바링허우와 달리 中國産도 품질만 좋으면 선입견 없이 구매
실험소비	- 다양한 브랜드, 제품에 대한 호기심이 많고 실험적 소비 성향 - 휴대폰 등 개인용 제품 중심으로 다양한 브랜드를 체험하고자 하는 욕구가 크고 교체주기도 짧은 편
인터넷 쇼핑의 핵심 고객층	- 주링허우는 인터넷과 모바일기기에 익숙한 세대로, 온라인 쇼핑몰을 통해 제품 정보 입수 및 구매 - 주링허우가 중국 온라인 쇼핑 매출의 35%를 점유

SERI 경제포크스 제424호, 소비대국 중국, 그 중심에 있는 신세대 p7(2013, 7,30) 재인용

③ **푸얼다이**(富二代) vs **신세대 농민공**(農民工)[61]

푸얼다이는 부모의 富를 세습한 자녀로 현재 부유층의 10% 정도를 차지하고 있다. 1980년대와 1990년대에 태어난 외동자녀로 부모와 4명의 조부모의 관심과 집중을 독차지하며 자랐다. 브랜드를 개성 표출의 도구로 사용하며, 이미 인지도 있는 브랜드보다 새로운 브랜드나 니치 브랜드에 더 관심을 가진다[62].

'특별함'에 대한 갈망으로 다른 사람과 차별화되는 제품을 추구함에 따라 브랜드 선택이 비교적 분산된 편이고, 계속 변화하는 모습을 보이며, 보통의 바링허우보다 훨씬 부유해 고급 승용차나 자신을 치장하는 고가의 손목시계 등 사치품 구입과 해외여행을 선호한다[63].

로벌 트렌드에 민감

61) 푸얼다이와 신세대 농민공은 모두 1980년대 이후 출생한 신세대들이지만, 성장배경이 달라 '바링허우'나 '주링허우'의 연령별 구분보다는 세분된 하위 개념

62) 보통 부유층세대의 피부관리제품 소비총액에서 유명 톱5 브랜드가 차지하는 비중이 83%에 달하는 반면, 푸얼다이 소비총액에서는 42%에 불과

신세대 농민공은 푸얼다이와는 대조적으로 가난을 대물림한 신세대이며, 1980~1990년대에 태어난 20~30대의 젊은 노동자들이다. 신세대 농민공은 전국 2.2억 명 농민공 중 약 1억 명으로 45%를 차지하며, 성장 환경과 시대적 특징으로 인해 1세대 농민공과는 가치관과 생활방식이 완전히 다르다[64].

성장과정에서 중국경제의 고성장, 사회 변화 등을 경험했으며, 개인주의 의식이 강하고 일정 수준 이상의 삶의 질을 추구하며, 또한 1세대 농민공과 달리 도시민으로 융합되기를 희망한다. 중국의 노동인구구조 변화와 임금상승을 통해 신세대 농민공은 노동력 공급자로서의 역할보다 점차 수요자(소비자)로서의 역할이 부각되고 있으며, 과거 과잉공급 상태였던 블루칼라 계층의 부족현상이 2010년부터 심화되었고, 중국 노동인구는 2015년에 최고점에 이르렀다가 하락세로 접어들어 인구보너스(Demographic Bonus, 생산연령인구 증가)시대가 종결될 것으로 전망된다[65].

신세대 농민공은 더 이상 무시할 수 없는 거대 소비群으로 성장할 것이며, 향후 이들의 소비가 중국 경제성장 모델 전환의 강력한 추진요소로 작용할 전망된다. 1세대 농민공은 도시에서 돈을 벌어 고향에 송금했으나 신세대 농민공은 대부분을 소비활동에 사용하며, 지속적인 최저임금의 대폭 상승으로 구매력이 제고되면서 현재 저가 상품을 주로 구매하던 경향이 장기적으로는 가격 대비 기능이 우수한 실속형 제품 및 프리미엄 제품 구매로 전환될 전망이다.

3) 시사점

중국의 신세대 계층은 새롭게 부상하는 프리미엄 新시장으로, IT, 가전 등 폭넓은 제품의 현재 고객층이자 향후에도 성장 가능성이 높은 고부가 시장으로 형성될 전망이다.

향후 빠른 소득 증가와 함께 구매력과 선진 소비성향을 고루 갖춘 핵심

---

63) 푸얼다이 소비자들은 '유명하다'고 해서 해당 브랜드의 제품을 선호하지는 않음.
64) 신세대 농민공은 2010년 1월 중국공산당 중앙 1호 문건에서 처음 언급된 용어로, 중화전국총공회는 1980~1990년대 이후 출생한 비농업분야 종사 농민 호구 인구.
65) 14~64세의 노동인구는 2015년 최고점에 도달한 이후 연간 360만 명씩 줄어들어 2020년 9.98억 명에서 2050년 8.71억 명으로 감소할 전망

소비층으로 발전할 전망이며, 새로운 소비 주역들의 정서와 성향을 파악해야 중국사업, 특히 내수시장 진출에 성공하려면 기업은 지속적인 모니터링을 통해 신세대 소비자의 소비행태와 가치관을 파악하고, 이에 기반한 중국사업 전략을 수립할 필요가 있다.

벤츠는 2008년부터 젊은 층이 선호하는 다양한 모델을 중국 시장에 출시하며 '고급' 이미지와 '젊은' 이미지를 접목한 결과, 젊은 고객층의 매출이 전체 매출의 40%까지 성장하여 글로벌 수준의 품질을 갖춘 '아이콘 브랜드' 구축할 수 있었다.

글로벌 수준의 품질과 디자인, 개성을 갖춘 머스트 해브(Must-haves) 제품의 '아이콘 브랜드'를 구축해야 한다. 최근 유행하고 있는 제품을 선도하는 소비계층은 소득 수준이 높은 중장년층이 아닌 신세대이며, 신세대는 새롭고 신선한 트렌드와 브랜드를 선호하고 다양한 제품을 체험하고자 하는 실험적 성향이 강하다. 아직까지 확고한 브랜드 로열티가 형성되지 않은 상태여서 신세대에게는 브랜드와 첫 관계를 형성하는 첫인상이 중요하다.

기업은 개성을 중시하는 신세대의 소비 특징을 고려하여 타인과의 차별화와 특별한 '개인가치 실현'을 겨냥한 마케팅 전략을 구사할 필요가 있다. 체면소비, 꽌시(關係)소비, 실속소비 비중이 높은 기성세대와 달리, 신세대는 개인의 개성과 '특별함'을 중요시하므로, 기성세대와 차별화된 신세대가 공감할 수 있는 독특한 브랜드 개성을 구축해야 한다.

온라인 활동을 중시하는 신세대 특성을 고려해 QQ(중국의 대표적인 온라인 채팅 사이트), 블로그, 소셜 네트워크 등을 활용한 마케팅을 확대하여, 같은 신세대라도 계층별로 소득 수준 등을 고려한 세분화된 접근이 필요하다. 상대적으로 소득 수준이 낮은 신세대 농민공은 현재보다 미래의 잠재력이 더욱 기대되는 시장으로, 장기적으로 접근하되 그들의 선호와 감성을 만족시킬 수 있는 수준의 가격대와 품질을 가진 브랜드 개발이 필요하다.

5. 중국 신정부의 경제정책 전망과 시사점

중국은 고도성장에 따라 양적으로는 2001년 세계 6위에서 2010년 세계 2

대 경제대국으로 부상했다. 그러나 구조적으로는 '중등소득의 함정'과 '체제이행의 함정'에 빠질 우려가 커지고 있으므로 새로운 지도부의 정책 향방에 주목해야 할 필요가 있다[66].

시진핑(習近平) 등 신지도부는 안정 지향성과 풍부한 지방정부 실무경험에 바탕을 둔 행정 경험 및 국제 감각을 가지고 있으며, 향후 집단지도체제 속에서 구조조정과 지속적인 성장을 추진이 예상된다.

1) 후진타오 시대의 중국 경제 평가

후진타오 시대의 가장 큰 경제적 성과는 고도성장에 따라 경제대국으로 부상한 것이다. 중국은 2001년 세계 6위에서 2010년 세계 2대 경제대국으로 성장하였다. 2002~2011년 중국경제는 연평균 10.6%의 고도성장을 달성하여 경제규모가 2001년 약 11조 위안에서 2011년 약 47조 위안 및 1인당 GDP는 2001년 8,622위안(1,042달러)에서 35,181위안(5,443달러)으로 각각 4.1배 증가하였다.

그러나 구조적으로는 중국경제가 '중등소득의 함정'과 '체제이행의 함정'에 빠질 우려가 커지고 있다. 중등소득의 함정은 2011년 1인당 GDP가 5,443달러로 중등소득 국가에 진입하였으나, 2010년부터 노동가능 인구의 감소, 계층간 · 지역간 소득불균형의 심화 및 전통산업의 공급과잉 문제와 부패의 심각성 등이다. 체제이행의 함정은 경제발전의 왜곡, 체제개혁의 정체, 사회적 유동성 저하와 사회구조의 고정화, 사회 안정을 위한 정부의 비용 급증, 사회 붕괴 징조 증대 등 5가지 병폐로 인해 중국이 체제이행의 함정에 빠질 가능성이 크다는 것이다.

따라서 신지도부의 최대 과제는 '중등소득의 함정'과 '체제이행의 함정'의 우려로부터 중국을 구제하는 것이다. 세계은행과 국무원발전연구중심이 공동으로 발표한 『2030년 중국』 에서 향후 20년간 중국이 추진해야 할 과제로 ① 시장경제 기반 강화 ② 기술혁신 ③ 청정발전 ④ 만인에게 평등한 기회

66) 덩샤오핑 집정시기(1979~1992년) 연평균 경제성장률 9.5%, 장쩌민 집정시기(1993~2002년) 연평균 경제성장률 9.8% 달성. 후진타오의 집정기간(2003~2012년)의 평가에서도 중국의 경제 규모가 세계 6위에서 2위로 격상된 것을 높이 평가함.

와 사회보장 제공 ⑤ 지속가능한 재정시스템 구축 ⑥ 세계와의 호혜공영 관계 구축 등이 제시되었다. 체제이행의 함정에서 벗어나기 위해서는 ① 시장경제 민주정치 법치사회를 보편적 가치로 하는 세계문명의 주류에 편승 ② 정치체제 개혁을 가속화하여 정부의 투명성을 강화하고 기존 이익집단의 권력을 제약하는 시스템 구축 ③ 특히 개혁에 관한 의사결정을 중앙에서 직접 설계하고 집행 등의 정책 추진이 필요하다.

개혁·개방이후 중국의 당대회 핵심 경제 이슈

차수	당장 개정 주요 내용	당대회 핵심 경제 이슈
12차 (1982년)	· 개인 숭배금지 명문화	· '중국 특색이 있는 사회주의' 건설 · 사회주의 현대화 건설의 신국면
13차 (1987년)	· 차액선거제도 도입 명문화	· 사회주의 초급단계론 · '중국 특색이 있는 사회주의'의 길
14차 (1992년)	· 사회주의 초급단계론: '한 개 중심, 두 개 기본점' 노선 삽입	· 체제개혁 목표=사회주의 시장경제 체제 · 경제 건설, 개혁 · 개방+4대 기본원칙
15차 (1997년)	· 덩샤오핑 이론 당의 지도사상 확립	· 소유제, 국유기업 개혁
16차 (2002년)	· 삼개대표 중요사상 지도사상 삽입	· '소강사회' 건설 목표 설정 · 사회주의 현대화 건설
17차 (2007년)	· 과학적발전관 당장 내용 중 삽입	· 과학적 발전관 · 발전방식의 전환: 조화사회 건설, 총량발전 → 人均발전 · 생태문명 · '전면적 소강사회' 건설
18차 (2012년)	· 과학적발전관 지도사상 격상 · 생태문명 건설의 당장 삽입	· 중국 특색 사회주의 제도 · '전면적 소강사회' 완성 · 생태문명 건설

KIEP 오늘의 세계경제, Vol.12 No. 27 p8 (2012,12, 4) 재인용

중국의 신지도부는 중진국 함정에 빠지지 않고 지속적인 성장을 이루면서도 분배구조를 개선하야 하는 어려운 상황에 처해 있다. 2011년 현재 중국의 1인당 GDP는 구매력 평가 기준으로 약 1만 달러 수준이지만, 비슷한 시기에 많은 국가들이 요소비용 상승을 고부가가치 창출로 전환시키지 못해 선진국 진입에 실패한 바 있다. 중국은 요소투입의 효율성을 높이기 위

해 국유부문의 개혁, 과잉·노후 생산시설 포기, 지방정부의 부채 관리와 동시에 2020년까지 연 7%의 성장을 지속해야 하는 과제를 안고 있다.

2) 18차 당대회 보고와 주요 경제정책 중점

제17차 당대회 보고와 차이점은 중국식 사회주의 이념과 노선 부분을 대폭 축소하였으며, 아래와 같은 당 정책을 발표하였다.

가. 전면적 소강사화의 목표 제시

2020년까지 국내총생산과 도농주민의 1인당 평균소득을 2010년의 두 배로 증대시킨다는 목표를 설정하였다. 이의 실현을 위해서는 향후 2020년까지 매년 7%의 성장이 필요하다.

나. '오위일체'의 중국 특색 사회주의 건설: '생태문명 건설'을 추가

'중국 특색 사회주의'의 내용을 기존에는 '경제건설, 정치건설, 문화건설, 사회건설의 사위일체(四位一體)'이었지만, '생태문명 건설'을 추가하여 오위일체로 변경하였다.

경제건설은 경제체제 개혁과 경제발전방식의 전환, 정치건설은 정치체제 개혁, 문화건설은 문화강국 건설과 문화 산업화, 사회건설은 사회공평을 위한 민생개선과 사회안전망의 확충, 주민수입 증대 교육과 취업 확대 등, 생태건설은 자원절약 및 환경친화형 사회의 건설로 요약된다.

다. '신사화(新四化)'의 제기: 정보화 강화

'신형공업화, 정보화, 도시화, 농업현대화'를 제기하고, 특히 공업화, 정보화, 도시화, 농업현대화의 동반 발전과 동시에 정보화와 공업화의 융합 발전(深度融合), 공업화와 도시화의 시너지 창출(良性互動), 도시화와 농업현대화의 상호협조(相互協調)를 제기하였다[67].

---

67) 17대 당대회 보고에서는 공업화, 도시화, 시장화, 국제화를 제기함.

18차 당대회보고의 경제분야 주요 내용

분야	주요 내용	특징
중국 특색 사회주의 기본 요구	· 인민 주체 지위 견지 · 사회생산력 해방과 발전 견지 · 개혁개방 추진 견지 · 사회공평 유지보호 · 공동부유의 길 견지 · 사회조화 촉진 견지	· 인본주의, 법치주의 · 경제·정치·사회·문화·생태문명 건설 · 이론·제도·과학기술·문화·기타 방면의 혁신 · 권리·기회·규칙 공평, 공평한 사회보장체계 · 국민수입 분배 조정, 재분배 조절력 강화
소강사회 전면건설과 개혁·개방 전면 심화 목표	· 경제의 지속 건강 발전 · 인민민주 부단 확대 · 문화 소프트파워 강화 · 인민 생활수준의 전면 제고 · 자원절약·환경친화형사회 건설 · 사회주의 시장경제 체제 완비 · 문화관리·생산경영기제완비 · 생태문경제도 건설 가속화	· 2020년에 2010년 대비 GDP와 1인당 수입 2배 · 법치국가 건설 · 문화산업의 국민경제 지주산업 육성 · 공공서비스 균등화, 교육·취업, 수입분배 격차축소, 중등 소득계층 확대, 사회보장, 보장성 주택 · GDP 생산 단위당 에너지 소비와 배출감소 (이산화탄소), 삼림복개율 제고
사회주의 시장경제 완비와 경제발전 방식 전환 가속화	· 경제체제 개혁 심화 · 혁신 구동형 발전 전략 실시 · 경제구조의 전략적 조정 추진 · 도농간 통합 발전 · 개방 수준 전면 제고	· 공유제 발전과 비공유제 발전 장려, 현대시장체계 건전화, 재정·세제개혁 강화, 금융개혁 심화(환율과 금리 시장화 개혁, 인민폐 자본항목 자유태환 실현, 민영 금융기구 발전 가속화) · 과학기술체제 개혁, 지재권 보호 · 발전방식전환의 중점: 수요구조개선, 우위산업 구조개선(전략적 신흥산업, 현대서비스업), 구역 협조발전 촉진, 도시화추진, 호구제도개혁(시민화) · 현대농업발전, 농촌SOC건설지원강화, 농민수입 증대, 토지수용제도개혁 · 수출·수입 모 두중시하여 무역균형 달성, 외자 이용 효율제고, 해외투자강화, FTA 확대
생태문명 건설 강력 추진	· 국토개발전략 · 자원절약 촉진 · 환경보호 강화 · 생태문명제도 건설 강화	· 주체공능구 전략 강화, 해양강국 건설, 해양자원 개발역량 강화 · 에너지 생산·소비 혁명 추진, 수원지 보호와 용수총량 관리, 경지보호 엄수, 자원탐사·보호 합리적 개발, 순환경제 발전 · 자원가격·세제·비용개혁, 에너지절약권, 배출감축권, 물이용권시범거래실시
민생개선	· 만족스러운 교육 · 질 좋은 고용 확대 · 주민 수입 증대 · 도시·농촌통합형사회보장 체계 · 의료 수준 제고	· 분배제도 개혁(1차 분배와 재분배의 결합), 기업의 임금제도 개혁, 수입분배질서 규범화 · 사회보험제도개혁정비, 사회보장기금확대, 보장성주택공급, 인구노령화

KIEP 오늘의 세계경제, Vol.12 No. 27 p.10 (2012,12, 4) 재인용

라. 경제발전방식의 전환 가속화

경제체제 개혁을 심화하고 그 동력으로서 경제구조의 전략적 조정을 가속화할 것임을 밝혔다. 경제체제 개혁을 위해서는 공유제 발전과 비공유제 발전 장려, 현대시장체계의 건전화, 재정 · 세제 개혁 강화, 금융개혁 확대(환율과 금리 시장화 개혁, 인민폐 자본항목 자유태환 점진 실현, 민영 금융기구 발전 가속화)에 역점을 둘 것이며, '경제구조의 전략적 조정'의 중점이 수요구조 개선(국내 소비 확대), 산업구조 고도화 (전략적 신흥산업 육성, 서비스 산업화), 지역간 협조발전 촉진, 도시화 추진에 있음을 밝혔다.

마. 기타

문화건설(사회주의 문화강국 건설), 사회건설(민생개선과 사회안정 강조), 국방건설(주권과 영토 보전을 위한 국방현대화 적극 추진), 대외관계(평화발전노선 유지 강조) 및 양안관계 분야의 내용도 기존 당대회 및 정책문건의 입장을 재차 강조하였다.

3) 신(新)지도부의 경제정책 방향과 전망

신지도부의 새로운 경제정책 방향은 2013년 가을에 개최되는 18기 3중 전회에서 구체화될 계획이며, 그 이전까지는12 · 5규획(2011~15년)에 나타난 '균형성장을 지향하는 포용적 성장'의 경제정책 기조를 2015년까지 유지할 것으로 예상된다.

신지도부의 경제정책 핵심은 경제발전방식의 전환, 민생개선, 시장화 개혁, 소프트 파워 제고, 대외개방 확대 등으로 요약된다.

가) 경제발전방식(경제체제의 구조조정)의 전환

경제체제의 구조조정은 국내소비 확대, 도시화, 산업고도화를 통한 경제구조와 산업구조 조정의 가속화로 요약된다.

내수소비 확대는 소비 진작책을 통해 소비를 연평균 15%증가시켜 2015년까지 전체 소비재 판매액 32조 위안(2010년 15.7조 위안) 달성을 목표로 설정하였다. 상무부는「국내 무역(상업) 발전 12 · 5규획」을 발표하여 2015년 최종 소비율을 50%(2010년 47.4%)로 끌어올리고, 생산물자 소매판매액은 76조 위안(연평균 16% 증가), 온라인 거래규모는 18조 위안(연평균 30% 이상 증가)으로 확대 계획을 밝혔다.(2012년 9월 1일).

도시화는 도시화율을 2010년 47.5%에서 2015년 51.5%로 제고 계획이나 2011년에 이미 51.3%에 도달하여 예상보다 빠르게 진행되고 있다.

서비스화는 서비스업의 비중을 2010년 43%에서 2015년 47% 제고를 목표로 한다.(2011년 43.1%)

7대 전략적 신흥산업 육성은 12·5 규획에서 7대 전략적 신흥산업을 제시하면서 '2030년까지 단계 전략 목표'를 설정한 바 있다[68].

나) 경제체제 개혁: 시장화 개혁 가속화

'중국 특색의 사회주의제도'확립과 '경제발전 방식의 전환'의 중요한 정책 목표를 달성하는데 '경제체제 개혁'이 관건이 될 것이다.

경제체제 개혁은 대내적으로는 불균형 해소와 에너지 절약형 환경친화형 사회 건설을 위한 개혁, 중국경제의 국제화를 위한 금융개혁에 역점을 둘 것으로 예상된다. 따라서 시장화 개혁의 핵심으로는 세제개혁, 금융개혁 금리 및 환율 결정의 시장화, 위안화 국제화를 위한 자본시장 개방 등의 추진이 예상된다.

다) 분배제도 개혁

당대회 보고에서 '공동부유(共富)는 사회주의의근본이며, 이를 달성하기 위해 분배제도를 개혁하고 재분배에 의한 조절기능을 강화하여 분배의 불균형을 해소하는 데 역점을 둘 것이라고 밝혔다.

1차 분배를 중심으로 '노동에 따른 분배를 주로 하고 다양한 방식의 분배제도를 병행하여 추진한다' 라는 원칙 외에는 별다른 대안을 제시하지 못하고 있다[69].

---

68) 7대 전략산업 생산/GDP 비중: 2010년 3% →2015년 8% →2020년 15% →2030년 세계 최고수준으로 육성

69) 2008년 중국의 음성수입(회색수입)은 9.3조 위안으로 당해연도 GDP의 30%에 달하는 규모이며, 음성소득의 80%를 상위 20%의 고소득층이 차지하고 있고, 62%는

라) 세제개혁

세제개혁을 위해 보편적 징수원칙에 기초한 소득세, 부가가치세(증치세), 소비세, 재산세(상속세와 증여세 등), 자원세, 환경 관련세 등에 대한 개혁을 가속화할 것으로 예상된다.

개인소득세, 부가가치세, 영업세 개혁을 통한 감세정책과 자원세 등 환경자원에 대한 증세정책을 병행하고 재분배를 위한 재산세, 상속세, 증여세 도입의 추진 및 중앙정부에 집중된 재정 및 세정 권한을 점차 지방정부로 이양할 것으로 전망된다.

마) 금융개혁

금융개혁을 위해서는 금리의 시장화, 위안화 국제화를 가속화하고, 점진적인 위안화의 자유태환을 시행해갈 것으로 예상된다.

당대회 보고에서 금융개혁 방향으로 금리와 환율의 시장화 개혁, 인민폐 자본항목의 점진적 자유태환 실현, 민영 금융기구 발전, 금융안정망 구축 등을 제시하였다.

이와 관련하여 중국 인민은행이 발표한 '금융업 발전 및 개혁 12 · 5 규획'에서 금융산업 발전목표를 설정하고, 금리와 위안화 환율의 점진적인 시장화, 위안화를 이용한 무역결제 확대와 이를 실현하기 위한 점진적인 자본항목 자유태환 추진, 금융보험제도 등 금융안정망 도입 방침 등을 발표한 바 있다.(2012년 9월 17일)

다. 민생개선 강화

지도부는 만족스러운 교육, 양질의 고용창출, 주민소득증대, 사회안전망 확충 등을 중심으로한 민생개선에 역점을 둘 것으로 예상된다.

가) 고용확대

5년간 도시 지역에서 신규 일자리 4,500만 개를 창출하여 도시등록실업률을 5이하로 유지과 함께 고용의 질을 높이는 데 역점을 둘 것이다.

상위 10% 고소득층에 귀속되어 있음.

나) 주민소득 증대

최저임금 표준을 매년 13%씩 인상하여 2015년 평균임금의 40%선까지 끌어올리고, 도시와 농촌 주민의 가처분소득을 매년 7%씩 성장시킴으로써 2020년에는 2010년의 두 배로 끌어올릴 계획이다.

다) 주택 보급

2013년부터 2015년까지 서민형 보장성 주택을 1,600만호 건설할 계획이다.

라) 사회보장

도시호적 보유 주민(약 3.6 억 명)을 대상으로 한 양로보험 구축, 도농삼대기본의료보험(城鄕三大基本醫療保險)가입률 3% 제고, 평균수명 1년 연장 등을 목표로 하고 있다.

라. 대외경제정책 방향: 개방 수준의 전면적 재고

무역균형과 해외투자 확대를 위하여 '적극적이고도 주동적인 개방전략'을 취할 것임을 밝히고, 무역균형, 외자이용 효율성 제고, 해외진출 강화, FTA 전략 강화 등을 밝혔다.

이와 관련하여 10 · 5규획에서도 대외경제전략 기조인 '세계경제 거버넌스와 지역협력에의 적극적 참여'로 명시하였다. IMF와 세계은행 등 선진국 주도의 국제경제 체제에서 중국의 영향력을 확대하고 개도국 및 주변국과 '지역협력'을 강화학 계획이다.

FTA 전략 강화는 수출시장의 다변화를 위해 양자간 또는 다자간 자유무역협정에 적극적인 입장을 유지하고 있으며, 선별적 외국인직접투자(FDI) 수용을 통한 산업재편과 고도화, 자원확보와 기술획득 목적 등 적극적인 해외투자전략(走出去)을 추진하고 있다.

4) 평가 및 시사점

신지도부가 구조조정과 균형을 중시하는 경제정책을 추구함에 따라 성장률이 점차 하락하여 중성장(7~8%)시대에 진입할 것이다[70].

---

70) 목표 성장률: 10·5(2001~2005년): 7.0%(실적 9.5%) → 11·5(2006~10년): 7.5%(11.2%)

2016~2020년에는 연평균 성장률이 7%로 하락하고, 신지도부가 임기를 마치는 2020년대에는 5%대 성장시대에 접어들 전망이다.

가. 대중 수출입 둔화 불가피

중국의 성장률과 수출 둔화는 우리나라의 대중국 수출둔화로 이어지며, 특히 가공무역을 위한 중간재 중심 수출구조로 인해 중국 수출둔화에 따른 영향이 크고 중국 내수시장 접근성도 취약한 편이다.(가공무역과 보세무역 등 재수출용이 64.8% 점유)

중국이 무역수지 흑자가 아닌 균형무역 달성을 목표로 공언함에 따라 위안화 절상을 지속적으로 용인할 공산이 크며, 이는 중국의 수출환경을 더욱 악화시킬 것으로 보인다[71].

나. 요소가격 상승과 투자환경 변화

지속적인 임금인상 및 노동자 권익향상 외에도 법제도 투명화, 지방 관료의 재량권이 축소 등 변화가 예상되다. 주민소득 증가율을 성장률과 함께 증가시키겠다고 공언한 만큼 앞으로 최저임금 인상과 노동자에 대한 처우개선으로 노동 대가의 증가가 예상된다.

또한 근로인민의 법적 권익을 보호에 따라 노조 설립 등 친노동적 제도가 확대될 것으로 보인다. 법치주의 원칙이 더욱 확대 적용되며 관료의 임의적 정책결정에 대한 제약이 더욱 심화될 것이므로 사적관계나 편법을 통한 사업의 운용을 지양하고 준법 경영을 실시해야 할 것이며, 환경문제를 정치·경제·문화·사회와 함께 대 발전과제로 선정함에 따라 환경 관련 규제가 더 엄격해지는 한편 환경 관련 시장도 열릴 것으로 전망된다.

다. 한·중 경제협력 확대종합대책

한 · 중 경제협력 환경개선 대책, 대중국 주력 수출상품구조의 전환과 수출시장 다변화 대책, 중국의 신성장 축인 지방과의 경제협력강화 대책, 중국 리스크에 대한 모니터링 강화 등 종합적 대응방안을 강구가 요구된다.

→ 12·5(2011~15년): 7%(전망 8.6%)

71) 주요국의 중국 내수용 일반무역시장 점유율(2011년): 전체 52.8%, 일본 51.7%, 미국 66.7%, 한국 34.1%, 대만 27.1%

라. 한 · 중 경협 환경개선 과제

신지도부와의 경제협력 틀로서 한 · 중 FTA, 무역결재 통화협력 등을 통한 중앙정부 차원의 경제협력 강화를 통하여 중국 내수시장에 대한 접근성을 강화하고 이를 선점하기 위한 노력이 필요하다.

한 · 중 무역구조를 감안한 중간재와 자본재 분야의 조기 관세인하 추진, 서비스 시장개방 확대, 전략적 신흥 산업에서 협력강화 등과 한 · 중 금융 및 무역결제 통화협력, 국제금융시장에서 중국의 위상 강화, 위안화의 국제화 자본시장 개방 등에 맞추어 한 · 중 간 통화스왑 확대와 무역결제 통화협력을 강화할 필요가 있다.

마. 신수요 창출 분야에 대한 투자 및 수출 확대

도시화, 서비스화, 자원절약 및 친환경 사회 건설, 민생 등 중국의 발전방식 전환과 관련된 새로운 기회에 주목해야 한다.

도시화 관련 수요 증대로 에코시티, 스마트시티 등 새로운 형태의 도시개발과 관련된 수요가 증가하고 있으며, 자원절약과 환경친화형 수요 증대로 자원절약형, 친환경친화형 녹색성장을 중시하면서 관련 분야에서 새로운 수출시장이 형성되고 있다. 서비스 관련 시장은 중국의 소득증대로 시장규모 확대가 예상되는 헬스케어, 교육, 콘텐츠 등 고부가 서비스산업에서 새로운 진출 기회를 마련해야 한다[72].

바. 지방정부와의 협력 강화

중국경제의 지방화 시대에 대비하여 지방과의 협력을 더욱 확대해야 한다. 지방 당서기 중 일부가 이번에 중앙정치국에 진입했으며 향후 중국의 제 6세대 최고 지도부를 구성할 이들이 지방 당조직 일선에 배치되어 있는 점을 감안하여 지방정부와의 협력을 강화할 필요성이 있다.

72) 중국에서는 매년 2천 만명 이상의 신규 도시인구가 발생하고 있으며, 이에 따라 건설·IT· 환경·유통·의료·문화 등 다양한 분야의 패키지형 시장이 형성되고 있음.

제6절 남아프리카공화국

1. 일반개황

면　　적	1,221천 Km2	G D P	2,858억 달러 (2009)
인　　구	50.1백만 명 (2009)	1인당 GDP	5,821달러 (2009)
정치체제	대통령제	통 화 단 위	Rand(R)
대외정책	친서방 중립	환율(달러당)	8.47 (2009년 평균)

남아공은 약 5천만 명의 인구와 한반도의 약 5배에 달하는 국토면적을 보유한 남부 아프리카의 경제 대국으로, 금융, 비즈니스, 물류, 관광, 광업 등 다양한 특징을 가진 9개의 주로 구성되어 있으며, 주요 도시로는 행정수도인 프레토리아(Pretoria), 경제중심지인 요하네스버그(Johannesburg), 관광 중심지이자 입법수도인 케이프타운(Capetown), 물류 항만 중심지인 더반(Durban) 등이 있다.

남아공 경제는 2007년 기준 아프리카 전체 GDP의 27%, 수출입의 22%, 제조업 생산의 40%, 광물생산의 45%, 전력생산의 50% 이상을 차지하고 있으며, 백금, 다이아몬드, 철광석 등 부존 광물자원이매우 풍부하고 선진국에 버금가는 수준의 잘 발달된 경제 인프라를 갖추고 있어 아프리카 경제의 허브 역할을 하고 있으나 고질적인 치안 불안, AIDS 확산, 강력한 노동조합 등이 경제발전을 저해하는 요소로 작용하고 있다.

1994년 인종차별정책(아파르트헤이트)을 철폐로 흑백 통합정부를 구성한 이후, 집권 ANC는 국민의 전폭적인 지지하에 넬슨 만델라와 음베키 전대통령, 현 주마 대통령으로 이어지는 리더십을 통해 안정적인 정국운용을 보여주고 있다.

2. 경제동향

1) 국내경제

〈표 1〉 주요 국내경제 지표

(단위: %)

구 분	2006	2007	2008	2009	2010[f]
경 제 성 장 율	5.6	5.5	3.7	-1.8	2.8
재정수지 / GDP	0.6	1.2	-0.6	-5.8	-6.3
소비자물가상승률	4.6	7.1	11.5	7.1	5.5

자료: 한국수출입은행

남아공 경제는 2008년 국제원자재 및 식품가격 급등에 따른 물가급등, 남아공 중앙은행의 금리인상, 전력공급 불안정 심화 등에 따른 산업 생산량 및 민간 소비의 둔화 등으로 경제성장률이 3.7%로 둔화되었다. 2009년 글로벌 금융위기의 심화, 국내외 수요 감소로 수출 및 수입이 크게 감소하며 마이너스 1.8%의 성장률을 기록하였다. 2010년에는 세계경기 회복과 월드컵 개최에 따른 관광산업 회복 등의 효과로 2.8%의 경제성장을 달성할 것으로 추측된다.

재정수지 적자규모는 확대될 전망이며, 2008년 4월 법인세율 인하(29%→28%)로 인한 세수감소, 2008년 9월 미국 발 금융위기에 따른 재정지출 확대 등으로 2008년 재정수지는 GDP 대비 0.6%의 적자를 기록하였다. 2009년에도 경기부양을 위한 재정지출이 증가하며 GDP 대비 재정수지 적자는 5.8%로 확대, 전력시설 확충 및 2010년 월드컵개최를 위한 치안 시스템 개선을 위해 재정지출이 추가적으로 확대되며 재정수지 적자규모는 GDP 규모 대비 6.3%를 기록할 것으로 전망되었다.

소비자물가상승률은 둔화될 전망이며, 2008년 국제유가 및 곡물가격 급등 등 국제시장의 불안정한 요소로 CPI는 11.5%를 기록하였으나, 식료품과 에너지 부문의 가중치를 줄인 새로운 소비자물가지수 산출방식이 2009년 1월부터 시행됨에 따라 2009년 소비자물가상승률은 7.1%로 둔화되었지만, 생산자물가상승률은 16.4%에 이르렀음. 2010년에는 국제상품가격이 안정세를 보임에 따라 소비자물가상승률이 5.5%를 기록할 것으로 전망되었다.

2) 경제 구조 및 정책

가. 구조적 취약성

남아공은 제조업, 금융업, 광업, 건설업, 방위산업 등 다양한 산업에 걸쳐 경쟁력을 보유하고 있는 등 다변화된 경제구조를 보여주고 있다.[73)]

고도의 경제성장이 시작되기 이전에는 잔여 전력을 보츠와나, 레소토, 모잠비크, 나미비아, 스와질란드, 짐바브웨 등 남아프리카 여러 국가 앞으로 수출하였으나, 경제발전 과정에서 전력을 충분히 공급할 수 있는 전력시설 확충을 간과하여 현재 심각한 전력난에 처해있는 실정이다. 특히 광업 부문의 전력공급 불안정으로 현재 추진 중인 프로젝트를 재검토하는 사태가 발생하고 있다.

Eskom은 2007년부터 핵심 산업단지에 대한 지속적인 전력공급을 위해 기타지역에 대해 순환방식의 전력공급을 수행하고 있으며, 전력공급 부족으로 2008년부터 잔여전력 수출도 축소하고 있어 남아프리카 지역 전체가 전력부족 상황에 처해 있다. 특히, 경제적인 어려움이 심한 짐바브웨 및 스와질란드의 타격이 큰 것으로 파악된다.

남아공은 전력산업의 발전을 위해 기존 Eskom의 독점적인 전력공급체제에서 벗어나 민영기업의 전력산업 내 진입을 허용하고, 지역 전력배전소를 육성하는 등 전력의 생산, 송전, 배전을 분리 운영하는 전력산업 구조조정 과정을 진행 중에 있다. 이는 Eskom의 부분 민영화 계획보다 완화된 구조조정안이지만, 향후 전력산업 내 경쟁구도를 갖출 수 있을 것으로 전망된다.

남아공은 20%를 상회하는 높은 실업률의 대책으로 고용 안정정책을 추진하고 있는 등 노동시장은 매우 경직된 편이며, 고용안정을 위해 해고절차도 까다로운 관계로 해고에 상당한 어려움이 있으며, 흑인 정권 출범 이후 숙

73) 산업구조(2009년 기준): 서비스업 64.4%, 제조업 32.1%, 농업 3.5%

련된 백인 인력의 해외이주로 심각한 기술인력 부족현상을 겪고 있다. 이러한 인력부족현상을 해결하기 위해 해외 유출인력의 복귀, 기술인력 양성 프로그램 확대 등의 정책을 추진하고 있으나, 단기간 내 해결은 쉽지 않을 것으로 보인다.

나. 성장 잠재력

남아공은 원유, 보크사이트 등 일부를 제외한 대부분 광물자원을 보유한 자원부국이다. 크롬은 세계 매장량의 36.7%, 망간은 24.1%, 형석은 17.8%, 금은 12.8%를 차지하고 있으며, 세계 4위의 다이아몬드 보유국이며[74], 양호한 인프라 및 제도로 오랜 기간 선진국의 주요 투자 대상이며, 해상 요충지에 위치한 지리적 이점, 아프리카 전체 철도의80%를 차지하는 발달된 인프라, 풍부한 노동력과 자원, 경제적 · 기술적으로 아프리카 내에서 가장 발달한 국가 등의 비교적 유리한 투자여건을 가지고 있어 선진국의 주요 투자 대상국이 되어왔다.

1994년 4월 만델라 대통령의 흑인정부 출범이래 적극적으로 외국인투자 유치에 노력하고 있으며, 자원개발중심의 투자, 외자유치, 신규고용 창출 등 민간 주도의 공산품 수출을 늘리고 기술이전을 획득할 수 있는 제조업 투자 유치에도 힘쓰고 있다.

남아공은 선진국 수준의 금융 인프라를 보유하고 있어 최근 급증하고 있는 아프리카 진출의 교두보로 인식되고 있다. 남아공의 금융 산업은 GDP의 20%가량을 차지하고 있으며 세계적인 신용평가기관들로부터 높은 신용등급을 부여받고 있다. 최근 금융기관의 재무제표 보고의 강화 법안을 시행하여 금융기관의 투명성 및 건전성을 제고와 외화거래의 상당부분을 자유화하였다[75].

---

74) 이외에도 크롬철, 규산, 알루미늄, 질석, 티타늄, 지르코늄, 안티몬 등 55종 이상의 광물들이 풍부하게 매장되어 있는 것으로 파악됨.

75) 남아공 국제적 경쟁력을 인정받은 남아공 금융시장에서 영국의 Barclays Bank을 비롯한 해외 메이저 금융기관들은 남아공 금융회사 지분취득을 통해 남아공 주변국으로의 진출을 시도하고 있음.

다. 정책성과

2010년 남아공 월드컵은 아프리카국가 최초 월드컵 개최라는 우려에도 불구하고, 치안 통신 · 운송 등 큰 문제없이 개최되었으며, 월드컵 기간 방문 관광객도 당초 기대했던 30만 명을 크게 웃도는 것으로 추정된다[76]. 월드컵의 성공적인 개최로 2010년 GDP 성장률은 0.5% 포인트 상승할 것으로 예상되고, 경기장 건설, 통신망 정비, 전력 확충 등 인프라가 확충(600억 달러 규모)되어 장기적인 성장기반을 마련한 것으로 평가된다.

남아공은 월드컵을 성공적으로 개최함으로써, 치안 및 행정부문의 안정성을 각인시키고, 아프리카 최대경제국이라는 이미지를 전 세계적으로 홍보하는 등 비경제적인 부문에서도 큰 성과를 거두었다. [77]

전기공급 지역의 확대와 경제개발로 인한 산업전력 수요의 급증에도 불구하고, 민영화 정책의 혼선으로 지난 수년간 전력시설 추가 증설이 이루어지지 못해 전력생산능력이 세계 기준 15%에 못 미치는 8%에 불과한 실정이다[78]. Eskom은 4,500MW 규모의 Medupi 화력발전소(석탄)를 건설 중이며 2015년 1월부터 가동 계획이다. 또한 5,400MW 규모의 Project Bravo 화력발전소(석탄)도 현재 건설 중으로 2013~2014년부터 전력생산에 들어갈 것으로 전망된다.

원자력 발전소 건설도 계획 중으로, Western Cape에 지어질 3,500MW 규모의 원전 건설을 위해 Areva(프랑스)와 Westinghouse(미국)가 입찰과정 중에 있으며, 동 발전소는 2016년에 완공될 예정이다. 남아공은 향후 20,000MW의 전력을 원전으로 조달할 예정으로, 2025년까지 원자력 에너지를 통한 전력생산의 비중을 현재 5%에서 15%까지 끌어올릴 계획이다. 이외에도 양수 수력발전 형태인 Project Lima 발전소도 2014년에 완공될 예정으로 1,500MW의

---

76) 40만~50만 명 정도의 해외 관광객이 다녀간 것으로 추정되며, 관광객당 숙박기간 및 평균소비지출액도 예상했던 18일, 3만 란드(3,930달러)를 모두 넘어서는 것으로 추정됨.

77) FIFA가 집계한 2006년 월드컵의 누적 시청자수는 26.29십억 명임.

78) 전력공급 부족 사태에 대응하기 위해 남아공 정부는 2017년까지 1,500억 란드(200억 달러)를 투자하여 22,000MW의 전력을 추가로 확보할 계획으로 현재 전력시설 생산 확충에 적극적으로 나서고 있음

전력생산이 가능할 것으로 보이며, 1,330MW 규모의 Ingula 발전소도 2012년부터 가동 예정이다.

3) 대외거래

내수경기 침체로 인해 소비재 수입은 감소에도 불구하고 인프라 구축을 위한 자본재 수입이 지속되고 란드화의 약세로 수입 증가폭이 수출 증가폭을 상회하여 GDP 대비 경상수지 적자는 2006년 5.4%에서 2008년 7.1%로 확대되었다. 2009년 세계경기침체로 수입이 수출보다 크게 감소하면서 경상수지 적자가 감소하였으나, 2010년에는 경기가 회복되면서 수입이 수출보다 빠른 속도로 증가하여 상품수지 적자를 기록할 것으로 예상되며, GDP 대비 경상수지 적자가 5%를 기록할 것으로 전망된다.

〈표 2〉 주요 대외거래 지표

(단위: 백만 달러, %)

구 분	2006	2007	2008	2009	2010f
경상수지	-13,745	-20,572	-20,084	-11,295	-17,421
경상수지 / GDP	-5.4	-7.3	-7.1	-4.0	-5.0
상품수지	-4,195	-5,741	-4,448	534	-359
수출	65,825	75,920	86,118	66,542	71,636
수입	70,020	81,661	90,566	66,009	71,995
외환보유액	22,720	29,234	30,238	32,432	43,442
총외채잔액	35,549	43,610	41,943	40,237	43,596
총외채잔액/ GDP	13.9	13.9	15.2	14.0	13.1
DSR	6.5	6.6	4.3	8.1	7.6

자료: 한국수출입은행

글로벌 금융위기로 인한 국내외 수요의 급락으로 2009년 무역규모는 크게 위축되었다. 2009년 수출은 665억 달러를 기록, 전년 대비 22.7% 감소하였으며, 수입은 660억 달러를 기록, 전년 대비 27.1% 감소하였다.

총외채잔액은 2007년부터 400억 대를 유지하고 있으며, 2010년에도 이와 비슷한 수준을 유지할 것으로 보이며, 안정적인 총외채잔액에 비해 GDP 규모는 점차 확대되고 있어, GDP 대비 총외채잔액은 2008년 15.2%에서 2010년에는 13.1%로 하락하며 외채구조가 개선될 것으로 전망된다[79]. 2009년 말 총외채잔액은 402억 달러로 GDP 대비 총외채잔액(14.0%) 및 DSR(8.1%)은 양호하며 지속적인 외환보유액 증가로 외채상환부담은 낮은 편이다.

외환보유액은 FDI 유입 증가세에 힘입어 꾸준히 증가하고 있으며, 2009년에는 전년 대비 7.3% 증가한 324억 달러, 2010년에는 월드컵을 통한 관광수입 등의 증가로 크게 증가하여 전년 대비 33.9% 증가한 434억 달러가 예상된다.

3. 정치 · 사회동향

1) 정치동향

1994년 남아공 최초의 흑인 정권 수립 당시 부통령으로 선출되었던 음베키는 1999년 제2기 흑인 대통령으로 선출되고 2004년에 연임에 성공하였다. 2007년 현직 대통령인 제이콥 주마(Jacob Zuma)와 ANC 총재 권력 투쟁 중, 무기거래에 의한 불법 자금수수 등으로 사임 후, 남아공 국회는 ANC(African National Congress) 부의장 칼레마 모틀란테(Kgalema Motlanthe)를 임시 대통령으로 선출하였다.

2008년 12월 음베키 대통령의 조기 퇴진 반발 세력이 신당 COPE (Congress of the People)을 창당하여, 남아공 정국은 ANC 대 반ANC의 대결구도가 되었다. ANC와 COPE의 분당 배경은 당내 두 정치거물인 음베키 전 대통령과 주마 의장의 대립, 음베키 전 대통령의 성장위주 경제정책에 대한 ANC내 주류세력의 불만, 남아공 내 최대 부족이며 주마 의장의 출신부족이기도 한

79) 1986년, 1987년, 1990년의 총 3회에 걸친 리스케줄링 이후 추가적인 리스케줄링이나 채무불이행 사례가 없음.

Zulu족과 그 외 소수부족 간 갈등 등이 분당의 배경으로 작용하였다.[80)]

2) 사회동향

2008년 3월말 기준 실업자수는 410만 명으로, 공식실업률은 22.9%에 이르렀다. 2009년에는 24.0%까지 증가하였으며, 특히 흑인계층에 더욱 높게 나타나고 있는 실업문제는 인종 간 갈등 원인 및 높은 범죄율의 원인이 되고 있다.

소득불균형과 빈부격차는 심각한 수준이며, 교육기회 부재로 미숙련 노동력을 구성하고 있는 흑인인구의 3분의 2 가량이 월 250달러 미만의 저임금 및 고학력 백인인구를 중심의 부가 편중되어 남아공 총소득의 3분의 2가 상위 20% 계층에 집중되어 있다.

인종차별정책 폐지 이후 흑인정권의 지속적인 통합정책으로 인종 간 빈부격차는 감소되어 1960년 기준 백인과 흑인의 총 가처분소득 보유 비율이 각각 69.4%, 23.2%에서 2007년 40.4%, 46.5%로 개선되었다.

남아공 내 AIDS 환자 및 HIV 보균자 수가 600만 명 이상으로 전체인구의 13%에 이르고 있다. AIDS 확산으로 남아공 국민의 평균 수명은 1990년 64세에서 2008년 50세로 감소하였으며, 소비 감소, 시장 축소 등 경제전반에 걸쳐 부정적인 요인이 되고 있다.

4. 국제관계

남아공은 개방화 정책으로 세계경제 편입을 추진 중이며, 다자간 무역체제뿐만 아니라 FTA 등 양자간 무역협정, 남아프리카경제공동체(SADC), 남아프리카관세동맹(SACU) 등 경제 협력체 창설을 주도하고 있다.

2001년에는 "아프리카 개발을 위한 새로운 협력관계(New Partnership for Africa's Development: NEPAD)"를 결성, 아프리카인들이 자체적으로 개발한

---

80) ANC는 1994년 넬슨 만델라의 대통령 당선과 함께 남아공 의회의 주도적 위치를 점한 이래 최대 위기를 맞게 됨. 2009년 4월 22일 총선결과, ANC는 2/3에 약간 못 미치는 의석수를 확보하며 향후 정책 입안 등에 어려움이 있을 것으로 예상됨.

프로그램을 통한 경제 회복을 위해 지속적인 노력을 기울이고 있다. SACU와 EU간 FTA 협상, 미국, 중국, 인도 등과의 FTA 협상을 진행 중이며, 중남미 공동시장(MERCOSUR)과 남아프리카경제공동체는 특혜무역협정 체결 이후 FTA로 발전시키기 위한 협상을 진행 중에 있다.

5. 국제신인도

1) 국제시장평가

주요 신용평가사들은 투자적격등급을 부여하고 있는 바, 2010년 6월 말 현재 S&P는 BBB+ (Negative), Moody's는 A3 (Stable), Fitch는 BBB+ (Negative)를 부여하고 있으며, OECD는 3등급을 부여하고 있다.

〈표 3〉 주요 기관별 평가등급

평가기관	최근 평가등급	종전 평가등급
한국수출입은행	B2 (2010. 7)	B2 (2009. 2)
OECD	3등급 (2009.10)	3등급 (2008.10)
S&P	BBB+ (2008.11)	BBB+ (2005.11)
Moody's	A3 (2009. 7)	Baa1 (2005. 1)

3) 우리나라와의 관계

1992년 12월 1일 수교(북한과는 1998년 8월 10일)하였으며, 1995년 넬슨 만델라 대통령의 방한 이후 양국은 다각적으로 협력을 강화해 나가고 있으며, 정치 및 경제적인 교류뿐만 아니라 문화적인 교류도 활발히 이루어지고 있으며, 남아공을 찾는 한국인 관광객도 매년 증가추세에 있다.

〈표 4〉 한·남아프리카공화국 교역 규모

(단위: 백만 달러)

구 분	2007	2008	2009	주요 품목
수 출	1,753	1,397	1,082	자동차, 무선통신기기, 석유제품
수 입	1,766	2,159	1,172	금, 은, 백금, 고철
합 계	3,519	3,556	2,254	

자료: 한국무역협회

남아공은 우리나라의 대 아프리카 무역의 최대 교역국이며, 2010년 3월 기준 한국은 남아공의 13위 수출국, 15위 수입국이며, 2009년 들어서는 세계 경기침체의 영향으로 대 남아공 수출입이 전년 동기 대비 각각 22.6%, 45.7% 감소하였다.

우리나라의 대 남아공 직접투자는 2010년 6월 누계기준으로 46건, 1.7억 달러이며, 투자현황은 도·소매업(1.2억 달러), 제조업(3천만 달러) 부문이 90% 이상을 차지하고 있다.

제 13 장

동북아 각국 경제

제1절 대만

1. 일반개요

1) 개황

- 공식명칭: 중화민국(Republic of China)
- 면적: 36,188 km2
- 수도: 타이베이
- 정치체제 · 의회형태: 공화제, 다당제, 단원제
- 국가원수/정부수반: 총통/행정원장
- 독립년월일: 1945. 10. 25

2) 간력

- 17세기 이후 본격적인 중국인들의 이주

- 1895년에 청일전쟁의 결과 일본에 할양 후 50년간 지배
- 1945년 공산당 본토 승리, 국민당 대만으로 도피
- 1945,12, 7일 '중화민국'이라는 국호로 새로운 국가 수립, 반공과 국토 수복을 국시로 하는 자유민주주의 독립국가 선포
- 1954년 미국과 상호방위조약, 30년간 미국의 군사, 경제원조
- 1979 1월 1일 미국은 중화인민공화국(중국본토)을 중국의 유일한 합법 정부로 인정

2. 일반개황

대만은 98%가 한족으로 17세기부터 중국의 푸젠성, 광둥성 등지에서 이주한 본성인(本省人, 84%), 1945년 일본 패망 후부터 1949년 말까지 국민당과 함께 이주한 본토 중국인(外省人, 14%) 및 소수의 원주민으로 구성되어 있다.

세계적인 반도체, LCD, 컴퓨터 관련 제품 생산국으로, 정부 주도로 전자, 화학제품 등 자본 · 기술집약적인 산업을 중점 육성하여 짧은 시간에 비약적 경제성장을 이룩한 공산품 수출 중심의 경제구조이며, 국민당 정부의 재집권(2008년) 이후 중국과의 경제협력 강화를 통한 경제성장 도모하고 있다.

3. 경제동향

1) 국내경제

〈표 1〉 주요 국내경제 지표

(단위: %)

구 분	2005	2006	2007	2008	2009[f]
경 제 성 장 율	4.2	4.8	5.7	0.1	-6.9
재정수지 / GDP	-1.6	-0.7	-0.4	-1.3	-5.2
소비자물가상승률	2.3	0.6	1.8	3.5	-1.3

자료: 한국수출입은행

■ 경제성장

대외의존도가 높은 경제구조로 세계경제 동향에 민감하며, 2008년 세계경제 침체의 영향으로 0.1% 성장, 2009년 1분기 경제성장률이 전년 동기대비 10.2% 감소하는 등 성장둔화가 지속되었다.

경제성장률 하락의 가장 큰 원인은 해외수요 부진으로 인한 수출 감소이며, 수출은 2008년 4분기부터 2분기 연속 급감하였으며[1], 기업 구조조정에 따른 실업률 증가, 자산 가격 하락, 소비심리 위축 등으로 민간소비도 크게 둔화[2] 및 금융권의 대출 축소에 따른 자금 부족 등으로 기업들의 투자도 급감[3]한 실정이다.

정부지출은 GDP 대비 12.6%(2008년)로 경기활성화 성과 기대에 부족하고, 공업생산[4] 및 수출주문 감소율[5]이 개선에도 불구하고, 주요 수출국[6]인 중국, 미국 및 OECD국가들의 경제침체가 지속될 것으로 예상됨에 따라 2009년에는 -6.9%의 경제성장 불가피하다.

■ 물가

2008년 중반까지 치솟던 물가가 세계 경기 침체 이후 안정화되었으며, 2009. 2월 이후에는 하락 추세[7]임.

■ 재정수지

경기침체로 세수가 감소하는 한편, 경기부양 실시로 재정수지 적자폭 확대 전망이며, 상대적으로 낮은 세율, 정부 주도의 산업 육성에 따른 정부지출 과다 등으로 재정수지 적자상태의 지속 및 2009년에는 경기침체로 세수

---

1) 수출 증감률(전년 동기대비): -19.2%('08. 4Q) → -27.2%('09. 1Q)
2) 민간소비 증감률(전년 동기대비): -1.7%('08. 4Q) → -1.4%('09. 1Q)
3) 총고정자본형성 증감률(전년 동기대비): -22.6%('08. 4Q) → -33.8%('09. 1Q)
4) 공업생산 증감률(전년 동기대비): -43.3%('09. 1) → -27.2%('09. 2) → -25.8% ('09. 3) → -19.9%('09. 4)
5) 수출주문 감소율(전년 동기대비): '09. 3월 -24.3% → '09. 4월 -20.9%
6) 국가별 수출비중(2007년): 중국 26.6%, 홍콩 16.2%, 미국 13.6%, 일본 6.8%
7) CPI: 1.5%('09. 1) → -1.3%('09. 2) → -0.1%('09. 3) → -0.5%('09. 4) → -0.1%('09. 5) → -2.0%('09. 6)

감소의 예상, 경기부양책 실시에 따른 지출 증가로 재정수지 적자가 GDP의 5.2% 예상

■ 대외거래

세계 경기 침체에 따른 주요 수출국의 수요 감소로 2008. 4분기부터 상품 수출이 큰 폭으로 감소하였으나, 상품수지는 원자재, 설비 등 수입 감소폭이 더 큰 불황흑자 유지 및 해외주식투자 배당금 수익과 해외진출기업의 과실 송금 등으로 소득수지도 흑자 지속 예상

〈표 2〉 주요 대외거래 지표

(단위: 백만 달러, %)

구 분	2005	2006	2007	2008	2009f
경상수지	17,578	26,300	32,975	24,638	31,205
경상수지 / GDP	4.9	7.2	8.6	6.3	9.6
상품수지	19,456	24,197	30,445	18,250	25,493
수출	198,456	223,789	246,500	254,907	171,638
수입	179,000	199,592	216,055	236,657	146,145

자료: 한국수출입은행

2) 경제구조 및 정책

■ 경제구조

정부주도의 첨단산업 육성으로 반도체, LCD 등 IT산업 경쟁력이 높으며, 1973년 ITRI(Industrial Technology Research Institute)를 설립하여 전자통신부문에 대한 연구개발을 주도하고, 민간기업 창업 촉진을 위해 첨단산업단지[8]를 조성하는 등 정책적 지원을 집중하여, 세계적 수준의 반도체 및 LCD 생

8) 대만의 실리콘밸리는 타이페이에서 카오슝에 이르는 서부지역에 주로 발달하였으며, 신주과학공업단지(Hsinchu Science Industrial Park), 타이난(Tainan)의 과학단지, 대만 중앙과학단지(Central Taiwan Science Park)가 IT 설비산업의 중심지임.

산능력을 갖추게 되었으며, 특히 반도체 파운드리(Foundry) 부문에서는 대만기업인 TSMC와 UMC가 세계 1, 2위를 점하고 있다.(2007년 기준)

대만의 GDP 대비 수출과 수입 의존도는 각각 74.4%, 69.8%로, 대외의존도가 144.2%에 달하며(2008년), 주력 생산품인 기계류와 전기기기가 전체 수출의 약 50%를 차지하는 등 주력 생산품의 수출의존도도 높다.

對중국 규제완화로 중국으로의 설비 이전이 활발해지고, 중국에 대한 교역의존도도 증가추세에 있으며, 1980년대 후반부터 생산비 절감을 위해 일부 생산설비를 중국, 동남아시아 등 해외로 이전하였으며, 1990년대부터 對중국 규제가 완화되면서 중국으로의 설비이전이 특히 활발해졌다[9].

대만의 對중국 교역액은 매년 증가하여 2007년에는 총 수출액의 26.6%, 총 수입액의 12.8%이며, 중국은 대만의 최대 수출대상국이며 일본에 이어 2위의 수입대상국이 되었으며, 경제협력 강화에 따른 운송비, 세금 등 비용절감 등으로 향후 교역의존도가 더욱 높아질 것으로 예상된다.

■ 경제정책

대만은 4년간(2009~2012) 5,000억 대만 달러(약 U$ 152억) 규모의 인프라 투자, 857억 대만달러(약 U$ 26억)의 상품권 지급[10] 등 각종 경기부양 실시 및 인프라 투자 중 750억 대만 달러(약 U$ 23억)를 2009년 중 지출될 예정이며, 인프라 투자로 향후 4년간 20만 개의 고용 창출효과가 있을 것으로 기대하나, 내수가 경제에서 차지하는 비중이 작아 정부의 각종 경기부양책의 효과가 다소 제한적일 가능성이다.

2009년 3월 대만 경제부(MOEA: Taiwan Ministry of Economic Affairs)는 반도체 산업의 공급과잉과 수익부진에 대응하여 자국 D램 업체와 일본 D램 업체인 에피다(Epida Memory)를 연합 계획을 발표하여, 지주회사 TMC (Taiwan Memory Company)를 설립하고 지분의 50%까지 투자[11]할 계획이며 일본 에피다가 지분의 10%를 매입할 예정이며, Powerchip, Nanya Technology, ProMOS

9) 1993~2007년 대만의 중국본토에 대한 투자는 46,365건, 799억 달러에 달함.
10) 소득수준, 연령에 관계없이 국민 1인당 3,600대만달러의 상품권 지급
11) 대만정부의 지분투자금액은 최대 100억 대만달러(약 3억 달러) 정도임.

등 자국 D램[12] 업체와는 협상 중인 것으로 알려져 있다.

중국과 경제 활성화를 위해 중국과의 관계개선을 공약으로 내세운 국민당의 총통 당선 이후 상호교류 증가, 對중국 규제도 완화되었다. 2009년 4월 제3차 양안회담에서 공동 범죄퇴치 및 사법공조, 금융협력, 정기항공 관련 합의서를 체결하고 대륙자본의 대만 투자, 해상항로 개설, 우편교류, 본토 중국인의 대만관광 확대 등도 추진하였다. 대륙자본의 투자진출 분야를 제조업, 서비스업, 공공건설 분야 192개 업종으로 한정하고, 대만 경제의 핵심 산업인 반도체, LCD 업종과 통신산업 등은 개방업종에서 제외하여 경제 활성화 효과는 다소 제한적일 수도 있다[13].

글로벌 금융위기에 이은 수출 급락, 국내소비 감소 등 경기침체에 대응하여 중앙은행[(CBC: Central Bank of the Republic of China(Taiwan)]은 2008년 9월부터 7차례에 걸쳐 정책금리를 인하하였으며[14], 2009년 3월 경기의 안정화 조짐을 보임에 따라 추가적인 금리 인하가 없을 것으로 발표하였다. 인플레이션 압력이 완화되고 있는데다 경제 악화에 대한 우려가 상존해 있어 추가적인 금리 인하 가능성도 배제하기 어렵다.

3. 정치 · 사회동향

1) 정치적 안정성

2008년 1월 총선에서 국민당(國民黨)은 113석 중 81석을 획득하며 27석을 차지하는 데 그친 민진당(民進黨)에 압승을 거두었으며, 3월 대선에서도 국민당 후보가 58.45%의 압도적 지지로 당선되어 국민당은 국회와 행정부를 장악하였다. 마잉주 총통에 대한 지지도는 경제 활성화 공약 실행 부진으로

12) DRAM(Dynamic Random Access Memory). 저장된 정보가 시간에 따라 소멸되기 때문에 주기적으로 재생시켜야 하는 특징을 가지고 있으며, PC 메모리 장치 등 대용량 임시기억장치로 사용됨. 현재 삼성전자가 세계시장 점유율 1위를 고수

13) 대만의 핵심 산업인 제조업의 경우 대만수출의 약 26.6%, 수입의 약 12.8%가 중국과 이루어지는 등 이미 중국과의 통합이 상당히 진행되었기 때문

14) 재할인율 추이: 3.5%('08. 9) → 3.25%('08. 10) → 3%('08. 10) → 2.75%('08. 11)→ 2%('08. 12) → 1.5%('09. 1) → 1.25%('09. 2)

당선 이후 크게 하락하였으나, 최근 상승세로 전환하였다[15].

2) 대외관계

중국과의 관계 개선을 내세운 마잉주 총통의 당선과 親中 노선을 지지하는 국민당의 정권 장악으로 중국과의 관계가 급속히 개선하고 있으며, 중국과의 교류 확대를 통한 경제 회복기대로 기업인을 포함한 국민 대다수가 이를 지지하고 있다.

2009년 5월 WHO에 참관인(Observer) 자격으로 참여하게 되었다. 중국은 그동안 중국 내 두 개의 정부가 있을 수 없다는 이유로 대만의 국제기구 참여에 제한을 해 왔으나, 국제적인 이미지를 개선하고 대만 독립을 내세우고 있는 민진당 견제 등 이유로 대만에 협조하였다.

4. 국제신인도

1) 외채상환 태도

2008년 총외채잔액은 904억 달러(GDP의 23%)이며, 단기외채중심의 민간부채 비중이 98.3%이나, 2009년 5월말 현재 외환보유액은 3,126억 달러 수준으로 세계 제 4위의 외환보유국으로 외채상환능력 양호하며, 풍부한 외환보유고로 외채상환능력에는 문제가 없을 것으로 보이며, D.S.R도 2008년 현재 3.97%로 양호한 수준이다[16].

---

15) 마잉주 총통에 대한 지지율은 증가하는 실업률, 경제 악화 지속, 주식시장의 변동성 등에 대한 정책적 대응 미흡으로 2008. 10월 23.6%까지 하락, 최근 경제의 안정, 양안관계 개선에 따른 주식시장 상승, 경기부양 실시에 따른 실업률 감소 등으로 지지율이 상승하여 2009년 5월 38.9%의 취임 이후 최고치 기록

16) 단기외채 비중(총외채 대비)7): 76%('04) → 85%('05) → 86.5%('06) → 88.1%('07) → 87.2%('08)

〈표 3〉 주요 외채 지표

(단위: 백만 달러, %)

구 분	2005	2006	2007	2008	2009f
외 환 보 유 액	253,920	266,148	270,311	291,707	280,889
총 외 채 잔 액	86,732	85,833	94,525	90,361	65,766
총외채잔액/ GDP	24.4	23.4	24.6	23.0	20.2
D S R	4.91	3.56	2.82	3.97	4.40

자료: 한국수출입은행

2) 국제시장 평가

□ 주요 기관별 신용등급 양호

- OECD: 1등급
- Moody's: Aa3(Stable)
- S & P: AA-(Negative)
- I.C.R.G.: 15/140('08. 6) → 25/140('09. 5)
- Euromoney: 34/186('08. 9) → 36/186('09. 3)
- I.I.: 25/177('08. 9) → 25/177('09. 3)

5. 우리나라와의 관계

1948년 8월 우리나라와 최초로 외교관계를 맺었으나, 1992년 8월 한 · 중 수교에 따라 외교관계가 단절된 후, 1993. 11월 타이베이 대표부 설치하였으며, 해외직접투자(2008년말 현재, 투자기준)는 260건, 3.8억 달러 수준이다.

〈표 4〉 한 · 대만 교역 현황

(단위: 백만 달러)

구분	2006	2007	2008	주요 품목
수출	12,996 (19.6%)	13,027 (0.2%)	11,462 (-12.0%)	반도체, 기초유분, 철강판, 광학기기, 니켈제품, 무선통신기기
수입	9,288 (15.4%)	9,967 (7.3%)	10,643 (6.8%)	반도체, 컴퓨터, 기구부품, 철강판, 기타석유화학제품
합계	145,013	168,319	140,949	

자료: 한국무역협회(http://www.kita.net), 주: ( )안 수치는 증가율

제2절 몽골

1. 일반개황

면　　적	156만 Km^2	G　D　P	76억 달러
인　　구	279만 명(2011년)	1인당 GDP	3,698달러
정치체제	민주공화제	통 화 단 위	Tugrik(Tug)
대외정책	친서방 실리외교	환율(달러당)	1,354 투크릭

주: 2012년 말 및 2012년 연평균(환율)

몽골은 아시아 북방에 위치한 내륙국가로 국토의 대부분이 해발 약 1,500m의 고원지대이며 남북으로 중국과 러시아와 접경하고 있다. 국민의 95%가 몽골족이며 라마교를 주로 신봉하고 있으며, 이 외 샤머니즘,

이슬람교, 회교 등의 종교를 믿고 있다. 몽골의 지하자원은 매장량 기준 동(5,500만 톤, 세계 2위), 형석(1,200만 톤, 세계 3위), 석탄(1,750억 톤, 세계 4위), 우라늄(6.3만 톤, 세계 14위) 등을 보유하고 있다.

1921년 중국으로부터 독립하였으며, 1924년 공산정권 수립 후 약 70년 간

인민혁명당 1당 체제를 유지하였으나, 1992년 민주공화제 및 시장경제체제로 전환하였다.

2. 경제동향

1) 국내경제

경제성장은 2011년 수출 증대와 정부지출 확대로 17.3%의 높은 성장률을 보였으며, 이는 수출의 증가, 민간소비 증대, 도소매판매가 증가 등에 기인하였다. 2012년에는 농업 생산량 증가 및 광산개발의 호재와 중국에 대한 석탄 수출의 급감 악재로 11.7%의 성장률이 추정된다. 2013년에도 광산개발 기계·장비 등 자본재 수입 증가와 오유톨고이 광산 생산과 수출 및 세수증가로 13.8%의 높은 성장률이 예상된다.

재정적자는 2011년에 전년 대비 61.1% 상승에 따라 GDP대비 1.7%를 기록하였다. 정부지출의 증가는 2012년 6월 총선 용 빈민층 보조금 및 농업생산 보조금 지급, 대규모 인프라사업비지원 등 시혜성 지출과 공무원 임금인상 등 이전지출 증가에 따라 GDP의 5.3% 증가가 추정되나, 2013년에는 오유톨고이 등 주요 광산의 생산 개시와 세수증가로 3.3%로 감소가 예상된다.

물가는 2011년 국제상품가격의 상승과 중·러 수입 식료품과 원유가의 급등에 따라 9.5%를 기록하였다. 2012년은 상품가격 상승의 지속과 정부의 확장적 재정정책으로 14.3%의 상승이 추정되며, 2013년에는 투루크화 강세에 따른 상품가격 조정과 농업 부문의 풍작으로 12.4%가 전망된다.

〈표 1〉 주요 국내경제 지표

(단위: %)

구 분	2009	2010	2011	2012e	2013f
경제성장율	1.3	6.4	17.3	11.7	13.8
재정수지 / GDP	5.0	2.5	-1.7	-5.3	-3.3
소비자물가상승률	6.3	10.1	9.5	14.3	12.4

자료: 한국수출입은행

2) 경제 구조 및 정책

가. 구조적 취약성

산업기반 취약에 따른 높은 대외 의존도, 광활한 국토에 인구가 적고 숙련된 기술 인력이 부족하여 산업발전에 근본적인 애로를 겪고 있다. 농업활성화, 제조업기반 확대, 서비스산업 육성 등을 통해 산업 다변화를 추진하고 있지만 여전히 광업에 지나치게 의존하는 산업구조에서 탈피하지 못하고 있다.

열악한 기후여건, 소규모 영농, 기술과 경쟁력을 갖춘 가공업체 부재 등으로 농업 발전을 가로막아 곡물 수요량의 1/3만을 국내생산으로 충당하고 식료품 수요의 대부분을 수입에 의존하고 있다[17].

광물 위주의 수출품으로 외부경기 변동에 민감한 경제구조이며, 2011년 광물이 총수출의 80.0%를 차지하며, 특히 중국이 몽골 수출의 85.7%, 수입의 43.3%를 차지하는 제1수출 · 수입국으로 중국에 대한 교역 의존도가 절재적이다. 광업성장을 바탕으로 확장적 재정정책을 시행하고 있으나, 광물가격이 하락할 경우 몽골경제의 급격한 둔화가 불가피한 실정이다.

열악한 수송 인프라로 풍부한 광물 및 관광자원 활용 미흡한 구조이다. 광활한 국토, 적은 인구, 광업과 목축업 위주의 산업 구조 등으로 철도, 도로 등 물류여건이 열악하며, 이에 풍부한 광물 및 관광자원을 경제개발의 원동력으로 충분히 활용하지 못하고 있다. 수송인프라 확충을 위해 2021년까지 남동부지역 및 전략광산을 연결할 계획을 세우고 중국, 러시아, 일본, 한국 등과 프로젝트를 추진하고 있으나, 투자자금의 확보가 지연되고 있다.

나. 성장 잠재력

몽골은 매장량 기준으로 동 세계 2위, 석탄 세계 4위 등 풍부한 광물자원 보유한 자원부국이지만, 내륙국인데다 재원이 부족하여 광산 개발이 미흡하였으나, 최근 광물가격 상승과 1차 산품에 대한 자원 확보 경쟁으로 외국인

17) 캐시미어 등 단순가공 제조업의 비중이 11.5%로 낮아 대부분의 공산품을 수입에 의존하고 있음.

투자자의 관심이 높아져 투자가 늘어나고 있다[18].

몽골 광물자원의 최대수요자이자 투자국인 중국, 러시아와 인접해 수출에 용이하며, 중국과 러시아의 협력이 절실한 실정이다.

다. 정책성과

광물자원 개발이 활발하지만 정부의 지분 확보 등의 규제 강화로 2009년에야 오유톨고이 광산개발 협상이 타결되어 캐나다 아이반호사의 동, 금 개발의 개시로 2013년 하반기부터 생산이 시작될 예정이다[19].

광산분야 투지 유치로 2011년 외국인직접투자 유입액이 전년대비 225.8% 증가한 53억 1,000만 달러로 사상최대를 기록하였다. 국가별로는 중국(51%), 캐나다(8.3%), 네덜란드(6.1%), 한국(5.3%), 일본(2.9%), 홍콩(2.6%) 순이며, 업종별로는 광업부문이 65.3%로 압도적인 비중을 차지하고 있다[20]. 그러나 2012년 4월 China&co(동광기업)의 사우스 고비 리소스 사에 대한 지분인수(60%) 계획에 국가안보 우려를 제기하였다[21].

물가인상으로 긴축 통화정책을 실시하였으나 확장재정정책으로 정책효과는 상쇄되어 정부 정책의 무력성을 나타내었다. 몽골중앙은행은 2011년 기준금리를 1.25%(현재 12.25%), 지급준비율을 9%(현재 11.0%) 인상하는 등 물가안정을 위해 적극적인 통화정책을 실시하였으나, 확대재정정책으로 통화공급(M2)이 전년대비 55% 증가함에 따라 물가상승에 대한 긴축 통화정책의 효과가 상쇄되었다.

3) 대외거래

몽골은 대규모 상품수지 적자 및 경상수지 적자를 기록하고 있다. 이는

---

18) 동(매장량 5,500만 톤, 세계 2위), 형석(1,200만 톤, 세계 3위), 석탄(1,750억 톤, 세계 4위), 우라늄 (6,300만 톤, 세계 14위) 등
19) 광물가격 급등 시 부과하였던 초과이윤세 폐지(2011.1)로 투자여건이 개선됨.
20) FDI유입액 추이: 2009년 10.4억 달러, 2010년 16.3억 달러, 2011년 53.1 억 달러
21) 석탄, 구리 등 광업, 은행, 통신업 등에 대해 외국인 투자금액을 750만 달러로 제한하고, 지분 49% 초과 시 정부 심의와 의회 승인을 의무화하는 등 이들 산업을 국가전략산업으로 지정하여 외국인 투자규제를 강화

오유톨고이 등 광산이 개발단계에 있으며, 광산 개발을 위한 자본재 투입은 계속되는 한편 광물생산이 개시되지 않은 데 따른 이유이다.

2011년 수출은 중국으로의 석탄수출이 대부분이며, 그 외에 캐시미어, 금 등이며, 수입은 광산개발을 위한 연료, 기계설비, 수송설비 등이다. 특히 중국에 대한 석탄 수출 증가(144%), 동 가격 상승(25%) 등으로 상품수출은 대폭 증가(55.9%) 하였으나 수입증가 속도(111.3%)가 수출증가 속도를 능가하면서 상품수지 적자가 전년보다 9.5배(17억 달러)증가하였다.

상품수지의 적자로 경상수지 적자도 GDP의 32.2% 규모(27.6억 달러)로 증가하였으며, 이는 상품수지 적자 외에도 광산 부문 외국인투자의 과실송금 증가 (223.2%)등 에 기인하였다. 그러나 2011년 FDI 유입액이 53.1억 달러로 사상최고치를 기록함에 따라 10억 달러 규모의 흑자를 기록하였다. 외환보유액은 2011년 말 26억 달러로 월평균수입의 4.8개월 수준을 보이고 있다.

〈표 2〉 주요 대외거래 지표

(단위: 백만 달러, %)

구 분	2007	2008	2009	2010	2011
경 상 수 지	172	-690	-342	-887	-2,760
경상수지 / GDP	4.2	-14.8	-7.7	-16.1	-32.2
상 품 수 지	-52	-627	-189	-180	-1,705
수 출	1,951	2,529	1,885	2,909	4,822
수 입	2,003	3,156	2,074	3,089	6,527
외 환 보 유 액	802	561	1,218	2,124	n/a
총 외 채 잔 액	1,699	1,643	2,096	2,732	3,884
총외채잔액/ GDP	41.4	35.3	47.0	49.5	47.3
D S R	4.2	2.8	3.7	4.4	3.8

자료: 한국수출입은행

3. 정치 · 사회동향

1) 정치안정

2008년 총선 결과 몽골인민당과 민주당이 연정을 수립하였으며, 당시 여당이었던 몽골인민당의 산자 바야르(Sanja Bayar)총리가 연립정부의 총리로 추대되었다. 2009년 5월 대선 결과 야당인 민주당의 엘벡도르지(T. Elbegdorj) 후보가 당선되어 평화적인 정권교체가 이루어졌다.

이후 정치안정이 지속되었으나 2012년 1월 민주당의 내각 사임 및 연정 탈퇴 선언으로 양당 간 경쟁과열, 부정부패 등의 문제가 나타나기도 하였다. 2012년 7월 총선 이후 정국이 안정된 편이나 과거 선거를 앞두고 연정 붕괴 경험 등으로 지속적인 정치적 안정은 어려울 전망이다. 한편 자원 민족주의 색채가 강한 인민혁명당이 내각에 합류함에 따라 광산개발과 관련하여 외국인 투자자와 마찰을 야기할 수 있는 점이 불안요인으로 작용할 수 있다.

2) 사회 안정

높은 실업률과 인플레이션, 외국자본에 대한 반감 등이 불안요인이나 소요 발발 가능성은 낮아 보인다. 특히 혹한으로 생계수단을 잃은 2만 여명의 유목민이 수도 울란바토르로 이주함에 따라 몽골의 실업률이 25~30%로 추정된다[22].

물가상승의 지속으로 대다수 국민들의 생활고가 가중되고, 광산 개발에 따른 성장의 과실이 공유되지 않은 데 따른 박탈감으로 외국자본에 대한 반감이 높다. 그러나 정부가 사회복지 분야에 대한 지출을 늘리고 있고 경제성장도 지속되고 있어 대규모소요 발생가능성은 낮은 것으로 보인다.

3) 국제관계

러시아 · 중국과 우호적 관계를 유지하고 있으며, 주요 원조국인 일본, 미

22) 2009~2010년 한파 피해에 따른 빈민층 증가, 실업 증대 등 잠재사회불안 요인

국 등을 중국, 러시아에 대한 견제 수단으로 활용하는 등 이념보다는 실리를 추구하는 외교정책을 구사하고 있다.

4. 국제신인도

1) 외채상환태도

2011년 기준 OECD 회원국 ECA의 공적수출신용 집행금액(4,650만 달러) 중 연체분은 200만 달러로 (전체의 4.4%)로 외채상환태도가 양호한 편이다. 또한 재정적자를 GDP 대비 2% 이내 유지 및 외채를 GDP 대비 40%내 유지 의무를 담은 재정책임법이 2013년부터 발효될 예정으로 외채 감소 자구책 마련하고 있다.

2) 국제시장평가

2011년 OECD는 몽골의 경제성장률 플러스 전환, 외국인투자 확대에 따른 외환보유액 확충, 주요 수출광물가격 회복, 환율 안정 등에 따라 몽골의 신용등급을 6등급에서 5등급으로 상향조정하였으며, OECD 등 주요 신용평가 기관은 몽골의 신용등급을 투자주의급으로 유지하고 있다.

〈표 3〉 주요 기관별 평가등급

평가기관	최근 평가등급	종전 평가등급
한국수출입은행	C3 (2012. 7)	C3 (2011.12)
OECD	5등급 (2012. 3)	5등급 (2011. 3)
S&P	BB- (2011.12)	BB- (2010.11)
Moody's	B1 (2009.10)	B1 (2009. 6)
Fitch	B+ (2011.11)	B+ (2010.11)

3) 우리나라와의 관계

□ 국교수립: 1990년 3월 26일(북한과는 1948년 10월 14일)

☐ 주요협정: 무역협정(1991년), 경제과학기술협력협정(1991년), 문화협력협정(1991년), 투자보장협정(1991년), 이중과세방지협약(1993년), 세관분야협력협정(1993년), 에너지 광물자원협력협정(1999년), 관광협력협정(2004년), 신재생 에너지분야 협력협정(2006)

2011년 양국 간 교역규모는 4.1억 달러로 우리나라의 수출은 3.5억 달러, 수입은 6천 만 달러로 상품수지 흑자가 지속되고 있다. 2011년 대한석탄공사 등 기업이 우리나라 기업으로는 최초로 에르데넷 광산에서 30만 톤의 유연탄을 생산하면서 2010년 3천 달러에 불과하였던 석탄 수입액이 2011년 1,840만 달러로 급증하였다.

〈표 4〉 한 · 몽골 교역 규모

(단위: 백만 달러)

구 분	2010	2011	2012 1~11	주요 품목
수 출	192	350	398	자동차, 건설 및 광산기계, 기호식품
수 입	39	61	48	금속, 비금속광물, 석탄
합 계	231	411	446	

자료: 한국무역협회

우리나라의 직접투자는 미미한 수준으로 2011년까지 누계 기준으로 2.7억 달러이며, 2005년부터 자원개발, 철도 및 도시건설 인프라 등에 대한 투자로 증가하였다. 부문별로는 광업 (25.4%), 도매 소매업(19.7%), 부동산임대업(9.8%), 출판영상방송통신 및 정보서비스업(9.2%), 건설업(7.4%) 등 순임.

제3절 일본

1. 산업정책

일본의 경제부흥과 발전은 관료집단과 기업인, 일반소비자가 일체가 되어 산업을 발전시키고 전체 경제를 운용하는 일종의 목적의식을 가지고 의도적으로 경제를 조정해온 결과이다.

이는 고전학파의 자유방임주의가 아닌 중상주의적 입장에서 국가에서 경제를 기획, 운영, 관리하는 국가자본주의의 형태를 취하였다. 전후 일본의 산업정책은 다음과 같이 시대적으로 구분된다.

- 전후 경제개혁기(1945~1948): 경쟁적 시장구조의 구축기
- 경제 부흥기(1945~1960): 경제합리화에서 경제자립
- 고도성장기(1960~1973): 산업정책의 전성기
- 산업정책의 전환기(1973~1985): 직접개입에서 유도형 정책
- 경제의 국제화기(1985~현재): 산업정책의 글로벌화

〈표 1〉 일본의 시대별 경제성장

(단위: %)

년도	명목 성장률	실질 성장률	GNP 디플레이터
1955~1970	15.7	10.0	5.2
1970~1975	16.2	4.5	8.4
1975~1980	9.9	4.7	4.4
1980~1985	5.7	3.7	1.6
1985~1995	5.7	4.8	0.8

주: 장병익, 일본경제입문, 2008.4, UUP, p.60 재인용

1) 전후 경제개혁(1945~1948)

일본의 군국주의 청산과 근대적 민주주의 제도의 도입이 급선무이었으며, 멕아더 최고사령부(GHQ)는 日王의 신격화 및 국정참여를 배제하고 근대적 의회주의를 내용으로 하는 신헌법을 발효시켰으며, 경제적 민주주의 시현을 위한 4가지 중요한 조치를 취하였다.

가. 시장질서의 구축: 전시 경제체제하의 주요 산업 공급 및 수요의 정부 통제시스템에서 시장 활성화를 위한 민간의 시장참여 확대와 기업간

의 경쟁 강화를 위한 '독점금지법(1947)' 등 시장조직 정책

나. 재벌의 해체: 미쓰이(三井), 미쓰비시(三菱) 등 재벌 지주회사 해체, 제철 · 조선, 등 주요 기간산업의 분할 매각, 소유와 경영 분리 등 소유한도 제한조치의 '과도 경제력 집중배제법(1948)' 등 입법화

다. 농지개혁: 부재지주 배제, 토지소유 상한제(당시 전 인구의 50%에 달하던 농민에게 토지를 골고루 분배), 토지개량사업, 농업소득 증대사업, 국내시장 확대 등을 통한 농업기반 확충

라. 노동의 민주화: 노동 3법 제정, 노동운동 활성화, 노동자의 구매력 향상 등을 통한 국내시장 확대

전후 초기의 산업정책 특징은 경사생산방식(傾斜生産方式) 이었으며, 전략적 우선분야 집중투자정책은 고도성장기 이후 일본의 산업구조 조정정책이 되었으며, 소비자제로 일본시장을 지킨 장기적인 유산을 남겼다[23].

2) 경제부흥기의 산업정책(1948~1960)

傾斜生産方式으로 일본경제가 회복국면에 진입하였으나, 부흥금융금고의 융자 급증과 부흥채의 발행 및 통화량 증가 등으로 인플레이션이 만연하여, 경사생산은 폐지되고 「닷지 라인」(Dodge Line)이 실시되었다[24].

닷지 라인의 목적은 균형예산의 실현이었으며, 대내적으로 정부예산의 절약, 석탄 · 철강부문의 보조금 삭감, 부흥금고의 신규대출 중단, 임금과 물가 동결 등이며, 대외적으로는 고정환율제도(1$ = 360엔)의 도입, 대외무역의 정부 이양 등이었으며, 긍정적으로는 시장 메커니즘의 활성화, 부정적으로는 제조업의 생산 감소, 실업증가 및 불황 초래 등이었다.

한국전쟁의 특수로 경제 부흥의 기틀을 마련한 일본 경제는, '투자가 투자

---

23) 경사생산(傾斜生産): 철강 · 석탄 등 생산 기반의 확립을 위하여 가장 기초적 물자의 중점생산 및 타 물자도 중요도에 따라 집중 생산. 중점산업에 자본, 노동력 등 자원의 중점 투하 및 육성 후, 다음 중점산업으로 이행과정을 반복. 기초 생산재 --> 기타 생산재--> 소비재 순이며, 최종소비재의 소비는 장기간 소요.

24) 1949년 GHQ 경제고문 J. Dodge(디트로이트 은행 총재)의 권고를 중심으로 채택된 일본의 경제정책, 미국자본으로 일본을 개발하여 세계경제체제로 편입시키려는 미국의 대일 정책

를 부르는' 형태로 급속한 발전을 하였다. '기업합리화 촉진법(1952)'을 통한 경영합리화와 기업의 근대화 추진 및 일본개발은행, 일본수출입은행(1951) 발족으로 산업정책을 주도하였으며, 이 시기 일본의 정책상 개입대상과 주요 수단은 다음과 같다.

- 비용체감산업(cost-decreasing industry): 철강, 전력생산 등 기간산업이며 장치산업의 경우 규모의 경제 위해 확대 · 육성
- 비용체증산업(cost-increasing industry): 석탄산업이 대표적이며 불황카르텔, 합리화 카르텔 등 조치로 석탄산업의 구조 유지
- 유치산업(infant industry): 자동차, 전자, 중전기 등은 고율의 관세, 수입할당 등을 통하여 국내시장 보호

3) 고도성장의 절정기(1960~1973)

일본의 고도성장은 1960년의 「국민소득 배증계획」과 중화학공업의 추진 무역자유화가 중요한 요인이었다.

가. 중화학공업화: 1960년대의 비전

일본의 중화학공업은 1950년대 중반에 자동차, 석유화학, 기계, 전자기기 등 육성을 위한 법적, 제도적 장치가 마련되었다. 1963년 '산업구조조사회 답신'을 통하여 중화학공업화의 이론적 설명 및 정책 방향을 제시하고, 민간기업의 투자를 유인하는 종합적인 비전을 제시하였으며, 관민협조방식의 일본식 체제를 강조하고, 산업지원을 위한 정책금융제도를 확대하였다.

나. 대외거래의 자유화

1960년대는 일본경제의 대외개방이 완성된 시기이다. 1964년 IMF 8조국 및 OECD 가입으로 외환, 자본거래의 자유화 및 일본경제의 자유화 및 국제화를 촉진하였다.

대외거래의 자유화 조치는 부흥과 자립경제에서 국제경쟁력 강화를 위한 산업정책 기본방향의 전환이며, 일본이 지향하는 고도대중소비사회로의 진

입은 규모의 경제와 국제경쟁력 향상을 통하여 가능하다는 인식의 확산이 었다.

민간기업의 국제성 제고 측면에서 통산산업성의 개입수단(수입량 할당, 특허, 기술도입 허가, 행정지도 등)은 완화되고, 기업의 자율성은 크게 확대되었다.

〈표 2〉 1960년대 일본의 주요 경제계획

계획명칭	계획기간	실질성장	계획의 목표	중점 정책과제
신장기 경제계획	1958-62	10.1%	극대성장 완전고용 생활수준향상	산업설비 강화, 중화학공업화 수출확대 저축증대
국민소득 배증계획	1961-70	11.1%	극대성장 후생증대	사회간접자본 확충 산업구조 고도화 국제경제협력 추진 인적자본 및 과학기술 사회적 안정
중기 경제계획	1964-68	11.1%	왜곡의 시정	저생산부문의 근대화 노동력의 활용 국민생활의 질적 향상

주: 장병익, 일본경제입문, 2008.4, UUP, p.65 재인용

다. 기업의 대형화

고도성장기의 일본은 시장개방과 외국자본과 상품의 대외개방에 대비하여 일본기업의 대형화·합리화에 주력하였으며, 1960년대 일본의 산업조정 정책 내용은 다음과 같다.

- 생산규모의 최적화 실현: 설비투자의 조정, 카르텔, 공동투자, 전문화, 표준화 등
- 기업규모의 확대 및 생산계열 합리화: 합병, 상호출자, 업무제휴, 협업

화, 그룹화 등
- 산업계와 금융계의 협력관계 강화: 국공채 발행, 자금공급기관의 개선, 금리인하, 기업조세 경감조치 등

1963년의 '신산업체제론'으로 일본기업의 생산규모, 경영규모의 과당경쟁을 방지하고, 기업간 협동, 제휴, 공동행위를 의도적으로 촉진시켰다.

4) 산업정책의 전환기(1973~1985)

1970년대에 일본경제는 중대한 도전에 직면하게 되었으며, 당시 대외 쇼크는 다음과 같다.

- 국제금융체제의 붕괴: 브래튼우즈 체제 붕괴
- 국제원자재 폭등: 중동전쟁으로 유가 및 농산물 가격 불안
- 산업공해: 공업화에 따른 일본열도의 산업공해 만연

1971년의 '1970년의 비전'을 통하여 지식집약산업(연구개발 집약산업, 고도조립산업, 패션산업, 지식산업 등)으로 전환을 제시하였으며, 1973년 오일쇼크 이후 에너지 다소비형 소재산업(철강, 비철금속, 화학, 종이, 펄프, 목재산업 등)에서 자동차, 기계, 전기, 전자산업으로 전환 및 重厚長大型에서 輕薄短小型 産業으로 구조조정 및 공해산업, 에너지집약산업, 구조적 애로산업 등의 해외이전을 시도하였다.

5) 경제의 국제화(1985~현재)

1980년대 후반 일본의 국제수지 흑자확대는 미국의 적자확대와 더불어, 미 · 일간의 무역수지 불균형이 국제무역질서의 교란 및 미국의 일본의존 확대를 초래하였다. 세계경제의 불균형 타개를 위한 선진 5개국의 플라자합의(1985년)로 미 달러 평가절하 및 엔화 절상으로 일본의 수출산업은 둔화되고 엔고 불황으로 일본의 '잃어버린 10년'의 시발이 되었다.

일본은 불황대책으로 경기부양책을 실시하여, 파격적인 금융완화(공정할인율 2.5%), 재정지출 확대, 엔화의 구매력 상승 등으로 국내물가는 안정세

를 회복하였다. 기업들은 과감한 기업전략(해외공장 건설, 공장자동화, 정보화, 제품개발, 연구개발 강화, 내수 개발 등)을 추진하여 경쟁력을 유지하였다. 1980년대 일본의 산업구조 비전은 '창조적 지식집약화'이었으며, 이를 주도한 기술은 '다품종 소량생산방식'의 도입이었다.

〈표 3〉 **다품종 소량생산체제의 유형**

	수 법	내 용
개념주체형	Industrial Engineering (IE)	사람, 자재, 정보, 설비, 에너지로 구성되는 종합적 생산시스템의 설계·개선을 공학적·수리적·사회과학적 지식에 따라 결정. 「표준화」의 추구와 「학습효과」를 통한 소량생산의 능률화 도모.
	Group Technology (GT)	다양한 부품·제품의 형상, 크기, 가공의 유사성에 따라 그룹화. 그것을 생산단위(lot)로 간주하여 양산효과 도모, 그룹화에는 부품분류 시스템 이용.
	부품중심 생산	다양한 제품의 부품 공통성에 주목, 부품의 수요에 따라 선행적인 생산 적정재고 유지. 수주에 따른 조립 및 생산, 납기단축 효과.
계획주체형	Material Requirement Planning (MRP)	다양한 제품의 계획기간과 소요량 등 「기준생산계획」결정, 부품전개표와 부품재고 파일 이용 생산지시 작성. 다양한 부품의 공통성, 대체성 고려 소재에서 완성품까지 물류의 관리.
	직접생산량 계획	다품종소량상품수요가 한정 시, 어떤 시점 수요 충족 수량의 주기적 생산. 경제적 생산량과 생산주기를 최소비용기준에 따른 수학적 결정.
	Modular Production	다품종제품의 혼류조립작업에서 요소작업(Modular)의 최적편입을 결정 라인형 공정시스템 설정. 적절한 작업시간 및 제품라인의 순서(순환연쇄) 결정.
실시주체형	Flexible Automation	단일제품의 대량생산 자동화의 다품종소량생산 적용, 변동환경에 적용 자동화. 컴퓨터지원설계(CAD), 컴퓨터지원생산(CAM), NC 공작 기계, 자동수송장치, 자동창고, 로봇트 이용 생산(FMS)
	Flexible Production	범용생산요소 이용 다품종소량생산 대처. 범용공작기계를 주체로 기본설비와 수요 대처 보조설비 설정. 숙련노동자 중심의 유연한 두뇌 관리기술 구사.
통제주체형	간판생산 방식	무재고 방식. 각 공정 필요부품의 필요시점, 필요수량만큼 생산 공급하는 「Just-In-Time」 시스템. 표준작업 결정, 돌발사태 발생 시 생산라인 정지, 원인 규명 후 개선해 나가는 자동화. 작업지시정보와 현장관리의 간판 시각적 표시.
	On-Line 생산관리	각 작업영역 및 판매망의 단말기에서 생산실적 자료를 관리센터 컴퓨터에 on-line 송신, 장래 생산 활동의 정보처리 해석, 각 직장에 정확한 지시정보 전달, 동태적 생산의 효율적 관리.

주: 장병익, 일본경제입문, 2008.4, UUP, p.73 재인용

6) 일본 산업정책의 특징

일본의 산업정책은 경제발전단계에 따라 변화하였지만, 기본적인 방향은 일관되게 진행되었으며 다음 3가지로 요약된다.

가. 선별적 육성전략: A. Hirschman 'Linkage approach to Development'의 개발도상국 공업화 전략 이론에 따라, 초기에는 석탄, 철강, 석유화학, 자동차, 1970년 이후에는 전기, 전자 중심 전환, 1980년대 이후에는 정보통신산업을 전략산업으로 선정

나. 산업정책과 무역정책 통합적 인식: 일본의 산업정책은 수출산업 중심 정책이며, 해외수요의 탄력성이 큰 산업을 선정하여 육성하였다. (통산산업성(MITI)이 산업과 무역을 동시에 지원하는 체제를 구축)

다. 일본주식회사형 정책 주친: 정부와 기업, 금융계와 산업계, 대기업과 중소기업 간 협조체제 유지 및 정보 공유, 공동기술개발, 해외시장에서 협조 등 외국기업과 경쟁 대처 네트워크 형성

2. 일본 신자민당 정권의 경제정책과 전망

2012년 12월 16일 실시된 일본의 중의원 총선에서 자민당(2009년 118석 → 2012년 294석)이 민주당(2009년 233석 → 2012년 57석)에 압승을 거두었다. 이러한 선거 결과는 자민당에 대한 지지확대 측면보다는 지난 3년간 민주당 정권의 실정에 대한 유권자의 심판적 성격이 강하다고 볼 수 있다.

자민당의 정권공약은 기존의 민주당 정책과는 상반되는 기조로 재정정책, 금융정책, 통상정책, 에너지정책 등 일본의 경제정책 전반에 많은 변화를 가져올 것으로 전망된다.

1) 신(新) 자민당 정권의 경제정책 방향

자민당이 2012년 11월 발표한「정권공약집」의 키워드는 '되찾는다'이며, 이는 위기상황에 빠진 일본의 각 분야를 재건하겠다는 의미를 나타낸다. 이를 위해 동일본대지진의 '부흥', 4대 재생분야('경제재생', '교육재생', '외교재생',

'생활재생')를 명시하고 있다.

1) 재정정책

자민당과 민주당은 2015년도까지 GDP 대비 기초재정수지 적자규모를 2010년도 기준으로 반감하고, 2020년까지 흑자를 목표로 제시하고 있다. 자민당은 재정재건을 위해 중앙 · 지방 공무원 인건비 삭감(연간 2조 엔), 생활보호급여 삭감(8,000억 엔) 등을 제시하고 있으나, 이외의 구체적인 세출삭감 항목은 명시하지 않고 있다.

자민당은 대규모 공공사업을 포함한 '국토강인화' 전략을 통해 세출확대를 단행하는 한편, 사회보장제도와 관련하여 세출억제를 도모할 계획이다. 자민당은 이번 선거에서 2012년 6월 국회에 제출한「국토강인화기본법」을 토대로 3년간 피난도로·쓰나미 피난시설, 구호체제 정비 등 방재대책을 강화한다고 강조하였다.

이를 위해 자민당은 10조 엔 규모의 추경예산을 신속하게 편성하여 공공사업 위주의 경기부양책을 마련할 계획이며, 사회보장제도는 자조 · 자립을 제1원칙으로 하는 현행제도를 기본으로 유지하되, 고액 의료비 상한을 인하하고 생활보호 급여수준을 삭감하는 방안을 제시하였다.

자민당은 '경제성장 없이는 재정재건도 없다'라는 기본노선을 강조하고 있는바, 향후 이에 따른 재정지출 확대가 예상되면서 재정건전화에 대한 우려가 증폭되고 있다. 단, 시행조건으로서 '사회보장제도개혁 국민회의'가 시행 6개월 이전의 경제상황을 고려하여 실시여부를 판단한다고 명시되어 있으며, 소비세 인상에 대해 2013년 가을의 경제상황을 고려하여 최종적으로 판단한다는 입장을 제시하고 있다[25].

---

25) 민주당 정권하에서 소비세는 2014년 4월(5% → 8%)과 2015년 10월(8% → 10%) 2회에 걸쳐 인상하는 방침이 채택됨.

자민당과 민주당의 재정정책 비교

정책	자민당	민주당
재정건전화	- 2015년도 기초재정수지의 적자를 50% 삭감(2010년도 대비) - 2020년도까지 흑자화	- 2015년도 기초재정수지 적자 50% 삭감(2010년도 대비) - 2020년도까지 흑자화
공공사업	- 10년 동안 '국토강인화'를 추진. 피난도로· 쓰나미 피해시설, 구호체제 정비 등을 강력 추진 - 3년간 도로망 정비 등에 집중적 대응	- 4년간 불필요한 재정 낭비 근절 - 공공사업(하드)에 치중하지 않고, 지역의 방재력 강화
사회보장 제도	- 지속가능한 사회보장제도를 위해 자조· 자립을 제1원칙으로 하며, 공적·공공 지원을 조합 - 사회보장제도를 기본으로 하며, 소비세는 전액 사회보장에 활용 - 「생활보호법」개정을 통해 예산 낭비 근절	- 사회보장·세제 통합개혁을 토대로 보육원 이용자 증대, 국민건강보험료 감면, 연금수급 자격 기간 단축, 低연금자 급여금 지급 등 - 후기고령자의료제도 폐지

KIEP 지역경제포커스, Vol.6 No. 42 p6 (2012, 4,25) 재인용

2) 금융정책

자민당은 디플레이션 탈출을 위해 정부와 일본은행의 협력 강화를 통한 대담한 금융완화 실시를 주장하고 있다. 디플레이션 대책으로서 '명확한 물가목표(2%)를 설정하고, 이를 달성하기 위해 일본은행법의 개정을 포함해 정부와 일본은행의 협력강화 방안을 마련하여 대담한 금융완화를 실시'할 것을 주장하였다.

대규모 양적완화는 2000년대 초반에도 실시된 바 있으나, 경기진작 효과가 크지 않은 실패한 정책이라는 평가가 있었다. 대규모 양적완화에 따른 부작용으로 주요국과의 환율전쟁 격화, 급격한 인플레이션으로 인한 장기금리 상승과 이에 따른 정부부채의 이자상환 부담 등에 대한 우려에 따라, '일본은행의 건설국채 직접 인수, 무제한의 금융완화, 일본은행 총재의 해임권, 마이너스 금리' 등 일본은행에 대한 압박 강도는 약화되었다.

그럼에도 불구하고 이번 총선에서 자민당이 승리함에 따라 적극적인 금융완화 정책이 추진될 것으로 전망되는 가운데, 일본정부와 일본은행이 어느 수준까지 협력하여 디플레이션 및 엔고에 대응할지에 대해 귀추가 주목

된다. 자민당은 "내각 발족 후 즉시 2%의 물가상승률 목표를 일본은행과 공유하는 정책협정(accord) 검토를 관계부처에 지시할 것"이라고 표명하였으며, 일본은행은 2012년 12월 금융정책결정회의에서 자민당이 공약으로 내건 '물가목표'에 대해 논의한 다음, 2013년 1월 금융정책결정회의에서 그 도입 여부를 결정할 것으로 예상된다.

자민당과 민주당의 금융정책 비교

정책	자민당	민주당
금융정책	- 명확한 물가목표(2%) 설정 - 일본은행법의 개정 및 정부와 일본은행의 협력강화를 통해 대담한 금융완화를 실시	- 2014년도에 디플레이션 탈출을 목표 - 2012년 10월에 최초로 작성된 합의문에 근거하여 디플레이션 탈출을 목표로 부·일본은행이 하나로 되어 최대한 노력 - 2015년도 기초재정수지 적자를 50% 삭감 (2010년도 대비) - 2020년도까지 흑자화

KIEP 지역경제포커스, Vol.6 No. 42 p6 (2012, 4,25) 재인용

3) 통상정책

자민당은 FTA에는 적극적이지만 TPP에는 신중한 입장을 강조하는 등 대외 통상정책과 관련하여 이중적인 자세를 보이고 있다. EPA· FTA 추진에 대해서는 적극적인 자세를 견지하고 있지만, '성역 없는 관세철폐'를 전제로 하는 TPP 교섭 참가에는 반대 입장을 제시해왔다.

자민당은 '성장하는 아시아경제권의 대응, 전략적인 해외투자와 FTA, 국제자원전략'을 내세우며 글로벌화에 적극적인 대응을 강조하면서도, 예외 없는 관세자유화에 대한 반대 입장과 자국의 농업보호를 유지해야 한다는 입장을 보이고 있다.

자민당과 민주당의 통상정책 비교

정책	자민당	민주당
대외 경제정책	- EPA· FTA를 적극 추진 - '성역 없는 관세철폐'를 전제로 하는 TPP 협상 참가 반대	- TPP, 한중일 FTA, RCEP을 동시병행 추진

KIEP 지역경제포커스, Vol.6 No. 42 p7 (2012, 4,25) 재인용

자민당의 집권으로 인해 일본 내에서는 TPP 협상 자체가 지연될 것에 대한 우려가 높아지고 있는 상황이나, 경제계에서는 "TPP 추진과 관련하여 참의원 선거(2013년 7월 예정) 이후로 연기하지 않고 조속히 교섭참가를 표명해야 한다"는 점을 강조하며, TPP 교섭에 조건 없이 참가를 추진할 것을 촉구하고 있다.

4) 에너지정책

자민당은 '탈원전' 정책과 관련하여 신중한 입장을 보여왔다. 정책공약집에서 원자력발전과 관련하여 '10년 이내에 새로운 전원(電源) 구성 확립' 및 '3년 이내에 원전 재가동 여부에 대한 결론 제시'를 주장하였다.

자민당과 민주당의 에너지/원전 정책 비교

정책	자민당	민주당
에너지·원전	- 3년간 재생에너지를 최대한 도입, 에너지절약(효율화)을 최대한 추진 - 원전 재가동의 가부는 순차적으로 판단. 3년 이내에 모든 원전에 대한 결론을 제시 - 중장기 에너지 정책으로서 늦어도 10년 이내에 지속가능한 '전원구성 의 최적 조합'을 확립	- 원전의 40년 운전 제한을 엄격하게 적용 - 원자력위원회의 안전 확인을 거친 것만 재가동 - 원전의 신설, 증설은 추진하 지 않음. - 2030년대에는 원전가동을 제로로 하기 위해 모든 정책자원을 투입

KIEP 지역경제포커스, Vol.6 No. 42 p8 (2012, 4,25) 재인용

2009년 총선 당시 민주당은 에너지 안정공급체제 확립, 지구온난화 대책 추진 등을 도모했으나, 후쿠시마 원전사고 이후 상황이 크게 변화하면서 적극적인 정책추진이 곤란하게 되었으며, 원전이용의 착실한 추진, 재생가능 에너지 이용 확대(2020년까지 10%), 전량 고정가격 매입제도 도입, 온실효과 가스의 대폭적 감축(2020년까지 1990년 대비 25% 감축), 국제사회에서의 포스트교토의정서 논의 주도 등 추진을 제시하였다. 그러나 후쿠시마 원전사고에 따라 새로운 에너지기본계획의 미수립, 사실상 온실가스 배출감축 목표 철회 등 주요 정책의 추진이 중단되는 상황에 있다.

그러나 자민당은 에너지대책에 대한 결론 제시를 수년 이후로 연기하고 있고, 조건부로 원전재가동 용인을 시사하며, 에너지정책에 대한 혼선을 해소하기 위해서라도 높은 안전성, 지속적 경제성장, 환경 배려(지구온난화 대책) 등을 고려한 에너지 포트폴리오 대책의 수립을 주장하였다.

2. 평가 및 전망

2012년 12월 중의원 총선은 자민당의 압승으로 결정되었으며, 지난 3년간 민주당 정권의 실정이 크게 작용한 것으로 평가된다.

일본의 명목 GDP는 2011년 470조 엔으로 민주당의 집권 전년도인 2008년(501조 엔)과 대비 감소 및 GDP 성장률도 2011년도에 -0.6% 성장한 데 이어 2012년 2분기(2012년 2/4분기 및 3/4분기) 연속 마이너스 성장을 시현하였다.

한편 총선 이후 실시된 공동여론조사에서 자민당의 정권탈환에 대해 환영 33.3%, 무반응 47.5%로 나타났으며, 아베 총리에 대해서는 기대 51.2%, 비(非)기대 44.4%로 나타나, 자민당의 정권탈환과 아베 총리의 재등장에 대해 일본 국민들이 냉정하게 받아들이고 있음을 알 수 있다.

디플레이션 탈피 및 엔고 대응으로 주가 및 엔화환율 상승 등 호조세를 시현하고 있다. 닛케이 주가지수는 2012년 12월 19일 종가 기준으로 10,000엔을 돌파하여 지난 3월 28일 이후 최고 수준을 기록했으며, 엔화 환율은 1달러당 84엔대로 올해 초 이래 최저 수준으로 하락(환율상승)하였다. 장기금리(10년물 국채금리)는 2012년 12월 20일 0.780%를 기록하며 엔화 약세 및 주가상승을 배경으로 2012년 11월 이후 가장 높게 상승하였다.

한편 최근의 주가상승은 '대담한 금융완화'에 대한 기대에 선행하여 부응한 결과로서, 일종의 플라시보 효과(placebo effect)로 볼 수 있으며, 국채금리 상승은 자민당 정권의 공공투자 확대(즉, 재정규율 해이) 예상에 따른 '나쁜 금리상승'이라는 해석이 가능하다. 엔화 약세는 자민당의 엔고 대응 기대뿐만 아니라 2012년 사상최대의 무역적자, 경상수지 악화에 대한 우려와 미국에서의 재정절벽(fiscal cliff) 논의 진전 등 여타 요인에 기인하는 측면이 있으므로, 엔화 약세가 당분간 지속될 것으로 전망된다.

자민당의 경제정책 부문 공약 요약

분야	주요 내용
경제재생	- '일본경제재생본부'를 새로운 사령탑으로 '잃어버린 국민소득 50조 엔 탈환 프로젝트'를 전개하고, '축소균형의 분배정책'에서 '성장에 의한 부(富)의 창출'로 전환 도모 - 디플레이션·"엔고로부터의 탈각을 최우선으로 명목 3% 이상의 경제성장을 달성 [일본경제의 새로운 모습] - 5년간의 집중개혁으로, '세계 제일의 기업이 활동하기 쉬운 국가', '개인의 가능성 이 최대한 발휘되고, 고용과 소득이 확대되는 국가'를 목표로 하는 동시에, 해외 투자수익의 국내 환원을 일본의 성장에 연결시키는 새로운 국제전략('산업투자입국') 추진 - '산업투자입국'과 '무역입국'이라는 쌍발형 엔진이 상승효과를 발휘하는 '하이브리드 경제입국'을 목표로 함. [디플레이션·"엔고대책] - 명확한 '물가목표(2%)'를 설정하고, 이를 달성하기 위해 일본은행법의 개정을 포함 해 정부와 일본은행의 협력강화 방안을 마련하여 대담한 금융완화를 실시 - 재무성과 일본은행, 나아가 민간이 참여하는 '관민협조외채펀드'를 창설하고, 이 기금으로 외채를 구입하는 등의 다양한 방안을 검토 [탄력적인 경제재정 운영] - 향후 2~3년은 국내경기의 침체와 국제 리스크(유럽 위기, 신흥국의 경기감속)에 대응할 수 있는 보다 탄력적인 경제재정 운영을 추진 - 신(新)정권 발족 후 신속하게 '제1탄 긴급경제대책'을 단행하고, 본격적인 대규모 추경예산과 2013년도 예산을 합하여 빈틈없는 경제대책을 실행

	[성장전략 추진] - 일본경제재생본부에 '산업경쟁력회의'를 설치하여, 성장산업의 육성을 위한 목표정책(targeting policy)을 추진. 우선적으로 '국민적 과제를 해결하여 세계에 전개 가능한 전략목표 설정'("건강 장수 세계 제일" 등), 나아가 핵심기술에 대한 집중투자, 제도개혁 등의 정책을 추진 [대담한 규제완화] - 전략분야별로 기업 활동의 편리성을 세계 최첨단으로 하기 위해 '국제첨단테스트'(국제수준과 비교하여 국내의 제도적 장애를 철폐하는 기준) 도입 [닛폰산업재흥플랜] - 세계에서 싸워 이기는 제조업의 부활을 위해 일본경제재생·산업경쟁력강화법' (가칭)을 제정하여, 첨단설비 투자의 촉진, 혁신적 연구개발에의 집중투입, 장기자금에 대한 정책금융의 강화('융자'에서 '출자'로)를 도모 - 일본의 입지경쟁력 부활(해외유출 방지)을 위해 엔고·#디플레이션 대책과 함께 이노베이션 기반의 강화와 법인세의 대담한 인하를 실시 [국제전개전략] - 일본경제재생본부에 '국제경제전략회'를 설치하여, 성장하는 아시아 경제권을 수중에 넣고, 전략적인 해외투자와 경제연대협정 및 국제자원전략을 전개 - 쿨 재팬(콘텐츠·"의식주)의 국제 전개, 일본이 세계 최첨단인 인프라 시스템의 수출과 글로벌 인재 육성, 교육기관의 국제화를 추진 - 메탄 하이드로 레이트·"희토류 등을 포함한 해양자원 개발에 대한 집중투자 등을 통해 자원대국으로의 전환을 도모
에너지	[현재 및 후세의 국민생활에 책임을 지는 에너지전략의 확립] - 어떠한 사태·상황에서도 사회·경제활동에 지장이 없도록 에너지 수급 안전에 만전을 기함. - 모든 에너지의 가능성을 철저히 파악하고, 사회·#경제활동을 유지하기 위한 전력을 확실히 확보하는 것과 함께, 원자력에 의존하지 않아도 좋은 경제·사회 구조의 확립을 목표로 함. - 당면의 최우선과제로서 3년간 재생가능에너지의 최대한의 도입, 에너지절약의 최대한 추진을 도모 - 원자력의 안전성에 관해서는 '안전제일'의 원칙하에 독립된 규제위원회에 의한 전문적 판단을 어떤 사정보다도 우선함. 원전의 재가동의 가부에 대해서는 순차적으로 판단하고, 모든 원전에 대해 3년 이내에 결론을 맺는 것을 목표로 함. 안전성에 대해서는 원자력규제위원회의 전문적 판단에 위임함. - 중장기적 에너지 정책으로서 장래의 국민생활에 책임을 지는 에너지전략의 확립을 위해, 판단의 연기는 피하면서 늦어도 10년 이내에는 장래에 걸쳐 지

	속가능한 '전원구성의 적정한 조합(best mix)'을 확립함. 그 판단에 있어서는 원자력규제위원회가 안전하다고 판단하는 새로운 기술적 대응이 가능한지 여부를 확인하는 것을 기본으로 함. [자원·환경] - '자원확보의 추진에 관한 법률'을 제정하고, 종래의 화석연료에 더해 메탄 하이드로 레이트와 희토류 등도 포함한 해양자원개발에의 집중투자와 도시광산의 활용 등을 통한 에너지의 공급체제 강화 및 '자원소국에서 자원대국으로'의 전환을 도모 - 세계 유수의 일본 환경기술을 구사하여 CO2삭감과 녹색(green)의 창출, 생물다양성보전, 대기·물·토양의 환경대책을 추진
농림수산업	- 농림수산업의 고부가가치화와 농상공 연계 강화를 추진하여, 경쟁력 있는 '공격적인 농림수산업'을 전개 - 농가소득 향상·담당자 육성, 농지의 유지·'농림기반 정비, 농산어촌의 유지·발전을 위해 정권교체 후 대폭적으로 삭감된 농림수산예산을 부활시킴.(규모확대를 위한 대응, 농업농촌기반 정비사업, 농업용 시설기계 정비, 삼림정비, 어항·'수산 관련 시설정비 예산 등) - '호별소득보상'에서 '농지를 농지로서 유지하는 지원책'으로 대체 확충을 실시('다면적 기능 직접 지불법') - 신규 취농·경영 계승을 지원하는 등 담당자의 육성 확보 대책을 추진('담당자 종합지원법') - 사료 급등 대책·경영안정대책 등 수급안정·'수출대책을 강화 - 삼림흡수원 대책을 위한 안정 재원 확보, 획일적인 삼림경영계획의 발본적인 개정, 다면적인 기능을 평가한 삼림·'산촌 유지의 직접 지불 제도의 창설, 국산 목재의 이용 촉진과 목재 문화의 보급, 목질 바이오매스의 이용 촉진, 목재가격 안정 대책의 강화, 간벌·'도로망 정비의 충실 강화, 재해에 강한 삼림조성, 위법 벌채 대책의 강력한 대응, 산촌진흥대책의 발본적 강화 등을 적극적으로 추진 - 연료용 유류(燃油) 급등 대책의 확충·신규취업지원제도에 의한 어업·수산업의 활성화에 적극적으로 대응 - 다양한 소비자의 요구에 대응하는 수산물의 소비 확대, 어식 보급 대응 강화 [TPP] - '성역 없는 관세철폐'를 전제로 하는 한 TPP 협상 참가에 반대 [식료안전보장] - 식료자급률 및 식료자급력(농지·'물 등의 농업생산기반, 농업자, 농업기술)을 유지 향상시킴.

KIEP 지역경제포커스, Vol.6 No. 42 p11~12 (2012, 4,25) 재인용

한상춘의 '국제경제 읽기'

아베식 엔低 도박 정책의 '5大 함정'
아베노믹스 효과 불안요인 많아… 실패 땐 조기 하야 가능성도

차기 일본은행 총재로 대표적인 성장론자로 알려진 구로다 하루히코 아시아개발은행(ADB) 총재가 내정됐다. 이로써 '엔저(低)'로 대표되는 '아베노믹스'가 추진될 수 있는 여건이 모두 마련됐다. 엔·달러 환율이 100엔을 훌쩍 넘길 것이란 예상이 벌써 나오고 있다. 이대로 간다면 한국이 가장 불리하다. 하지만 아베노믹스에는 몇 가지 함정이 도사리고 있다.

첫째, 로빈슨 크루소 비유가 들어가는 '국수주의 함정'(Robinson's ultra-nationalism trap)이다. 아베노믹스 추진 이후 인위적인 엔저에 대해서는 두 가지 입장으로 갈린다. 하나는 일본 경제가 오랫동안 당면한 디플레이션 타개책으로 엔저를 묵인하는 시각이다. 미국과 국제통화기금(IMF) 등이 여기에 속한다.

다른 하나는 근린궁핍화 차원으로 인식해 적극 반발하면서 글로벌 환율전쟁에 가담하는 입장이다. 엔저에 따른 유로화 강세 피해가 심한 유럽 국가와 대부분 신흥국들이 이 부류에 속한다. 한국도 마찬가지다. 지금까지 묵인해온 국가들도 엔저가 더 심해지면 이런 입장에 속속 가담하면서 글로벌 환율전쟁이 점입가경(漸入佳境)에 치달을 것으로 예상된다.

둘째, 'J-커브 함정'(J-curve trap)이다. 아베 정부의 의도대로 엔저가 무역수지 개선과 이를 통한 경기부양이 가능해지려면 '마셜-러너 조건'(Marshall-Lerner condition)을 충족해야 한다. 국제무역이론에서 하나의 고전으로 다뤄지는 이 조건은 수출입 공급에서 문제가 없을 경우 외화표시 수출 수요의 가격탄력성과 자국통화표시 수입 수요의 가격탄력성을 합한 값이 '1'을 넘어야 엔저가 무역수지를 개선시킬 수 있음을 뜻한다.

이 조건을 충족하지 못할 때는 무역수지가 더 악화되고, 경기부양도 외수기여도가 떨어진다. 특히 엔저에 따른 수출입 가격 변화에도 물량 변화가 쉽지 않은 초기에는 무역수지가 심하게 악화된다. 엔저가 지속되는 상황 속에서도 오히려 적자 폭이 커진 1월 일본의 무역통계가 'J-커브 함정'에 빠질지 모른다는 우려를 뒷받침해 준다.

셋째, '부메랑 함정'(boomerang trap)이다. 갈수록 나라 안팎에서 반대가 심해짐에도 불구, 아베 정부가 엔저를 무리하게 유도하는 궁극적인 목표는 디플레이션 타개다. 엔저가 되면 수출이 늘어남과 동시에 물가를 끌어올리는 효과가 기대된다. 수출업종 중심으로 일본 기업의 주가가 강하게 반등하는 것은 이런 기대 때문이다.

하지만 일본 경제가 살아나기 위해서는 수출 증대보다 내수 확대가 더 중요하다. 인구 고령화 등으로 일본의 내수시장은 앞으로도 쉽게 회복할 수 있는 여건이 아니다. 이 상황에서 무리한 엔저로 남아 있는 내수 기반마저 무너질 경우 일본의 경기침체가 더 장기화되는 자충수로 작용할 수 있다. 한때 국제 외환시장에서 '미스터 엔'으로 통했던 사카키바라 에이스케 아오야마대 교수가 아베식 엔저 정책을 강하게 비판하고 있는 것은 이 때문이다.

넷째, 일본 내 '자금이탈 함정'(exodus trap)이다. 아베노믹스 초기에는 일본 내 자금이 더 풍부해진다. 엔저를 유도하기 위해 자산매입 과정에서 풀리는 유동성에다 '체리 피킹'(cherry picking) 차원에서 주가 상승을 겨냥한 외국 자금이 들어오기 때문이다. 체리 피킹이란 주가가 적정 수준에서 떨어질수록 체리가 무르익어 따 먹으면(주식 매입) 맛있게 먹을 수 있다(투자 수익)는 데서 비롯된 일종의 저가 매수전략을 말한다.

중요한 것은 그 이후의 상황이다. 'S자형 투자원칙'이나 '하이먼-민스크의 리스크 이론'대로 초기 단계를 지나 일본 경제 회복과 같은 추가적인 투자 유인을 제공하지 못할 경우 어느 날 갑자기 자금이 이탈할 수 있다. 통화 가치를 감안한 피셔의 국제간 자금 이동 이론상 '제로(0) 금리'에다 엔저까지 가세하면 엔 캐리 자금은 언제든지 이탈할 수 있는 여건이 충족돼 있기 때문이다. 이런 상황이 전개된다면 '역(逆) 자산 효과'까지 겹쳐 경기는 부메랑 함정에 더 빠져들고, 일본 내에서는 자금 공동화 현상이 발생한다.

다섯째, '좀비 함정'(zombie trap)이다. 아베 정부의 엔저 정책처럼 특정국 경제에서 최후의 보루로 여겨졌던 기대가 무너질 경우 정책 당국이 어떤 신호를 보내더라도 국민들은 더 이상 반응하지 않는 좀비 현상이 가장 먼저 나타날 수 있다. 좀비는 시체와 같다는 의미다.

좀비 현상이 더 심해지면 비이성적인 행동이 나타난다. 경제 분야에서 비이성적인 행동은 자신의 행위에 대해 책임을 지지 않으면서 '내가 하면 옳고 남이 하면 잘못됐다'고 보는 이분법적 사고(dichotomy)를 말한다. 이분법 경제는 일본처럼 장기간 침체 국면이 지속되는 국가에서 가장 경계해야 할 적(敵)이다.

결국 아베 정부가 5대 함정에 빠지지 않기 위해 앞으로 택할 수 있는 길은 크게 보면 두 가지다. 지금보다 엔저를 더 진행하려 무리수를 두거나 아니면 지금까지 유도했던 엔저의 긍정적인 효과를 거두기 위해 경쟁국과의 공존을 모색하고 다른 정책을 보완하는 길이다. 무리하게 전자의 길을 택한다면 아베 총리는 머지않은 장래에 하야할 운명에 처할 수 있다.

〈한상춘 객원논설위원 schan@hankyung.com〉

3. 일본의 아시아 신흥시장 진출 전략

글로벌 금융위기 이후 일본은 아시아지역 신흥시장 진출 전략을 강화하고 있으며, 기업들도 신흥국 중산층 시장을 겨냥하여 기존의 고품질 · 고성능 제품전략을 수정하려는 움직임을 보이고 있다.

일본이 아시아 신흥시장 개척에 적극적인 이유는 글로벌 금융위기 해소 이후 신흥시장의 경제성장에 따른 중산층의 급속한 확대와 일본의 인구감소, 고령화 등 구조적 문제에 대한 정책부재로 내수중심의 경제성장에 한계가 있기 때문이다. 그러나 기업들의 비즈니스 모델 수정 및 FTA 체결, 투자협정 체결과 신흥시장 자체의 지식재산권 보호와 인재 육성 등으로, 일본의 아시아 신흥시장 진출 전략의 가시적인 성과는 시간이 소요될 전망이다.

1) 개요

2008년 글로벌 경제위기를 계기로 일본은 세계 신흥시장에 대한 다각적인 진출 전략을 모색하고 있으며, 아시아 경제권의 구도가 '일본-ASEAN-중국'에서 '중국-ASEAN-인도'로의 변화가 예상되는 가운데, 이러한 변화에 대한 대책이 일본의 운명을 결정하는 것으로 인식하고 있다.

2009년 4월 일본의 '아시아경제배증을 위한 성장구상'과 '볼륨 존 이노베이션', 'BOP 비즈니스지원' 등 일본기업의 신흥시장 진출 지원책을 제시하였으며, 특히 2010년 3월 '아시아소득배증 구상'의 일환으로 2009년 EAS에서 논의되었던 아시아종합개발계획에 관한 최종안을 발표하였다[26].

일본은 중국, ASEAN, 인도 등 아시아 신흥시장이 저임금 생산거점에서 소비시장 및 연구개발거점으로의 변화를 인식하고 있다. 일부 제조업체는 제품 기획 · 개발의 현지화, 부품의 현지 조달체계 강화, 해외생산네트워크의 재편 등과 같은 경영전략 변화를 시도하고 있다[27].

2) 일본 정부의 아시아 신흥시장 진출전략

가. 아시아종합개발계획

일본은 2009년 말 발표한 '신성장 전략 기본방침'을 통하여 아시아 시장을 '내수'로 인식하고 2020년까지 APEC 자유무역지대(FTAAP)를 구축하고 아시아 소득의 배가 구상을 발표하였다.

일본의 '아시아종합개발계획'은 '아시아소득배증 구상'의 일환이며, 2008년 6월 사전작업으로 동아시아ASEAN경제연구센터(ERIA)을 설립하였다. 본 계획안은 일본이 이전부터 추진해 온 메콩종합개발, BIMP 광역개발, 메콩-인도 산업 대동맥, IMT 성장삼각지대 개발계획을 종합한 것이며, 델리-뭄바이 산업대동맥 개발계획(Delhi- Mumbai Industrial Corridor Project)은 별도로 추진할 것으로 보인다[28].

---

26) 볼륨 존(Volume Zone)은 신흥국의 중산층, BOP(Base or Bottom of the Economic Pyramids)는 저소득층을 의미함

27) 일본 경제산업성이 2009년 1월 중국(장강델타경제권)에 진출한 일본기업 130개 사를 대상으로 실시한 설문조사 결과에 따르면, 현지 진출목적이 진출 당시에는 값싼 인건비 활용이 52.3%였으나 현재는 40.8%로 감소한 반면, 현지 판매를 목적으로 한 시장개척은 39.4%에서 56.9%로 증가함

28) ERIA(Economic Research Institute for ASEAN and East Asia)는 일본 경제산업성이 주도하여 설립한 국제연구기관으로서 자카르타에 소재하며, 동아시아 16개국(ASEAN+

나. 볼륨 존 이노베이션 추진

일본은 2009년 9월 『통상백서』를 통하여, 일본기업의 현지생산화를 위한 아시아 인재육성사업 강화 입장을 표명하였다. 2007년부터 아시아의 우수인재 유치를 위한 '아시아 인재 자금 구상'을 이미 실시하고 있으며, 일본기업의 라이선스 생산모델을 신흥국에 정착시키기 위해 양국 간 투자협정 체결, 지식재산권 보호, 이중과세 방지 등 제도적 보완을 강구한다는 방침이다. 그간 신흥국 현지기업이 일본 기업의 제품 설계, 제조 기술을 라이선스료를 지급하지 않고 사용하는 사례가 많았다는 지적에 근거하고 있다. 일본은 현재까지 일본정부의 '투자章(chapter)[29]'을 포함한 EPA(Economic Partnership Agreements)[30] 체결 건수는 9건, 양국 간 투자협정은 15건에 불과한 실정이다.

다. BOP 비즈니스 지원

일본은 2010년 2월 『BOP 비즈니스 정책연구회 보고서』를 통해 일본 기업이 신흥국 저소득층(BOP) 시장에 적극 진출 지원체계의 강화 방침을 밝혔으며, 2009년 5월『2009년판 제품생산(모노즈쿠리)백서』에서 신흥국 BOP 비즈니스의 중요성을 강조하였다.

BOP 비즈니스는 신흥국 저소득층의 빈곤 등 문제를 해결하기 위해 NGO/NPO와 연계를 추구하되 비즈니스 관점에서 추진한다는 점이 특징이다[31]. 2009년 추경예산에서 2.8억 엔의 BOP 비즈니스 관련 예산을 편성한 바 있고, 조만간 'BOP 비즈니스 추진 플랫폼'이라는 민관합동 기구를 설립할 계획이다.

일본의 지원책은 주로 세미나 개최나 홍보활동에 집중되고 있으나, 앞으

한·중·일, 인도, 호주, 뉴질랜드)이 참여하고 있음.

29) 일본이 체결한 '투자章(chapter)'등 EPA: 싱가포르(2002. 11), 멕시코(2005. 4), 말레이시아(2006. 7), 칠레(2007. 9), 태국(2007. 11), 브루나이(2008. 7), 인도네시아(2008. 7), 필리핀(2008. 12), 스위스(2008. 9)

30) 이집트(1978. 1), 스리랑카(1982. 8), 중국(1989. 5), 터키(1993. 3), 홍콩(1997. 6), 방글라데시(1999. 8), 러시아(2000. 5), 몽골(2002. 3), 파키스탄(2002. 5), 한국(2003. 1), 베트남(2004. 12), 캄보디아(2008. 7),라오스(2008. 8), 우즈베키스탄(2008. 9), 페루(2009. 12)

31) BOP 비즈니스: 2000년 초부터 유럽과 미국 기업을 중심으로 전개되고 있고, 일본의 스미토모화학이 1992년 아프리카에 살충제를 가미한 모기장 판매 경험이 있음

로는 'BOP 비즈니스 촉진제도'를 통해 현지 정보수집이나 개별 사업의 타당성 조사, 기업의 시제품 판매 등을 직접 지원한다는 방침이며, 지원 분야는 교육, 보건의료 · 복지, 물 · 위생, 농림수산업, 식료 · 영양 등 빈곤퇴치 분야, 환경 · 에너지, 가전 · 산업기계 등 일본 기업의 강점분야, 정보 · 통신, 금융, 운수 · 수송기계 등 인프라분야를 선정하였다.

3) 일본기업의 신흥시장 투자전략변화

가. 일본기업의 전통적 비즈니스 모델의 위기

일본기업의 경쟁력 강화를 위해 비즈니스 모델을 수정해야 한다는 주장이 제기되고 있다. 글로벌 금융위기 이후 일본에서는 일본 경제의 근간이라 자부해왔던 제조업의 국제경쟁력이 약화되고 있다는 위기론이 확산되고 있다. 이러한 위기론은 2000년대 생산방식의 모듈화의 급진전으로 한국, 중국, 대만 등에 비해 일본 기업의 경쟁력이 약하다는 것이다. DRAM 메모리, 태양전지 셀 분야에서도 일본 기업의 시장점유율이 급락하고 있다.

일본기업들은 전통적으로 연구개발, 생산, 판매 등 일련의 공정을 기업 내 또는 수직적 통합을 통해 대처해 왔다. 수직통합형은 시장 반응에 둔감하고 연구개발에 많은 시간이 소요되는 문제가 있으므로, 생산 공정의 일부를 외국기업 등 외부에 위탁하는 오픈 이노베이션형으로 비즈니스 모델을 전환해야 한다는 주장이 제기되고 있다.

나. 일본기업의 신흥국 전략 수정

일본 기업들은 그간 선진국과 개도국의 고소득층을 목표시장으로 고품질 · 고성능 제품에 주력하였으며, 특히 전자업체들은 고품질 · 고성능을 경쟁우위요소로 인식하여 브랜드 훼손에 신중한 자세를 보이며 중저가품 생산에 소극적이었다.

그러나 일본 기업들은 글로벌 금융위기 이후 선진국 시장의 축소, 엔고로 인한 경쟁력 저하를 경험하였으며, 이에 따라 신흥국의 볼륨 존 시장에 대한 관심이 증가하고, 기존의 해외전략으로는 한국, 중국 업체와 경쟁에서 승산이 없다는 인식이 확산되었다. 일본 기업의 해외전략 수정은 제품 기획·개발의 현지화, 부품의 현지 조달, 마케팅전략의 수정, 제조공정과 해외생산 네트워크의 재편 등으로 수행되고 있다.

- 제품의 기획·개발 단계에서 신흥국 특유의 문화, 전통, 경제발전 정도를 반영
- 신흥국에 기 진출 일본기업들의 현지부품조달비율, EMS(전자제품 제조서비스), OEM(제조업자 설계 생산)등 외부기업 활용도 낮음
- 신흥국에서 일본 기업의 타깃 고객층의 중산층 전환에 따라 마케팅전략도 일본 내 판매 방식 지양
- 신흥국 소비자의 구매력 가격대 제품의 생산을 위하여 핵심부품의 생산기지의 해외이전 등 제조공정과 해외생산네트워크 수정

〈표 1〉 일본 전자업체의 신흥국 전략 변화

	기존 신흥국 전략	향후 신흥국 전략
타깃 고객층	부유층	중산층
제품기획	선진국과 차별성 없는 제품 공급	신흥국 현지 실정을 반영 한 제품 공급
비교우위 분야	제품의 품질	가격과 품질
제조공정	일본 기업 직접 제조 핵심부품 국내생산 (블랙박스화)	제품기획: 일본 기업 담당, 제조: EMS나 OEM 활용 핵심부품의 해외생산(외국 협력회사에 대한 기술공여 등)추진

주: KIEP, 최근 일본의 아시아 신흥시장 진출 전략에 대한 평가, 2010.5 p.5 재인용

다. 내수형 일본기업들의 아시아 신흥시장 진출 가세

음료, 의약품, 생활용품 등 내수형 기업들도 아시아 신흥시장의 볼륨 존 시장 개척에 가세하였으며, 국내시장 축소 만회를 위해 신흥시장 진출을 추

진 및 현지 실정을 감안한 제품 출시 및 마케팅 전략을 구사하고 있다.

- 오츠카제약: 인도네시아에 포카리스웨트 공장 신설, 의약품 판매 착수
- 야쿠르트: 2009년 12월 인도네시아 수마트라 섬에 지점 개설
- 라이온: 2009년 12월 말레이시아의 가정배수 오염 방지용 식물원료 사용 의류용 분말세제 생산공장 가동
- 시세이도: 중국에서 현지 뷰티 컨설턴트 대면판매방식 채용
- 피죤: 중국 내륙과 인도(델리 및 뭄바이)에서 현지 판매인 교육과 경영 지원을 강화 및 판매유통망 확대

〈그림 9〉 세계의 소득피라미드와 일본의 새로운 진출전략

세계인구의 소득피라미드 구성	일본 기업 · 정부의 진출전략
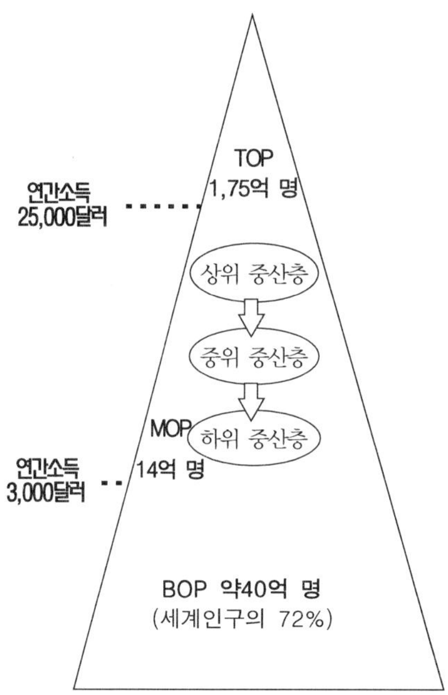	- 일본 기업의 기존 진출 전략 *선진국과 동일한 고품질 · 고성능 제품 투입
	- 일본기업의 볼륨 존 시장 강화전략 *생산공정, 마케팅, 해외생산네트워크 등 기존 해외투자전략을 재검토 *미국, 유럽, 한국, 중국 기업에 비해 일본 기업의 시장지배력이 약함.
	- 일본 정부의 BOP 비즈니스 촉진지원 제도를 통한 기업진출 모색 *NGO · NPO 활동과 비즈니스 창출의 융합을 시도 *주로 현지 신흥국 기업이 시장지배

주: KIEP, 최근 일본의 아시아 신흥시장 진출 전략에 대한 평가, 2010.5 p.8 재인용

라. 일본 서비스업계의 신흥시장 진출 확대

국내시장 축소, 경쟁격화에 따른 수익 악화 타개를 위해 해외에 진출하고 있으며, 세콤(경비업체), 와타나베 웨딩(웨딩사업), 고쿠라쿠유(온천시설), 가큐사(교육) 등 업체들이 중국 등에 진출하였다.

제 14 장

ASEAN 각국 경제

제1절 라오스

1. 일반개황

면 적	237천 Km^2	G D P	65억 달러 (2010년)
인 구	644만 명 (2010년)	1인당 GDP	1,010달러 (2010년)
정치체제	사회주의공화제	통 화 단 위	Kip(K)
대외정책	비동맹 중립	환율(달러당)	8,259 (2010년 평균)

인도차이나반도 중앙에 위치한 내륙국으로 국토의 80%가 산악지대이며, 전통적인 저소득 농업국이다.

쌀 생산 중심의 농림수산업이 GDP의 약 30%를 차지하고 있으며, 수출의 약 67%, 수입의 약 76%가 태국과 베트남에 편중되어 있어 자연 재해와 같은 외부요인이나 교역국가의 상황에 따라 많은 영향을 받는 취약한 경제구조를 지니고 있다.

최근 6년간 제조업과 서비스부문의 성장으로 7% 이상의 경제성장을 이루었으나, 해외 원조에 의존한 인프라 건설 등이 성장의 주요인이며 경제규모에 비해 외채규모가 과중하며 외채상환능력이 부족한 편이다.

라오인민혁명당(LPRP)은 시장경제체제 도입, 대외 개방 등을 통한 경제발전을 최우선 정책으로 강조하고 있으며, 현재 안정된 정치적 지지기반을 확보하고 있어 정치 및 경제정책의 기조에는 큰 변화가 없을 전망이다.

2. 경제동향

1) 국내경제

〈표 1〉 주요 국내경제 지표

(단위: %)

구 분	2007	2008	2009	2010	2011[f]
경 제 성 장 율	7.8	7.2	7.6	7.9	8.2
재정수지 / GDP	-2.8	-2.7	-3.3	-3.0	-2.9
소비자물가상승률	4.5	7.6	0.0	6.0	7.8

자료: 한국수출입은행

라오스는 광물 수출과 인프라 건설, 광공업 부문 등의 성장에 따라 2005년 이후 연 7% 이상의 높은 경제성장률을 기록하고 있다. 수출의 약 50%를 차지하는 구리, 금 등 광물의 수출과 인프라 개발 프로젝트 증가에 따른 건설업 성장, 관광산업 성장 등에 힘입어 2008년과 2009년에 각각 7.2%, 7.6%의 경제성장률을 기록하였다. 다른 동아시아 수출주도형 국가 대비 대외 무역의존도가 낮고 외국인직접투자가 적고 국내 특수상황에 따라 세계경기 침체의 영향을 덜 받았다[1].

라오스는 세수기반 부족, 외채이자 부담 등으로 만성적인 재정수지 적자를 기록하고 있으며, 2004년 이래 재정수지 적자는 GDP 대비 3%대 수준을 유지하고 있다. 세제 개혁과 세율 인상 등을 통한 재정수지 적자폭 축소를

1) 동남아시아 올림픽(SEA Games) 개최를 위한 사회기반시설 조성과 비엔티안(Vientiane) 수도 지정 450주년 기념행사 등 정부지출로 국내 수요 증가

위해 노력하고 있으며, 신 부가가치세법, 사치세 도입, 전력 수출, 국제 광물 가격 상승 등으로 재정수입이 증가하고 있다. 2010년 재정수지 적자는 GDP 대비 3.0% 및 2011년에도 소폭 개선될 것으로 추정된다[2].

2010년 국내 수요 증가, 국제 원자재 가격 상승, 외국인투자자금 유입 등 물가상승 압력으로 6%의 소비자물가상승률을 기록하였다. 2011년에는 태국의 식료품 가격 상승과 바트화 강세로 물가상승 압력으로 작용하여 7.8% 수준이 전망된다.

2) 경제 구조 및 정책

가. 구조적 취약성

최근 의류와 식품가공업, 도・소매업 등 제조업과 서비스업의 비중이 지속적으로 증가 중에 있으나, 아직 농림수산업이 국내총생산의 약 30%를 차지하고 있다[3]. 또한 수출의 약 67%, 수입의 약 76%를 태국과 베트남에 의존하고 있어, 이들 국가의 경제상황에 영향을 크게 받는 취약한 교역구조를 지니고 있으며, 수치상으로는 양호한 경제성장을 기록 중이지만 해외원조 의존 인프라 건설 등으로 독자적・안정적인 경제 성장은 어려운 실정이다.

ADB는 라오스의 지속적인 경제 성장과 거시경제의 안정을 동시에 추구하기 위해 금융시스템의 체계화, 농업부문의 개혁, 공공부문의 투명성 제고가 시급함을 권고하고 있다. 투자승인 절차의 간소화, 투자관련 정보의 제공, 보다 숙련된 노동력의 육성, 경제성장 원천의 다양화, 일자리 창출 등이 주요한 장기적 과제가 되고 있다.

나. 성장 잠재력

라오스는 전체 면적의 약 40%가 산림으로 이루어져 있어 산림자원이 풍부하며, 태국 및 미얀마 국경지역에 메콩강이 위치하여 수자원이 풍부해 수력발전에 유리한 조건을 지니고 있으며, 또한 주석, 납, 구리 등의 광물자원

2) 신 부가가치세법: 연간 이익이 4억 Kip(약 4만 8천 달러)을 초과하는 수입업체 또는 국내기업이 생산하는 모든 재화에 대해 5~10%의 부가가치세 부과

3) 2010년 기준 산업구조: 농업 29.8%, 제조업 31.7%, 서비스업 38.5%

이 풍부해 총 수출의 절반 이상을 차지하는 주요 수출원이 되고 있다.

관광산업은 라오스의 주요 외화획득원으로 현재 수도 비엔티안 외 참파삭(Champassak), 루앙프라방(Luang Prabang) 등 5개 지역에 집중되어 있는 광 인프라의 확장에 노력하고 있다[4].

다. 정책성과

2004년 말 미국으로부터 NTR(Normal Trade Relations) 지위를 부여받은 이후, 국영기업 구조조정과 무역자유화 작업 등 경제개혁 노력이 계속되고 있다. 특히 지적재산권, 관세 등 교역 관련법을 WTO의 국제기준에 맞게 개정하고, 지속적으로 투자 환경을 개선함으로써 WTO에 가입하기 위해 노력하고 있다[5].

또한 라오스는 2010년 4월 제7차 사회경제개발계획(2011~2015)을 승인함으로써 지속적인 경제개혁 추진을 위한 기초를 마련하였다. 외국인투자가 다시 유입되면서 수력발전 프로젝트 및 광물산업 개발의 추진 및 물가의 급격한 변동을 제한하고 사업 환경을 개선하기 위해 노력하고 있다.

3) 대외거래

주요 수출국의 수요 증가로 구리, 금 등 광물과 목재 수출이 증가하고 있으나, 국내 소비제품의 대부분을 수입 및 대형 인프라 건설프로젝트의 증가로 건설자재, 기계장비, 연료 수입액 등의 큰 폭 증가에 따라 수입증가폭이 수출증가폭을 앞지르며 2007년 이후 상품수지 적자규모가 지속적으로 확대되고 있다.

상품수지 적자에도 불구하고 관광수입 증가, 서비스수지 흑자 및 해외원조에 힘입어 2008년까지 연간 1억 달러 이상의 경상수지 흑자를 기록하였다. 2009년에는 상품수지 적자 규모 확대로 경상수지 흑자폭이 크게 감소하

4) 2010년 외국인 관광객 수는 200만 명 및 2.6억 달러 이상의 외화 수입을 기록. 2015년까지 연 330만 명 외국인 관광객을 유치할 경우 6억 달러 규모의 성장이 전망됨.
5) WTO의 신규 회원국으로 가입하려면 기존 회원국들과의 양자 협상을 거쳐야 하며, 2011년 3월 9일 우리나라와의 양자협상이 타결되었음.

였으며, 2010년에는 약 2.3억 달러 규모의 경상수지 적자(GDP 대비 3.4% 수준)를 기록한 것으로 추정되며, 2011년에도 경상수지의 지속적인 적자가 전망된다.

〈표 2〉 주요 대외거래 지표

(단위: 백만 달러, %)

구 분	2007	2008	2009	2010	2011f
경 상 수 지	139	116	9.3	-228.3	-76.7
경상수지 / GDP	3.3	2.2	0.2	-3.4	-1.0
상 품 수 지	-142	-311	-408	-587	-600
수 출	923	1,092	1,053	1,474	1,800
수 입	1,065	1,403	1,461	2,061	2,400
외 환 보 유 액	533	629	609	703	…
총 외 채 잔 액	4,251	5,122	5,682	5,802	6,405
총외채잔액/ GDP	103.7	98.5	99.7	86.6	92.8
D S R	12.7	9.9	10.6	10.6	10.3

자료: 한국수출입은행

상품수지의 적자에도 불구하고 해외근로자 송금, 외국인직접투자, 해외원조의 증가로 외환보유액은 2009년을 제외하고 꾸준히 증가하였으며, 2010년말 외환보유액은 약 7억 달러로 추정된다. 그러나 해외원조에 대한 의존도가 크기 때문에 주요 지원국 및 국제기구의 지원에 문제가 있으면 외환보유액의 증가에도 불구하고 경제적 어려움에 직면할 수 있다.

1988년부터 관리변동환율제를 채택하고 있으며, 킵화의 미 달러화 대비 평균 환율은 2009년 2.7% 절상, 2010년 3.1% 절상되어 안정적인 수준을 유지하고 있다. 킵화의 강세기조는 양호한 경제성장률과 달러화에 대한 낮은 의존도에 기인하며, 대내적으로 인플레이션 압력을 완화시켜 외채 부담의 경감에 기여한 것으로 보인다[6].

6) 지속적인 상품수지 적자로 킵화 환율의 상승과 평가절하 가능성도 있다.

이전에는 러시아 등 동구 공산권의 원조가 많았으나 현재는 일본, 호주, 스웨덴, 독일, 프랑스 등의 원조가 대부분을 차지하고 있다. 2010년 총외채 잔액은 GDP의 86.6%인 약 58억 달러로 경제규모 대비 과중한 수준이며, 상품수지 적자기조가 지속되고 있어 외채상환능력은 부족한 편이이다. 2011년에는 총외채잔액이 약 64억 달러로 증가가 전망됨에 따라 GDP 대비 규모는 92.8%를 기록할 것으로 보인다.

3. 정치·사회동향

1) 정치동향

라오스는 경제적으로는 개혁 개방정책을 취하고 있으나 정치적으로는 라오인민혁명당(Lao People's Revolutionary Party: LPRP)이 의회와 정부 모두 장악하고 있는 일당 독재체제 국가이다.

라오인민혁명당은 시장경제체제 도입, 대외 개방 등을 통한 경제발전을 최우선 정책으로 강조하고 있으며, 현재 국가 전체적으로 안정된 정치적 지지기반을 확보하고 있어 2011년에도 라오스의 통치체제와 기조에는 큰 변화가 없을 전망이다.

2. 사회동향

태국에 밀입국한 몽족의 강제 송환 합의로 2009년 12월 몽족 4,000 여명 이상이 라오스로 강제 송환되었다[7]. 국제기구 및 세계 인권단체들은 몽족이 라오스 정권의 탄압을 피해 밀입국한 것이므로 본국으로 송환될 경우 처벌과 고문으로 인권이 유린당할 우려가 높다고 지적하며 우려를 표하고 있다. 그동안 세계 인권단체들은 태국이 몽족에게 난민 지위를 요구했으나, 태국은 1951년 체결된 '난민지위에 관한 유엔협약'에 가입하지 않아 이들을

7) 라오스 소수민족인 몽족은 베트남 전쟁기간 중 당시 라오스 정부를 지지하여 베트남전에서 미국을 지원했으나, 1975년 라오스 정권이 공산당으로 넘어가자 태국으로 탈출해 태국 북부지방의 펜처분(Phetchabun) 지역에서 집단 거주해 왔음.

불법입국자로 간주하여 왔다.

라오스는 2009년 12월 제25회 동남아시아게임(SEA Games)의 개최를 통한 국가 이미지 향상, 국제사회의 관심, 준비 과정 중 기본 인프라 구축 등 경제, 사회, 문화적 발전의 전기를 마련하였다. 라오스에 대한 관심이 높아지면서 인권 문제, 지나친 해외 원조, 도시와 지방간 소득격차 등의 문제가 표면화되며 라오스의 과제로 떠오르고 있다.

3) 국제관계

라오스는 전통적으로 인접국인 베트남과 깊은 협력관계를 맺고 있으며, 최근에는 태국, 중국과의 관계도 강화하고 있다.

베트남은 2009년말 까지 라오스에 21억 달러 이상을 투자한 최대투자국이며, 주로 광산개발, 수력발전에 투자하고 있다. 태국과는 몽족의 강제송환 문제의 불편 요소가 있으나, 태국과의 교역이 전체 교역의 50% 이상을 차지하는 등 경제적으로는 깊은 유대관계를 맺고 있다.

라오스는 ASEAN과의 무역 증진을 추진하여 지역 번영에 초점을 두고 있으며, 중립적 · 개방적인 외교정책을 통해 여러 국가들과 협력관계를 추진하는 한편, 이를 통해 주변국들과 국제기구로부터 투자를 유치하고 기술적 · 재정적 지원을 받고자 노력하고 있다.

4. 국제신인도

1) 국제시장평가

〈표 3〉 주요 기관별 평가등급

평가기관	최근 평가등급	종전 평가등급
한국수출입은행	D2 (2009. 3)	E (2007. 2)
OECD	7등급 (2011. 3)	7등급 (2010. 4)

라오스는 소득수준이 낮고 외채부담이 높으며 국제금융시장과의 통합도

가 낮아 OECD 최하위 7등급 부여 및 S&P 등 주요 신용평가기관들은 신용등급을 평가하지 않고 있다.

2) 우리나라와의 관계

수교(1974. 6.22), 단교(1975. 7.25), 재수교(1995.10.25) 과정을 거쳤으며, 수교 이후 라오스와 체결한 주요협정은 경제과학기술협력협정(1996), 투자보장협정(1996), 이중과세회피와 탈세방지를 위한 협정(1996), 항공협정(2010) 등이다.

〈표 4〉 한·라오스 교역 규모

(단위: 백만 달러)

	2008	2009	2010	주요 품목
수 출	53	56	112	자동차, 자동차부품, 운반하역기계
수 입	53	18	20	동광, 목재류, 주석광
합 계	106	74	132	

자료: 한국무역협회

라오스가 아시아 신흥 투자처 및 저임금 생산기지로 부상하면서 교역과 투자 규모가 확대되는 추세에 있다. 양국 간 교역은 2008년 1.1억 달러, 2009년 0.7억 달러, 2010년에는 자동차 및 부품 판매 증가로 수출이 100% 이상 증가한 반면 수입은 소폭 증가에 그쳐 1.3억 달러를 기록하였다.

해외직접투자는 2007년부터 건설업, 제조업을 중심으로 증가하였으며, 2010년 기준으로 총 140건, 1.6억으로 우리나라는 라오스의 4대 투자국 및 라오스는 우리나라의 제9위 EDCF 지원 국가가 되었다[8].

8) 2011년 8월말 집행 기준 총 7건, 약 740억 원을 지원하였으며, 주요 지원 사업은 소방 설비 공급사업, 도로 개선사업, 메콩강변 종합관리사업 등.

제2절 말레이시아

1. 일반개황

면 적	330천 Km^2	G D P	2,787억 달러
인 구	28.6 백만 명	1인당 GDP	9,740달러
정치체제	연방형 입헌군주제	통 화 단 위	Ringgit
대외정책	비동맹 중립	환율(달러당)	3.06

주: 2011년 말 및 2011년 연평균(환율)

말레이시아는 말레이반도 남부의 서말레이시아(구 말라야연방), 보르네오섬 북서부의 사라와크(Sarawak) 및 사바(Sabah) 의 동말레이시아(북칼리만탄)로 구성되어 있으며, 국민은 말레이계(62%), 중국계(23%), 인도계(7%) 등 다양한 인종으로 구성되어 있다.

1957년 8월 영국의 지배에서 말라야 연방으로 독립한 후 1963년 사라와크, 사바와 싱가포르(1965년 분리 독립) 등 영국령이 합류하여 말레이시아 연방이 설립되었으며, 현재는 13개 주와 3개의 연방령으로 구성되어 있다.

입헌군주제로 국왕은 9개 주의 술탄(Sultan) 중에서 5년 임기로 선출되어 총리 및 내각을 임명권과 군대 최고 사령관으로 통솔권을 가진다. 실질적인 행정권은 내각에 있고, 총리는 하원(Dewan Rakyat) 다수당의 당수가 맡는다.

원유, 천연가스, 주석, 고무 등 천연자원이 풍부하고 전기전자 제품의 공업화에 성공한 중소득국으로 2020년까지 고소득국 진입을 위해 2011년 신경제모델과 제10차 5개년 경제개발계획을 수립하여 시행 중에 있다.

2. 경제 동향

1) 국내경제

〈표 1〉 주요 국내경제 지표

(단위: %)

구 분	2008	2009	2010	2011	2007f
경 제 성 장 율	4.8	-1.6	7.2	5.1	4.4
재정수지 / GDP	-3.24	-5.34	-3.75	-5.05	-4.30
소비자물가상승률	5.44	0.58	1.71	3.20	2.70

자료: 한국수출입은행

경제성장률은 2010년 세계경기 회복과 미국, 유럽 등 주요 수출국에 대한 수출 증가, 민간소비 확대 및 산업생산 증가로 7%대 및 2011년 민간소비 및 정부지출의 증가에도 불구하고 유럽재정위기로 세계경기 둔화에 따라 수출 증가세가 둔화되어 5.1%를 기록하였다. 2012년에는 민간소비 및 인프라 투자가 경제 성장을 뒷받침할 것으로 예상되나, 주요 수출국들의 경기침체가 지속될 것으로 보여 4.4%로 전망된다.

GDP대비 재정수지적자는 경기부양과 인프라 구축을 위한 정부지출, 비효율적 조세징수 등으로 만성적인 재정수지 적자를 보이고 있다. 2010년 경기회복에 따른 세수 증가, 연료비와 설탕에 대한 보조금 삭감으로 재정지출이 감소하여 3.8%로 축소 및 2011년 인프라 구축 정부지출 증가, 공무원 및 저소득층 보조금 지급 등으로 5.1%를 기록하였다. 2012년에는 정부의 재정수지 적자 축소를 위한 노력으로 4.3%가 전망된다.

물가는 2010년 세계경기 회복에 따른 국제상품가격의 상승과 국내 수요 증가에 따른 식료품가격 상승에도 불구하고 링깃화 가치 상승으로 수입물가 상승 압력이 완화되어 CPI 상승률은 1.7% 및 2011년 국제유가 등 국제상품가격 및 식료품가격 상승과 정부의 연료비 보조금 축소 등에 따라 소비자물가가 상승세를 보여 3.2%를 기록하였다. 2012년에는 국내 에너지 가격과 연료비 상승에도 불구하고 무역장벽 제거 및 지역경제통합 효과 등 수입물가가 하락하여 CPI 상승률이 2.7%로 하락이 전망된다.

2) 경제 구조 및 정책

가. 구조적 취약성

고무, 석유 등 원자재수출 의존 경제구조에서 전자제품 등 중심의 제조업, 관광 등 서비스업으로 경제구조 다각화에 성공하였으나, 조세수입은 여전히 석유 관련 수입에 크게 의존하는 형태이며, 이로 인해 경제위기 시 적극적인 정책운용에 부담이 되는 등 정책운용 폭이 좁아짐에 따라 소비세 도입 등 조세개편 및 보조금축소를 통한 세수 확대를 도모하고 있다.

협소한 내수시장에 대한 대안으로 수출주도형 성장전략을 추진해 왔으며, 2011년 GDP 대비 수출입 비중이 144%에 달하는 등 대외의존도가 높은 개방형 경제구조로 대외여건에 따라 경기변동성이 높은 구조적 취약점을 가지고 있다[9].

나. 성장잠재력

일관된 인프라 건설 정책으로 주변국에 비해 도로, 항만, 통신시설 등 우수한 인프라를 구축하고 있어 외국인 투자 환경이 양호한 편이다[10].

IFC 기업경영여건(Doing Business) 평가에 따르면, 2011년 185개국 중 18위로 상위권으로 분류 및 2010년 23위에서 5단계 상승하여 말레이시아의 기업경영 여건은 지속적으로 개선되고 있음을 보여주고 있다[11].

국토의 50% 이상이 산림으로 이루어져 있으며 풍부한 천연고무와 팜오일의 주요 수출국가이며, 또한, 원유, 천연가스 및 주석 등 다양한 자원을 보유하고 있다. 원유 및 천연가스의 확인 매장량은 아시아 국가 중 중국, 인도네시아에 이어 3위이며, 주석은 세계 5위의 매장량을 보유하고 있다. 특히,

---

9) 전자산업 등 부문에서 재료와 부품의 국산화율이 낮아 수출규모와 수입규모가 동반 증가하는 경향이 있음.

10) WEF 2012 글로벌 경쟁력지수에 따르면, 인프라 부문 전체 142개국 중 23위[부분별로는 도로(18위), 철도(18위), 항로(15위), 전력공급(38위)]

11) IFC 투자환경에 대해 평가분야(10개) 중 신용획득(1위), 투자자 보호(4위)가 높은 순위, 이는 말레이시아의 투자환경 조성을 위한 안전한 법적장치 마련에 기인함.

팜오일은 세계 최대 수출국이며, 최근 화장품 및 바이오디젤의 주원료로 각광받으면서 외국기업의 투자가 증가하고 있다.

다. 정책성과

장기 경제개발정책인 1970~1990년 신경제정책(NEP), 1991~2000년 국가개발정책(NDP), 2001~2010년 국가비전정책(NVP) 등의 추진으로, 고무, 주석 등 1차 자원 수출과 농업생산에 의존 경제구조에서 탈피하여 전기, 전자산업 외 라텍스, 타이어 등 풍부한 자연자원을 이용한 관련 제조업 산업의 발달 등 산업 다각화에 성공하여 안정적인 경제성장을 이룩해 왔다.

2011~2015년 10차 개발계획, 정부변화프로그램(GTP), 경제변화프로그램(ETP) 등 신경제모델을 발표하여, 2020년까지 지속적인 경제발전을 통하여 중소득국에서 고소득국으로 발돋움하기 위한 방안을 제시하였다[12).

경제변화 프로그램(ETP)은 민간 투자를 중심으로 석유가스, 팜오일, 금융서비스, 도소매업, 관광, 정보통신산업, 교육, 전기전자, 비즈니스 서비스, 민간의료서비스 산업, 농업, 쿠알라룸푸르 세계 도시화 등 12가지 분야(NKEA: National Key Economic Areas:)에 중점을 두고 경제발전을 통하여 1인당 국민소득을 2020년 15,000달러로 향상을 목표로 하고 있다.

3) 대외거래

상품수지는 2010년 세계경기 회복에 따라 전자제품 수출의 증가 및 국제상품가격회복에 따라 1차 자원 수출액도 증가하여 흑자 규모는 417억 달러로 증가 및 2011년 미국과 일본으로의 수출 둔화에도 불구 중국, 싱가포르 등 수출의 증가로 흑자규모는 486억 달러로 확대되었다. 2012년에는 유로존의 경기 위축으로 상품 수출 증가율의 감소가 예상되어 흑자폭의 소폭 감소가 예상된다.

---

12) 10차 계획은 627억 링깃 규모의 민관협력사업(PPP)으로 금융, 도소매업, 운송 및 통신 등 서비스 분야 발전을 중심으로 연평균 7%대의 경제성장을 목표로 함.

〈표 2〉 주요 대외거래 지표

(단위: 백만 달러, %)

구 분	2008	2009	2010	2011	2012f
경 상 수 지	38,914	31,801	27,291	32,025	20,670
경상수지 / GDP	17.5	16.5	11.5	11.5	7.0
상 품 수 지	51,261	40,254	41,672	48,577	20,670
수 출	199,733	157,655	198,954	227,481	229,132
수 입	148,472	117,402	157,283	178,631	187,908
외 환 보 유 액	90,605	92,865	102,324	128,987	132,597
총 외 채 잔 액	72,978	77,940	87,325	93,340	92,240
총외채잔액/ GDP	32.83	40.35	36.71	33.49	31.27
D S R	2.8	6.6	2.7	2.7	2.6

자료: 한국수출입은행

경상수지는 소득수지와 이전수지 적자에도 불구하고 큰 폭의 상품수지 흑자 지속으로 경상수지 흑자를 유지하고 있다. 2010년 서비스 지급 비용이 증가로 서비스 수지 흑자규모가 축소되고 273억 달러 흑자 및 2011년 서비스수지가 적자 전환, 상품수지 흑자 증가로 320억 달러를 기록하였다. 2012년에는 수출증가세 둔화에 따른 상품수지 흑자규모 감소로 207억 달러흑자가 예상된다.

외환보유고는 경상수지 흑자 기조 유지와 외국인직접투자 증가로 외환보유액은 2008년 906억 달러, 2011년 1,290억 달러 및 2012년 1,326억 달러로 전망된다. 외환보유액의 지속적인 증가로 월평균수입대비 외환보유액은 2011년 6.4개월 수준을 유지하였다[13].

외채상환능력은 점진적 개선되고 있으며, GDP 대비 총외채잔액은 2009년 40.4%에서 2011년 33.5% 및 총수출 대비 총외채잔액은 2009년 39.4%에서 2011년 33.4%로 감소 추세이며, D.S.R도 2010년 이후 2%대로 낮은 수준을 유

13) FDI 유입액 추이: 2008년 906억 달러, 2009년 929억 달러, 2010년 1,023억 달러, 2011년 1,290억 달러, 2012년 1,326억 달러

지하고 있다.

3. 정치 · 사회동향

1) 정치동향

통합말레이기구(UMNO: United Malays National Organization)를 중심의 국민전선(BN: Barisan Nasional)은 1957년 영국으로부터 독립한 이후 현재까지 정권을 유지하고 있다. 2008년 3월 총선에서 UMNO 중심의 BN이 물가 상승, 정부 여당 내 부패 문제, 중국 및 인도계 소수 민족의 불만 등 이유로 과반수 의석확보에 실패하였으며, 국민정의당(PKR), 민주행동당(DAP), 이슬람말레이시아당(PAS) 등 3개 주요 야당 연합(PR)은 BN을 상대로 협력하면서 총 82석을 차지하였다.

2003년 10월 마하티르 모하마드(Mahathir bin Mohamad) 총리로부터 총리직과 UMNO 총재직을 승계한 압둘라 바다위(Abdullah bin Haji Ahmad Badawi) 총리는 2008년 3월 과반수 확보 실패로 2009년 4월 사임한 이후 나지브 라자크(Najib Tun Razak) 부총리가 총리직을 승계하여 안정적으로 정국을 운용중이다.

2) 사회동향

말레이계가 정치를 주도하고, 중국계는 경제 중심으로 활동하는 등 민족간 역할 분담이 이루어지고 있으며, 정부의 엄격한 통제로 단기간 내 급격한 사회불안 가능성은 낮은 편이다.

국민은 말레이계(50%), 중국계(24%), 인도계(7%) 등 다양한 민족으로 구성되어 있으며, 1969년 부의 편중으로 인해 말레이계와 중국계 간 유혈사태가 발생하자 1970년대부터 부모 중 1인 이상이 말레이시아 국적을 지닌 말레이회교도(Bumiputera)에 대한 우대정책을 실시하고 있다[14].

우대정책의 결과 말레이계의 소득과 경제적 지위는 향상되었으나, 중국계

14) 기업 중 부미푸트라의 필수 지분율을 30%로 확대, 공공기관 채용, 장학금 지원 등

가 싱가포르 등지로 이주하는 등 소수계의 불만이 큰 상황이며, 2020년 고소득국 도약을 위해 중국계 자본이 필요한 상황으로 부미푸트라 우대정책을 재검토할 계획이나 말레이계의 반발로 총선 이전에 정책 수정은 어려울 것으로 보인다.

3) 국제관계

비동맹, 온건중립 대외관계 추구 및 ASEAN을 중심으로 지역협력 강화에 주도적인 역할을 담당하고 있다. 이슬람협력기구(OIC: Organization of the Islamic Conference) 회원이며, 비동맹운동회의(NAM: Non-Aligned Movement)의 의장직을 수행하는 등 비동맹노선을 확고히 견지해 오고 있다.

미국과는 협력관계를 잘 유지하고 있으며, 2011년 미국의 4대 교역국(싱가포르, 중국, 일본에 이은 전체 교역의 약 8.5% 차지)으로 주요한 경제 파트너 관계를 맺고 있으며, 반테러 활동과 지역안정 등 정치적 우호적 관계를 유지하고 있다[15].

세계 경제의 지역통합주의에 대응하여 일본(2005년), 칠레(2006년), 파키스탄(2007년), 뉴질랜드(2009년), 인도(2010년) 등과 FTA를 체결하였으며, 터키, 미국, EU 등과도 협상을 진행 중에 있다.

4. 국제신인도

1) 외채 상환 태도

2011년 말 총외채규모는 933억 달러이며 외환보유액은 1,290억 달러로 총외채 규모를 외환보유액 범위 내로 관리하고 있으며, 국내 자본시장의 발달에 힘입어 총외채의 90% 이상이 링깃화 채권으로 구성되어 있어 대외 여건에 따른 환율 및 외환보유액 변동에 상대적으로 안정적이다.

15) 레바논, 보스니아, 앙골라, 쿠웨이트, 라이베리아, 동티모르 등 UN 평화유지군 파병에 동참하는 등 국제 사회에서 적극적으로 활동 중임.

2) 국제시장평가

2000년 이후 OECD 2등급을 유지하고 있으며, S&P A-, Moody's A3, Fitch A- 등 주요 신용도 평가기관이 모두 말레이시아에 대해 투자적격등급을 부여하고 있음.

- 한국수출입은행: B1/stable(2011. 7) → B1/stable(2012. 4)
- OECD: 2등급(2011. 3) → 2등급(2012. 3)
- S&P: A-/stable(2007. 7) → A-/positive(2008. 5)
- Moody's: Baa1/stable(2002. 9) → A3/stable(2004.12)
- FITCH: A-/positive(2008. 1) → A-/stable(2008.11)

주요 ECA의 지원 태도는 다음과 같다.

- 미국(EXIM): 전액 인수가능하나 제약조건이 있을 수 있음.
- 영국(ECGD): 최고 부보율 적용
- 독일(Hermes): 단기 전액인수가능

5. 우리나라와의 관계

1960년 2월 23일 수교 이후 양국 간 체결한 주요협정은 무역협정(1962년), 문화협정(1965년), 항공협정(1967년), 이중과세방지협정(1983년), 사증면제협정(1983년), 과학기술협력협정(1985년), 투자보장협정(1988년), 해운협정(1988년), 자원협력양해각서(1995년) 등이다.

전통적인 우방국으로, 경제협력 측면에서 양국관계가 꾸준히 발전해 왔다. 마하티르 전 총리는 1983년부터 한국, 일본 등 인적자원 개발 중심의 협력강화를 통해 국가발전을 추진하여 기술연수생, 중견공무원 등을 파견하는 동방정책(Look East Policy)을 추진한 바 있다.

우리나라의 수입은 천연가스, 원유, 목재 등 원자재와 반도체, 컴퓨터 부품 등 전자제품 부품 등이며 교역관계에 있어 만성적인 적자를 기록하고 있다. 해외직접투자실적은 2011년 말 기준 신규법인 수 604건, 30.7억 달러(투자누계 기준)이며, 주요 투자업종은 제조업(63.4%), 광업(12.8%)이다[16].

〈표 4〉 한 · 말레이시아 교역 규모

(단위: 백만 달러)

구 분	2009	2010	2011	주요 품목
수 출	4,325	6,115	9,275	반도체, 평판디스플레이, 철강판
수 입	7,574	9,531	10,468	천연가스, 반도체, 원유
합 계	11,899	15,646	16,743	

자료: 한국무역협회

제3절 미얀마

1. 일반개황

면 적	677천 Km^2	G D P	525억 달러
인 구	62.7백만 명	1인당 GDP	825달러
정치체제	공화제	통 화 단 위	Kyat(KT)
대외정책	비동맹중립	환율(달러당)	815

주: 2012년 말 및 연평균(환율) 기준

미얀마는 인도차이나 반도와 인도 사이에 위치하고 인도, 중국, 라오스, 태국과 국경을 접하고 있다. 종교는 89%가 불교, 기독교 4%, 이슬람 4% 등이며, 민족은 버마인 68%, 카렌인 7%, 카친인 4% 등으로 다양한 종교와 민족에 따라 민족, 종교 갈등요인이 잠재해 있다. 영토는 한반도 3배의 크기이며, 광물자원(구리, 니켈 등), 삼림자원, 천연가스 등 풍부한 천연자원을 보유하고 있다.

16) 제조업은 주로 석유화학제품, 전자부품, 컴퓨터, 1차 금속 제조업 등에 투자함.

1948년 영국으로부터 독립한 후 국명을 버마연방으로, 2010년 미얀마연방 공화국으로 개칭하였으며. 1962년 쿠테타로 군사정권이 집권한 이후 2011년 총선을 통해 민간 정부가 탄생하였다.

2. 경제동향

1) 국내경제

경제성장률은 2008년 글로벌 금융위기로 3.6%까지 하락하였으나, 2011년 천연가스 및 원유가격 상승 등으로 5.5%, 2012년 천연가스 수출 증가와 외국인투자 확대로 6.3%의 기록하였다. 2013년에는 미국, EU 등 선진국의 경제제재 완화에 따른 투자개선과 전력, 석유, 인프라 부문에 대한 대규모 프로젝트 투자 확대 등으로 6.5% 달성이 전망된다.

〈표 1〉 주요 국내경제 지표

(단위: %)

구 분	2008	2009	2010	2011	2012e
경 제 성 장 율	3.6	5.1	5.3	5.5	6.3
재정수지 / GDP	-1.8	-4.4	-4.5	-4.8	-3.8
소비자물가상승률	22.5	8.2	8.2	4.0	6.1

자료: 한국수출입은행

GDP 대비 재정수지는 국방비 및 수도 네피도(Naypyidaw) 정비 사업 등으로 정부지출은 증가한 반면, 국영기업의 비효율, 제조업기반의 취약, 지하경제의 발달로 세수기반이 취약하여 적자를 지속하고 있다. 2010년 총선으로 적자 비중이 4.5%로 확대, 2011년 신정부 출범에 따른 재정지출 증가로 적자는 확대되었다. 2012년에는 지속적인 경제성장으로 정부수입이 증가하여 재정수지 적자폭이 감소세로 전환되어 적자는 3.8% 추정 및 2013년에도 적자는 3.5%까지 축소될 것으로 전망된다.

물가는 2009년 이후 국제원유가격 안정에 따라 8.2% 및 2011년 국제 식료품가격 하락으로 4.0%를 기록하였다. 2012년에는 석유가격과 전기료 인상과 신용확대가 물가상승 압력으로 작용하여 소비자물가상승률은 6.1% 추정 및 2013년에는 경제성장에 따른 상품수요 증가와 신용확대 등으로 6.5%가 전망된다.

2) 경제 구조 및 정책

가. 구조적 취약성

농업 비중이 GDP의 43%로 매우 높으나 생산성은 저조한 편이며, 농가 대출 확대와 토지 임대기간 확대 등 농업생산 증대를 위한 정책의 추진에도 불구하고 관개시설 및 비료 등 부족으로 생산량이 증가하지 못하고 있다. 제조업은 국영기업 중심, 정책의 모호성과 잦은 변경, 엄격한 규제 등으로 민간기업의 활동이 제약되어 성장이 미흡한 편이다.

국제투명성기구(Transparency International)에 따르면, 2012년 미얀마의 부패지수는 176개 국가 중 172위이며, 수직적 서열화 구조의 영향으로 부정부패가 사회에 만연되어 있어 기업 활동에 큰 장애요소가 되고 있다.

미국의 헤리티지 재단(Heritage Foundation)과 월스트리트 저널(WSJ)에서 발표한 2013년 경제자유도지수(Index of Economic Freedom)에서 179개 평가국가 중 172위, 아태지역의 41개 국가 중 40위 및 재산권, 부정부패, 비즈니스, 노동, 투자, 금융 부문에서 저조한 순위를 기록하였다[17].

오랜 군부의 집권 기간 동안 인프라 투자가 충분히 이뤄지지 않아 전력, 도로, 항만, 통신 등 사회 인프라가 열악하여 산업 기반이 미약한 편이다. 한편, 중국, 인도, 태국, ADB, 세계은행 등이 공적원조를 실시하고 있으며, 우리나라도 자원개발 관련 인프라 투자를 확대하고 있는 추세에 있다[18].

---

17) 경제자유도지수: 기업들이 자유롭고 편리하게 경제활동을 영위할 수 있는 여건이 얼마나 갖추어져 있는가를 나타내는 지표

18) 인도는 미얀마 중부지역의 수력발전소 개발을 위해 5억 달러차관 제공을 협약하였으며, 세계은행은 도로·학교 등 인프라 프로젝트에 85백만 달러 지원함.

나. 성장 잠재력

미얀마는 중국, 인도에 이어 아시아 제3위 삼림 보유국으로 토질이 양호한 미경작지가 많아 농산물 생산 증대 가능성이 크며, 철광석, 구리, 아연 등 비철금속이 풍부하고 원유, 천연가스 등 미개발 에너지 자원이 많이 분포되어 있다. 천연가스는 2011년 기준 283억 m3(아시아 9위)가 매장되어 있어 최대의 외화수입원이 되고 있다.

2012년 기준 인구는 6,270만 명이며, 생산가능인구인 15~64세 인구가 67.5%를 차지하여 저임금, 풍부한 노동력을 보유하고 있다. 중국, 인도와 국경을 접하고 있어 이들 국가의 소비시장을 겨냥한 생산기지로서 활용도가 높고 동, 서남아를 연결하는 물류기지로서의 잠재성도 높은 것으로 평가되고 있다[19].

다. 정책성과

2011년 '특별경제구역(SEZ)법'의 공포로 투자여건과 규제를 대폭 완화하였으며, 2012년 6월 5개년 사회경제개발계획 등 경제의 개혁 · 개방을 발표하여 제조업기반 확대를 통한 일자리 창출과 기초교육, 고등교육과 직업훈련을 통한 우수한 인력을 양성 및 농업기술개발, 시설 현대화를 통해 농업의 생산성의 증대를 계획하고 있다.

2012년 11월 '신외국인투자법안'이 발효됨에 따라 외국인투자 확대의 전기가 될 것으로 보이며 개혁과 대외개방의 지속적인 추진 및 외국인투자와 관련된 제도적 불확실성이 해소되어 외국인투자가 크게 증가할 것으로 전망된다[20].

---

19) 미얀마 양곤의 생산직 노동자의 월 평균 임금수준은 미화 68달러로, 중국(광저우) 352달러, 베트남(호치민) 130달러, 라오스(비엔티엔) 118달러, 캄보디아(프놈펜) 82달러보다 저렴한 편임.

20) 신외국인투자법: 외국인투자 촉진과 수출증대를 위한 각종 세금감면과 외국인투자자 앞 인센티브 제공(토지사용 최장 70년간 허용, 이익 송금 보장) 등을 포함함. 또한, 외국인투자자에게 100% 단독투자와 합작투자를 허용함으로써 다양한 형태의 투자가 가능하게 됨.

3) 대외거래

중국, 인도, 태국 등 주변국의 경제성장에 따른 광물자원, 천연가스, 농산품, 목재 등 수요 증대로 이들 품목의 수출이 증가하고 있으며, 미국과 EU의 경제제재 철회 및 완화, 원유와 천연가스 등 주요 수출품목 외 섬유 부문의 수출 증가 등으로 상품수출은 증가세를 지속할 것으로 전망된다.

상품수출 증가에도 불구, 에너지 및 인프라 부문에 대한 대규모 외국인투자에 따라 자본재 및 원자재 수입이 증가하면서 상품수지 흑자폭이 꾸준히 감소하여 2011년 상품수지 흑자는 208억 달러를 실현하였다. 상품수지 흑자폭 축소와 소득수지 적자 지속 등으로 2011년 경상수지가 적자로 전환하였으며, 외국인투자 확대에 따른 상품수입, 투자기업의 과실송금 증가로 경상수지 적자폭은 확대될 것으로 전망된다.

〈표 2〉 주요 대외거래 지표

(단위: 백만 달러, %)

구 분	2008	2009	2010	2011	2012e
경상수지	1,247	986	1,584	-1,424	n/a
경상수지 / GDP	6.2	3.2	4.2	-2.9	n/a
상품수지	2,940	2,588	3,477	208	n/a
수출	5,905	5,903	7,335	7,699	n/a
수입	2,965	3,315	3,857	7,491	n/a
외환보유액	3,718	5,252	5,717	6,353	6,239
총외채잔액	8,103	9,970	11,240	11,841	15,258
총외채잔액/ GDP	25.8	28.3	24.8	22.8	22.8
DSR	4.1	8.3	8.4	3.8	5.1

자료: 한국수출입은행

신정부 출범 이후 투자 심리가 개선되어 수력발전, 석유 및 천연가스부문 투자가 증가하여 FDI는 2012년에 19억 달러를 기록하였다[21]. 투자법 개정,

경제제재 철폐 및 완화 등에 따른 투자심리 개선에 따라 향후 제조업, 교통, 건설 분야에 대한 투자도 활성화될 것으로 예상되어 외국인투자는 지속적으로 증가할 것으로 전망된다[22].

2013년 3월에 관리변동환율제를 도입하였으며, 통화발행을 통한 정부 재정적자 보완, 경상수지 적자 지속 등으로 향후 차트(Kyat)화 환율의 약세가 예상된다. 총외채잔액은 원리금 연체 이자 증가 등 지속적인 증가로 2012년 기준 153억 달러를 기록하였으나 GDP대비 총외채잔액은 2012년 기준 22.8%로 양호한 수준이며, 총수출 대비 총외채잔액 비중은 2009년 이후 하락 추세를 보이고 있다.

3. 정치 · 사회동향

1) 정치동향

2011년 민간정부가 출범했으나 군부의 영향력이 여전히 큰 편이다. 1962년 쿠테타로 군부가 집권한 이후, 2010년 11월 처음으로 총선이 실시되었으며 군부의 연방단결발전당(USDP)이 총 1,154석 중 883석(76.5%)으로 압승하였다. 헌법으로 군부의 정치적 지분이 25% 보장되어 있으며 대통령을 비롯한 각료의 대부분이 전직 장성출신으로 군부의 통제하에 있는 형식상의 민간정부로 볼 수 있다.

2011년 4월 신정부 출범 이후 정치적 자유화 조치를 광범위하게 실시하고 있으며, 아웅산수치 여사의 가택연금 해제, 언론통제 완화, 정치범 석방, 집회와 시위 허용, 노조와 파업 허용 등을 통해 정치부문의 개혁을 도모하고 있다.

2012년 4월의 보궐선거에서 아웅산 수치의 민주국민연맹(NLD)이 45석 중 43석을 차지하였다. 군부 후원 세력이 의회의 80%를 장악함에 따라 정치권에 대한 군부의 영향력은 지속될 것으로 보이나, 최근의 개혁, 야당에 대한 대중의 지지, 공정한 보궐선거 등을 바탕으로 민주화에 대한 기대가 확산되

21) 외국인직접투자 유입 실적: 201년 10억 달러, 2011년 10억 달러, 2012년 19억 달러
22) 주요 투자국(2012년 3월): 중국(34.3%), 태국(23.5%), 홍콩(15.5%), 한국(7.2%) 등

고 있다.

2) 사회동향

소수민족과의 갈등이 사회적 위협요인으로 작용하고 있다. 독립을 주장하는 소수민족(산족, 카렌족, 카친족 등)과 오랜 기간 갈등을 겪어 왔으며 특히, 카렌족은 카렌민족해방군(KNLA)를 결성해 군사정권에 맞서며 수 만명이 학살 또는 태국 등으로 망명하였다[23].

불교도와 이슬람교도 사이의 갈등이 최근 유혈충돌로 인한 종교분쟁은 소수민족 갈등과 사회 문제가 되고 있다. 2012년 미얀마 서부 라카인주에서 이슬람교도들인 로힝야족들이 불교도의 공격으로 180여명 사망 및 11만 여명이 태국 피난 사태가 발생하였으며, 2013년 3월 미얀마 중부 만달레이주 방화와 폭동으로 32명 사망하는 등 종교분쟁이 발생하고 있다.

3) 국제관계

1988년 미국은 미얀마 군사정권 수립으로 원조 중지, 2003년 수입금지와 금융서비스 제공금지 등 경제제재를 개시하였다. 그러나 2011년 4월 신정부 출범 이후 보궐선거 실시, 정치범 석방, 아웅산 수치 연금 해제 등 정치민주화가 진행되면서 경제제재를 완화하였다. 미국은 중국 견제용으로 미얀마와의 관계를 중요하게 고려하고 있으며 정치범 전면 석방 등의 인권문제 개선, 소수민족 갈등의 평화적 해결이 이루어질 경우 2013년 중 경제제재를 전면 해제할 가능성이 있다[24].

2013년 4월 EU는 미얀마에 대한 경제제재조치를 전면 해제하였다. 2012년 4월 EU는 미얀마의 정치범 석방, 표현의 자유 확대, 소수민족과의 평화 도모 등을 평가하여 제재조치를 1년간 유예 및 2013년 4월 무기금수 조치를

23) 2012년 5월 카친주(州)의 카친독립기구(Kachin Independence Organization: KIO) 소속군과 정부군 간에 교전이 발생하는 등 무력충돌이 일어남.

24) 주요 경제제재 해제는 투자, 금융, 원조, 무역 분야에서 이루어짐. 이에 따라, 미국은 미국기업이 허가 및 신고 없이 미얀마에 신규투자와 무장단체와 관련된 투자를 제외한 금융거래를 허용함. 미국은 국제기구의 미얀마 원조를 가능하게 하였으며 보석류를 제외한 미얀마산 상품의 수입 허가.

제외한 경제제재조치를 전면 해제하였다. EU는 미얀마 생산제품에 대한 무관세 적용을 협의하고 있어, 무관세 조치가 시행될 경우 섬유수출이 급증과 유럽 기업의 미얀마 진출 및 투자 확대가 예상된다.

EU의 미얀마 경제제재 및 완화 현황(공동입장)

분야	내용	개시 연도	완화 여부
비자 금지	군부 인사와 그 친인척, 친정부 기업가들 비자금지 목록에 지정하여 비자발급 금지	1996	2012년 2월 해제
자산 동결	비자금지 목록에 있는 인사들에 한해 자산 동결(정부와 소속 기업들의 자산 비적용)	2000	2012년 2월 완화
목재, 보석, 금속에 대한 수입과 투자 금지	목재, 보석, 금속 부문은 군부 인사들의 중요한 수입원임	2008	2012년 4월 (1년간) 유예
일반특혜관세 적용 금지	미얀마 내 강제노동	1997	-
투자 금지	상당수의 국가 소유 기업들에 대한 유럽 기업들의 투자 금지(2008년에 목제, 보석, 광산 부문 기업들을 포함하였으나 석유, 천연가스, 대 부문 기업 들은 제외)	2004	2012년 4월 (1년간) 유예
인도주의 외 원조 금지	미얀마 정부를 통한 개발원조 금지	1988	2004년 완화
무기와 관련된 제품 수출 금지	(1) 무기수출 금지 (2) 군사적 목적 장비 수출 금지 (3) 내부 억압 목적 장비 수출 금지	1988	-

KIEP오늘의 경제, Vol.12 No. 4 p17 (2012, 4,25) 재인용

미얀마는 경제적으로 중국, 인도 및 주변 아세안 국가들과 밀접한 관계를 유지하고 있으며, 주변국들은 경제적, 안보적 이유로 미얀마에 대해 강력한 압력이나 제재조치 등을 취하지 않고 있다. 중국은 미얀마에 대한 서방국가의 제재가 수십년 지속되는 동안 경제적 지원과 막대한 투자로 상당한 영향력을 발휘하고 있다. 아세안(ASEAN) 또한 미얀마 민주화 노력에 대한 지지 및 경제제재 완화를 지원하고 있다.

미국의 미얀마 경ㅊ제제재 및 완화 현황

분야	내용	관련 법령		개시 년도	완화 여부
		법률	대통령령		
금융거래 금지	미국으로부터의 또는 미국 시민에 의한 모든 금융거래 금지	제이드법	대통령령 13047 외 2개	1997	2012년 7월 완화
비자 금지	미얀마 정부와 군부 인사, 미얀마 군사정권 주요 지지자와 그 가족에 대한 비자 발급과 입국 금지	제이드법 외 2개	대통령포고 6925	1996	2012년 9월 부분완화
자산동결	미얀마 정부와 정부인사의 자산동결	제이드법 외 1개	대통령령 13310 외 3개	1997	2012년 9월 부분완화
미얀마산 제품수입 금지	미얀마산 제품에 대한 입금지(2003년부터 모든 제품으로 확대)	미얀마 자유민주주의법 외 1개	대통령령 13310	1990	2012년 11월 완화
자산동결	미얀마 정부와 정부인사의 자산동결	제이드법 외 1개	대통령령 13310 외 3개	1997	2012년 9월
일반특혜관세적용 금지	1974년 무역개혁법에 근거한 대통령 포고를 통해 일반특혜관세 적용 중단	-	대통령포고 5955	1989	-
투자 금지	미얀마에 대한 신규투자 금지	1997년 정부종합 조달법	대통령령 13047	1997	2012년 7월 완화
원조 금지	양자원조 및 제기구를 통한 미얀마 원조 금지	대외원조법 외 6개	-	1995	2012년 10월 완화
무기수출 금지	미얀마에 대한 모든 군수물자와 서비스 수출 금지	무기수출 통제법	-	1993	지속

KIEP오늘의 경제, Vol.12 No. 4 p17 (2012, 4,25) 재인용

4. 국제신인도

1) 국제시장평가

1. 외채상환태도

총외채잔액 비중은 감소하고 있으나 외채상환 실적은 부진한 실정이다. 총외채잔액의 GDP 대비 비중은 지속적으로 감소하여 2008년 25.3%에서 2012년 22.8%로 추정되나, 중장기 외채의 절반 이상이 연체되는 등 외채상환 실적이 부진한 편임.

2013년 파리클럽은 미얀마 채무재조정 회의에서 2012년 말 기준 103.3억 달러 규모(총 외채규모의 68%)의 파리클럽 채무에 대해 순차적으로 50%를 탕감하기로 합의한 데 이어 국제사회에서 채무재조정을 통한 외채감면이 예상되나, 민주화 이후 인프라 구축 등을 위한 국제사회의 대규모 ODA 지원이 예상되어 외채규모가 확대될 것으로 전망된다[25].

2. 국제시장평가

주요 신용평가기관 평가는 OECD의 7등급(2010. 4) → 7등급(2011. 3) → 7등급(2012. 3) 상황이며, S&P, Moody's, Fitch의 신용평가 기관은 평가를 보류하고 있다.

주요 ECA의 지원태도는 다음과 같다.

○ US Eximbank: 민간 및 공공부문에 대한 제한적 인수가능
○ ECGD : 제3국 확인신용장에 대한 단기 인수가능, 재량한도 없음.
○ Hermes : 제약 조건이 있을 수 있음.

5. 우리나라와의 관계

□ 국교수립: 1975년 5월 16일(북한: 1975년 5월 16일 수교, 1983년 단교)

---

25) 파리클럽 채무: 일본 6,541백만 달러, 독일 1,618백만 달러, 프랑스 1,118백만 달러, 노르웨이 534백만 달러 등임. 일본은 연체금(6,360백만 달러)의 60% 및 노르웨이는 전액 탕감을 협의함.

□ 주요협정: 무역협정(1967년), 뉴스교환협정(1972년), 항공협정(1978년), 이중과세회피와 탈세방지를 위한 협정(2002년), 사증면제협정(2011년)

〈표 4〉 한 · 미얀마 교역 규모

단위: 백만 달러

구 분	2010	2011	2012	주요 품목
수 출	479	667	1,331	레일 및 철구조물, 건설광산기계
수 입	160	299	351	의류, 농산가공품, 임산부산물
합 계	639	966	1,692	

자료: 한국무역협회

미얀마와의 교역은 최근 3년간 증가하고 있는 추세이며, 2010년 6.4억 달러, 2011년 9.7억 달러, 2012년 16.8억 달러를 기록하였다. 우리나라의 주요 수출제품은 레일 및 철구조물, 건설광산기계이며, 주요 수입제품은 의류와 농산가공품 등이다.

해외직접투자실적은 2012년 12월말 신규법인 수 82건, 13.9억 달러(투자누계 기준) 이며, 주요 투자업종은 광업, 요식업 등이다. 미국 등 서방국들의 경제제재 완화, 자원개발 프로젝트, 저임노동력 활용 노동집약적 산업의 현지투자 등으로 최근 4년간(2009~2012년) 투자가 급격히 증가하여 동기간 중 투자금액은 현재까지 누적 투자액의 93%를 차지하였다.

제4절 베트남

1. 일반개황

면 적	331천 Km^2	G D P	1,236억 달러
인 구	88.8백만 명	1인당 GDP	1,392달러
정치체제	사회주의 공화제	통 화 단 위	Dong(D)
대외정책	친서방 노선	환율(달러당)	20,509.8

주: 2011말 현재 및 2011연평균(환율)

베트남은 사회주의공화국으로서 1986년 도이모이 정책의 도입 이후 시장경제 체제로 전환하여 경제개혁 및 민영화 정책을 추진하고 있다. 전통적인 농업국이었으나 제조업부문의 비중이 점차 커지면서 경제성장을 주도하고 있으며, 농업부문은 쌀(세계 2위 수출국)이외에도 커피생산이 증가하고 있으며, 석유 개발의 성공으로 원유가 최대의 수출상품이 되었다.

2010년 하반기 신용평가기관들은 높은 인플레이션, 금융 산업의 부실 증가 등을 이유로 베트남의 국가신용등급을 하향조정하여 경제에 대한 불안감이 확산되었다. 정부의 신속한 대응으로 최근 거시경제지표가 안정세를 보이고 있지만, 국영기업 구조조정 지연, 은행권 부실채권, 소비심리 위축 등으로 경제성장세가 둔화되고 있다.

총리, 국가주석, 총서기 등 3대 축을 중심으로 안정적인 정권을 유지하고 있으며, 부정부패 억결, 국영기업 민영화, 외국인투자여건 개선, 금융기관 부실 해소 등의 지속적으로 추진하고 있다.

2. 경제동향

1) 국내경제

〈표 1〉 주요 국내경제 지표

(단위: %)

구 분	2008	2009	2010	2011	2012f
경 제 성 장 율	6.3	5.3	6.8	5.9	4.9
재정수지 / GDP	-0.5	-7.2	-3.1	-3.2	-4.6
소비자물가상승률	23.1	7.1	8.9	18.7	7.4

자료: 한국수출입은행

경제성장률은 2009년 글로벌 경제위기 이후 주요 수출 대상국(미국, 일본 및 유럽)의 수입수요 위축으로 5.3%, 2010년 제조업 중심 수출산업의 회복과 외국인직접투자 유입으로 6.8%, 2011년 고인플레이션 지속과 긴축 통화정책으로 소비와 투자가 위축되어 5.9% 및 2012년에도 소비심리 악화와 투자침체 등으로 5.1%를 기록하였다. 2013년에는 기준금리 인하, 환율 평가절하 등 경기부양정책을 시행하였으나, 소비심리가 회복되지 않고 있으며 부실채권 문제로 인한 은행권의 소극적 대출정책으로 투자 활성화 효과가 미약하여 5.2%이 추정된다[26].

GDP 대비 재정적자는 전반적인 경제발전에 따른 사회 인프라 및 사회복지부문의 재정지출 확대에도 불구하고 석유 수출 급증에 힘입어 재정수입이 지속적으로 확대되어 적자 비중이 4~5%대를 유지해 왔다. 2009년 Dung Quat 정유공장 가동에 따른 원유 수출 급감, 경기부양을 위한 복지부문 지출 확대로 7.2%까지 상승하였으나, 2010년에는 내수 시장 회복과 수출산업 호조로 정부 수입이 증가하면서 3.1%로 하락하였다. 2011년에도 세수 증가 및 긴축정책 등으로 3.2% 수준을 유지하였으나, 2012년에는 경기부양을 위한 정부의 인프라와 복지지출 확대로 5.2%로 상승하였다. 2013년에는 경기

26) 2013년 상반기 경제성장률은 4.9%를 기록하였음. 제조업(건설 포함)과 서비스산업은 각각 5.2%, 5.9% 성장하였으나, 1차 산업의 성장률은 2.1%에 그침.

부양을 위한 정부의 재정지출 확대에도 불구하고 명목 GDP 성장, 수출산업 성장세 지속 등에 따른 세수 증가로 4.0%를 기록할 것으로 예상된다.

물가는 2009년 글로벌 경기침체의 영향으로 CPI 7.1%, 2010년 경기부양 정책에 따른 사회 인프라 및 복지부문 재정지출 증가로 재정적자가 확대되고 동화 가치 하락으로 수입물가가 상승하면서 CPI 8.9%에 달하였다. 2011년 중앙은행의 인플레이션 억제정책에도 불구하고 원자재가격 상승과 대출 확대, 동화의 평가절하 지속으로 CPI 18.7%, 2012년에는 국제원자재와 소비재 가격 안정으로 CPI 9.1%를 기록하였다. 2013년 상반기 보건, 교통, 교육 분야 공공요금이 인상되었지만 국제원자재와 식료품 가격 안정 및 소비위축에 따른 수요 감소로 CPI 6.9%로 낮아질 전망이다[27].

2) 경제 구조 및 정책

가. 구조적 취약성

관료주의로 행정 처리기간의 장기화 및 소요비용이 과다한 실정이다. 외국인직접투자 제도상의 투자허가기간보다 오랜 시간이 소요되며, 투자허가와 토지 사용계약, 공장 건축허가 등의 업무가 이원화되어 있어 실제 공장 가동에 어려움이 많으며 초기 예상보다 인허가 관련 비용이 크게 증가하고 있다[28].

WEF 'Global Competitiveness Index'에 따르면, 베트남의 인프라 수준은 144개국 중 95위이며, 특히 도로(120위), 항만(113위), 전기공급(113위) 부문이 취약한 것으로 평가되었다. 도로, 철도, 항만인프라 부족으로 운송시간 및 운송료 등 부대비용이 발생 및 전국적 전력망이 형성되어 있으나 송전 및 배전망 부족으로 대부분의 지역에서 전력 손실, 전력 품질의 저하, 정전이

---

27) 베트남중앙은행(SBV: State Fank of Vietnam)은 2001년 2월 재대출금리(Refinance Rate)를 년 9%에서 11%로 인상 후, 추가적으로 4차례에 걸쳐 각각 1%씩 인상함.

28) WB 'Doing Business 2013'에 따르면 베트남의 기업경영여건 중 건설허가 부문은 전체 185개국 중 28위이나, 사업개시 부문은 108위를 기록하였다. 수입관세, 수입수량 제한, 소비세 부과, 수입허가제 등 무역제도 관련 규제가 있으며 수출입 관련 실무절차도 복잡한 편으로 평가되고 있다.

빈번하게 발생하고 있다.

국영기업의 부실화가 베트남 경제의 불확실성을 높이고 있다[29]. 특히, 베트남 국영기업의 은행소유 허용 및 은행 간 교차지분보유 제도 등으로 국영기업의 무분별한 비핵심산업 진출 재원이 대출을 조달되면서 베트남 금융기관 부실화로 이어졌다. 국영기업 민영화, 국영기업의 점진적인 비핵심산업 자회사 매각, 상장기업에 준하는 정보공개 의무화 등 국영기업 개혁방안의 구체적인 추진 성과는 미미한 실정이다[30].

나. 성장 잠재력

베트남은 인구 약 9천만 명의 세계 14위 인구대국이며, 2025년에는 약 1억 명 및 소비성향이 높은 20~30대 인구가 2015년 33백만 명으로 급증할 것으로 예상된다. 최근 신흥고소득층(vinavalet)과 젊은 소비자들의 과시성 고급제품 구매가 확산되고 있으며, 고성장에 따른 중산층 확대는 소비시장 확대에 긍정적인 요소가 되고 있다[31].

경제활동인구(15~64세)가 인구의 70% 이상을 차지하고 있으며 2025년 까지 점진적으로 증가될 것으로 전망된다. 사회주의 체제의 영향으로 국민 기본교육이 잘 되어 있으며, 과거 남베트남 시절의 자본주의 영향으로 시장경제체제로의 전환이 잘 이루어지고 있다. 다만, 고숙련 노동자가 부족한 실정이나, 직업교육 및 전문학교와 대학교에 공공재원을 대폭 투입하는 등 베트남 정부가 인력 양성에 주도적인 역할을 수행하고 있다.

다. 정책성과

2008년 상반기 중 경기과열로 인한 불안요인 해소를 위해 중앙은행이 기준금리(Base rate)를 연 14%로 인상하였으며, 국내 통화량 흡수를 위한 13억

---

29) 베트남 중앙은행은 부실채권 비율이 2012년 6월말 8.6%, 9월말 8.8%에서 2013년 6% 수준으로 하락했다고 발표하였음. 하지만 2013년 1월 Fitch는 국제기준 적용 시 동 비율이 15~20%에 달할 것으로 추정함.

30) 2006년부터 민영화 전환건수가 급격한 감소 추세로, 2012년 93개의 국영기업 민영화를 목표로 내세웠으나, 12개만이 민영화되었음.

31) 베트남 중산층(연소득 5천 달러~ 3만5천 달러)은 2009년 17백만명에서 2020년 56백만 명으로 증가할 것으로 보임.

달러 규모의 금융증서 발행, 국영기업의 신규투자 전면 금지, 환율 변동폭 확대 등의 조치를 시행하였다. 2008년 하반기부터 물가가 안정되기 시작하였으나, 글로벌 금융위기로 경기가 침체되자 2008년 4분기 이후에는 기준금리 인하, 재정지출 확대 등 경기부양 정책을 실시하였다. 2011년 동화 평가절하에 따른 수입가격 상승으로 물가상승 압력이 증대되자 재대출금리를 2010년말 연 9%에서 연 15%까지 인상하였으며, 이후 경제성장세가 둔화되자 2012년 3월부터 2013년 5월까지 8 차례에 걸쳐 재대출금리를 지속 인하하여 연 7%로 조정하였다. 다만, 확장적 통화정책에도 불구하고 은행권이 부실채권 문제로 대출 확대에 소극적인 태도를 보여 2013년 5월 기준 연간 대출증가율이 2.9%에 그치는 실적을 나타내었다.

중앙은행은 M&A 등을 통한 은행 시스템의 구조조정을 추진하여 2015년까지 부실채권비율을 3.1%까지 낮춘다는 계획을 밝힌 이후, 은행간 M&A와 외국계 금융기관의 지분 인수가 이어지고 있다[32].

2013년 7월 은행권의 부실자산 관리를 위한 베트남자산운용회사(VAMC)가 설립되었다. 중앙은행의 감독 하에서 은행의 부실채권 매입, 채무재조정, 담보매각 등의 업무를 수행하게 되었다. 다만, 현지 회계기준이 국제기준보다 관대하여 양성화되지 않은 부실채권 규모가 상당하지만 VAMC의 자본금은 5조 동(약 24백만 달러)에 불과하여 VAMC 설립의 효과가 제한적이라는 평가도 있다.

3) 대외경제

경상수지는 2010년 경기회복으로 수출의 증가 및 수입 성장률은 19.6%를 기록함에 따라 상품수지 및 경상수지 적자폭이 축소되었으며, 2011년에는 원유, 섬유 및 직물제품 수출이 큰 폭으로 증가하면서 상품수지 적자가 대폭 축소되고 경상수지가 흑자로 전환되었음. 2012년에는 전자 및 섬유제품 중심으로 수출이 증가세를 지속하고 내수위축으로 수입수요는 감소하면서

32) 2011년 일본의 Mizuho 은행은 약 5.7억 달러를 투자하여 Vietcombank 지분 15%를 인수, 2012년 12월 Bank of Tokyo Mitsubishi UFJ(BTMU)는 약 7.4억 달러를 투자하여 VietinBank 지분 20% 매입하였다.

상품수지가 102.4억 달러 흑자로 전환되었으며, 경상수지 역시 97.3억 달러 흑자를 기록하였다. 커피, 쌀, 원유 등의 수출은 위축되었으나 제조업 수출 성장세가 지속되면서 2013년 상품수지와 경상수지는 각각 106.6억 달러, 108.5억 달러 흑자를 시현할 것으로 전망된다.

〈표 2〉 주요 대외거래 지표

(단위: 백만 달러, %)

구 분	2008	2009	2010	2011e	2012f
경상수지	-10,823	-6,608	-4,276	236	-189
경상수지 / GDP	-11.9	-6.8	-4.0	0.2	-0.1
상품수지	-12,783	-7,607	-5,136	-450	-52
수출	62,685	57,096	72,237	96,906	112,544
수입	75,468	64,703	77,373	97,356	112,596
외환보유액	23,882	16,027	12,054	13,128	21,411
총외채잔액	24,954	28,718	35,139	39,630	41,828
총외채잔액/ GDP	27.4	29.6	33.0	32.1	28.3
D. S. R.	1.7	1.7	1.5	1.3	1.2

자료: 한국수출입은행

외환보유고는 상품수지 적자, 외국인투자 유입 감소, 동화 환율 방어를 위한 외환보유고 사용 등으로 2010년 121억 달러로 축소되었으나, 2011년에는 경상수지 흑자에 힘입어 증가세로 전환되어 131억 달러를 기록하였음. 2012년에는 외국인직접투자 증가, 경상수지 흑자 확대 등에 힘입어 외환보유고가 237억 달러로 증가하였으며, 2013년에도 이러한 증가 추세가 지속되어 317억 달러에 달할 것으로 추정된다.

외국인직접투자는 2009년 세계적인 경기침체로 대 베트남 외국인직접투자규모가 76억, 2010년 80억 달러, 2011년 74억 달러로 정체현상을 보였다.

2012년에는 거시경제지표 안정에 따른 투자심리 개선으로 84억 달러로 크게 증가하였음. 2013년에는 거시경제지표 안정세가 유지되는 가운데 외국인직접투자 유치를 위한 정부의 우대정책 확대로 109억 달러 수준의 외국인직접투자가 시행될 것으로 예상된다.

GDP 대비 외채 비중는 2012년말 기준 외채규모는 663억 달러로 45.2%이나, 대부분의 외채가 중장기 공적채무로 D.S.R.은 3.3%로 양호한 수준을 유지하였다. 2013년의 외채규모는 733억 달러가 예상되어, 44.2%로 소폭 감소하고 D.S.R.도 3.2%로 양호한 수준이 예상된다.

3. 정치·사회동향

1) 정치동향

정치체제는 총서기장, 총리, 국가주석이 상호견제와 균형을 도모하고 있으며, 2011년 1월 개최된 제11차 베트남공산당 전당대회에서 이루어진 지도부 교체 과정에서 불협화음은 없었으며, 총서기는 보수파인 응웬 푸 쫑, 국가주석은 개혁파인 쯔엉 떤 상이 새로 선출되었으며, 총리는 개혁파인 응웬 떤 중이 유임되었다.

당내 개혁파와 보수파 간 갈등이 있으나, 정권 유지에 문제가 있는 수준은 아니며, 사회적으로도 공산당 일당 체제에 대한 반발세력이 미약하여 상당 기간 정치적 안정이 지속될 것으로 전망된다.

2) 사회동향

대외개방정책의 결과 급속한 경제성장을 이루었으나, 성장의 과실이 외국인 투자지역인 호치민, 하노이, 하이퐁 등의 대도시에만 집중됨에 따라 도농간 빈부격차가 점차 확대되고 있다[33].

중앙고원지역에 많은 소수 종족이 있으며, 이들의 생활여건 향상과 경제

33) 지니계수 및 소득 상하위 20%의 소득격차는 각각 1999년도에 0.39 및 7.6배에서 2010년 0.43 및 9.2배로 확대되는 등 계층간 빈부격차는 확대되고 있음.

여건 개선 조치를 통해 2001년 초에 있었던 대규모 소요사태 예방에 주력하고 있으며, 특히 라오스와의 국경 산악지대에 거주하고 있는 몽족과의 마찰이 지속되고 있는데 이는 몽족들이 베트남 전쟁 당시 미국을 도와 북베트남과 대립하였고 현재도 체제 불안요인으로 작용하고 있기 때문이다.

3) 국제관계

1995년 7월 미국과의 관계가 정상화되었으며, 2000년 클린턴 대통령의 베트남 방문 및 2013년 상 주석의 미국 방문 등 고위급 교류가 지속되고 있다. 2010년 베트남-미국 간 군사정책대화가 최초로 개최되고, 2012년 미국 국방장관의 베트남 방문 시 양국 군사협력 강화 의사를 표명하는 등 군사관계가 긴밀해지고 있다[34].

2009년 2월 중국과 육상 국경 경계선 확정하였으나, 해상 국경의 경우 영유권 분쟁이 진행 중에 있다. 2013년 5월 중-베트남 정상회담에서 중국의적극적인 관계개선 의지의 표명 이후, 최근 공동어로구역 설치를 위한 협상이 진행 중에 있어 우호관계 회복 조짐이 보이고 있다[35].

1995년 ASEAN의 일곱 번째 회원국으로 가입한 이후, 2010년 ASEAN 의장국을 수행한 바 있으며, AFTA 발효 준비 및 ASEAN 경제 공동체(AEC) 발족 등 ASEAN의 경제적 통합에 적극 참여하고 있다.

4. 국제신인도

1) 국제시장평가

Fitch는 2010년 7월 베트남의 대외채무 증가와 금융산업의 취약성으로 경제 및 재정적 불안정성 등으로 장기외화표시채권 신용등급을 BB-에서 B+로

34) 정치범 · 종교인에 대한 억압, 취약계층의 강제 노역 등 베트남의 취약한인권상황이 미-베트남 관계 심화의 장애물로 작용하고 있음.

35) 중국 해군의 베트남 국영석유가스개발공사 시추선 케이블 절단사건(2011년), 분쟁해역에서 조업 중이던 베트남 어선에 대한 중국의 나포 및 발포 등으로 양국 간 갈등이 촉발된 바 있음.

1단계 하향 조정, S&P는 2010년 12월 통화가치 하락, 상품수지 적자 지속 및 자본유출 심화, 금융기관의 취약성 등을 이유로 BB에서 BB-로 1단계 하향 조정, Moody's는 2012년 9월 경제성장세 둔화 및 은행산업의 취약성 등을 이유로 베트남의 신용등급을 B1에서 B2로 1단계 하향 조정하였다.

〈표 4〉 주요 기관별 평가등급

평가기관	최근 평가등급	종전 평가등급
한국수출입은행	C1 (2013. 1)	C1 (2012. 7)
OECD	5등급 (2012. 3)	5등급 (2011. 3)
S&P	BB- (2012. 6)	BB- (2010.12)
Moody's	B2 (2012. 9)	B1 (2010.12)
Fitch	B+ (2010. 7)	BB- (2009. 6)

2) 주요 ECA의 지원태도

○ 미국 EXIM: 제한적 인수 가능
○ 네덜란드 Atradius: 승인신용장에 대한 단기 인수가능, 재량한도 없음
○ 영국 ECGD: 최고부보율 적용
○ 독일 Hermes: 제약조건이 있을 수 있음

5. 우리나라와의 관계

□ 국교수립: 1992년 12월 22일(북한: 1950년 1월 31일)
□ 주요협정: 경제기술협력협정(1993년), 무역협정(1993년), 무역협정(1993년), 투자보장협정(1993년), 이중과세방지협약(1994년), 과학기술협정(1995년), 원자력협정(1996년)

2011년 교역규모는 185억 달러로 수교 20년 만에 교역규모가 23배 증가하였으며, 2012년 217억 달러로 2009년 이후 증가추세가 지속되고 있다. 우리

나라의 제4위 해외직접투자 대상국으로 해외직접투자는 2013년 3월말 기준 2,773건, 86억 8,968만 달러를 기록하고 있다.

〈표 5〉 한 · 베트남 교역 규모

(단위: 백만 달러)

구 분	2010	2011	2012	주요 품목
수 출	9,652	13,465	15,954	반도체, 석유제품, 철강판, 합성수지
수 입	3,331	5,084	5,718	의류, 원유, 신발, 목재류
합 계	12,983	18,549	21,672	

자료: 한국무역협회

제5절 싱가포르

1. 일반개황

- 위치: 동남아
- 언어: 중국어, 영어, 말레이어, 타밀어.
- 기후: 열대성 기후
- 정치: 대통령 존재, 의원내각제
- 종교: 불교 · 도교 53.8%, 회교 14.9%, 기독교 12.9%, 힌두교 3.3%
- 면적: 1천km2(우리나라의 1/144)
- 인구: 4,400천 명(2006년)
- 정치체제/대외정책: 내각책임제/비동맹중립
- GDP/1 인당 GDP: 1,342억 달러/ 30,509 달러(2006년)
- 환율: 1.59(미 달러 대비 2006년 중 평균)

1) 특징

- 생존의 정치
- 능력주의
- 부패없는 깨끗한 정치
- 신유교주의
- 완전개방형 국가경쟁력 제고 전략

2) 문화

- 다양한 종교 인정
- 주택소유의 안정화
- 강력한 법 규범
- 출산장려 정책 실시
- 세계 각국의 음식 공존

말레이반도 남단의 섬나라로 1819년 말라카 술탄의 영국 동인도회사 앞 양도, 1955년 영국으로부터 자치정부 수립, 1963년말 영연방으로 편입, 1965년 말 영연방으로부터 독립한다.

의회민주주의를 채택하고 있으며 1959년 선거에서 리콴유가 이끈 국민행동당이 승리한 이후 계속하여 집권하고 있으며, 1991~2004년 8월까지 고척통, 그 이후는 리콴유의 장남 리셴룽이 현재까지 수상 겸 재무장관으로 재임하고 있다.

효율적인 경제정책 추진과 노동생산성 향상 등을 통해 2006년 기준의 1인당 GDP가 3만 달러를 넘어섰으며, 세계 경제포럼(WEF) 국가경쟁력 평가에서 항상 선두 그룹에 속함. 주요 산업으로는 가전제품조립, 석유정제 및 선박수리 산업 등이며, 1980년대부터 반도체 등 전자산업을 집중적으로 육성하고 있다.

2. 경제동향

1) 국내경제 동향

싱가포르는 대외의존도가 매우 높은 개방형 소규모 고도산업경제국이며, 주요 수출품인 전자제품, 의약제품에 대한 세계 수요증가로 2006년 8% 이상의 성장을 시현하였으며, 1인당 GDP도 5만 달러를 초과하였다.

내수시장도 꾸준히 성장하고 있고, 실업률 감소와 실질임금 상승 등으로 소비자의 경기에 대한 신뢰도 양호한 상태이며, 관광산업 활성화로 소매업 성장세가 이어지고 있다.

〈표 1〉 주요 국내경제 지표

(단위: %)

구 분	2002	2003	2004	2005	2006
경제성장율	4.04	2.93	8.72	6.38	8.24
재정수지 / GDP	-1.64	6.45	5.57	6.89	-
소비자물가상승률	-0.40	0.50	1.70	0.50	1.00

자료: 한국수출입은행

소규모 개방경제 체제인 싱가포르는 국제상품의 가격, 특히 유가의 영향에 민감하며, 2006년 고유가 현상도 싱가포르 내 전기료와 유류가격, 교통요금에 영향을 미쳐 물가상승률이 전년에 비해 소폭 상승한 1%를 기록하였다.

재정수지는 2003년 이래 꾸준히 흑자를 유지하고 있으며, 그 결과 사회 인프라구축 등 정부투자도 큰 부담 없이 진행되고 있다.

2) 산업구조

- GDP 대비 산업별 생산비중('05): 제조업 26.8%, 금융 및 상업서비스 23.4%, 운송 및 통신 11.9%, 건설 3.6%, 기타 34.3%
- 주요 수출상대국('05): 말레이시아(13.2%), 미국(10.2%), 홍콩(9.4%), 중국(8.6%), 일본(5.5%)임.

3) 대외거래 동향

2004년 이래 전 세계적 IT 산업의 성장세로 싱가포르의 주요 수출품에 대한 수요가 꾸준히 증가하였고, 그 결과 싱가포르의 상품수지와 경상수지는 큰 폭의 흑자를 기록하고 있음. 이러한 성장세는 2007년에도 유지된다.

외환보유액은 수입 5개월 수준 정도로 높은 수준을 유지하고 있으며, GDP와 총수출 대비 총외채잔액 비중도 꾸준히 감소하여 DSR도 2% 이내를 기록하고 있어 외채상환능력 관련 지표들은 극히 우수한 것으로 평가된다.

〈표 2〉 주요 국제경제 지표

(단위: 백만 달러, %)

구 분	2002	2003	2004	2005	2006
경상수지	11,918	22,317	26,318	33,121	34,100
경상수지 / GDP	13.47	24.04	24.48	28.29	25.40
상품수지	18,818	29,567	32,926	37,890	37,400
수출	170,200	197,900	247,700	283,800	332,700
수입	155,200	171,800	218,000	248,800	291,600
외환보유액	81,367	94,975	111,498	115,334	133,860
총외채잔액	20,700	22,200	23,600	23,800	24,300
총외채잔액/ GDP	23.39	23.91	21.95	20.33	18.10
DSR	2.0	1.80	1.50	1.40	1.30

자료: 한국수출입은행

4) 구조적 취약성

국가규모와 부존자원의 한계로 외부 경제에 의존할 수밖에 없는 구조를 가지고 있어 대외경제여건이 악화될 경우 싱가포르 경제전반이 어려워질 수 있음. 2001년 미국의 IT 산업 침체로 전자제품 수요가 하락함에 따라 싱가포르는 마이너스 성장을 경험한 바 있다.

전자산업에 집중된 싱가포르 제조업기반의 구조적 취약성이 대외적인 경기 불안정시 탄력적인 대응을 저해하는 문제해결을 위해 최근 의료산업 · 화학산업 육성, 내수시장 확대, 관광산업 활성화 등 다변화를 추진한다.

5) 성장 잠재력

싱가포르는 도시국가이나 교역규모로 보면 동남아 최대시장이고, 세계적인 전자산업 다국적기업들의 생산 및 유통기지 역할을 담당하고 있음. 또한 자유무역 및 완전경쟁시장으로서 AT Kearney와 Foreign Policy지가 공동으로 시행한 2005년 기준 세계화(Globalization) 지수 조사에서도 1위를 차지한 바 있다[36].

안정된 거시경제정책과 산업발전전략을 통해 정부가 효율적이고 투명한 서비스를 제공하면서 민간 및 다국적 기업들에게 적합한 환경을 제공하고 있으며, 도로, 항만, 공항, 통신 등 경제하부구조에 대한 집중적 개발과 함께 공공주택, 국민의료, 도시환경 정비 등 사회개발투자를 확대하고 있음. 또한 근로자들의 기능을 향상시키기 위하여 교육과 훈련을 지속적으로 실시하는 엘리트 교육제도는 사회의 근간을 유지하고 있다.

6) 정책성과

싱가포르 정부는 경제발전과 개방경제체제 유지를 위하여 적극적인 시장개입과 산업정책을 실시하고 있음. 경제정책 추진의 주안점은 외국인 투자유치의 극대화가 이루어질 수 있도록 국내 기업 활동비용을 최소화하는데 있다.

정책추진으로는 기업 활동과 관련된 제반 세율을 낮게 유지하고, 임금제도의 탄력적 운영 및 대외개방도가 높은 경제특성상 해외 물가상승요인 등의 국내 유입 차단의 외환제도를 운영한다.

---

36) 자유시장경제 및 개방 노력은 부족한 자원을 효율적으로 배분하고 경쟁력 강화의 토대가 되고 있으며, 그 결과 싱가포르는 오늘날 그 어떤 국가보다도 기업하기 쉬운 나라로 간주되고 있어 수많은 다국적기업을 유치하고 있음.

3. 정치·사회 동향

1) 정치 · 사회 안정

국민행동당(PAP)은 1959년부터 현재까지 집권하고 있으며, 2006년 5월 총선에서도 84개의 의석 중 82석을 차지하여 집권 여당의 의회지지 기반이 매우 확고하며, 정부의 정책추진과 관련한 야당의 제동은 사실상 불가능한 상황이다.

2004년 8월 수상에 취임한 리셴룽 수상은 리콴유 전수상의 장남으로 1998년부터 수상에 취임하기 전까지 싱가포르 중앙은행 총재 겸 부수상을 역임하였으며, 또한 군 고위급 출신이어서 군부와도 밀접한 관계를 유지하고 있음. 리셴룽 수상은 국가 지도부를 신세대로 교체하고 자신의 권력기반을 새로이 구축하기 위하여 2006년 의회를 해산하고 총선을 실시하여 압도적 의석은 확보하였으며, 향후 지지도 유지를 위해 다양한 정책을 개발, 제시할 것으로 전망된다[37].

2) 국제 관계

말레이시아와는 물 공급원 확보, 말레이시아 정치인들의 싱가포르 인종차별정책 비난 등 국가간 마찰이 있으나 인접국들이 모두 ASEAN 회원국이기 때문에 국가간의 상호 유대관계를 원만히 유지하고 있어 인접국들과의 분쟁발발 가능성은 매우 낮다.

최근 싱가포르의 주요 수출시장으로 부상하고 있는 중국과의 관계가 향상되고 있음. 2005년 기준 싱가포르는 중국의 6대 외국인 투자국이며, 중국은 홍콩을 포함할 경우 싱가포르의 최대 수출국(총 수출액의 19.4%)이다.

---

37) 싱가포르를 주도하는 민족은 중국인이며, 1960년대 말레이인 등과의 인종분쟁을 경험한 바 있음. 인종분쟁 재발을 방지하기 위하여 소수 민족인 말레이인 및 인도인에 대한 각종 배려 및 견제를 동시에 취하고 있음.

4. 국제신인도

1) 주요 신용도평가기관의 신용도 추이

- OECD: 0등급(2005. 4) → 0등급(2006. 4)
- ICRG: 5/140(2005/9) → 5/140(2006/8)
- Euromoney: 20/185(2006/3) → 19/185(2006/9)
- I.I: 17/173(2006/3) → 15/173(2006/9)
- Moody's: Aaa(Stable, 2002/6)
- S&P: AAA(Stable, 1995/3)
- FITCH: AAA(Stable, 2003/4)

2) 우리나라와의 관계

- 수출입현황: 2005년 중 수출 74.1억 달러, 수입 53.2억 달러
- 주요 수출품목: 전자 · 전기제품, 석유화학제품
- 주요 수입품목: 전자 · 전기제품, 석유화학제품
- 해외직접투자현황: 2006년 9월 현재 227건, 13.3억 달러

제6절 인도네시아

1. 일반개황

- 국명: 인도네시아 공화국(Republic of Indonesia)
- 위치: 동남아시아
- 면적: 190만 km2(한반도의 9배)
- 기후: 열대서 몬순기후. 고온 무풍다습
- 수도: 자카르타

- 인구: 241백만 명(세계 4위)
- 종교: 이슬람교(89%), 기독교(5%), 힌두교(3%), 불교(2%), 유교(1%)
- 정치체제/대외정책: 대통령중심제/비동맹중립
- GDP/ 1인당 GDP: 8,468억 달러/ 3,514달러(2011년말)
- 통화단위: Rupiah(Rp)
- 환율: 8,770.43(2011년 평균)

1) 간력

- 1602~1945년 네덜란드의 지배
- 2차 대전 기간에는 일본의 지배
- 1949년 독립
- 1965 수하르토 집권 후 1998년 간접선거 실시
- 2004년 자유선거 실시

17,500여개의 섬으로 이루어진 세계 최대의 도서국가로 동서 교통의 요지에 위치하고 있다.

석유, 천연가스, 주석, 니켈, 목재, 석탄 등 광물자원과 산림자원이 풍부하고 연평균기온이 25~27℃에 달하는 열대성기후로 다양한 열대작물을 보유하고 있으며 문화・관광자원도 풍부하나, 열악한 인프라, 부정부패, 외국인투자에 대한 의존성 등은 경제의 취약점으로 지적되고 있다. 세계경기의 침체에도 불구하고, 튼튼한 내수기반, 정부의 적절한 경제운용에 따른 민간소비 증가 및 외국인직접투자 유입 등에 힘입어 양호한 경제성장세를 유지해오고 있다.

2014년 총선과 대선을 앞둔 가운데, 연이은 부정부패, 부실금융기관 지원, 관료주의 등으로 민주당과 현 유도요노 대통령에 대한 지지율이 하락하여 레임덕 현상이 발생하고 있다.

2. 경제동향

1) 국내경제

〈표 1〉 주요 국내경제 지표

(단위: %)

구 분	2009	2010	2011	2012	2013f
경제성장율	4.6	6.2	6.5	6.0	5.8
재정수지 / GDP	-1.6	-1.3	-0.8	-1.6	-2.8
소비자물가상승률	4.8	5.1	5.4	4.3	6.9

자료: 한국수출입은행

경제성장률은 2009년 정부의 경기부양정책과 국제 상품가격 하락으로 인한 민간소비 증가 등으로 4.6%, 2010년 경기회복에 따라 민간소비, 설비투자, 외국인투자 등이 활성화되어 6.2%, 2011년 민간소비 확대, 외국인직접투자 증가, 일본 등 주요 수출국에 대한 수출확대로 6.5%, 2012년 세계경기침체에 따른 수출 감소에도 불구하고 견조한 민간소비 성장세와 고정자본 투자 증가에 힘입어 6.2%을 기록하였다. 2013년에는 2014년 선거를 앞둔 정부의 확장적 재정정책 시행에도 불구하고, 물가상승에 따른 긴축적 통화정책 시행, 인플레이션과 경제성장 둔화 전망에 따른 소비와 투자 성장세 완화, 교역조건 악화에 따른 수출 감소로 5.8%의 경제성장률이 전망된다.

GDP 대비 재정적자 비중은 확장적 재정정책으로 재정수지 적자비중의 확대가 전망된다. 2009년 각종 경기부양정책 시행에도 불구하고 견실한 경제성과로 세수가 크게 감소하지 않아 1.8%, 2010년 및 2011년 세수 증가 및 예산의 집행 지연 등으로 각각 1.2%와 0.6%, 2012년 글로벌 경기침체에 대응하기 위한 재정지출 확대, 연료보조금 지급 증가 등으로 1.4%로 다소 확대되었다. 2013년에는 경제성장세 둔화에 따른 세수증가세 위축, 정부의 인프라투자 확대, 2014년 선거 실시를 앞둔 재정지출 증가로 2.8%로 증가할 전망이다.

물가는 2009년 세계 경기침체에 따른 식료품 가격과 국제유가 하락으로

CPI 4.8%, 2010년 연료가격 상승, 소비 증가, 작황 부진에 따른 농산물가격 상승 등으로 CPI 5.1%, 2011년 5.4%로 상승세를 기록하였다. 2012년에는 경제성장세 둔화에 따른 수요 감소, 풍작과 국제농산물 가격 하락에 따른 식료품 가격 안정 등으로 CPI 4.3%를 기록하였다. 그러나 2013년에는 식료품 가격 상승, 전기세 인상, 6월중 단행된 연료보조금 개혁에 따른 연료가격 상승 등으로 CPI는 6.9%가 전망된다.

2) 경제 구조 및 정책

가. 구조적 취약성

열약한 인프라 수준이 경제성장의 장애요인으로 작용하고 있다. 인프라 개선을 위한 투자가 진행되고 있으나 GDP에서 투자가 차지하는 비중은 과거 1997년 금융위기 이전 수준에 미치지 못하고 있으며 기존시설 관리도 미흡한 실정이다. 자바섬을 제외한 대부분의 지역에서 전력 공급이 부족한 상황이며, 전력생산과 송배전 서비스의 질적 수준도 낮음. 또한, 교통인프라의 취약성으로 물류비가 GDP의 24~27%를 차지(세계 평균 7~10%)하고 있다[38].

2009년 금융위기 이후 미국 등 선진국이 유동성을 확대 공급함에 따라 2009~2012년 중 주식투자(760억 달러), 채권투자(461억 달러), 은행차입(642억 달러) 형태로 총 1,863억 달러가 유입된 것으로 분석되었다. 이는 2012년 GDP의 21%에 해당되는 규모로, 글로벌 금융시장 변동, 경제성장세 둔화 등으로 외국인 자금이 일시적으로 유출될 경우 외환보유고 고갈, 환율 급변 등으로 경제성장에 큰 타격을 줄 수 있다[39].

사회 전반에 부정부패가 만연되어 있고 정경유착도 심각하다. 세계은행은 부패가 외국인투자의 걸림돌이라고 평가하였다. 2002년 부패방지위원회

---

38) WEF 2012-2013년 'Global Competitiveness Index 2012-2013'에 따르면 인프라부문 경쟁력은 조사대상 144개국 중 78위에 해당되어, 말레이시아(32위), 중국(44위), 태국(46위)보다 낮은 것으로 나타남[도로(90위), 항만(104위), 공항(89위), 전력공급(93위)] 등 주요 기반시설이 전반적으로 취약한 것으로 평가되었음.

39) 2013년 6월 미국이 양적완화조치의 출구전략 가능성 시사 이후 한 달 동안 외국인 투자자들은 주식 및 채권시장에서 41억 달러를 회수한 것으로 나타남.

(KPK)를 설립하고 기소권과 자체 구치소 보유 권한을 부여하는 등 부패방지에 힘을 쏟고 있으나 공무원, 정치인 등의 부정부패 의혹이 끊임없이 제기되고 있다[40].

나. 성장 잠재력

2.4억 명의 인구를 보유하고 있으며 소득수준 향상으로 구매력이 증가하고 있고, 2012년 민간소비가 GDP의 54.6%를 차지하는 등 탄탄한 내수기반을 보유하고 있다[41].

2010년 기준 경제활동인구(15~64세) 비율은 65.2%로 노동력이 풍부하나, 고등교육 부문이 상대적으로 취약하여 고급인력 공급은 부족한 것으로 평가되고 있다. UN에 따르면, 인도네시아의 경제활동인구 비중은 2010년 65.2%에서 2025년 68.8%까지 상승추세를 보인 이후 2050년까지 65.3% 수준을 유지할 것으로 전망하고 있다[42].

동남아시아 최대의 산유국이자 천연가스 생산국이며 주요 광물자원 보유량 역시 세계 10위권 내로 풍부한 천연자원을 보유하고 있다. 2012년 말 기준 석유 확인매장량은 약 37억 배럴(세계 22위), 천연가스 매장량은 3조 입방미터(세계 14위)이며, 주요광물자원 중 주석이 80만 M/T(세계 3위), 니켈은 390만 M/T(세계 6위), 동은 2,800만 M/T(세계 8위)의 매장량을 기록하고 있다. 그러나 광물 수출세 부과, 제련소 건설 의무화, 광산 지분양도 규제 강화, 석탄 로열티 인상 등 자원 민족주의적 정책이 동시에 추진되고 있으며, 숙련공 부족, 전기요금 상승으로 채굴비용이 증가하고 있다.

다. 정책성과

2007년 4월 신투자법을 제정하여 내외국인 동등대우 및 투자 인센티브 제

---

40) 국제투명성기구의 부패인식지수(CPI)에 따르면, 평가대상 176개국 중 118위를 차지하여, 태국(88위), 필리핀(105위)보다 부패가 심각한 것으로 평가되었다.

41) McKinsey는 2030년 인도네시아는 9천만 명의 소비자가 1조 달러 규모의 소비시장을 형성할 것으로 전망하였음.

42) WEF의 'Global Competitiveness Index 2012-2013'에 따르면 고등교육 부문 경쟁력은 73위로, 태국(60위), 필리핀(64위)에 미치지 못하고 있음.

도를 명시하였으며, 2012년 2월 신투자계획안을 발표하는 등 외국인투자 활성화를 위한 정책 노력을 기울이고 있다. 신투자계획안에는 투자절차 간소화, 투자유치를 위한 인프라와 에너지부문의 환경 개선 및 고부가가치 창출 산업에 투자하는 기업에 대해 인센티브 제공 등이 포함되어 있다[43].

1967년부터 시행한 연료보조금 지급에 따른 연료의 과다사용은 무역수지와 재정수지에 악영향을 주고 있다. 연료보조금 규모는 2009년 45조 루피아에 그쳤으나 2012년에는 306조 루피아(약 326억 달러)로 급증하였으나, 저소득층 지원프로그램[44]을 함께 추진하여 국회와 대중의 반발을 최소화하였다. 2013년 6월부터 시행된 연료보조금 개혁으로 휘발유와 디젤 가격은 각각 44%와 22% 인상되어 소비자물가상승률에 영향을 주었다[45].

3) 대외거래

〈표 2〉 주요 대외거래 지표

(단위: 백만 달러, %)

구 분	2008	2009	2010	2011	2012f
경상수지	125	10,629	5,144	2,070	-20,085
경상수지 / GDP	0.02	1.97	0.73	0.02	-2.28
상품수지	22,915	30,931	30,626	35,347	15,067
수출	139,606	119,646	158,074	201,472	197,972
수입	116,691	88,715	127,448	166,125	182,905
외환보유액	49,597	63,563	92,908	106,539	102,736
총외채잔액	155,5311	172,918	202,445	216,145	230,045
총외채잔액/ GDP	30.5	32.1	28.6	25.5	26.1
DSR	12.0	15.1	13.0	12.0	12.4

자료: 한국수출입은행

43) 인도네시아에 대한 FDI: 2009년 49억 달러, 2011년~2012년 192억 달러

44) 쌀 지원 프로그램, 학자금 지원 프로그램, 가계지원 프로그램, 생계비 지원 프로그램, 인프라건설 프로그램

45) WB는 근원 인플레이션(Core Inflation)에 미치는 영향은 크지 않은 것으로 평가함.

상품수지는 2010년 원자재를 중심으로 한 수출 증대에도 불구하고 국제유가 및 식료품가격 상승에 따른 수입 증가로 흑자 규모는 310억, 2011년 일본의 쓰나미 재해 복구 수요로 수출이 증가하여 338억 달러의 흑자를 기록하였으나, 배당송금 증가로 경상수지 흑자는 17억 달러로 감소하였다. 2012년에는 글로벌 경기침체에 따른 수출 감소, 주요 수출품인 석탄, 천연가스, 팜오일 등의 단가하락, 투자 유입에 따른 자본재 수입 증가로 85억 달러로 급감 및 경상수지가 적자로 전환되었다. 2013년 상품수지 흑자는 67억 달러로 축소되고 경상수지 적자는 242억 달러 수준으로 전망된다.

외환보유고는 2011년 경상수지 흑자, 수출 및 외국인직접투자 증가 등으로 1,036억 달러, 2012년에는 경상수지 적자에도 불구하고 외국인직접투자 유입으로 1,059억 달러로 증가하였다. 2013년에는 미국의 양적완화 축소 시사에 따른 외국자본 이탈, 경상수지 적자에 따른 환율상승 압력을 방어 등으로 1,006억 달러로 감소할 전망이다.

GDP 대비 총외채잔액 비율은 2009년부터 2011년까지 감소 추세를 이어갔으나, 2012년에는 28.0%이나 경제규모에 비해 외채잔액 규모는 비교적 양호한 수준이다. D.S.R.은 2009년 19.4%에서 2011년 14.5%로 하락, 2012년 전년수준 유지 및 2013년에는 수출 둔화로 16.3%까지 소폭 상승이 예상된다.

3. 정치·사회동향

1) 정치동향

민주당(Democrat Party: PD)의 유도요노 대통령은 2004년 집권 이후 경제위기 조기극복, 민주주의 발전 등의 성과를 바탕으로 2009년 총선과 대선에서 승리하였다. 그러나 연이은 부정부패 의혹, 부실 금융기관 지원, 법 집행력 미약 및 관료주의 등으로 민주당에 대한 지지율이 크게 하락하고 있다[46].

유도요노 대통령 지지율은 민주당 지지율보다는 다소 높지만 2009년 재선

46) 2009년 총선 당시 민주당은 21%를 득표하였으나, 최근 여론조사 결과는 민주당 지지율은 11.1%, 투쟁민주당과 골까르당 지지율은 각각 14.9%, 14.5%를 기록함.

당시 득표율(60.8%)과의 괴리가 크며, 민주당의 지지율 하락으로 대통령의 연정 장악력도 크게 떨어져 레임덕 현상이 나타나고 있다.

2) 사회동향

2002년 제마이슬라미야(JI) 주도의 발리 폭탄테러 이후 경찰 대테러부대(Densus88)를 활용하여 JI 조직원을 사살 또는 체포하는 강경책을 구사하여 조직의 무력화에 성공하였다. 그러나 보복성 테러행위가 발생하고 있으며 2013~2014년중 수감중인 테러리스트 중 약 300명이 석방 예정으로 향후 테러 확산이 우려되고 있다.

경제는 견조한 성장세를 유지하고 있으나 성장의 혜택이 일부 지역, 계층에게만 집중되고 있어 지역간, 계층간 소득격차가 확대되고 있으며, 정부의 적절한 조치가 없을 경우 장기적으로 사회불안 요소로 작용할 수 있다. 자카르타, 발리 등 일부 대도시 지역에 투자가 편중되어 경제발전의 지역간 불균형이 크며, 최고 부자 40명의 재산총액이 최빈층 6,000만 명의 재산을 보유하고 있는 것으로 추정된다[47].

3) 국제관계

UN, ASEAN, NAM(비동맹운동), OIC(이슬람회의기구), G20 등 국제무대에서 개발도상국 간의 협력 강화를 통한 역할증대를 위해 노력하고 있다. '독립, 영구적 평화 및 사회정의에 기반한 세계질서'라는 헌법정신에 기초하여 중도노선 및 다자주의적 원칙에 입각한 외교노선을 유지하고 있으며, ASEAN 창설을 주도하는 등 역내 협력체제 강화를 위해 노력 중이며, 2006~2008년에는 UN 안전보장이사회의 비상임이사국으로 활동하였다.

전통적인 비동맹 중립외교 기조 하에서 중국의 부상에 대응하기 위해 미국의 역내 관여 확대를 희망하고 있으며, 2010년 11월 오바마 미 대통령이 인도네시아를 방문하는 등 양국 관계가 개선되는 양상을 보이고 있다. 2005

47) 인도네시아의 지니계수는 1999년 0.31, 2009년 0.37, 2010년 0.38, 2011년 0.41로 점차 증가하고 있어, 빈부격차가 급속히 확대되는 양상을 보이고 있음.

년 미국의 대 인도네시아 무기금수 조치가 해제되었으며, 2010년에는 인도네시아 특수부대(Kopassus)와의 합동훈련을 재개한 바 있다[48].

호주와의 관계는 개선중이나 대 말레이시아 관계는 여전히 긴장국면에 있다. 호주의 최대 ODA 공여대상국으로, 최근에는 연례정상회담을 개최하는 등 호주와 인도네시아 간 관계는 개선되고 있으며, 2013년 7월 호주의 러드 총리는 인도네시아를 방문하여 양국간 교역 확대, 인도네시아를 경유하여 호주로 유입되는 난민 문제 등을 협의하였다. 말레이시아와는 보르네오섬 동쪽에 위치한 석유가 풍부한 암발라트(Ambalat) 해역에 대한 영유권 분쟁, 말레이시아 고용주들의 저임금 인도네시아 출신 이주자들에 대한 부당대우 문제 등으로 불편한 관계를 지속해 왔다[49].

4. 국제신인도

1) 외채 상환 태도

2002년 4월 파리클럽과 54억 달러, 2002년 9월 런던클럽과 13억 달러에 대한 채무재조정을 합의하였고, 2005년에는 쓰나미 피해로 인해 파리클럽 채권국들로부터 2005년 말까지 만기 도래하는 외채원금 26억 달러에 대해 상환을 유예 받은 바 있다.

그러나 경제상황 호전과 외환보유액 증가로 2010년까지 상환하도록 되어 있던 IMF 차관을 2006년에 조기 상환하였으며, 여타 채무도 정상적으로 상환하고 있어 양호한 채무상환 태도를 보이고 있다.

48) 군사협력은 동티모르 인권문제(1999년)와 Timika 지역 미국인 피살사건(2002년) 등으로 일시 중단, 2004년 대통령 취임 이후 점차 정상화되고 있음.

49) 2010년 8월 중 양국간 분쟁수역인 리아우(Riau) 제도 내에서 말레이시아 해군의 인도네시아 어선 나포로 관계가 다소 악화된 바 있음.

2) 국제시장평가

〈표 3〉 주요 기관별 평가등급

평가기관	최근 평가등급	종전 평가등급
한국수출입은행	C1 (2012. 5)	C1 (2011.11)
OECD	3등급 (2012. 3)	4등급 (2011. 3)
S&P	BB+ (2011. 4)	BB (2010. 3)
Moody's	Baa3 (2012. 1)	Ba1 (2011. 1)
Fitch	BBB-(2011.12)	BB+ (2011. 2)

□ 주요 ECA의 지원태도

○ 미국 EXIM: 공공부문에 대한 전액 인수, 민간부문에 대한 제한적 인수

○ 영국 ECGD: 제3국 확인신용장에 대한 단기 인수가능, 중기 인수가능

○ 독일 Hermes: 단기 인수가능하나 제약조건이 있을 수 있음

○ 네덜란드 Astradius: 승인신용장에 대한 단기 인수가능, 재량한도 없음

5. 우리나라와의 관계

□ 국교수립: 1973년 9월 18일 (북한과는 1964년 4월 16일)

□ 주요협정: 경제기술협력협정(1971년), 임업분야협력협정(1987년), 이중과세방지협정(1989년), 투자보장협정(1994년), 문화협력협정(2007년), 범죄인인도조약(2007년)

2012년 기준 우리나라의 제8위 수출국이자 제9위 수입국으로 우리나라는 인도네시아로부터 천연가스, 석탄, 원유 등 천연자원을 주로 수입하고 있다. 2011년 교역규모는 경기회복으로 308억 달러를 기록하였으나, 2012년에는 석탄, 원유 수입액 감소로 교역규모가 296억 달러 수준이며, 2013년 6월말 현재, 수출 60억 달러 및 수입 68억 달러로 교역규모가 128억 달러에 이르고 있다.

[표 4] 한 · 인도네시아 교역 규모

(단위: 백만 달러)

구 분	2011	2012	2012 1~6	주요 품목
수 출	13,564	13,955	6,030	석유제품, 전자제품, 철강, 편물
수 입	17,216	15,676	6,773	석탄, 천연가스, 원유, 동광
합 계	30,780	29,631	12,803	

자료: 한국무역협회

인도네시아는 우리나라의 제8위 해외직접투자국으로 2013년 3월말 기준 대 인도네시아 해외투자는 1,678건, 68억 4,625만 달러(누계기준)를 기록하고 있다.

제7절 캄보디아

1. 일반개황

면 적	181천 Km^2	G D P	128억 달러
인 구	1,431만 명	1인당 GDP	895달러
정치체제	입헌군주제	통 화 단 위	Riel
대외정책	친서방 외교중시	환율(달러당)	4,062

주: 2011년 말 및 2011년 평균(환율)

인도차이나반도 동남부에 위치하고 있으며, 태국, 베트남, 라오스와 국경을 이루고 있다. 크메르인(90%), 베트남인(5%)로 구성되어 있으며 공식 언어는 크메르어로 과거 프랑스 식민지의 영향으로 일부에서는 불어를 사용한다.

입헌군주제 국가로 훈센 총리가 실질적인 국정을 운영하고 있으며 강력한 권력을 바탕으로 정치는 비교적 안정적이나 권력 집중화로 국제사회로부터 독재정치에 대한 우려의 목소리가 높아지고 있다.

20세기 후반까지 지속된 내전 및 킬링필드 등의 영향으로 주변국에 비해 경제발전 수준이 낮은 편이나 정부의 경제개발에 대한 의지로 최근 양호한 경제발전을 시현하고 있다.

1999년 아세안 가입 후 후발 아세안 회원국인 라오스, 미얀마, 베트남과 함께 아세안 회원국 간의 개발 격차 해소라는 공동 입장을 견지하며 협력관계 강화에 주력하고 있으나, 인권탄압과 부정부패로 인해 UN과 서방 국가들의 비판을 받고 있지만 미국, 중국 등 주요 원조 공여국들과의 관계 강화를 위해 노력하고 있다.

2. 경제동향

1) 국내경제

〈표 1〉 주요 국내경제 지표

(단위: %)

구 분	2008	2009	2010	2011	2012f
경 제 성 장 율	6.7	0.1	6.0	6.1	6.2
재정수지 / GDP	-0.3	-4.2	-2.9	-2.6	-3.0
소비자물가상승률	25.0	-0.7	4.0	5.5	4.0

자료: 한국수출입은행

경제성장률은 2010년 미국과 EU에 대한 수출 증가, 관광산업 활황, 외국인투자 증가 및 쌀 생산량 증가 등으로 6.0%, 2011년은 대규모 홍수 발생에도 불구하고 EU의 원산지조건 완화에 따른 의류, 신발 및 쌀 수출 증가, 부동산 시장 활황 및 관광산업 성장으로 6.1% 및 2012년에는 수출증가세는 둔화될 전망이나 외국인투자 증가에 따른 부동산시장 · 제조업 호조 및 쌀 생산량 증가 등으로 6.2%의 성장이 전망된다.

GDP 대비 재정적자는 세수기반 취약, 세금징수 부진 및 비효율적 정부지출 등으로 만성적인 재정적자를 기록하고 있다. 2010년 경기 회복과 정부의 새로운 재산세 도입 및 세수행정 개혁 노력에도 불구하고 경제성장을 위한 정부지출(2010년 GDP 대비 20.7%) 증가로 2.9%, 2011년에도 2.6%를 시현하였다. 2012년에는 국방비 지출증가, 외채 이자 지급 증가로 3.0% 수준이 전망된다.

소비자물가는 원자재, 자본재 등 해외수입에 의존하고 있어 국제 유가 및 원자재 가격 상승이 소비자물가상승의 주요 요인이 되고 있다. 2010년 유가 상승에 따른 식료품가격 상승, 물류비용 증가 등으로 4%, 2011년 내수 확대와 정부지출 증가, 주요 원자재 가격 상승 등으로 5.5%를 기록하였다. 2012년에는 식료품 가격 상승세 둔화 및 물류비용 감소 등으로 4.0% 전망하고 있다.

2) 경제 구조 및 정책

가. 구조적 취약성

제조업의 대부분이 봉제, 의류산업에 편중되어 있으며, 의류산업이 GDP의 14%, 상품 수출의 72%를 차지하며 32만개의 일자리를 창출하고 있어 의류산업에 대한 의존도가 지나치게 높은 편이다. 또한, 수출의 70% 이상이 미국과 유럽지역에 집중되어 있어 선진국의 의류제품 수요가 위축될 경우 경제전반에 영향을 미칠 수 있다[50].

도로, 전기, 용수 등 사회 인프라가 크게 낙후되어 있어 대부분의 진출기업들이 자가발전기와 지하수를 사용하고 있으며, 전기료가 인근 국가에 비해 높은 수준이다[51].

세관, 세무, 행정 관련 부정부패가 심각하여 경제 성장 및 투자유치에 장애요인으로 작용하고 있다[52].

50) 주요 수출대상국(2011년): 미국(42.1%), 캐나다(8.7%), 독일(8.3%), 영국(8.0%) 등

51) WEF의 2012년도 'The Global Competitiveness Report'에 따르면 캄보디아의 인프라 경쟁력은 조사대상 142개국 중 76위로 인프라수준이 낮은 편이며, 분야별로는 도로(66위), 철도(96위), 항로(76위), 전력공급(57위)임.

52) 국제투명성기구(TI: Transparency Index)의 2011년 부패인식지수(CPI: Corruption Perceptions Index) 조사에서 대상 182개국 중 164위를 기록함.

나. 성장 잠재력

캄보디아는 역사적 유물과 청정 자연경관을 간직하고 있으며, 태국, 베트남, 라오스와 인접한 위치에 있어 관광객 유치에 강점을 보유하고 있다. 세계 7대 불가사의인 앙코르와트와 기타지역의 관광자원 개발에 노력하고 있다[53].

원유 발굴은 2002년 시추작업을 시작한 미국의 셰브론(Chevron), 일본의 미쓰이 (Mitsui), 한국의 GS칼텍스 등 합작 컨소시엄이 2005년 캄보디아 남부 해안 A블록에서 상당량의 원유매장을 확인하였다. 2011년 석유 생산을 목표로 개발을 진행하였으나, 기술적 문제와 태국과의 유전 소유권 분쟁 등으로 실제 생산은 2013년 이후에 가능할 것으로 전망된다.

다. 정책성과

경제 성장률 제고, 고용창출, 평등과 사회정의 실현, 정부효율성 증대를 위한 사각전략(Rectangular strategy)을 수립하고 실행계획을 발표하였다. 이의 달성을 위해 부정부패 척결, 군부 개혁, 사법 개혁, 행정개혁을 핵심 전략으로 설정하고 전략적 성장을 위해 농업부문 생산성 제고, 민간부문 개발 및 고용창출, 인프라 구축 및 개선, 인적자원 개발을 추진 중에 있다[54].

자본과 기술 도입, 고용창출 등 사회경제 전반의 발전을 위해 적극적으로 외국기업의 투자 유치에 나서고 있다. 대부분의 산업 분야를 외국인에게 개방하고 있으며 법인세 9% 및 8년간 과세 면제 등 투자법은 동남아 국가들과 비교해 경쟁력이 높은 것으로 보인다.

3) 대외거래

상품수지는 섬유산업을 제외한 제조업 기반 및 국내 제품 경쟁력 약화로 소비재, 자본재의 대부분을 수입에 의존하고 있어 만성적인 적자를 기록하

53) 관광 부문이 앙코르와트에 편중된 점을 감안하여 시아누크빌 중심의 해양관광 리조트 개발, 북동부 고원지대 환경관광개발 등 관광 지역 다양화를 추진하고 있음.
54) 캄보디아는 빈곤층 확대가 사회문제로 대두되자 경제개혁 등을 통해 빈곤율을 2007년 30.1%에서 2015년까지 19.5%로 축소하기 위해 노력하고 있음.

고 있다. 2010년 미국 등 주요 수출대상국의 경기 회복으로 의류를 포함한 상품수출이 전년 대비 22.6% 증가하였으나, 원유, 섬유 및 자본재 수입 또한 증가하여 적자 규모는 전년보다 소폭 확대되었다. 유가상승과 높은 자본재 수입으로 2011년 상품수입액이 전년 대비 약 21% 증가하여 2011년 적자가 크게 확대되었으며, 2012년에도 세계경기 위축으로 인한 수출 증가세 둔화로 적자는 확대될 것으로 전망된다.

〈표 2〉 주요 대외거래 지표

(단위: 백만 달러, %)

구 분	2008	2009	2010	2011	2012f
경상수지	-1,051	-931	-879	-1,124	-1,551
경상수지 / GDP	-10.2	-9.0	-7.8	-8.8	-11.0
상품수지	-1,800	-1,634	-1,648	-2,195	-2,705
수출	4,708	4,196	5,143	6,018	6,137
수입	6,508	5,830	6,791	8,213	8,842
외환보유액	2,291	2,744	3,150	3,450	3,872
총외채잔액	4,215	4,364	4,264	5,029	5,410
총외채잔액/ GDP	40.7	41.9	41.1	39.3	38.1
DSR	0.9	1.2	1.1	1.0	1.0

자료: 한국수출입은행

GDP 대비 경상수지 적자 비중은, 2010년 상품수지 확대에도 불구하고 관광산업 회복에 따른 서비스수지 흑자 확대로 7.8%, 2011년 상품수지 적자가 33% 증가함에 따라 경상수지 적자폭이 확대되어 8.8%를 기록 및 2012년에도 비슷한 기조가 유지될 것으로 전망된다.

외환보유고와 외채구조는 점진적 개선이 기대되며, 외국인투자 증가 및 국제원조 유입에 따라 외환보유액은 지속적으로 증가하여 2008년 23억 달러에서 2012년 기준 약 39억 달러를 기록하였다. 총외채잔액 규모는 증가하고 있으나, 경기회복에 따라 GDP 대비 규모는 2006년 48.5%, 2011년 39.3%, 2012년 38.1%가 전망되며, D.S.R.은 최근 4년간 1%대의 낮은 수준을 유지하고 있다.

3. 정치 · 사회동향

1) 정치동향

2008년 쿠데타로 집권한 훈센 총리는 취임 후 현재까지 비교적 안정적으로 국정을 운영중에 있다. 2008년 7월 총선에서 훈센 총리가 이끄는 캄보디아국민당(CPP: Cambodian People's Party)이 총 123개 하원의석 중 90석을 차지함에 따라 훈센 총리의 정치적 영향력이 강화되었다[55].

삼렝시당과 인권당이 연합하여 캄보디아국민당에 대응하는 민주변화운동당(Democratic Movement for Change)을 형성하였으나, 당분간 캄보디아국민당의 대항세력이 되기는 어려울 것으로 보인다. 한편, 시민의 집회와 표현의 자유를 법으로 제한하고 반정부 조직에 대해 강제로 해산 할 수 있는 법안 개정을 추진하고 있어 세계 인권단체 및 국내로부터 독재정치에 대한 우려의 목소리가 높아지고 있다.

2) 사회동향

최근 의류제조 부문 노동조합의 영향력이 강화되어 임금인상 및 근로환경 개선을 요구하는 파업이 자주 발생하고 있으며, 노동자들에게 불리한 노동조합법 개정안이 최근 발표됨에 따라 파업이 더욱 빈번하게 발생될 것으로 보인다.

수입상품 가격 상승에 따른 생활비 상승이 사회불안요인으로 작용하고 있으며, 대지주 및 기업들이 집권여당 및 군부와 결탁하여 농민들의 농지를 빼앗음에 따라 빈부 및 계층 간 갈등이 심화되고 있다.

---

55) 최근 여론조사에서 훈센총리에 대한 국민들의 지지율은 93%로 매우 높은 것으로 나타남에 따라 2013년 예정인 총선에서도 캄보디아국민당의 압승이 예상됨.

3) 국제관계

태국과의 외교적 갈등이 완화 조짐을 보이고 있다. 2008년 7월 캄보디아-태국 간 오랜 분쟁지역이었던 국경 부근의 프레아 비헤아르 사원에 대해 캄보디아가 유네스코 세계문화유산에 등록하면서 사원의 소유권 문제를 놓고 양국의 분쟁이 격화되었으나, 2011년 7월 태국 총선 이후 잉락 친나왓 총리가 취임하면서 국경문제 해결에 전환점을 맞이하고 있다.

인권탄압과 부정부패로 인해 UN과 서방 국가들의 비판을 받고 있으나, 주요 원조 공여국들과의 관계 강화를 위해 노력하고 있다. 미국은 중국 견제를 위해 캄보디아에 대한 지원을 확대하고 있으며, 중국은 캄보디아의 정치체제 및 인권탄압에 대해 비판 없이 대규모 원조 자금을 제공하고 있다.

1999년 아세안 가입 후 후발 아세안 회원국인 라오스, 미얀마, 베트남과 함께 아세안 회원국 간의 개발 격차 해소라는 공동 입장을 견지하며 협력하고 있으며, 특히 친 베트남 성향을 지닌 훈센 총리의 집권기에는 베트남과의 관계가 더욱 공고해질 것으로 전망된다.

4. 국제신인도

1) 외채상환태도

경기회복으로 GDP 대비 총외채잔액 비중이 더욱 하락할 것으로 전망되며, 외채의 대부분이 양허성 조건의 중장기 공적채무로 구성됨에 따라 단기적 외채상환 불능 가능성은 낮은 것으로 보인다.

2) 국제시장평가

2007년까지 OECD로부터 최하위 등급인 7등급을 부여받았으나, 2008년 4월 관광산업 호조, 외채관련 지표의 개선, 점진적인 경제성장, 석유 생산 가능성 증가 등을 이유로 신용등급을 6등급으로 한 단계 상향 조정한 이후 현재까지 6등급을 유지하고 있다. S&P는 2011년 해외원조에 대한 높은 의존도와 재정건전성 저하로 장기신용등급을 기존의 B+에서 B로 하향 조정하였다.

주요 ECA의 지원태도는 다음과 같다.

○ 미국 수은: 최단기 및 중기 부보위험 제약조건 가능

○ 영국ECGD: 제3국 확인신용장에 대한 단기 인수가능, 중기는 개별심사

○ 독일Hermes: 제약조건이 있을 수 있음

〈표 3〉 주요 기관별 평가등급

평가기관	최근 평가등급	종전 평가등급
한국수출입은행	D1 (2012.11)	D1 (2012. 3)
OECD	6등급 (2012. 3)	6등급 (2011. 3)
S&P	B (2011.10)	B+ (2007. 4)
Moody's	B2 (2007. 5)	-

3) 우리나라와의 관계

□ 국교수립: 1997년 10월 30일(북한: 1964년 2월 28일)

□ 주요협정: 무역협정 (1964), 투자보장협정 (1997), 경제기술협력협정 (1997), 항공운수협정 (2001), 문화협력협정 (2006), 외교관・관용여권사증면제협정(2006)

〈표 4〉 한・캄보디아 교역 규모

(단위: 백만 달러)

구 분	2009	2010	2011	주요 품목
수 출	273	333	451	편직물, 자동차, 기타섬유제품
수 입	18	43	87	의류, 임산부산물, 갑각류
합 계	291	376	538	

자료: 한국무역협회

양국 간 교역규모는 2011년 5.4억 달러로 수출은 전년 대비 35.4% 증가한 4.5억, 수입은 전년 대비 102.3% 증가한 0.9억 달러를 기록하였으며, 주요 수

출품은 편직물, 자동차, 기타섬유제품 등이며, 주요 수입품은 의류, 임산부산물, 갑각류 등이다.

우리나라의 캄보디아에 대한 해외투자는 2012년 6월 말 기준 신규법인 676건, 18.3억 달러 투자금액(누계기준)을 기록하고 있다.

제8절 태국

1. 일반개황

면 적	513천 Km^2	G D P	3,709억 달러
인 구	64.46백만 명	1인당 GDP	5,753달러
정치체제	입헌군주하의 내각책임제	통 화 단 위	Baht(Bt)
대외정책	친서방 중립노선	환율(달러당)	30.64

주: 2012년 말 및 2012년 평균(환율)

인도차이나 반도에 위치한 태국은 북서쪽으로 미얀마, 북동쪽으로 라오스, 동쪽으로 캄보디아, 남쪽으로 말레이시아와 국경을 접하고 있다.

ASEAN 국가 중 인구 4위, GDP 규모 2위인 동남아시아의 대표적인 신흥경제국으로 전자제품, 자동차 산업 등을 중심으로 한 제조업이 발달하였으며, 유적지, 아름다운 자연환경, 우수한 관광인프라를 바탕으로 관광산업이 활황을 이루고 있다.

입헌군주국으로 1946년 즉위한 푸미폰 아둔야뎃 국왕이 국가원수로서 국민들의 정신적인지주 역할을 하고 있다. 국정 운영은 2011년 7월 총선에서 당선된 프어타이당(Phen Thai Party)의 잉락 친나왓(Yingluck Shinawatra) 총리가 수행하고 있다.

아세안자유무역협정(AFTA: ASEAN Free Trade Area)의 중심구가로서 동남아 국가들과의 관계강화를 위해 노력하고 있으며, EU, 칠레 등과의 FTA협정 추진으로 경제적 협력을 도모하고 있다.

2. 경제동향

1) 국내경제

경제성장률은 2010년 세계경기 회복에 따른 수출증가로 7.8%, 2011년은 2011년 하반기에 발생한 대홍수로 인한 농작물 작황 부진, 산업설비 가동중단, 전력공급 중단 등으로 0.1%로 둔화되었다. 2012년에는 산업생산 회복과 피해복구 관련 정부의 재정지출 확대 및 설비투자 활성화 등으로 6.4%가 추정되며, 2013년에는 최저임금 인상에 따른 민간소비 확대에도 불구하고 민간투자 위축으로 둔화될 것으로 전망된다.

GDP대비 재정수지 적자는 2010년 정부지출의 증가에도 불구하고 경기회복에 따른 세수증가로 -0.8%, 2011년 홍수 발생으로 정부는 피해복구를 위해 대규모 자금을 산업단지 및 주거지 복구에 투입하고 지출 예산을 증가하여 -1.6%, 2012년에는 -3.1%로 확대되었다. 복구 작업에 정부예산이 지속적으로 투입될 것으로 예상되어 재정수지 적자 규모는 당분간 높은 수준을 기록할 것으로 보인다.

소비자물가상승률은 2010년, 2011년에는 세계경기의 회복으로 수출산업 및 내수시장이 살아나고 원유와 국제상품 가격이 상승하면서 각각 3.3%, 3.8%로 상승하였다. 2012년에는 2011년 하반기 홍수 발생으로 농업 및 제조업 생산 감소에 따른 물가상승 압력에도 불구하고, 원자재가격이 안정세를 나타내면서 3.0%를 기록하였다. 2013년에는 국제유가가 하락하고 정부의 보조금 지급으로 석유관련 제품의 가격이 안정될 것으로 전망됨에 따라 2012년과 비슷한 수준을 기록할 것으로 전망된다.

〈표 1〉 주요 국내경제 지표

(단위: %)

구 분	2008	2009	2010	2011e	2012f
경 제 성 장 율	2.48	-2.33	7.81	-0.08	6.40
재정수지 / GDP	0.13	-3.18	-0.80	-1.57	-3.05
소비자물가상승률	5.5	-0.9	3.3	3.8	3.0

자료: 한국수출입은행

2) 경제 구조 및 정책

가. 구조적 취약성

높은 대외경제 의존도로 대외 변동성에 취약하다. 2012년 기준 GDP에서 총수출이 차지하는 비중은 75.3%로 대외경제 의존도가 높아 외부 경제상황에 의해 영향을 받는 구조적 취약성을 지니고 있다. 2009년 글로벌 금융위기 발생 시 동남아시아 국가 중 가장 낮은 수준인 -2.3%의 경제성장률을 기록하였다. 1985년 플라자합의 이후 엔고현상을 계기로 일본기업들이 태국으로 생산거점을 이전하면서 제조업이 발달하였으나 자동차, 전자 산업 등 주요산업분야의 외국기업에 대한 의존도가 매우 높아 외국기업 철수 시 산업공백의 우려가 높다.

투자개발 및 혁신부문을 이끌 전문 인력이부족한 점이 외국기업에 의해 지적되고 있으며, 숙련노동자 공급을 위해 태국정부는 다양한 교육시스템을 도입하고 있으나, 큰 효과를 보지 못하고 있다. 고급인력부족이 단기적으로 경제에 부정적인 영향을미치지는 않을 것으로 보이나 태국이 선진국으로 도약하기 위해서는 충분한 고학력 노동자의 인력풀이 마련되어야 한다[56].

나. 성장 잠재력

태국은 ASEAN의 중심국가로서 튼튼한 내수시장과 전자산업 중심의 비교

56) IMD 2012년 국가경쟁력 지수: 태국은 전체 59개국 중 30위로 2011년의 27위에서 3위 하락하였음. 주변 동아시아국 비교: 대만7위, 말레이시아 14위, 한국 22위

적 건실한 제조업기반을 갖추고 있어 성장잠재력은 풍부한 것으로 평가받고 있다[57].

태국은 호주, 뉴질랜드, 일본, 페루, 중국(ASEAN-중국)등과 자유무역협정(FTA)을 체결하였으며 미국, 페루, 인도등과의 FTA협상을 진행 중에 있다. FTA체결로 중국 등 아 · 태지역으로의 수출비중이 확대되어 선진국경제에 대한 의존도를 낮추고 있다.

다. 정책성과

수출주도형 경제정책이 주효하고 있다. 태국은 농업기반의 전통적 경제구조에서 벗어나기 위해 1970년대 이후 대외지향적인 수출주도형 경제정책을 추진함과 동시에 시장개방, 민영화, 규제완화 등 적극적인 개발정책을 추진하면서 경제성장을 도모해 왔다[58].

정책 포퓰리즘과 홍수피해 복구를 위한 재정지출을 확대하고 있다. 프어타이당(Pheu Thai Party)은 선거공약인 최저임금 인상을 위해 2012년 민간부문 근로자의 최저임금을 약 40% 인상하였으며 2013년 1월에도 26%의 추가 인상을 단행하는 등 선심성 정책을 확대하고 있다. 정부는 임금인상으로 인한 기업들의 경영손실을 줄이기 위해 법인세율을 현행 30%에서 2012년까지 23%로 인하한데 이어 2013년까지 20%로 낮출 예정이며, 중소기업을 대상으로 법인세 면제를 고려하고 있다.

2011년 하반기에 대규모 홍수가 발생하자 정책기조를 수정하여 피해가 집중된 중앙평원지역의 도로망 정비와 산업시설복구에 예산투입을 확대하는 등 인프라 부문에 대한 지출을 확대하고 있다. 정부의 예산확대를 통한 복구 작업으로 고용창출 및 경제성장률 회복에 긍정적인 효과가 나타났으나 재정수입부족으로 인해 재정수지적자는 확대되고 있다.

---

57) 태국은 10개 ASEAN 회원국 중 2011년 기준 인구 4위(6,446만명), GDP규모 2위(3,709억 달러), 수출3위(2,792억 달러)등 경제사회지표에서 상위권을 기록함.

58) 유연한 노동시장과 친기업적인 노동법 등으로 다국적기업이 전기전자산업 및 자동차산업에 진출하여 태국의 수출 확대에 크게 기여함.

3) 대외거래

태국은 ASEAN 회원국 중 싱가포르, 말레이시아에 이어 수출규모 3위인 수출주도형 국가이며, 2012년 기준으로 총수출이 GDP에서 차지하는 비중이 약 75%에 육박할 정도로 대외의존도가 높다.

상품수지는 2010년 세계경기 회복세로 대외수요가 증가함에 따라 수출이 큰 폭으로 증가하였으나, 국내소비 및 투자의 회복으로 수입이 크게 증가하면서 흑자는 317억 달러, 2011년에는 주요국 재정위기에 따른 수출시장 위축과 홍수피해에 따른 제조업 부문의 장비수입증가로 흑자가 175억 달러로 대폭 감소, 2012년에도 이러한 추세가 지속되어 흑자가 83억 달러로 축소되었다. 2013년에는 세계경기회복에 따른 수출 증가로 흑자는 확대될 것으로 전망된다.

경상수지는 2009년 흑자 219억 달러, 2010년 수출기업들의 무역관련 서비스 수요 확대로 서비스수지 적자가 지속되고 태국진출 외국기업들의 배당금 송금 증가에 따른 소득수지 적자 확대로 흑자가 131억 달러로 감소, 2011년에도 28억 달러를 기록하였다. 2012년에는 2011년 대홍수의 영향에 따른 상품수지 흑자감소 및 소득수지 적자 확대로 19억 달러의 적자로 추정되나, 2013년에는 상품수지 흑자폭 확대로 경상수지는 다시 흑자로 전환이 예상된다.

4) 외채상환능력

태국은 외환위기 이후 지속적인 외채상환과 정부의 신중한 외채관리정책에 따라 GDP 대비 외채규모는 1998년 93.8%에서 2012년 26.8%까지 감소하는 등 외채 관련 지표가 지속적으로 개선되어 왔다. D.S.R.은 수출 증가로 2008년 6.7%에서 2012년 1.8로 하락하였으며, 수출주도형 경제구조 특성상 이런 수준을 유지할 것으로 예상된다.

2009년도 말 외환보유액은 경상수지 흑자 시현 등으로 전년대비 약 24.7% 상승하였으며, 이후 증가세를 유지하여 2011년에 1,674억 달러를 기록하였고, 2012년에는 1,733억 달러를 기록한 것으로 추정된다. 월평균수입액대비 외환보유액도 2008년 6.0개월 수준에서 2009년 9.6개월로 크게 상승하였으나, 이후 수입증가로 하락세를 보여 2011년 7.4개월, 2012년 7.2개월 수준을 나타내고 있다.

〈표 2〉 주요 대외거래 지표

(단위: 백만 달러, %)

구 분	2008	2009	2010	2011	2012f
경상수지	2,210	21,890	13,098	2,796	-1,975
경상수지 / GDP	0.8	8.3	4.1	0.8	-0.5
상품수지	17,396	32,607	31,676	17,470	8,318
수출	175,215	150,788	193,610	219,597	226,200
수입	157,819	118,181	161,934	202,127	217,882
외환보유액	108,661	135,483	167,530	167,389	173,328
총외채잔액	76,102	75,346	91,100	94,200	99,200
총외채잔액/ GDP	27.9	28.6	28.6	27.3	26.8
DSR	6.7	1.7	2.1	1.9	1.8

자료: 한국수출입은행

3. 정치 · 사회동향

1) 정치동향

2011년 7월 총선에서 야당인 친탁신계인 프어타이당(Pheu Thai Party)이 500개 의석 중 265석을 차지하여 집권에 성공하였다. 이에 따라 당총재인 잉락 친나왓(Yingluck Shinawatra)이 28대 총리가 되었다. 총선을 통해 탁신 전총리의 영향력이 여전히 건재함이 드러났다.

최근 잉락 총리는 쿠데타 후 범법행위를 저지른 모든 정치사범들을 사면을 주요 내용으로 하는 국가화합법안을 추진하고 있으나, 여당은 동 법안이 탁신의 범법 행위에 대한 사면을 부여하는 것으로 반대하고 있다.

국민들의 존경을 받으며 현실정치에 큰 영향력을 행사하는 푸미폰 아둔야뎃(Bhumibol Aduladej) 국왕은 86살의 고령으로 2009년 이후 건강이 지속적으로 악화되고 있어 정정불안 요소로 작용하고 있다. 특히, 푸미폰 국왕의 유일한 아들 마하 바지랄롱꼰 왕세자는 능력 부족으로 국민적 지지를 얻지 못하고 있어 왕위계승을 둘러싼 정치적 혼란이 초래될 수 있다.

2) 사회동향

친정부세력과 반대세력 간 갈등이 지속되고 있으며, 이로 인해 대규모 시위와 폭력사태의 발생 가능성이 있어 정치적, 사회적으로 불안한 상황이 지속될 것 전망이다.

탁신 전 총리의 지지세력인 반독재민주전선(UDD)은 2010년 3~5월까지 방콕 중심가를 점거한 채 대대적인 반정부 시위를 벌였으며, 정부의 강제 진압으로 88명의 사망자와 2,000명의 부상자가 발생하였다.

2012년 10월 잉락 친나와 총리 퇴진을 요구하며 퇴역 장군이 이끄는 시암피탁 그룹(반 탁신성향) 주도로 2만여 명이 참여한 대규모 반정부 시위가 발생하였으며 11월에도 대규모 시위가 발생하여 138명이 체포되었다.

3) 국제관계

태국은 1967년 동남아시아 국가 간 평화, 안보 및 경제협력 강화를 위하여 ASEAN 창설과 함께 아세안자유무역협정(AFTA: ASEAN Free Trade Area) 창설에 주도적으로 제안하며 동남아 국가들과의 관계강화를 위해 적극적인 움직임을 보여 왔다. 그러나 태국의 정정불안에 따라 ASEAN 정상회의가 두 차례 무산되는 등 타 ASEAN 국가들의 신뢰도 악화가 우려되는 상황이다.

태국은 EU 등 여러 국가와의 FTA협정 체결에도 적극적인 자세를 취하며 양자 및 다자간 협정을 통한 무역확대에 활발한 움직임을 보이고 있다. 소규모경제권 중심의 FTA를 추진에서 탈피하여 대규모 경제권과의 FTA를 과감히 추진하였는데, 이는 동아시아의 경제블록화를 통한 세계 3대지역주의 중 한축의 중심에 서겠다는 의지로 해석된다.

일본은 2007년 태국과 경제동반자관계협정을 체결하였으며, 2011년 약 1,589억 바트를 투자하여 제1위의 투자국 위치를 차지하고 있으며, 10년 이내에 일본 제품의 97%에 대해 무관세 적용으로 양국의 교역규모는 지속적으로 확대될 것으로 전망된다.

캄보디아 - 태국 간 오랜 분쟁지역이었던 국경지대의 프레아비헤아르(PreahVihear) 사원의 영유권을 두고 양국의 군대가 국경에서 대치하면서 여러 차례 교전을 벌였으며, 2011년 2월에도 교전이 발생하여 11명이 사망하는 등 국경문제가 오랜 기간 지속되고 있다. 양국은 태국만 해역 유전과 가스전의 공동개발 사업을 재개하기로 하였으며, UN 국제사법재판소는 양국 국경 지역에 비무장지대를 지정하여 평화조성에 힘쓰고 있다.

4. 국제신인도

1) 외채상환태도

외환위기 이후 지속적인 외채상환, 신규 차입 감소 등으로 외채규모는 적정수준을 유지하고 있으며, 외환보유액도 경상수지 흑자기조 및 외국인투자 유입 증가 등으로 꾸준히 증가하고 있다. D.S.R. 및 GDP 대비 단기외채 수준 등을 감안할 때, 대외지급능력에는 별 문제가 없는 것으로 평가된다.

2) 국제시장평가

2012년 3월 OECD CRE(Country Risk Experts) 회의에서는 2011년 잉락 총리 집권 후에도 정치 사회적 불안요소가 내재되어 있는 점 등을 반영하여 국가신용등급은 종전의 3등급으로 유지하였다.

S&P는 2008년 12월 태국의 공항폐쇄와 반정부시위를 반영하여 BBB+신용등급에 대한 전망을 '안정적'에서 '부정적'으로 낮췄으나, 2010년 12월 정치 및 경제상황이 개선됨에 따라 다시 '안정적'으로 상향조정하여 현재까지 동 등급을 유지하고 있다.

Fitch는 2009년 4월 폭동에 제대로 대처하지 못해 정국불안이 더욱 가중되고 있음을 지적하며 장기외화표시채권등급을 BBB+에서 BBB로 하향 조정하였으나, 2013년 3월 대규모 인프라 투자 확대와 소비촉진으로 경기가 활성화됨에 따라 등급을 BBB+로 상향조정하였다.

Moody's는 2003년 11월 이후 Baa1로 유지하고 있다.

주요 ECA의 지원 태도는 다음과 같다.

○ 미국 EXIM : 전액인수 가능

○ 영국 ECGD : 전액인수 가능

○ 독일 Hermes : 단기 전액인수가능

5. 우리나라와의 관계

□ 국교수립: 1958년 10월 1일(북한: 1975년 5월 8일 수교)

□ 주요협정: 무역협정(1961), 항공협정(1968), 이중과세방지협정(1977), 투자보장협정(1989), 해상운송협정(2002), 문화교육협정(2004)

태국은 우리나라의 전통적인 우방으로 양자관계는 물론 ASEAN, ASEM, APEC 등 다자관계를 통해서도 우호관계를 유지하고 있다.

2007년12월 한-ASEAN FTA 최종합의, 2009년 6월 한-ASEAN FTA 투자협정 등을 통해 외교, 정치뿐 아니라 경제협력 측면에서도 밀접한 관계를 유지하고 있다.

우리기업의 해외직접투자는 2012년 12월 기준 총 734건(신규법인 수 기준), 18.4억 달러(투자누계기준)를 기록하고 있다.

〈표 3〉 한 · 태국 교역 규모

(단위: 백만 달러)

구 분	2010	2011	2012	주요 품목
수 출	6,460	8,459	8,221	철강판, 합성수지, 자동차부품
수 입	4,189	5,413	5,353	임산부산물, 반도체, 기호식품
합 계	10,649	13,872	13,574	

자료: 한국무역협회

제9절 필리핀

1. 일반개황

- 국명: Philippines(The Republic of the Philippines, 타갈로그어 국명: Republika ng Pilipinas)
- 위치: 동남아시아, 북위 4도23분-21도25분, 동경 116도-127도
- 면적: 300,800 km2(한반도 1.3배, 7,100여 개의 섬으로 구성)
- 기후: 고온다습 아열대성 기후, 건기(11~5월)와 우기(6~1월)
- 수도: 마닐라(Metro Manila)
- 인구 : 103.8 백만 명(2012년)
- 민족(인종): 말레이계/네그리토/인도네시안/중국/메스티조/모로 등
- 언어: 공용어(타갈로그어), 상용어(영어)
- 종교: 가톨릭 80.9%, 기독교 4.5%, 이슬람 5%, 기타 등
- 건국(독립)일: 1898. 6. 12
- 정치체제/대외정책: 대통령 중심제/친서방 민주주의
- 입법부: 양원제(현재 상원 24명, 하원 209명)
- GDP/ 1인당 GDP: 2,541억 달러/ 2,448 달러(2012년)
- 통화단위/ 환율: Peso/ 41.12(2012년 평균)

필리핀은 1565년부터 스페인 및 미국의 식민지 지배 및 1943년에는 일본의 점령을 받기도 하였다. 1946년 7월 미국으로부터 독립한 이후, 대통령중심제와 양원제의 정치형태를 취하고 있다.

태평양에 둘러싸여 타이완섬과 보르네오섬, 셀레베스섬 사이에 위치해 있으며, 동, 니켈, 임산자원 등 천연자원이 풍부하여 개발 잠재력이 높다.

지역 및 계층 간 심한 소득격차, 정치권의 부정부패, 회교 반군과의 오랜 분쟁 등으로 정치, 사회의 불안요인이 잠재되어 있다.

2010년 5월 대거에서 코라손 아키노 전 대통령의 아들인 베니그노 노이노

이 아키노 상원의원이 대통령에 당선됨에 따라 모자 대통령이 탄생하게 되었다.

2. 경제동향

1) 국내경제

〈표 1〉 주요 국내경제 지표

(단위 : %)

구분	2008	2009	2010	2011	2012e
경 제 성 장 률	4.2	1.1	7.6	3.9	6.6
재정수지 / GDP	0.0	-2.7	-2.3	-0.8	-1.9
소비자물가상승률	8.3	4.2	3.8	4.7	3.5

자료: 한국수출입은행

경제성장률은 2010년 고정자본투자, 해외근로자 송금의 증가에 따라 민간소비가 확대되어 1970년대 중반 이후 가장 높은 7.6%, 2011년 재정지출 축소와 대외경제 여건 악화에 따른 수출 감소와 홍수 피해에 따른 1차 산업 부진 등으로 3.9%, 2012년 정부지출 증대를 통한 내수 진작 및 PPP 사업 이행을 통한 민간소비 및 투자 증가로 6.6% 추정 및 2013년에도 견고한 민간소비를 바탕으로 6% 수준을 기록할 것으로 전망된다.

소비자물가는 2011년 국제 유가 및 식료품가격 상승과 임금 인상 등에 따라 4.7%, 2012년 국제식료품 가격 하락과 페소화 가치 상승에 따른 수입물가 안정화로 3.5% 추정된다. 2013년에는 술, 담배에 대한 세금 인상의 영향으로 전년보다 상승할 것으로 전망된다.

재정수지 적자는 정부지출 증가로 확대되어 왔다. 취약한 세수기반 및 세무행정능력 미흡에 따른 낮은 세수입과 지역 표심 획득을 위한 선심성 예산지출로 만성적인 재정수지 적자에 시달려 왔다. 2009년에는 경기침체, 세율인하 등에 따른 세수 감소, 민영화 자산 매각 처리 부진, 경기부양책 실시에 따른 재정지출 증가 등으로 -2.7%로 확대되었다. 2010년에는 감세정책의 영향과 5월 중 대선 및 총선에 따른 재정지출 확대로 상반기 확대되는 조짐을 보였으나, 하반기 신정부가 재정지출을 크게 축소하면서 -2.3%를 기록하였다. 2011년 상반기 중 인프라에 대한 재정지출 감소로 -0.8%로 축소되었고, 2012년에는 경기부양과 인프라 확충을 위한 정부의 투자 확대에 따라 -1.9%를 기록한 것으로 추정된다.

2) 경제 구조 및 정책

가. 구조적 취약성

필리핀의 산업화는 수입대체, 농업 및 산림자원 수출 위주로 추진되었으며 제조업 기반이 취약하여 자본재, 소비재 등은 수입에 의존하고 있는 실정이며, 열악한 인프라 및 높은 전기세는 제조업 관련 투자시 장애요소가 되고 있다[59].

또한, 제조업 중 정유 및 연료제품, 반도체 및 전자부품 외에 소비재 산업의 비중이 큰 편이며, 수출품목도 반도체 및 전자부품이 전체 수출의 60%에 정도로 수출품목이 집중되어 있다.

필리핀은 중국, 일본, 미국 등에 대한 무역의존도가 높아 이들 국가의 경제상황에 의해 영향을 받는 구조적 취약성을 지니고 있으며, 2011년 기준 3개국이 필리핀의 총수출에서 차지하는 비중은 약 61.5%로 중국 26.6%, 일본 17.6%, 미국 17.3% 순이다.

마르코스(Ferdinand Marcos) 대통령(1965년~1986년) 독재 정권시 부정부패 문제와 에스트라다(Joseph Estrada) 대통령(1998년~2001년)의 부동산 투기 및 주가 조작 등의 혐의에 따른 사임, 아로요(Gloria Macapagal-Arroyo) 대통령(2001년~2010년)의 선거부정과 친인척의 뇌물수수에 따른 탄핵 위기 등 오랜 기간에 걸쳐 부정부패가 만연되어 왔다[60].

사회에 만연한 부정부패에 따른 조세회피와 비효율적인 행정 처리로 세

59) 2012년 기준 필리핀 경제에서 제조업이 GDP에서 차지하는 비중은 31.1%로 서비스업 56.4%에 비해 낮은 편임.

60) 국제투명성기구의 평가에 의하면 2012년 필리핀의 부패인식지수(Corruption Perceptions Index)는 174개국 중 105위로 2011년 129위보다 개선되었으나 여전히 낮은 수준임.

수율이 낮아 만성적인 재정적자를 겪고 있어 인프라 건설 등을 위한 자금 조달이 어려운 상황에 있다.

나. 성장 잠재력

구리, 금, 니켈, 은 등 풍부한 광물자원을 보유하고 있으며, 2004년 대법원의 1995년 광업법에 대한 합헌 판결로 외국인의 투자 비율이 100%까지 허용됨에 따라 광물자원, 석유 가스의 탐사 개발 등에 대한 외국 투자자들의 관심이 높아졌다. 취약한 인프라 등에 따른 높은 생산비 및 세계금융위기 등으로 개발이 부진했으나, 자원가격 상승에 따라 중국 및 일본 등의 광물자원 탐사 및 개발을 위한 투자가 증가하고 있다.

서비스 산업이 GDP의 56.4%를 차지하며, 최근 콜센터 중심의 비즈니스 프로세스 아웃소싱(BPO: Business Process Outsourcing)산업을 집중 육성하고 있다. 필리핀의 BPO 산업은 세계 1위로 가장 성장이 두드러지는 IT-BPO 분야에서 2011년에는 매출액 110억 달러, 고용인원 63만명을 기록하는 등 규모가 지속적으로 확대되고 있다. 숙련된 영어구사 인력과 저렴한 인건비, 친절한 국민성, 인터넷 기반의 통신 인프라를 기반으로 향후 동 산업의 지속적인 성장이 기대되고 있다[61].

다. 정책성과

외국인투자 유치를 위한 투자여건 개선하고 있다. 부족한 세수로 인프라 건설 사업을 민관협력 방식(Public Private Partnership)으로 해결하는 한편, 외국인투자 활성화를 위해 절차 간소화 및 심의기간 단축 등 투자절차 간소화를 추진하고 있다[62].

WEF의 'World Competitiveness Report'에서 필리핀의 글로벌경쟁력 지수는 2011년 75/142에서 2012년 65/144로 10단계 상승했으며, 분야별로는 시장 효

61) 'Roadmap 2016'을 통해 2016년까지 매년 20%이상의 성장을 통해 총 매출액 250억 달러 달성, 필리핀 GDP 9% 기여, 세계시장점유율 10% 달성을 목표로 하고 있음.
62) PPP 센터를 통해 NAIA 고속도로 2단계 사업, Daang Hari-South Luzon 도로 사업, Puerto Princesa 공항개발 사업 등 10여개 프로젝트의 입찰을 추진하는 등 미비한 인프라 확충에 나서고 있음.

율성, 노동시장의 효율성, 기술 수준 및 시장규모 등에서 개선되어 순위가 상승하였다. 재정적자 축소, 안정적인 경제성장, 세수확보 노력 등이 반영된 것으로 보이며 향후 정부의 부정부패, 불필요한 행정절차 및 인프라 확충에 대한 개선이 과제로 남아있다.

3) 대외거래

필리핀은 원유, 식료품, 공산품의 대부분을 수입에 의존하고 있어 만성적인 상품수지 적자를 기록하고 있다. 2010년 중에는 경기 회복에 따라 중국과 동남아 국가로의 반도체 등 전자품목 수출이 증가하였으나 국내 경기 회복에 따른 국내 소비 수요 증가, 전자품목 수출 증가에 따른 부품수입 증가로 상품수지 적자는 전년보다 확대되었으며, 이러한 추세가 2011년에도 지속되어 상품수지 적자는 155억 달러로 확대 및 2012년에는 수입물가 하락에 따른 수입증가율 둔화와 전자제품 수출 증가로 상품수지 적자는 139억 달러로 축소되었다.

필리핀은 만성적인 상품수지 적자를 최근 빠르게 성장하고 있는 업무처리 아웃소싱(BPO)과 관광업 중심의 서비스수지 흑자 및 해외근로자 송금에 따른 소득수지 흑자를 통해 만회하고 있다.

2010년에는 해외근로자 송금의 지속적인 증가로 소득수지가 증가하였으나 상품수지 적자 확대와 화물 운임 비용 및 해외여행자 증가 등에 따른 서비스수지 흑자 축소로 경상수지는 89억 달러로 축소되었다. 2011년에도 해외근로자 송금 증가에 따른 소득수지 증가에도 불구하고 상품수지 적자 확대로 경상수지 흑자는 71억 달러 수준으로 감소 및 2012년에는 관광객 및 해외근로자 송금 확대 및 일본과 미국으로 전자제품 수출이 증가하여 경상수지 흑자는 전년 보다 확대된 77억 달러를 기록한 것으로 추정된다.

〈표 2〉 주요 대외거래 지표

(단위 : 백만 달러, %)

구 분	2008	2009	2010	2011	2012f
경 상 수 지	3,627	9,358	8,922	7,078	7,721
경상수지 / GDP	2.09	5.56	4.47	3.15	3.10
상 품 수 지	-12,885	-8,842	-10,966	-15,450	-13,944
수 출	48,253	37,610	50,748	47,231	51,292
수 입	61,138	46,452	61,714	62,681	65,236
외 환 보 유 액	33,193	38,783	55,363	67,290	71,235
총 외 채 잔 액	64,780	64,393	73,873	78,450	85,643
총외채잔액/ GDP	39.6	40.7	39.1	39.7	39.8
D. S. R.	9.3	9.9	9.9	9.1	8.3

자료: 한국수출입은행

외환보유액은 양호한 경제성장을 바탕으로 필리핀 주식시장의 활황에 따른 외국인 포트폴리오 투자 급증 및 지속적인 경상수지 흑자 시현으로 2008년 보다 2배 이상 증가한 2012년 712억 달러를 기록하였다[63]. 외환보유액의 증가로 월평균 수입대비 외환보유액은 2012년 말 기준으로 10개월분을 확보하는 등 높은 수준을 유지하고 있다[64].

필리핀의 총외채규모는 2012년 말 기준 GDP의 39.8%로, 정부 재정수지 적자의 대부분을 해외 차입으로 충당하고 있어 외채상환부담이 비교적 큰 편이나, 외환보유액 대비 단기외채잔액 비율은 점차 하락하여 2011년 기준 17.8% 수준으로 개선되었다.

63) 외환보유액 추이: 2010년 554억 달러, 2011년 673억 달러, 2012년 712억 달러

64) 월평균 수입대비 외환보유액: 2008년 5.3개월, 2009녀 7.6개월, 2010년 8.5개월, 2011년 10.1개월, 2012년 10.0개월

3. 정치·사회동향

1) 정치동향

필리핀은 80여 개의 정당이 난립하고 있으며 정당 간 가문을 중심으로 한 유력 인물의 인기 등에 의해 선거의 결과가 결정되는 양상을 보이고 있다. 베니그노 아키노 대통령은 2009년 8월 코라손 아키노(Corazon Aquino) 전 대통령의 서거에 따른 전국적인 추모 열기와 청렴한 이미지로 새로이 급부상하여 2010년 5월 대선에서 자유당(Liberal Party)의 베니그노 아키노(Benigno Aquino Ⅲ) 상원의원이 대통령으로 당선되었다.

아키노 대통령은 양호한 경제성장을 바탕으로 현재까지 안정적으로 정국을 운영 중에 있다. 2011년 말에 실시된 필리핀 국민의 만족도 여론조사에서 응답자의 67%가 '만족'한다고 대답하였으며, 이는 역대 행정부 중 가장 높은 것으로 현 정부에 대한 국민들의 지지율은 매우 높은 것으로 보인다.

부패 청산을 대선 공약으로 내세우면서 취임 전부터 아로요 전 대통령의 부정부패에 대한 조사를 실시하겠다고 공언하였고, 취임 직후 진실위원회(Truth Commission)를 설치하였으나 전 대통령 임기 직전 임명된 대법관들로 구성된 대법원이 2010년 12월 중 진실위원회 설치를 위헌으로 판결하면서 양측 간 즉각적인 마찰 가능성은 상대적으로 축소되었다.

2) 사회동향

전체 국민의 22.6%가 일일 소득 1.25달러로 생활하는 등 극빈층은 두터운 반면 중산층은 미약하며, 빈곤층의 60% 이상이 지방에 집중되어 있는 등 지역 간 빈부격차가 큰 편이며, 이러한 빈부격차로 인해 범죄의 증가 및 폭동의 가능성이 있다.

이슬람 지역인 민다나오 지역을 중심으로 한 모로민족해방전선(MNLF)과 모로이슬람해방전선(MILF), 알카에다와 연계된 아부 샤프(Abu Sayyaf) 등 이슬람 단체가 이슬람지역 내 독립정부 수립을 주장하며 정부군에 테러는 물론 무력으로 공격을 하기도 한다.

2005년 9월 아로요 전 대통령이 말레이시아의 중재로 필리핀 정부와 이슬람해방전선과 개최된 협상에서 진전을 이루어 40여년에 걸친 분쟁을 종식하는 평화협상안에 합의했으나, 가톨릭계 시민 및 의회의 반대와 2008년 8월 협상안에 대한 대법원의 위헌판결로 평화협상안이 무산된 이후 무력충돌이 발생하였다. 아키노 행정부는 평화협상 재개를 위해 모로이슬람해방전선 및 공산반군과 2011년 2월에 첫 공식협상을 재개하였으나, 평화협정 체결을 위한 진전은 미진한 상태이다[65].

루손 섬 산간지방을 중심으로 하는 무장 공산당인 신인민군(NPA), 민족민주전선(NDF) 등 공산 반군은 정부와의 협상 진행 등으로 테러 가능성은 감소하였으나 테러의 위협은 상존하고 있다.

3) 국제관계

미국은 필리핀의 주요 교역국이자 투자국으로 매우 밀접한 관계를 유지하고 있다. 미국은 지난 40년 간 50억 달러 이상의 개발 원조를 지원해 왔으며, 미국 내 필리핀 거주민 300만 명과 필리핀 내 10만 명의 미국인이 체류하고 있다. 상호방위조약(Mutual Defense Treaty) 체결 및 이슬람 세력 진압 지원 등 아 · 태 지역 안보의 중요성에 따라 2008년 미국이 필리핀에 3,000만 달러의 군사원조를 제공하는 등 안보협력관계 유지해 왔다.

일본은 필리핀 제2위 교역대상국이자 주요투자국으로 필리핀 대외원조의 50% 이상을 제공하고 있어, 필리핀 경제에 중요한 영향력을 발휘하며 긴밀한 관계를 유지하고 있으며, 2003년 양국은 FTA를 포함하는 포괄적 경제협력협정(EPA: Economic Partnership Agreement;)을 체결하였다.

중국과는 경제적으로 밀접한 관계를 가지고 있으나 최근 남사군도(Spratly Islands)의 영유권 문제로 갈등을 겪고 있어 당분간 양국 간의 긴장관계가 지속될 것으로 보인다.

---

65) 민다나오 섬은 과거 이슬람인 거주 지역으로, 2차 세계대전 이후 필리핀의 영토가 되어 가톨릭 세력들의 이주로 갈등이 시작되었음. 이슬람 세력들이 자치권을 주장하며 정부와 투쟁을 계속하였으며, 지금까지 12만 명 이상이 희생됨.

4. 국제신인도

1) 외채상환 태도

필리핀은 파리클럽으로부터 5차례(1984년, 1987년, 1989년, 1991년, 1994년)에 걸쳐 채무재조정을 받은 바 있으나, 2006년 IMF 차관을 전액 조기 상환하고 현재까지 정상적으로 채무를 상환하는 등 양호한 상환태도를 보이고 있다.

2012년말 GDP 대비 총외채잔액은 39.8% 수준으로 비교적 과중한 편이나, 해외근로자 송금의 유입 지속 등으로 외환보유액이 지속적으로 증가하고 있으며 외환보유액 대비 단기외채잔액이 17.8%(2011년)로 비교적 낮아 채무불이행 위험은 높지 않은 것으로 보인다.

2) 국제시장평가

〈표 3〉 주요 기관별 평가등급

평가기관	최근 평가등급	종전 평가등급
한국수출입은행	C2 (2012. 8)	C2 (2011.12)
OECD	4등급 (2012. 3)	4등급 (2011. 3)
S&P	BB+ (2012. 7)	BB (2010.11)
Moody's	Ba1 (2012.10)	Ba2 (2012. 5)
Fitch	BB+ (2012. 6)	BB+ (2011. 6)

5. 우리나라와의 관계

□ 국교수립: 1949년 3월 3일(북한과는 2000년 7월 12일)

□ 주요협정: 항공운수협정(1969년), 무역협정(1978년), 경제기술협력협정(1983년), 이중과세방지협정(1984년), 투자보장협정(1994년)

양국 간 교역규모 지속적으로 증가하여 2012년 115억 달러를 기록하였으며, 우리나라의 주요 수출 품목은 반도체, 석유제품, 철강제품 등이다.

우리나라의 해외직접투자실적은 2012년 말 현재 신규법인 수 1,406건, 26.6억 달러(투자누계 기준)이며, 주요 투자 업종은 제조업, 숙박 및 음식점업 등이다.

〈표 4〉 한 · 필리핀 교역 규모

(단위: 백만 달러)

구 분	2010	2011	2012	주요 품목
수 출	6,460	8,459	8,221	철강판, 합성수지, 자동차부품
수 입	4,189	5,413	5,353	임산부산물, 반도체, 기호식품
합 계	10,649	13,872	13,574	

자료: 한국무역협회

참고문헌

〈국내문헌〉
강정모 외, 신동북아경제론, FKI미디어, 2003. 3
경문사, 국제금융론
김세영, 신국제금융론, 탑북스, 2010. 8
김창록, Investment Banking, 교보문고, 2008. 4
김희주, 홍석일 아세안의 도전, 산업연구원
김태형, 정인교, 한국의 소규모자유무역지대, 대외경제정책연구원
대한상공회의소, IMF반년, 평가와 과제
대한상공회의소, 환율변동이 국민경제에 미치는 영향
대외경제정책연구원 아시아 각국편람
대한무역진흥공사 주요국 투자환경
박번순, 하나의 동아시아, 동아시아 경제공동체, 통합과 공존의 모색, 삼성경제연구소, 2010. 4
오상일, ASEAN 자유무역 지대
원용걸, ASEAN 자유무역지대
원종근, 국제경영, 박영사
이대호, 최신국제금융론, 법경사21C, 2010. 2
이재기, 동북아 경제론, 신론사
이재기, 신동북아 경제론, 신론사
이장호, 국제경영전략, 박영사
장병익, 일본경제입문, UUP, 2008. 4
정영규, 동남아시아 경제의 이해, 다해
최광열, 동남아시아 경제, 미술문화원
최낙복, 국제금융, 도서출판 두남
최낙복, 국제무역실무, 도서출판 두남
한국무역협회, 아시아주요국 경제동향
황상연, 동아시아 경제발전 모형에 관한 연구, 경기개발연구원, 2009. 4

〈외국문헌〉
Adams, Donald B. and Dale W. Henderson, "Definition and Measurement of Exchange Market
Intervention, Staff Studies, No.126, Board of Governors of the Federal Reserve System, Sep.
Ahmed, S. and B. Kapur, "How Indonesia's Monetary Policy Affect Key Variables.", The World Bank WPS 349, Washington, DC : The World Bank.
Anne Booth, Sejarah Ekonomi Indonesia, Series.
A.P. Thirlwall, Growth And Develoment, The Macmillan Press Ltd.

Arize, A, "An Econometric Investigation of Export Behavior in Seven Asian Development Countries," Applied Economics 22(7):891~904

Asher, M., S. Rolt, M. Ariff, and M.kHAN, Fiscal Incentives and Economic Management in Indonesia, Malasia and Singapore, Simgapore : Asian-Pacific Tax and Investment Research Centre.

Bank Bumi Daya, Annual Report Bank Indonesia, "Bank Indonesia 1994/1995".

Dominick Salvatore, International Economics, 10th Edition. Wiley, 2009.10

Knut Anton Mork, Macroeconomics For Managers, Wadsworth Publishing Company.

Kuyvenhoven, A. and H. Poot, "Between Inward- and Outward-Looking Development: Industry and Trade in Indonesia," Industry and Development

L. S. Copeland, Exchange Rate And International Finance, Addison-Wesley Publishing Company, INC.

Lewis T. Preston, The East Asian Miracle, the World Bank Oxford University Press.

Peter C. B. Phillips, "Models, Methods and Applications of Econometrics," Basil Blackwell.

Republik of Indonesia, Nota Keuangan 1996/97.

Richard S. Thorn, Monetary Theory and Policy. Praeger Publisher. New York.

Stock and Watson, "Testing for Common Trends," Journal of American Statistical Association, Vol.83., pp.1097~1107

Shu-Chin Yang, Manufuctuered Exports of East Asian Industrializing Economies. USA.

UNDP, Development Co-Operation Indonesia, Year book.

United Nations, International Trade Statistics, year book.

WTO, "Regionalism and The Multinatinal Trading System," Press Brief

W.W. Rostow, The Stages of Economic Growth, united nation press.

松本直樹(1986), "日本 外國僞債市場介入政策,"「追手門經濟論集」第28卷 第3護, 金融經濟硏究, pp.24~41.

日本評論社(1995),「インドネシア 經濟入門」.

アセア 經濟硏究所(1995),「現代インドネシア 政治 經濟」.

東京三菱銀行(2000),「해외투자 ガイヅブーーインドネシア편」.

〈인터넷 자료〉

1. 각국대사관
2. 대외경제정책연구원(http://www.kiep.go.kr)
3. 대한무역진흥공사(http://www.kotra.go.kr)
4. 산업통상자원부(http://www.motie.go.kr)
5. 삼성경제연구소(http://www.seriecon.seri.org)
6. 외교부(http://www.mofa.go.kr)
7. 우리은행(http://www.wooribank.com)
8. 주중한국대사관(http://www.koreaemb.org.cn)
9. 한국무역협회(http://www.kita.net)
10. 한국산업은행(http://www.kdb.co.kr)
11. 한국수출입은행(http://www.koreaexim.go.kr)
12. 한국은행(http://www.bok.or.kr)

찾아보기

저자 소개

최 낙 복

한국외국어대학교 무역학과 졸업
고려대학교 대학원 수료 MBA
University of Hawaii PAMI 과정수료
London City University 최고경영자과정 수료
영국 Barclays Bank International 연수
우리은행(전 상업) London 지점 Manager
우리은행 Jakarta Office 사무소장
우리은행 Singapore 지점 지점장
우리은행 미주본부(미국, 캐나다) 본부장
Woori America Bank 은행장(CEO & President)
대우전자 감사
한국금융연수원 강사
한국무역연수원 강사
세무공무원교육원 강사
협성대학교 국제통상학과 강사

현) 한국외국어대학교 국제경영학과 겸임교수

〈주요저서〉
국제통상영어(2013) 도서출판 두남
국제무역실무(2011) 도서출판 두남
국제금융(2009) 도서출판 두남
아시아 경제론(2013) 도서출판 두남
국제통상개론(2009) 도서출판 두남

제 정 조

한국외국어대학교 영어과 졸업
한국외국어대학교 경영대학원 무역학과 졸업 경영학석사
상해재경대학 국제금융학과 졸업 경제학박사

현) 건국대학교 국제비즈니스대학 국제통상학전공 조교수

아시아 경제론 : 개정2판

초　판 1쇄 발행 —— 2009년 2월 20일
개정판 1쇄 발행 —— 2011년 2월 20일
개정2판 1쇄 발행 —— 2013년 8월 30일
지은이 —— 최 낙 복 · 제 정 조
펴낸이 —— 전 두 표
펴낸데 —— 도서출판 **두남**
서울시 강동구 성내로6길 34-16 두남빌딩
신 고 : 제25100-1988-9호
TEL : 02) 478-2065, 2066, 2067, 2311
FAX : 02) 478-2068
E-mail : dunam1@unitel.co.kr
http://www.dunam.co.kr

정가 26,000원

ISBN 978-89-6414-450-3 93320